CAHIERS DES ÉTATS

DE

NORMANDIE

SOUS LE RÈGNE DE HENRI IV

DOCUMENTS RELATIFS

A CES ASSEMBLÉES

RECUEILLIS ET ANNOTÉS

Par Ch. de Robillard de Beaurepaire

TOME IIe

(1602-1609)

ROUEN

CHEZ CH. MÉTÉRIE

LIBRAIRE DE LA SOCIÉTÉ DE L'HISTOIRE DE NORMANDIE

11, RUE JEANNE-DARC, 11

M DCCC LXXXII

CAHIERS

DES

ÉTATS DE NORMANDIE

ROUEN. — IMPRIMERIE DE E. CAGNIARD
Rues Jeanne-Darc, 88, et des Basnage, 5

CAHIERS DES ÉTATS

DE

NORMANDIE

SOUS LE RÈGNE DE HENRI IV

DOCUMENTS RELATIFS

A CES ASSEMBLÉES

RECUEILLIS ET ANNOTÉS

Par Ch. de Robillard de Beaurepaire

TOME IIe

(1602-1609)

ROUEN

CHEZ CH. MÉTÉRIE

LIBRAIRE DE LA SOCIÉTÉ DE L'HISTOIRE DE NORMANDIE
11, RUE JEANNE-DARC, 11

—

M DCCC LXXXII

ARTICLES
DE
REMONSTRANCES
Faictes en la Convention des Trois Eſtats
DE NORMANDIE

Tenue à Rouen, le vingt-quatriéme iour d'octobre et autres
iours enſuyvans, mil cix cens deux.

*Avec la Reſponce et Ordonnance ſur ce faicte
par le Roy eſtant en ſon Conſeil,*

Tenu à Paris, le quatrieſme iour de feburier,
mil ſix cens trois.

AV ROY

Et a Monseigneur le Duc de Montpensier, *Pair de France, Gouverneur et Lieutenant general pour ſa Maieſté en ſes pays et Duché de Normandie, Et Noſſieurs les Commiſſaires deputez par ſa dicte Maieſté, pour tenir l'aſſemblee des Eſtats de ceſte Province en ceſte ville de Rouen le vingt-quatrieſme jour d'Octobre, mil ſix cens deux.*

PREMIÈREMENT.

I.

Lesdicts Estats loüent Dieu, et luy rendent graces immortelles, de tant de benedictions que ſa divine bonté verſe ſur ſa Maieſté. A cauſe deſquelles et des vertuz innumerables dont elle eſt ornée, les Empires, les Royaumes et toutes ſortes de Souverainetez en recherchent l'alliance, confederation, et amitié, qui ne ſ'eſtiment pas moins contens à la communication de ſadite Maieſté que nous nous ſentons heureux de vivre ſous le plus grand et magnanime Roy de la terre. Auſſi leſdicts Eſtats eſperent ceſte année prochaine eſtre deſchargez d'une gräde partie des leuées de deniers de toutes ſortes, dont ils ſont iournellement trauaillez.

AV ROY.

Le Roy ayant fait congnoiſtre en toutes occaſions le ſoing continuel qu'il a du repos et ſoulagement de ſes ſubiects, et l'affection particuliere qu'il porte au bien et contentement des Supplians : ils ſe peuuent aſſurer que ſa Maieſté n'a rien diminué de ceſte bienveillance en leur endroict, et ſe promettre qu'ils en reſſentiront de plus en plus les effects favorables, que ſes affaires luy pourront permettre.

II.

Les Eccleſiaſtiques ſupplient tref-humblement ſadite Maieſté les maintenir en leurs franchiſes et libertez anciennes, nommant gens capables aux dignitez de l'Eglise, afin que par leur bonne vie et doctrine ils puiſſent repurger. . . . .

(Manque dans l'exemplaire qui a ſervi à cette réimpreſſion, le cahier B, compoſé de deux feuillets).

. . . .
bas des Egliſes d'icelles parroiſſes : ou bien entre les mains des Collecteurs pour n'avoir peu eſtre conſommé par les habitans du pays, à raiſon de l'exceſſive cottiſation d'ice-

luy faite l'année derniere, et eft ledit impoft par luy mis au pied de la taille, et creües. Pour lequel leuer, les pauvres habitans font contrainéts faire eflection de Collecteurs des roolles et affiettes particulieres, comme pour la taille, qui font par ce moyen deux tailles, qu'il leur eft impoffible pouuoir payer : Ioinét les courfes que font fur eux les Sergens et Commiffaires, et nouveaux Archers du Sel, qui les tourmentent iournellement par contrainétes et emprifonnemens pour les deniers du Sel : afin que l'adjudicataire dudit impoft soit premier payé que le receueur des tailles, et que les roolles et affiettes du Sel ne demeurent à nonvaleur. Sont trauaillez auffi lefdiéts habitans des procez qui interuiennent à caufe dudit impoft, pour les defcharges des eftections d'Affeeurs et Collecteurs dudit Sel, surcharges et cottifations, reductions, et autres chofes qui ne couftent pas moins au peuple que ledit impoft du Sel, ce qui rend les pauures taillables tellement occupez qu'ils font contrainéts laiffer leur labeur duquel ils payent les deniers de fes tailles et les cens et rentes aux Seigneurs. C'est pourquoy lefdiéts Etafts fupplient de rechef fadite Maiefté, les descharger de ce fardeau infupportable dudit impoft du Sel, et moderer le prix d'iceluy comme il estoit en quatre vingts et dix.

Au Roy. Et neantmoins les Commiffaires font d'aduis de la defcharge et reuocation de l'impoft.

Le Roi y a pourueu par les reglemens qu'il en a fait en fon Conseil.

VII.

REMONSTRENT à fadite Maiefté lesdiéts Eftats, que les Ecclefiaftiques, et Nobles, sont tellement trauaillez des recherches et fur-recherches qui fe font fur eux pour le Sel, qu'ils ne font pas fi toft hors d'entre les mains d'un Commiffaire qu'ils ne retombent entre les mains d'un autre, cōme il fe mõftre aucuns eftre efchappez des mains de monfieur Regnard, qui neantmoins ont efté taxez en la mefme année par les officiers des greniers à Sel de leurs demeures, qui est indirectement leur faire payer l'impoft du Sel cōme les taillables. Pourquoy il plaife à sa dite Maiefté, pour les releuer de tant de peines qu'ils souffrent iournellement, qu'ils feront et demeureront defchargez des condānations d'amendes, iugees fur eux, tāt par les fieurs Billart, et Regnard, que les Officiers defdicts greniers, et qu'à raison d'icelles amendes ils ne ferōt euocquez au Conseil : mais que les differends qui en proviendront feront iugez par la Cour des Aydes, à laquelle la congnoiffance naturellement appartient.

Au Roy. — Et neantmoins font les Commissaires d'auis que les comptes defdites amendes foient renduz en la Chambre des Comptes de Normandie; et qu'à cefte fin tant les Commiffaires que partifans foient tenuz mettre ès mains du Procureur general d'icelle Chambre, les roolles d'icelles amendes de dans trois mois, autrement à faute de ce faire, qu'il sera informé par Commiffaires depputez par ladite Chambre de ce que chacune paroiffe aura payé en particulier, pour du tout en eftre dreffé procez-verbal, et roolle, et enuoyé par devers fa Maiefté, et pourueu ainfi que de raifon.

Idem.

VIII.

Le grand impoft nouuellement eftabli, en Normandie, fur les vins, cildres, poirez, beftial, vendu ou non vendu, et autres marchandifes contenuës en la Pancarte, dont l'vfage eft si neceffaire au viure de l'hōme, eft fi exceffif, que les Fermiers dudit impoft tirent tout le profit que l'on peut faire fur lefdites marchandifes, et tout le fruict que les proprietaires peuuent efperer du mefnage et reuenu de leurs terres : auffi à raifon d'icelles, les Ecclefiaftiques ne peuuent à la plufpart payer leurs Decimes, les Nobles n'ont moyen de f'entretenir ny fubuenir à l'acquit de leurs debtes : et les pauures taillables demeurent en arrière de leur impoft à la taille et de leurs rentes aux Seigneurs. Car du vin vendu depuis quelques années aux foires de Rouen, après les impofts payez, il n'en eft pas reuenu cent fols du muid au pauvre Vigneron, ce qui caufe une telle alteration au traffic, qu'il ne paffe plus par la ville de Rouen la quatrieme partie du vin qui y paffoit par chacun an precedent la leuée defdicts impofts, ayans pris les marchands de telles marchandifes autres voyes, pour trãfporter leurs vins hors le Royaume, ce qui caufe vne grande diminution aux droicts anciens de fa Maiefté, et la ruine du pauvre peuple. Des beftiaux la vente en eft demeurée fi foible depuis le malheureux impoft qui fe perçoit par les Bureaux des villes, foires et marchez, que ceux qui chargent les herbages quitteroient volontiers ce mefnage, n'eftoit que les herbages, prairies et marefts en empireroient et deviendroient à non-valloir. Car outre que ledit impoft eft perçu par tant de diuers iours, fi les beftes ne font vendües, et tant de fois par les Bureaux, quand la befte eft au maffacre et sur l'eftal, les Fermiers en tirent encores, en plusieurs endroicts, vne autre fois l'impoft : puis apres du fuif, et par apres de la peau. Des beures l'impoft fe prend quand premièrement il eft vendu aux marchez champeftres : quand ils font apportez aux villes vne feconde fois il paye encores l'impoft, et puis eftant fallez paffant par deuant Rouen, ils payent troifième fois l'impoft. Des cildres lesdicts Fermiers ne se contentent pas en prendre l'impoft : mais ils prēnent pareil droict fur le petit cildre, qui n'eft autre chofe qu'eaüe paffée au travers le marc : ainfi des autres marchandifes contenües en la Pancarte, pareil defordre s'y eft mis tellemēt que fa Maiefté peut veoir qu'il ne fe peut apporter aucun reglement, qui eft occafion que plufieurs fe font retirez de la haute Normandie au pays de Boulongne, Pays Conquis, et Bourgongne, et de la baffe Normandie au pays de Bretagne, à raison que audit pays lefdites tailles, gabelles et impofitions ne se leuent ainfi qu'en ladite Province de Normandie. C'eft pourquoy lefdicts Eftats fupplient tref-humblement fadite Maiefté vouloir reuocquer ledit impoft, comme onereux, et à la ruine des trois Eftats dudit pays.

Au Roy. Et font les Commiffaires d'advis que ledit impoft soit reuocqué.

Le Roy a pour le bien et foulagement general de fes fubiects, defià revocqué ledit impoft, et en ceffera la leuée dès le commencement de cefte année.

IX.

REMONSTRENT tref-humblement lefdicts Eftats à fadite Maiefté, que pour la naturelle inclination qu'ils ont toufiours euë, au tref-humble feruice qu'ils deuoient aux feuz Roys ses predeceffeurs, fur l'affeurance de la foy publicque, ils n'ont doubté d'employer la meilleure partie de leurs biens : mefmes ont bien fouuēt vēdu et aliené leur propre heritage, pour subuenir aux fōmes notables que leurs Maieftez demandoient, lefquelles leurfdites Maieftez auroient conftituez en rentes fur leurs receptes generalles et particulieres, aydes, gabelles, et autres receptes à elles appartenant, defquelles rentes les particuliers ont efté payez iufques en l'année quatre vingt cinq, que l'on commença à en reculer quelque quartier, ce qui a cōtinué iufques à prefent, que fadite Maiefté a voulu feulement la moitié en eftre payée d'aucunes d'icelles, d'autres du total, et d'autres de trois quartiers : neantmoins qu'il y en ait plufieurs qui fe font fait payer en vne feule année de trois, six ou dix mil escus. C'est pourquoy sadite Maiesté est suppliée ordōner fonds, pour le payement entier desdites rentes ainsi qu'au precedent, lequel ne sera diuerty : et en cas qu'il y eust quelque recullemēt faire deffences ausdicts Receueurs generaux d'en payer les vns plustost que les autres : mais que chacun portera esgalement le deffaut qui se trouuera à la fin de l'année, enioignant à la Chambre des Comptes d'y tenir la main lors de la rendition des comptes, tant desdites receptes generales que particulieres.

AV ROY.

Il est fait fond d'an en an, pour payer et acquitter vne bonne partie desdites rentes, et en cela lesdicts supplians ont d'autant plus d'occasion de se louër et contenter du soin qu'a sa Maiesté, de leur particulier, ayant esté en aucunes années payez entierement desdites rentes, et de trois quartiers au moins, et autres. Veult toutes fois et ordonne sa Maiesté, que chacun se ressente dudit fond, et soit payé esgalement, selon la quantité et proportion de ses rentes, sans distinction ou acception quelconque. Enjoinct aux Receueurs d'y tenir la main et ne rien faire au contraire, à peine d'en respondre en leurs propres et priuez noms.

X.

Svpplient tres-humblement lesdicts Estats sadite Maiesté, considerer la grande perte et ruine qu'apportera non seulement à sadite Maiesté : mais au pauure peuple, le subcide d'vn sol pour liure, qu'elle veut estre leué sur les toilles, qui occasiōnera la substraction du traffic de cette marchandise en ceste ville de Rouen, et prouince de Normandie, et le faire trāsporter en pays estranges, et notammēt en Hambourg, Dansic, Scelesie, et autres lieux du pays d'Allemaigne, defquels la plufpart des lins, et chanures font apportez en cefte ville : Aufquels lieux ils ont cōmencé à faire des toiles de la mefme mefure, forme et largeur que celles de cefte prouince, fous l'efperance qu'ils ont conçeuë qu'en leuant vn tel impoft en cefte dite Prouince, ils auront moyen de les vendre à meilleur marché les enuoyant droict de leur pays en Efpaigne, qui fera vne totale ruine pour le plat pays, et fpeciallement pour le pauure peuple de la Prouince, qui n'a autre moyen de viure avec fa famille que de la manufacture des toiles.

AV ROY.

Le Roy ne peut rien changer à ce qu'il a cy deuant ordonné dudit impoſt.

XI.

Sadite Maiefté fera fuppliee, vouloir furceoir l'impoft du pied fourché qui fe leue en la ville de Caen, attendant le vuide du procez pendant au Confeil, entre les Eftats de la dite Prouince, demandans la reuocation dudit pied fourché, et les Efcheuins de la dite ville de Caen.

AV ROY.

Apres que l'eſtat de receptes et defpence dudit subcide aura eſté veu au Confeil, comme il a cy deuant eſté ordonné, et eſté recongneu en iceluy le maniement et employ des deniers qui en sont prouenuȝ (à quoy ſatisfairont ceux de ladite ville de Caen dans trois mois pour toutes prefixions et délaiȝ) fera pourueu à ce qui eſt requis cy deſſus par les fuppplians ainſi que de raifon. Sans préiudice neantmoins de l'inſtance pendante au Confeil pour ce fubiect.

XII.

Qv'il plaise à sadite Maiesté, faire octroyer à ses subiects de sa Prouince de Normandie, par la Royne d'Angleterre, qu'ils puissent negotier en ses pays, terres, et seigneuries, auec pareils priuileges, franchises et libertez, que les marchands Angloys ses subiects negotient en la Prouince : et que bonne et briefue iustice soit administrée aux marchands de ceste dite Prouince, sur les depredations qui ont esté faites depuis quelque temps par les Anglois, et recentement encores depuis quinze iours sur les Nauires de ceste dite Province, et qu'elle y face donner tel remede que pour l'aduenir semblables depredations ne se facent par lesdicts Angloys.

AV ROY.

Sera escrit à la Royne d'Angleterre pour moyenner aux subiects du Roy, la mesme liberté et faveur de trafficquer pour les François en Angleterre, qu'ont les Anglois en France : et quant aux depradations, sa Maiesté y pouruoira.

XIII.

Remonstrent lesdicts Estats à sadite Maiesté, que sur le vingt neufiesme article du cahier des remonstrances de l'année derniere, par lequel sadite Maiesté estoit suppliée pourueoir à la refection du Pont de larche, duquel la grand'Arche, sous laquelle les basteaux chargez passent, tant en montant qu'en descendant, tumbe en decadence : mesmes vn grand pan de muraille qui menasse ruine, sadite Maiesté auroit ordonné, que pour la refection et reparation dudit pont, il seroit pris la somme de quinze cens escus des deniers destinez pour les reparations et fortifications de Normandie, de ceste année presente, et autant en la fubfequéte, et outre ce, qu'il feroit fait eftat des deniers qui fe tirent des Bacz et paffages, qui feruent fur la rivière au lieu dudit Pont, pour eftre employez à mefme effect : toutes fois ledit Arreft ayant efté fignifié au Treforier des deniers defdites fortifications, et par mefme moyen fommé de déclarer s'il auoit aucuns deniers en fes mains de cefte nature, Ledit Tréforier auoit fait refponce qu'il n'en auoit aucuns, et qu'il les auoit diftribuez fuiuant l'eftat qui lui auoit efté déliuré au commencement de l'année par Monfeigneur de Montpencier. Pourquoy il plaira à fadite Maiefté, ordonner que la dite fomme de quinze cens efcus, fera prinfe fur lefdicts deniers des fortifications durant les deux annees fuiuantes : attēdu que lefdicts Eftats n'ont iouy de ladite fomme en la prefente année, afin qu'il foit promptement pourueu à la reparation dudit Pont.

Au Roy. Et neantmoins font les Commiffaires d'aduis de supplier fa Maiefté, attendu que les deniers des fortifications ne sont pas fuffifans pour fatiffaire à l'effect de ce à quoy ils font destinez, Qu'il luy plaife ordonner leuée eftre faite de dix ou douze mil efcus par an, durant le temps de quatre ans, pour eftre les deniers employez à la refection tant du Pont du Pont de larche, que de Rouen, comme eftant pour le bien et commodité du public.

Sera enuoyé fur les lieux pour recongnoiftre les reparations plus preffées et importantes audit Pont, dont fera dreffé eftat, et ordonné apres des moyens qu'il y conuiendra employer, ainfi que fa Maiefté verra eftre de raifon. Sera de mefmes faict et enuoyé promptement eftat au Confeil des deniers prouenuz des Bacz et bafteaux feruans au paffage de la riuiere, pour en congnoiftre le fond, et f'en preualoir efdites reparations.

XIIII.

Les habitans du plat pays, proche de la mer, de la

baſſe Normandie, remonſtrent treſ-humblement à ſadite Maieſté, que neantmoins qu'il ait plu à Dieu nous donner la paix, les Capitaines des coſtes auroient cy deuant fait termer les monſtres, où n'auroient eu moyen ſe trouuer pluſieurs deſdicts habitans, à cauſe qu'ils n'auoient armes ny argent pour en achapter pour leur pauureté : à raiſon de quoy ayant eſté cõdamnez en de groſſes amendes, ils ſont iournellement travaillez et empriſonnez pour le payement d'icelles. Pourquoi il plaiſe à ſadite Maieſté les deſcharger deſdites amendes, afin qu'ils ayent moyen de continuer le payement de leurs tailles.

Au Roy. Et neantmoins ſont les Commiſſaires d'aduis qu'ils ſoient deſchargez dès à preſent.

Le Roy renuoye les ſupplians à Monſieur l'Admiral, pour leur pourueoir.

XV.

Il n'y a rien qui greue tant le pauure peuple de Normandie, que les Commissions extraordinaires qui ſe briguent, et ſont courües par aucuns qui n'ont aucune amitié enuers le pauure peuple : auſſi ne les entreprennent-ils que pour le gain qu'ils en eſperent, et ne les executent-ils qu'à l'apetit et volonté de ceux qui les mettent en beſongne. Que ſi elles eſtoient executées par les officiers de la Province, ſadite Maieſté en ſeroit mieux ſeruie, et le peuple plus ſoulagé. Pourquoy ſadite Maieſté ſera ſuppliée reuocquer toutes Commiſſions extraordinaires, qu'elle auroit cy deuant decernées, comme ruineuſes et dommageables au publicq.

Au Roy. Et ſont neantmoins les Commiſſaires d'aduis de la dite reuocation.

Le Roy, dès l'année derniere, ſur ſemblables plainctes de l'execution deſdites Commiſſions, ordonna que l'on feroit apparoir du subiect d'icelles, à quoy ſatiſſaiſant par les fupplians, Sa Maiefté fera toufiours difpofée à y pourueoir à leur foulagement.

XVI.

Qv'il foit deffendu aux Receueurs des tailles, et autres Commiffaires, pour leuer deniers Royaux, emprifonner les pauures taillables, les vns pour les autres, que premierement les biens des Collecteurs n'ayent efté difcutez, d'autant qu'il en eft mort grand nombre dans les prifons.

AV ROY.

Le reglement fur ce fait fera fuiui, et où il y auroit contrauention y doit eftre pourueu fuiuant ledit reglement.

XVII.

Lesdicts Eftats fupplient tres-humblement fadite Maiefté, que pour la manutention des anciens priuileges de la Nobleffe, et en cōfirmant la refponce mife au pied de l'article quarante et vnieme des remonftrances faites à la conuention desdicts Eftats, en l'année cinq cens quatre vingts dix sept, conformément aux ordonnances, faire deffenfes aux Sieurs de la Chambre des Comptes, trauailler ny inquieter les Receueurs de l'arriere-Ban, qui auront rendu leurs comptes deuant les Baillifs, par deuant lefquels lefdicts Receueurs ont efté nommez, fur peine de tous defpens et interefts des parties.

AV ROY.

Les comptes dudit Ban et arriere-Ban se rendront en la Chambre fur les Eftats prealablement veriffiez et arreftez par les Baillifs, ou leurs Lieutenans, fuivant les arrefts et ce qui f'obferue en la Chambre des Comptes de Paris en pareil cas.

XVIII.

La Iuſtice extraordinaire de ceſte Prouince, eſtant ſuffiſammēt adminiſtrée par les vis-Baillifs d'icelle, ſans que la Commiſſion du Preuoſt cy deuant exercée par le Sieur de Sureſne, et à preſent par le Sieur du Roullet, ſoit autre que innutile, et à la foulle du peuple, Sadite Maieſté eſt ſupliée treſ-humblement par leſdicts trois Eſtats, ſe reſſouuenir de la promeſſe par elle cy deuant à eux faite de ne plus pourueoir à la dite Commiſſion, et à preſent icelle commiſſion eſtaindre et ſupprimer pour l'aduenir, et deſcharger ſon peuple de la leuée des deniers qui ſe fait pour l'entretenement dudit ſieur du Roullet, ſes Lieutenant, Greffier, et Archers.

AV ROY.

Le Roy continue ledit ſieur du Roullet pour faire encores durant ceſte preſente année la charge du grand Preuoſt en la Prouince de Normandie, auec l'authorité et pouuoir que ſa Maieſté luy en donne par ſes lettres de commiſſion, qu'elle luy en a fait expedier.

XIX.

Remonstrent treſ-humblement leſdicts Eſtats, que Meſſieurs de l'hoſtel de ville de Paris, ſoubs pretexte d'un certain droict qu'ils pretédent ſur les Marchandiſes qui viennent de Normandie par eauë, qui ſont chargées dans les baſteaux qui rebrouſſent l'eauë, depuis les Ponts de Mantes iuſques en ladite ville de Paris, qu'ils appellent droict de Hance, et compagnee Françoiſe, veullent auiourd'huy eſtendre ledit pretédu droict, non ſeullement pour les marchandiſes qui ſe deſchargent audit Paris, mais auſſi ſur celles qui viennent à Rouen et ſe deſchargent à Ponthoiſe, et autres villes et lieux qui ſont ſur les riuieres de Saine, et Oyze. Et de fait ont deliuré des Commiſſions à des particuliers, qui font payer ledit droiɛt (au grand intereſt et preiudice du publicq) et un moyen pour oſter le commerce de ceux de Picardie qui viennent trafiquer en ladite ville de Rouen. C'eſt pourquoy ſadite Maieſté ſera ſuppliée ordonner que leſdites Commiſſions feront apportées au Conſeil, et ce pendant deffences de les executer, à peine de concuſſion, et aux Maiſtres des Ponts de prendre aucune choſe ſur les petits batteaux qui n'ont trauers ny gouuernail.

Au Roy. Et ſont les Commiſſaires d'aduis du contenu en ceſt article.

Les Preuoſts des Marchands et Eſcheuins de la ville de Paris ſeront appeleʒ et ouys auec les ſupplians au Conſeil d'Eſtat de ſa Maieſté, ſur le contenu en ceſt article, pour apres y eſtre pourueu, ainſi qu'il appartiendra.

XX.

Sadite Maieſté ſera ſuppliée faire deſmolir la fortereſſe de Henricaruille, ſans que pour ce faire leuée ſoit faite, ſoit pour ladite deſmolition, ou pour recompence qui en pourroit eſtre pretenduë.

AV ROY.

Le Roy accorde ladite démolition, laquelle il entend eſtre effectuée apres qu'il aura eſté ſatisfaict à la recompenſe ordonnée pour icelle.

XXI.

Svpplient tref-humblement leſdicts Eſtats ſadite Maieſté, qu'il luy plaiſe apporter vn reglement pour l'abreuiation des procez, qui ſont en ceſte Prouince, eſtans les particuliers plus ruinez de la longueur d'iceux, que de la guerre mefme.

AV ROY.

Sa Maiefté a ordonné qu'il y foit pourueu, ne defirant rien plus que de foulager fes subiects, de la longueur des pourfuittes et procedures qui font en l'adminiftration de la Iuftice, et des grandes defpences et incommoditez, efquelles ils font iournellement conftituez à l'occasion d'icelles.

XXII.

Sadite Maiefté fera fuppliée reuocquer l'office de Vifiteur general des poids et mefures, exercé par maiftre Pierre Rouffel dit le Maltais, à caufe que ladite Commiffion, peut eftre exercee par les Iuges des lieux, à la moindre foulle du peuple.

Au Roy. Et neantmoins font les Commiffaires d'aduis que les depputez mettront ès mains du procureur Scindic des Eftats, les memoires et inftructions des chofes, dont ils fe pleignent.

Faifant apparoir par les Supplians des plainctes propofées contre ledict Rouffel, et le merite d'icelles recongneu au Confeil, y fera pourueu.

XXIII.

Qv'il plaife à fadite Maiefté, fupprimer tous les Eftats Supernumeraires, erigez depuis vingt ans, ou à tout le moins qu'ils demeurent fupprimez et eftains par mort.

Au Roy. Et neantmoins font les Commiffaires d'aduis du contenu en ceft article.

S'offrant les moyens de rembourcer lefdicts officiers Supernumeraires, fa Maiefté en aura toufiours agreable la reduction et suppreffion.

XXIIII.

Svpprimer auffi les maiftres Clercs des Greffes, Parifis et prefentations et double Sceau de nouueau erigez, comme innutils, et à la foulle du peuple, Ou pour le moins en attendant ladite suppression, qu'il ne fera pris droiɫ de prefentation des caufes fommaires, et au deffous de cent fols.

AV ROY.

Ne fe peut fans un actuel remboursement, de ceux qui ont acquis lefdites charges et droiɫs hereditairement.

XXV.

Sadite Maiefté fera fuppliée tres-humblement faire defféces aux deleguez, et fub-deleguez de la Chambre Royalle de rechercher aucunement les pauures taillables, qui du confentement de leurs paroiffes ont fait quelques leuées de deniers fur eux : mefmes pour les affaires de leurfdites parroiffes, ny contre les Efleuz qui leur en ont donné la permiffion, Ce qui eft auffi demandé pour ceux qui ont rendu compte en la Chambre des Comptes des deniers communs et d'oɫtroy.

AV ROY.

Le Roy furçoit lefdites pourfuites et recherches, et fait deffenfes aufdiɫs Commiffaires de paffer outre, à ce qu'ils en peuuent avoir ià encommencé, iufques à ce que par fa Maiefté en ait efté autrement ordonné.

XXVI.

Remonstrent tref-humblement lefdiɫs Eftats que par l'article vingt sixième du cahier des remonftrãces de l'année

derniere, par lequel fadite Maiefté eftoit fuppliée caffer
certain arreft, obtenu par vn furnommé Ioret dit le fin
Homme, contre les pauures Matelots du port en Beffin et
faincte Honorine, contenant permiffion audit Ioret d'exercer certaine Commiffion qu'il auroit obtenuë de fadite
Maiefté, pour pouuoir prendre vn fol pour liure de la
vente des poiffons, qui fe feroit aufdicts ports, en recom-
pense de deux batteaux, qu'il difoit auoir perdus à la
recherche de certaines pierres roqualeufes, pour l'embellif-
fement des fontaines de Sainct Germain, et Fontaine-bleau,
Sadite Maiefté auroit ordonné, que le fieur de Maupeou
feroit commis pour liquider la recompence qui efcheoit
audit Ioret, pour la perte prétenduë de fes batteaux, pour
la liquidation faite eftre pourueu fur ledit article : Et
d'autant que ledit Ioret auroit efté executé à mort, et que
ladite Commiffion par ce moyen feroit finie, IL plaise à
fadite Maiefté, declarer qu'elle n'entend cy apres pourueoir
aucun à ladite Commiffion : ains qu'elle demeurera
eftaincte et fupprimée, et que lefdicts Matelots demeureront quittes et defchargez des defpens qu'auroient fur eux
obtenu ledit Ioret par ledit arreft, et n'en seront recherchez
par aucunes perfonnes quelles qu'elles foient, à raifon de
ladite confifcation, afin que les pauures Matelots puiffent
auoir moyen de continuer le payement de leurs tailles.

Au Roy. Et neantmoins font les Commiffaires d'aduis du contenu en ceft article.

Le Roy ayant en faueur des fupplians ordonné dès l'année dernière que ledit office feroit fupprimé, veut à prefent qu'il vacque par la mort dudit Ioret, que ladite fuppreffion ait lieu, et qu'il n'y foit ores ne pour l'aduenir pourueu. Et pour le regard de la taxe des defpens adiugez audit feu Joret, et autres chofes dont les fup- plians requierent defcharge et remife, en faueur des

*pauures Matelots qui y font condamnez, en iugeant l'inſ-
tance pour ce pendante au Conſeil, y ſera pourueu.*

Les gens du tiers Eſtat (Sire) ne ſçauroient reſpondre
aux demandes que ſadite Maieſté leur a faites, elles ſont
par trop exceſſiues, il n'y a moyen de ſ'y obliger, l'eſperance d'une grande deſcharge les a nourris d'année en
année iuſques à preſent : mais maintenant qu'ils ſ'en
voyent fruſtrez, le deſeſpoir prend ſa place en leurs eſprits,
il ne leur chaut plus qu'il arriue, puis qu'ils ne peuuent
avoir la paix. Pour laquelle et pour ſubuenir aux deſpen-
ces de ſadite Maieſté : ils n'ont rien eſpargné, ils ſe ſont
feignez iuſques à la meilleure goutte de leur ſang, ils ont
vendu, meſvendu tout ce qu'ils auoient de biés, et d'immeubles, il ne leur reſte plus rien. Les plus riches ne ſont
plus que fermiers, qui viuent plus miſerables mil et mil
fois que leurs feruiteurs meſmes, et neantmoins ils ſont en
guerre plus que iamais : Toutes fois elle eſt tout d'un coſté,
car vos Officiers (Sire) n'ont point eſgard à leurs iuſtes
plainctes et remonſtrances, qui ſont leurs deffences. Autres
fois ils fuyoient deuant les gens de guerre : mais au ſeul
reſpect de voſtre nom, et de vos armes, ils ne ſçauroient
ſ'aduancer, il faut qu'ils entrent priſonniers dedans vos
priſons, qui en ſont remplies : Tātoſt pour les deniers de
la taille, tantoſt pour le Sel, ou pour deniers Royaux.
Durant la guerre, ils eſtoient deliurez au moyen d'une
petite rançon. Mais ſi le Receueur des tailles conſent leur
deliurance apres auoir payé leur cotte-part de la taille, ils
ſont retenus pour les deniers du Sel, baillé par impoſt. En
fin il faut qu'ils meurent, car ils ne ſçauroient ſatiſfaire au
payement de l'vn et de l'autre ? Et qui plus eſt, le plus
aiſé ne ſçauroit ayder à ſon compagnon, d'autant qu'il eſt
retenu par la crainte du meſme deſaſtre, et il n'y a rien de
quoy il puiſſe faire argēt, Qui eſt maintenant ſi cher en

ceste Prouince, que l'année passée le boisseau de meilleur bled dans la ville d'Eu ne s'est vendu que cinq sols et ainsi aux autres endroicts à l'equipolent, selon la quantité des mesures : Et en ceste presente annee il s'est plus perdu de bled par les vents et gresles qu'il n'en est resté sur le pied : mesmes que l'on n'a peu semer ceste année en plusieurs endroicts, le long des riuieres pour faire des fourmens, à raison des grandes innundations, et ce qui est semé ne peut profiter : Ioinct qu'il y a quatre ou cinq ans qu'en Normandie il y a eu telle stérélité de fruicts qu'il ne s'est peu faire vn seul denier de ce costé là. C'est pourquoy lesdicts Estats vous ayant representé leur condition si desplorable, Supplient tres-humblement vostre Maiesté, que si iamais eux ou leurs peres ont trouué quelque grace deuant les yeux de sa Maiesté : il luy plaise se contenter pour l'année prochaine des offres qui ensuiuent. Protestās, en foy de tres-humbles tres-obeissans et fidelles subiects, ne penser pour leur pauureté, et des maux par eux soufferts, aysément fournir à icelles, Supplians tres-humblement vostre dite Maiesté, les vouloir descharger, de la grande creuë des garnisons, et leur donner moyen de se remettre et entrer en quelque bon repos.

ASSAVOIR.

Povr le principal de la taille, neuf cens mil liures.

Povr les reparations et fortifications des Chasteaux et places fortes du pays, douze mil deux cens quatorze liures.

Povr le taillon, quatre vingts deux mil cens quarante trois liures quatre sols.

Povr les gages des Vis-Baillifs, vingt deux mil neuf cens soixante six liures cinq sols.

Povr les gages des Postes, trois mil liures.

Povr les taxations des sieurs Commissaires des Estats, trois mil cinq cens liures.

Povr les taxations des fieurs Depputez, deux mil huict cens trente huict liures.

Povr les fraiz et affaires communs du pays, neuf mil liures.

Montans toutes lefdites parties, à la fomme de vn million quarante quatre mil foixante vne liure neuf fols tournois.

De laquelle lefdicts Eftats fupplient tref-humblement fa Maiefté fe vouloir contenter, et au furplus auoir les habitans du pays en bonne et finguliere recommandation.

Faict en la conuention generalle des Eftats du pays et Duché de Normandie, tenus à Rouen le vingt quatriefme iour d'Octobre, mil fix cens et deux.

Les commissaires tenans la prefente Conuention, ayant veu la refponce que les depputez des Eftats ont faicte à la propofition et demande à eux faicte, de la part du Roy, par laquelle accordent feulement luy payer pour l'année prochaine mil fix cens et trois, la fomme de neuf cens mil liures pour le principal de la taille, auec le taillon, et deniers ordinaires accouftumés d'eftre leuez chacun an fur le pays, felon que le tout eft plus à plein mentionné au prefent cahier de leurs doleances : Apres que lefdicts Commiffaires ont fur ce fait aufdicts depputez plufieurs remonftrances requifes et neceffaires, pour le feruice de fa Maiefté. Sur lefquels f'eftant raffemblez pour y aduifer, ils ont dit que l'offre qu'ils ont faite eft beaucoup plus grande que leur puiffance ne peut porter : Toutes fois pour montrer la fidelle affection qu'ils ont au feruice de fadite Maiefté, accordent que leuée foit faite des trois quartes parties des fommes par elle demandées, fupplians icelle dite Maiefté f'en vouloir contenter, et les defcharger du furplus, attendu leur extrefme pauureté. Icevx Commiffaires pour ne laiffer le feruice de fadite Maiefté en arriere, ont ordonné que par prouifion deppartement et affiette fera actuellement faicte de toutes et chacunes les sommes de deniers par elle demandées et contenuës ès lettres patentes de Commission, pour ce expediées selon la forme portée par icelles. Ce qui a esté prononcé publicquement ausdicts deleguez en l'assemblée desdicts Estats.

Faict à Rouen par les Commissaires du Roy, tenans la conuention desdicts Estats, le vingt-neufiesme iour d'Octobre mil six cens deux.

Signé : par lesdicts sievrs commissaires,

LIEGART.

Le Roy ne peut diminuer aucune chose des sommes qu'il a fait representer et recongnoistre aux Supplians luy estre necessaires, pour subuenir aux despences qu'il conuient à sa Maiesté, supporter en la presente année pour le bien de l'Estat, et la manutention et conseruation d'iceluy. Et se peuuent asseurer lesdicts supplians qu'elle a autant de soing qu'ils peuuent desirer de leur soulagement, dont ils sentiroient les effects de iour en iour plus favorables, si ses affaires le pouuoient permettre.

Faict à Paris le quatriesme iour de Feburier, mil six cens trois.

Signé : HENRY.

Et plus bas : Potier.

---

(1) *A Rouen, de l'Imprimerie de Martin le Mesgissier, imprimeur ordinaire du Roy, tenant sa boutique au haut des degrés du Palais, 1603, avec privilège dudit Seigneur. — Réimprimé d'après l'exemplaire de la Bibliothèque nationale.*

ARTICLES
DE
REMONSTRANCES
Faictes en la Convention des Trois Eſtats
DE NORMANDIE

Tenue à Rouen, le cinquieſme iour de Nouembre, et autres iours enſuyvans, mil cix cens quatre.

Avec la Reſponce et Ordonnance ſur ce faicte par le Roy eſtant en ſon Conseil,

Tenu à Paris, le vingt-ſeptiéme iour de Feurier, mil ſix cens cinq.

AV ROY.

Et a Monseigneur le Duc de Montpencier, *Pair de France, Gouverneur et lieutenant general pour ſa Maieſté, en ſes pays et Duché de Normandie, et à Noſſeigneurs les Commiſſaires depputez par ſadite Maieſté pour tenir l'aſſemblée des Eſtats de ceſte Province, en ceſte ville de Rouen, le cinquieſme iour de Nouembre mil ſix cens quatre.*

Les gens des trois Eſtats ſupplient treſ-humblement ſa Maieſté voir leurs plaintes et doleances contenues en ce cahier, et leur accorder les prouifions neceffaires felon le merite d'icelles.

Lesdicts Eftats viuans en la mefme efperance qu'aux precedentes années, se confacrent aux pieds de fadite Maiefté. L'implorant qu'il luy plaife ietter fon œil de pitié & de mifericorde fur ce pauure corps d'Eftats accablé & ruyné de toutes fortes de miferes et d'afflictions, defquelles il ne peut eftre guery que par le feul regard de fadite Maiefté. Que fi cefte annee prefente elle fait l'honneur aux Ecclefiaftiques les ouyr en leurs plaintes de la grande furcharge qu'ils portent des decimes ordinaires & extraordinaires, pour lefquelles fans le refpect de leur eftat ils font auffi miferablement traictez que les plus vils & abiects hommes du monde, aux Nobles affoiblis & de nerfs & de forces de fe voir reduits cõme tributaires au payement des impofts, charges & fubfides, comme le refte du peuple, & au pauure tiers Eftat defnué de moyens & commoditez fe voir ainfi qu'vn efclave reduit au trauail de iour & de nuict, defirer les alimens à fon corps, & negliger fa propre vie pour efpargner les deniers de fa taille, ils f'affurent tant de la bonté de fadite Maiefté, qu'elle defchargera les Ecclefiaftiques de la rigueur des decimes; les Nobles de l'importunité des impofts, & le pauure tiers Eftat de la pefanteur des tailles.

I.

Svpplient tref-humblement les Ecclefiaftiques eftre maintenus en leurs priuileges, immunitez, & que les terres & lieux deftinez à l'Eglife, comme maifons prefbyteralles & cimetieres qui auroyent cy deuant & feroyent encores de prefent prifes & occupees foubs prétexte des troubles derniers ou autrement par quelques perfonnes que ce foyent feront reftituez & remis au premier Eftat qu'ils eftoyent lors de l'vfurpation, & que ladite reftitution fera pourfuyuie à l'inftance de fon Procureur general en fa Court de Parlement & de fes fubftituts en chacune iuridiction où lefdites chofes fe trouueront vfurpees fur peine de fufpenfion de leurs charges, comme auffi les ruës des villages qui auroyent efté retranchées et occupées, par le moyen de laquelle vfurpation le libre accez eft empefché aux parroiffiens et autres perfonnes de pouuoir aller aufdicts lieux prefbiteraux, Eglifes & Cimetieres.

Au Roy. *Et neantmoins en font les Commiffaires d'aduis.*

Le Roy a lefdicts Ecclefiaftiques & tout ce qui leur appartient & concerne leurs dignitez, immunitez, franchifes, droicts & priuileges en la recommandation qu'ils peuuent defirer, & veut fa Maiefté les continuer & conferver en general et particulier en la libre, paifible, & entiere poffeffion d'iceux, pour en iouïr ainfi qu'ils ont fait bien & deuëment iufques à prefent, & a fadite Maiefté renuoyé les fuppliants à fes Iuges & Officiers ordinaires de la Prouince, chacun en leur reffort, pour eftre pourueu fuyuant fes Edicts & en execution d'iceux fur la reftitution & reftabliffement requis tant des maifons, terres, & autres lieux Ecclefiaftiques, comme auffi des ruës & lieux retranchez & occupez, Enioint à fon Procureur general & fes fubftituts en l'eftendue de leurs refforts et iuridictions y tenir la main, & apporter toute la pourfuite & aduancement dont ils feront requis, & (auxquels) le devoir de leurs charges les oblige.

II.

SADITE Maiefté fera fuppliée se reffouuenir des feruices à elle fais par fa Nobleffe de Normandie, principalement en ces guerres dernieres, à cefte occafion que les Nobles demeurans tant és villes qu'aux champs, feront maintenus en leurs exemptions & priuileges, afin de leur donner courage, & qu'ils ayent plus de moyen de la feruir aux occafions qui s'offriront.

Au Roy. Et neantmoins en font les Commiffaires d'aduis.

Sa Maiefté fe confiant que ladite Nobleffe continue en la mefme fidelle deuotion qu'elle a eu de tout temps à la manutention & conferuation de ceft Eftat, elle a toute bonne reffouuenance & reffentiment des merites & feruices de ladite Nobleffe, dont elle luy fera toufiours reffentir les effets fauorables, foit en la conferuation & continuation de fes franchifes & immunitez esquelles elle la veut maintenir, foit en autres occafions qui s'offriront pour le bien general & particulier d'icelle.

III.

LESDICTS Eftats ayant reffenty le mal qui prouient de la multiplicité des Officiers furnumeraires en ont rendu tant de plainctes aux feuz Roys fes predeceffeurs, que leur en ayans accordé la fuppreffion ils les ont rembourfez de leurs propres deniers, afin d'eftre defchargez d'vne telle ruyne. Neantmoins il ne fe trouue aucun defdicts Eftats où fadite Maiefté n'aye pourueu tout de nouueau, n'eftant poffible aduerty defdicts rembourfemens. A CES CAVSES, il plaife à fadite Maiefté fupprimer tous offices fupernumeraires tant de iudicature que de finance, comme chofe préiudiciable au public, ou à tout le moins ceux qui fe trouueront auoir efté rembourfez par lefdicts Eftats, & ceux qui aurōt efté fupprimez par mort, & pour le regard des Efleuz qui auroient contreuenu à la commiffion de fadite Maiefté d'auoir receu Aduocats à poftuller par deuant eux, ils foyēt dés à prefent fupprimez fans rembourfement, & qu'il fera informé des efpices et raports qu'ils ont pris iufques icy pour la vuide du procez.

Au Roy. Et neantmoins en font les Commiffaires d'aduis.

La fuppreffion defdites offices n'eft pas moins defiree par fa Maiefté que des fuppliants & l'aura toufiours agreable, les moyens s'en offrant de la part des fuppliants, finon elle y pouruoira au pluftoft que fes affaires le pourront permettre, a fait de nouueau commandement tres expres aux Efleuz de la Prouince fatisfaire à ce que fa Maiefté leur mande & ordonne par la Commiffion des Eftats. Enioint à la Court des Aydes y tenir la main, & proceder contre les contreuenans par les peines de l'ordonnance.

IIII.

Sadicte Maiefté eft tres-humblemēt fuppliee vouloir pourueoir aux defordres qui fe font en l'execution de la commiffion pour la reparation des chemins Royaux, pour la grande ruyne qu'elle apporte aux habitās du pays ayans heritages fur lefdicts chemins, lefquels font contrains d'abattre des hayes & foffez fur lefquels il y a des arbres de plus de cent ans, font contrains comme aplanir des vallées, razer des montagnes, et couper des pommiers par le pied pour peu que ledit chemin n'aye fa largeur, abattre des maifons & murailles à la grande perte & defolation defdits habitans qui ne font pas mefme reçeus à quitter et delaiffer les heritages qu'ils ont fur lefdits chemins : mais font contrains par toutes voyes d'amendes & autres rigueurs de Iuftice à l'executiō de choses impoffibles, croyant lefdicts Eftats fadicte Maiefté auoir bien voulu la reparation defdicts chemins, & non pas la perte & ruyne defdits habitans. Supplient auffi que diftinction foit faite defdicts chemins Royaux d'auec les communs fentiers et voyes, mefmes pourueoir aux amendes exceffives iugees fur lefdicts pauures habitans, afin qu'elle foit deuëment informée des rigueurs de ladicte commiffion.

Au Roy. Et neantmoins en font les Commiſſaires d'aduis.

Le Roy ordonne à Monſieur le Marquis de Roſny, grand voyer de France, de pourueoir à ce qui eſt requis pour la reparation deſdicts chemins, & ſera mandé à la Court de Parlement de pourueoir auſſi de ſa part aux deſordres mentionnez par le present article, & autres qui ſe commettent en la Prouince par ceux qui y ſont employez, en ſorte que le public en reçoyue de la commodité, & les particuliers ne ſoyent induëment trauaillez.

V.

Lesdicts Eſtats supplient tres-humblement ſadite Maieſté les vouloir excuſer, ſi par tous les cahiers de leurs dolleances des annees dernieres, ils ſe font plaints à elle de ce que les arrerages deubs à pluſieurs particuliers, tant directement à prendre ſur ſes recettes generalles & particulieres, aydes, impoſitiōs foraines, & domanialles, que paſſant par les mains de l'hoſtel cōmun de la ville de Roüen à prendre ſur leſdictes receptes ne leur ſont point payez, mais ils ne ſont qu'auant parleurs & portes plaintes d'une infinité de pauures vefues, enfans orphelins, & autres pauures gens qui n'ont autre moyen de viure que deſdictes rentes, qui ont eſté contrains vendre le meilleur et plus clair de leurs biens pour subuenir à la neceſſité de ſes predeceſſeurs Roys, leſquels auſſi en ceſte conſideration les ont bien payez durant leurs regnes, mais depuis leur en ayant eſté retranché tantoſt vn quartier, tantoſt vn autre, en fin leſdicts pauures rentiers n'ont plus eſté payez que de deux quartiers ſur leſdictes receptes generalles & particulieres, & de trois quartiers ſur l'impoſition foraine. De peur donc que leſdictes pauures femmes vefues, enfans orphelins, & autres pauures gens ne periſſent de fain, il plaiſe à ſadite Maieſté ordonner qu'ils feront payez entierement des arrerages defdictes rentes qui leur font deües fur lefdictes receptes de quartier en quartier pour auoir efté lefdictes rentes bien & legitimement conftituees.

AV ROY.

Le Roy continuera auec autant de bon & fauorable traictement que par le paffé, le fond que fes affaires pourront permettre d'ordonner pour l'acquit defdictes rentes, & par ce que le principal grief des fuppliants au payement defdictes rentes leur prouient de l'innegalité & defordre qui fe commet en la diftribution de ce que fa Maiefté y affecte, elle a fait tres-expreffes deffences aux Recepueurs & payeurs defdites rentes d'en payer plus aux vns qu'aux autres, & leur enioint derechef y garder l'egalité à peine de reftitution contre eux & ceux qui leur auront ordonné au contraire.

VI.

Comme les peuples fe font réfioüis d'auoir veu les fieges des iurifdictions eftablis en certains lieux pour leur commodité, afin de n'eftre diftraicts de leurs affaires domeftiques & particulieres, auffi n'y a-il rié qui les greue & fafche tant que lors qu'ils font contrains rechercher la Iuftice en lieux efloignez de leurs Prouinces, tant à raifon de la diftraction de leurs affaires, que des grands frais qu'ils font contrains faire hors de leurs maifons. Auffi ces bons peres de Normandie faifant pour eux & leurs fucceffeurs ftipulerent par leurs chartres, que nul ne feroit diftraict de fa iurifdiction, & contraint aller plaider hors fa Prouince. Neantmoins il fe trouue encores des euoccations pour diftraire les habitans du pays aller tantoft à Paris, comme le Sieur d'Esneual, où il tire les pauures hommes & vaffaux aux Requeftes du Palais à Paris, pour chofes feodalles, comme pour vn denier de rente, vn chapon, vne poulle, vn œuf, vn boiffeau d'auoine, & autres petites chofes, fi bien que fefdicts hommes ayment mieux lui payer fes demandes, & recognoiftre fes rentes peu loyalles, que les aller contredire en lieu fi efloigné. Les autres en Bretagne, & les autres en autres Parlemens. Afin donc que lefdicts habitans du pays ioüiffent de leurs priuileges que fadite Maiefté a fi fouvēt confirmez, il luy plaife reuocquer toutes les euoccations generalles qu'elle a cy deuant octroyées à quelques perfonnes, et foubs quelque prétexte que ce foit.

Au Roy. Et neantmoins en font les Commiffaires d'aduis.

Ledit Sieur d'Efneual iouyra de l'euocation à luy accordée pour le temps prefix par icelle, excepté pour ce qui concerne les payfans fubiets dudit Sieur d'Efneual, contre lefquels fa Maiefté ne veut ladite euoccation auoir lieu, ains leurs caufes et differens eftre traictez et iugez par deuant leurs Iuges naturels, pourueu toutesfois qu'il n'y ait quelqu'vn des Prefidens ou Confeillers de la Court de Parlement, chambre des Comptes ou Court des Aydes de la Prouince qui aye intereft efdites caufes.

VII.

Qv'il luy plaife reuocquer l'impoft de l'efcu pour tonneau de marchandife, d'autant que la fomme de quatre vingts cinq mille cinq cens quatre vingts dix liures, pour laquelle il auoit efté vérifié par les Arrefts des Cours de Parlement et des Aydes, eft leuée & fournie, lequel continuant apporteroit la ruyne du trafic en toute la Prouince de Normandie.

AV ROY.

Apres que fa Maiefté aura veu l'eftat de la recepte des deniers prouenus de ladite impofition & des affignations leuées fur ladite nature de deniers, y fera pourueu ainfi qu'il appartiendra.

VIII.

Sadite Maiefté fera tres-humblement fuppliée defcharger les villes de Roüen, Haure de Grace, et Dieppe, de l'impoft qui fe leué auxdits lieux de neuf liures pour tonneau de vin, quarante fols pour tonneau de fidre, & vingt fols pour tonneau de poiray, apres l'expiration des deux années qui finiront en Decembre prochain, & à cefte fin reuocquer la declaratiõ qu'elle a enuoyé en fa Court des Aydes en Normandie, pour la continuation d'iceluy, attendu que ledit impoft apporte vne ruyne generalle audit pays, & diminution des droicts de fa Maiefté, d'autant que le trafic de vin & en confequence toute autre marchandife fe tranffere aux villes des autres Prouinces où ledit impoft n'a lieu.

AV ROY.

Les deniers qui procedent dudit impoft eftans affectez au payement des rentes & autres affaires neceffaires & importans à l'Eftat, fa Maiefté n'en peut accorder la defcharge, & veut que la levée s'en continue fuyuant la déclaration cy mentionnee.

IX.

Qv'il plaife à fadite Maiefté reuocquer l'Edit de creation en tiltre d'office de Receueurs, Payeurs, & Controolleurs des rentes, enfemble le bail general des Aydes, fait à vn furnommé de Moyffet.

AV ROY.

Le Roy a eftably lefdites offices pour les auoir iugez neceffaires pour le bien de fon feruice, & veut qu'ils ayent lieu suyuant l'Edit que sa Maiesté en a fait, & pour le regard du bail dudit Moysset, ayant esté fait par les formes ordinaires & au plus offrant, & faisant la condition du Roy meilleure, ayant esté aussi donnée bonne & suffisante caution de l'entretenement et effet d'iceluy, ne s'en peut faire aucune reuocation.

X.

L'ESTABLISSEMENT des Visbaillifs en la Prouince de Normandie, par la suppression d'vn nommé S. Leger, Preuost general en icelle, ayant continué si longtemps, a esté cause des grandes plaintes qui ont esté rendues à sadite Maiesté, de la promotion ou restablissemēt dudit Estat de Preuost general en la personne du feu Sieur de Suresne, & depuis en la personne du Sieur du Roullet, contre lequel lesdits Estats ont rendu infinies plaintes, tant à raison de la continuation dudit Estat, que des mauuais comportements de ses lieutenans, Greffiers, & Archers qui ont esté par plusieurs fois representez en son Conseil, qui encores qu'ils ne soyent exempts que de quatre liures de la somme à quoy ils sont ou pourroyent estre imposez, s'en font neantmoins affranchir du tout, & bien qu'ils ne doyuent estre que quarante, tant en sa personne, Lieutenans, Greffiers, que Archers, tous les plus riches taillables de ladite Prouince se retirent pardeuers luy pour estre aduouëz de sa Compagnie & ainsi se trouuent exempts de la contribution desdites tailles. C'est pourquoy sadite Maieste est tres-humblement suppliée en reïterant la mesme supplication qu'aux années dernieres, supprimer ledit Estat de Preuost general pour lesdites exemptions de ses compagnons, & confusion qu'il apporte en l'execution de la Iustice, et descharger ladite Prouince de la leuee qui se fait pour son entretenement, ses Lieutenans, Greffiers & Archers.

AV ROY.

Le Roy pouruoirra au soulagement requis des supplians par le reiglement qui se fera par sa Maiesté entre ledit Preuost general & les Visbaillifs & autres Preuosts establis en la Prouince.

XI.

REMONSTRENT à sadite Maiesté lesdits Etats que les Capitaines preposez à la garde des costes de la mer soubs commission de Monsieur l'Admiral, font termer les monstres aux habitans du plat pays, ausquelles ils contraignent venir vne infinité de personnes qui la pluspart pour n'auoir argēt pour se fournir d'armes sont condamnez en amendes, pour lesquelles ils sont contraints iournellement, qui apporte vne grande vexation aux pauures subiects de sa Maiesté. A CES CAVSES, il luy plaise reuocquer les taxes des dites amendes, & que si aucune chose en a esté payé, il soit restitué au peuple.

Au Roy. Et neantmoins en sont les Commissaires d'aduis.

Sa Maiesté ordonnera fort expressément à Monsieur l'Admiral d'y pourueoir suyuāt le commandemēt qu'elle luy en a fait cy deuāt.

XII.

SADITE Maiesté considerera s'il luy plaist, que les sieurs Maistres des Requestes de la Court de Parlement de Rouën pretendent leur appartenir priuatiuement aux Iuges ordinaires, & contre l'ancien establissement de la Iustice de Normandie, la cognoissance des decrets qui seront fais en vertu de leurs sentences, & pour ce auoir obtenu declaration du Roy, & par ce que telle chose apporteroit grand dommage au peuple, tant pour les fraiz de decret qui seroyent plus grands, les presentans plus trauaillez d'aller audit Roüen pour recouurer leur deub, lequel ils consommeroyent bien en frais sans la difficulté des chemins & peril aux adiudicataires de porter leurs deniers, d'où arriueroit que les parties aimeroyét mieux perdre leurs debtes, que continuer telles poursuites, ioint la diminution tant pour l'obligé que presentant à cause des fraiz du decret. A CESTE CAVSE sadite Maiesté est suppliée reuocquer telles declarations, & ordonner qu'il sera procédé ausdits decrets en la forme prescripte par la coustume.

Au Roy. Et neantmoins en sont les Commissaires d'aduis.

Il y a instance pendante au Conseil pour ce regard, iugeant laquelle sera pourueu à ce qui est requis par les supplians ainsi qu'il appartiendra.

XIII.

LESDICTS Estats se sont tousiours plains à sadite Maiesté du desordre et confusion qu'aporte l'execution des commissions extraordinaires, lesquelles sont executées par personnes qui peu poussez du zele de Iustice n'ont autre but & intention que de satisfaire au contentement de ceux qui les enuoyent aux despens de l'honneur & bonne renommée d'autruy, & qui en l'execution de leur Commission ne tiennent aucune forme de Iustice, ains eslargissent le plus souuent leur pouuoir, & ne demandent que la continuation de leurdite Commission. C'est pourquoy il plaira à sadite Maiesté reuocquer toutes Commissions extraordinaires, & que ses volontez serōt executées cy apres par ses Officiers en ladite Prouince, & qu'il sera informé des actions & mauuais deportemens de leurs subdeleguez & ceux qui les assistent.

Au Roy. Et neantmoins en sont les Commissaires d'aduis.

Le Roy adresse ses Commissions selon que les occasions

s'offrēt pour son service, & declarant particulierement celles desquelles ils ont subiet de se plaindre leur sera pourueu.

XIIII.

Qv'il plaise à sadite Maiesté accorder le remboursement des communes, & que le temps de vingt ans limité par l'article des Estats de l'an mil cinq cēs quatre vingts soit prolongé encor pour dix ans, attendu que par la longueur des guerres, l'on n'y a pu satisfaire. Se submettant les communautez qui feront le remboursemēt continuer les rentes d'vn sold parisis pour accre ou plus grande rente aux seigneurs à qui ont esté vendues lesdites redeuances par Messieurs les Commissaires, pour l'allienation du domaine, & bailler homme viuant, mourant, & confisquant.

AV ROY.

Accordé six années.

XV.

Remonstrent tres-humblement à sadite Maiesté lesdits Estats que depuis l'Edit par elle fait pour la creation des rentes au denier quatorze, il s'est fait plus de decrets qu'il ne s'en estoit fait cinquante ans auparauant, d'autant que faute par les debiteurs de pouuoir trouuer argent en rente à leurs necessitez, comme ils faisoyent auparauant au denier dix, leurs heritages sont aussitost decretez pour quelque petite somme que ce soit. A ces causes il plaise à sadite Maiesté remettre la constitution & creation desdites rentes au denier dix.

AV ROY.

Le Roy pour beaucoup de bonnes considerations à la Requeste & pour le bien general de ses subiets a ordonné ladite reduction, laquelle elle ne peut reuocquer.

XVI.

Sadite Maiefté fera tres-humblement fuppliée, comme elle a fait par les cahiers precedēs, reuocquer l'impoft du pied fourché qui fe leue en la ville de Caen, à fçauoir de cinq fols pour bœuf, deux fols fix deniers pour vache, trois deniers pour befte à laine, & porchine, pour la ruyne et incommodité que ledit impoft apporte au public.

AV ROY.

Le Roy dés l'année derniere declara fa volonté aux fupplians fur la continuation dudit impoft accordé à ceux de Caen fuyvant le dernier octroy qu'elle leur en a fait, à quoy ils fe doyuent conformer.

XVII.

Qv'il plaife à fadite Maiefté retrancher le nombre des Commiffaires par elle ordonnez pour la conuention & fceance defdits Eftats, & les reduire au nombre ancien, qui feront payey de leurs taxations à la maniere accouftumee, fuyuant l'Arreft qui en a efté par elle donné en fon Confeil. Pour le regard des autres Commiffaires qui auroyent affifté à ladite conuētion, fadite Maiefté fera fuppliée trouuer bon qu'ils fe contentent de l'honneur d'auoir efté nommez par fa Maiefté pour fi celebre affemblée.

AV ROY.

Sa Maiefté ordonnera par chacun an ceux qu'elle voudra affifter aufdits Eftats de fa part, & veut neantmoins que les deniers ordonnez pour lefdits Commiffaires foyent diftribuez comme il eft accouftumé.

XVIII.

Que suyuant l'article trentehuitiéme des cayers des remonſtrances des années quatre vingts quinze & trentetroiſiéme de l'année derniere, ceux qui ſe trouuerōt pourueuz d'Eſtats de ſes maiſons en ſes Royaumes de France & de Nauarre, ne ſeront point exempts de la contribution des tailles, s'ils ne ſont couchez aux Eſtats d'icelles, & que à raiſon de leur ſeruice actuel, ils ne ſont payez de leurs gages, & pour ce faire que les certifications ſeront atteſtees par les Iuges des lieux appellez les ſcindicq des villes & depputez des Vicontez, afin de iuſtifier au certain le partement & le retour du ſeruice qu'ils auront fait pour obuier aux fraudes qui ſe font iournellement, ſans auoir eſgard aux iugements & arreſts qui en pourroient auoir eſté donnez.

Au Roy. Et neantmoins en ſont les Commiſſaires d'aduis.

Les reglements ſur ce faits doyuent eſtre executez & obſervez.

XIX.

Reiterent à ſadite Maieſté leſdits Eſtats la meſme plainte qui fut faite contre les Archers prepoſez à la garde des faux ſaulniers par les adiudicataires du ſel, pour les volleries ſur les grāds chemins, aſſaſinats és ports d'armes, viollemens de filles, & fabrication de faux teſmoins par eux commis, deſquels ils ſont deuëment attains par les informations des Iuges des lieux, & afin que tels delicts ne demeurent impunis, il plaiſe à ſadite Maieſté attribuer la cognoiſſance deſdits crimes aux Iuges des lieux, pour eſtre procedé & donné iugement contre leſdits delinquans, nonobſtant l'euoccation obtenue par maiſtre Claude Ioſſe.

Au Roy. Et neantmoins en ſont les Commiſſaires d'aduis.

Le Roy veut que pour les plaintes qu'il y aura contre

*lefdits Archers, en ce qui concerne le fait du fel, la Iuſ-
tice s'en face par les grenetiers. Et par appel, par la
Cour des Aydes, & que les cas dont ils feront chargez
hors le fait du party du fel, que la Iuſtice s'en face par les
Iuges ordinaires, & où il y auroit different pour la com-
petance, qu'il foit iugé & decidé par la Court des Aydes.*

XX.

Qve les ponts & paſſages feront refaits des deniers qui
fe perçoyuent aux paſſages defdits ponts, & que ceux qui
ont le domaine par achapt ou engagement y feront contrains par toutes voyes deües & raifonnables.

AV ROY.

*Renuoyé audit fieur Marquis de Rofny, grand Voyer
de France, pour y pouruoir felon le deu de fa charge.*

XXI.

Sadite Maiefté eſt tres-humblement fuppliée vouloir
ordonner que les Receueurs des amendes feront tenus fe
faire payer d'icelles dans trois années, à commencer du
iour de la condamnation, & qu'ils ne pourront eſtre reçeuz
ledit temps paſſé, pour euiter aux abus qui fe font à la collection d'icelles : & qu'à la diligence des fubſtituts de Meſ-
fieurs fes Procureurs generaux de fes Courts Souueraines
en chacune Viconté, lefdites amendes feront leuees dedans
ledit temps de trois ans, pour euiter aux concuſſiōs des
taxes immoderées que prennent lefdits Commiſſaires des
Receueurs defdites amendes.

AV ROY.

*Il y a efté pourueu par le reglement general que fa
Maiefté en a fait, attendant la publication duquel eſt*

mandé à la Court de Parlement pourueoir aux plaintes qui s'offriront, & au Procureur general de fadite Maiefté y tenir la main.

XXII.

Reiterent à fadite Maiefté lefdits Eftats, la mefme remonftrance contenuë au cahier de l'année derniere, Article quinziéme, que les marchādifes des François payēt plus d'impofts entrant en Angleterre, que ceux qui fe perçoyuent fur les marchandifes des Anglois, encores que lefdits Anglois entrans en France, ne payent aucun droict au Roy plus que les François. A ces cavses, il plaira à fadite Maiefté, faire octroyer par le Roy d'Angleterre pareille egallité, afin que les marchans François ne foyent plus trauaillez en Angleterre, que les Anglois font en France.

AV ROY.

Les fuppliants reprefenteront vn memoire, contenant particulierement les plaintes qu'ils ont à faire fur ce fubiet, pour y eftre pourueu dès à prefent à ce qui fe pourra, & eftre efcrit du furplus à l'Ambaffadeur de fa Maiefté en Angleterre, pour traicter de ce qui requerra conference.

XXIII.

Remonstrent à fadite Maiefté lefdits Eftats, que la plus grande vexation que reçoyue le peuple eft du fel affis par impoft, tant à raifon de la grande cherté d'iceluy, que de la collection des deniers par forme de taille, d'autant que les habitans des paroiffes font iournellement occupez, tantoft à la collection des deniers de la taille, tantoft du fel, outre infinis procez qui furuiennent iournellement à caufe du departement d'iceluy, furtaux des villages & inegallitez : Pour releuer donc lefdits habitans de voftre Prouince de tant de vexations et trauaux outre les quatorze fols pour boiffeau, attribuez par voftre Maiefté aux Colleéteurs d'iceluy, qui eft vne fomme exceffiue, il plaife à voftre Maiefté moderer le prix exceffif d'iceluy, & reuocquer cefte miferable & pernicieufe forme de le bailler par impoft.

AV ROY.
XXIV.

Svpplient tres-humblement lefdits Eftats fadite Maiefté, qu'il luy plaife maintenir les habitans du pays d'Auge et vallee d'Arques en l'vfage & confeétion du fel blanc qu'ils ont eu de tout temps immemorial, iugé neceffaire pour faire valloir ledit pays, & faller les beurres & fromages, lefquels ne peuuent eftre fallez bons que dudit fel blanc qui a paffé par le feu & et non de fel gris pour la noirceur & vafe qui fe trouue en iceluy. Permettre dõc la vente du dit fel blanc & diftribution d'iceluy aux lieux et endrois où elle a efté par cy deuant faite conformément à plufieurs Arrefts, & à cefte fin reuocquer l'impoft du fel gris impofé aufdits lieux par les Sieurs Billard et Regnard.

Au Roy. Et neantmoins en font les Commiffaires d'aduis.

Les fupplians remettront par deuers le Sieur de Calignon Confeiller du Roy en fon Confeil d'Eftat, les tiltres & priuileges dont ils pretendent s'ayder pour l'vfage & commerce du fel blanc, pour iceux voir & rapporter audit Confeil. Enfemble ceux qui ont efté enuoyez à fa Maiefté par le Sieur de la Haye, Confeiller en fa Court des Aydes de Normandie, & y eftre pourueu aux fupplians par tels Iuges que fa Maiefté verra eftre à faire, & cependant l'Arreft donné audit Confeil du dernier Aouft mil fix cens quatre, fera obferué felon fa forme & teneur.

XXV.

Sadite Maiefté fera fuppliée au nom defdits Eftats reftablir les Iurifdictions d'Arques audit lieu diftraites à caufe des guerres, & maintenant exercées aux fauxbourgs de la ville de Dieppe, attendu la grande incommodité qu'en reçoyuent les reffeants de la Viconté dudit Arques, ioint que par l'article foixante & douziéme de l'Edit de pacification dernier, toutes iurifdictions diftraites à caufe des guerres doyuent eftre reftablies en leurs lieux anciens, la perte auffi qu'en reçoit fadite Maiefté de plus de mil efcus par chacun an en fes aydes, quatriémes, trauerz & hallage, mefme auffi en confideration de cefte heureufe victoire par fadite Maiefté obtenue audit lieu d'Arques.

AV ROY.

Le Roy renuoye ceft article aux premiers Prefidens des Courts de Parlement, Chambre des Comptes, & des Aydes, & aux Aduocats & Procureurs generaux de fa Maiefté efdits lieux, comme auffi au plus ancien des Treforiers de France à Roüen, pour donner enfemblement aduis à fa Maiefté du contenu audit article. Sur lequel fera apres pourueu par fa Maiefté ainfi qu'il appartiendra.

XXVI.

Se plaignent lefdicts Eftats à fadite Maiefté de la grande cherté qui eft maintenant en Iuftice, laquelle au lieu qu'elle deuroit eftre gratuitement adminiftree, l'auarice s'eft tellement coullée entre les officiers de fes Courts fouueraines, que pour le rapport de quelque petite Requefte que ce foit, il faut bailler un efcu, des rapports & efpices des procez fi exceffifs, que quant quelqu'vn a obtenu effet en caufe, il n'a rien ou peu de chofe gaigné que les procez qui fe pourroient vuider en l'audience au foulagement des parties, font prefque tous appointez au Conſeil, ioint les droicts concedez au maiftre Clerc des Greffes des prefentations, doublement de fceau, daffes, parifis & autres charges extraordinaires fur les actes et contracts, qui caufe que le plus fouuent le pauure peuple ayme autant quitter fa debte qu'entrer en telles defpenfes. C'eft pourquoy il plaife à fadite Maiefté y pourueoir.

Au Roy. Et en sont les Commiffaires d'aduis.

Y eft pourueu par le fufdit reglement, & attendant eft ordonné à ladite Court de Parlement de faire exactement obferuer les ordonnances, & audit Procureur general en auoir le foin que fa charge requiert.

XXVII.

Remonstrent à fadite Maiefté lefdits Eftats, que fur la plainte qui auoit efté faite à fadite Maiefté contre Monfieur le Procureur general de la Court des Aydes, article cinquiefme : Que fur la moindre denonciation qui lui eftoit faite de l'vfurpation que quelqu'vn pretendoit faire de la qualité & tiltre de Nobleffe, ledit Sieur Procureur general faifoit auffi toft donner Arreft & mandemēt pour le faire affigner à bref iour, & cependant qu'il feroit impofé au roolle de la taille, dont s'enfuyent non feullement vne notte perpetuelle à la pofterité, mais auffi plufieurs querelles & grands fraiz pour auoir main leuée, & qu'il plaife à fadite Maiefté y pourueoir. Sur quoy elle n'auroit voulu que ceux qui n'eftoyent affis à la taille, & defquels les peres n'y auoyent efté compris y fuffent cottifez ny rendus contribuables qu'apres qu'ils y auroyēt efté condamnez par iugement donné, eux ouys ou deüement appellez, dequoy la Court des Aydes cognoiftroit en vertu du pouuoir à elle donné. Neantmoins ledit fieur Procureur general auroit obtenu par furprife vne déclaration du Roy contraire audit Arreft, laquelle il auroit fait adreffer au grand Confeil, où elle auroit efté vérifiée. Ce consideré, & que ledit grand Confeil n'eft Iuge de la Nobleffe de Normandie, ny de fes priuileges, & fans y avoir appelé le Procureur fcindicq des Eftats de ladite Prouince, entre lequel & ledit Sieur Procureur general auroit efté donné ledit Arreft fur ladite plainte, & qu'à ladite Court fe commettēt les mefmes abus qu'au precedent, Il plaise à fadite Maiefté reuocquer ladite declaration, comme donnée par furprife & contraire à l'Arreft donné fur ladite plainte de l'année dernière.

Au Roy. Et neantmoins en font les Commiffaires d'aduis.

Le Roy a ordonné & ordonne nonobftant lefdites lettres de declaration obtenues à la pourfuite du Procureur general de fa Maiefté en fa Court des Aydes de Normandie, & la verification d'icelles au grand Confeil, que la refponfe faite en l'année derniere fur le cinquième article du precedent cahier aura lieu, a declaré et declare derechef que ceux qui ne font affis à la taille & defquels les peres n'y ont efté auffi compris n'y feront cottifez ny rendus contribuables qu'apres qu'ils y auront efté condamnez par iugement donné, eux ouys et deuëment appellez, de quoy la Court des Aydes de Normandie, cognoiftra en vertu du pouuoir qui lui en eft donné par les Edicts & Reglemens des tailles & les lettres patentes du quinzième iour de Iuillet mil fix cens trois.

XXVIII.

Sadite Maiefté fera fuppliée de fe rendre fondatriffe du College des Peres Iefuiftes qu'elle a ordonné & eftably en cefte ville capitale, y affectant quelques benefices fimples iufques à reuenu competent.

AV ROY.

L'occafion s'offrant, fa Maiefté aura fort agreable de faire pour l'aduancement & eftabliffement dudit College, a efcrit bien expreffément pour ceft effet aux habitans de la ville de Rouen, afin qu'ils fe mettent en deuoir de fubuenir & contribuer comme ils ont fait par le paffé aux neceffitez dudit College, & au reftabliffement et entretenement d'iceluy.

XXIX.

REMONSTRENT à fadite Maiefté lefdits Eftats, que en la Couftume reformée, il fe trouue plufieurs obmiffions, ambiguitez & poincts non autrement efclaircis, fur lefquels l'on voit arriuer plufieurs procez et différens, pour à quoy pouruoir, il plaira à fadite Maiefté permettre vne affemblée où prefideront telles perfonnes qu'elle voudra nommer, & en laquelle les depputez qui feront nommez pour affifter à la conuention des Eftats de l'année prochaine, affifteront chargez de memoires qui leur feront baillez par les Iuges des lieux où ils auront efté depputez, & là fera procedé à ladite reformation pour l'ampliation defdites obmiffions, efclairciffement defdites ambiguitez & intelligence defdits poincts non entendus.

AV ROY.

Le Roy a agreable que l'on procedé à la reformation de la Couftume, par les formes en tel cas gardées & appellez tous ceux qui y doiuent eftre appellez & y affifter, & en feront toutes lettres, pouuoirs, & commiffions expediées lors que l'occafion s'offrira.

XXX.

Persistent lefdicts Eftats aux requeftes par eux cy deuant faites à fadite Maiefté, pour les marchands de Rouen, Caen, & autres villes dudit pays, à ce qu'ils ayent pareil priuilege de tranfporter marchandifes hors lefdites villes de ce Royaume, fans payer les droicts des traictes domanialles & foraines, comme les marchands defdites villes de Lyon, Bordeaux, la Rochelle, & autres villes de ce Royaume, font libres de venir achapter marchandifes aufdites villes de Rouen, Caen, & autres, pour les tranfporter aux villes fufdites fans payer lefdicts droicts.

AV ROY.

A efté ordonné dés l'annee mil fix cens vn, fur pareilles pourfuites que le fermier des traictes feroit ouy, & feroyent reprefentées les lettres par lefquelles ceux de Lyon, & des autres villes mentionnées au prefent article, ont obtenu l'exemption & permiffion cy requife, à quoy fatiffaifant par les fuppliants leur fera pourveu ainfi qu'il appartiendra.

XXXI.

Le tiers Eftat, Sire, Supplie tres-humblement voftre Maiefté, vouloir faire fondre l'effet de voftre naturelle bonté fur ce pauure corps attenué de moyens & de forces par les leuées infupportables des tailles, fubcides, gabelles & autres impofitions, pour payer lefquelles il s'eft feigné iufques à la dernière goutte de fon fang, & le defcharger d'vne grande partie de vos demandes fi exceffiues qu'il luy eft impoffible d'y pouuoir fatiffaire, ne luy reftant rien plus que la feule volonté, que fi iufques à prefent il a efperé quelque foulagement, fuivant les promeffes que voftre

Maiefté luy a fi fouuent reiterees de luy donner vne ample defcharge qu'il ne f'en voye du tout fruftré, mais le conduifant comme par la main, par vne bonne diminution de vos demandes, il puiffe refpirer & reprendre courage, & s'efforcer cheminer iufques au lieu de vos receptes. C'eft maintenant, Sire, ce qu'il attend, car vous luy faites l'honneur de l'ouyr en fes iuftes plaintes, & eftant plein de generofité, de faueur & de liberalité ne le refuferez iamais en vne priere fi equitable. C'eft la marque des plus grands d'auoir l'ame liberalle & fe flefchir aux prieres. Auffi en recongnoiffance de tant de bonté, comme la fage antiquité a ozé mettre entre les Dieux ceux qui par leur prudence, induftrie, proüeffe, & experience, auoyent apporté quelque allegement aux maux, commodité à la penurie, & liberté à la feruitude, il fe promet en fin par fes prieres et larmes vous acquerir vn lieu beaucoup plus honorable, où eftant couronné de ce beau titre d'Augufte, de Sainct, & de Pere du Peuple tout enfemble : Vous ferez comme la ligne, laquelle eftant droite dreffe puis aprés les chofes qui s'appliquent à elle, ou comme le miroüer & le modelle fur lequel vos fucceffeurs formeront leurs actions. Soufflez donc de quelque vent de voftre liberalité, dans ce pauure corps demy mort, pour le reanimer, luy oftant de deffus le dos la pefanteur infupportable de cefte grande creuë des garnifons qui fe monte vingt-trois fols pour liure du principal de la taille, laquelle n'a efté introduite que pour l'effet dont elle porte le nom, & faites voir en cefte paix fi agreable, que vous ne vous voulez plus reffouuenir de cefte miferable creuë, non plus que des autres chofes qui fe font paffées durant la guerre, afin que reprenant nouuelles forces, il vous puiffe cy aprés plus allegrement fecourir, & pour efchantillon de la promeffe, bien que languide & miferable, recognoiffant que vous aurez à fupporter de grandes defpences cefte annee prochaine pour l'entretenement de voſtre Eſtat, il vous fait offre liberallement des ſommes qui enſuiuent.

ASSAVOIR.

Pour le principal de la taille neuf cens mil liures.

Pour les fortifications & reparations des chaſteaux & fortes places dudit pays douze mil deux cens quatorze liures.

Pour le taillon quatre vingts deux mil cinq cens quarante trois liures quatre ſols.

Pour les gages des Visbaillifs, vingt deux mil neuf cens soixante ſix liures cinq ſols.

Pour les gages des poſtes trois mil liures.

Pour les taxations des Sieurs Commiſſaires des Eſtats trois mil cinq cens liures.

Pour les taxations des Sieurs depputez deux mil huit cens trente huit liures.

Pour les fraiz & affaires communs dudit pays neuf mil liures.

Montans toutes leſdites parties à la ſomme de vn million trente ſix mil ſoixante vne liures neuf ſols tournois, de laquelle leſdits Eſtats ſupplient tres-humblement ſadite Maieſté ſe vouloir contenter, & au ſurplus auoir les habitans dudit pays en bonne et ſinguliere recommandation.

Fait en la conuention generalle des Eſtats dudit pays & Duché de Normandie tenuë à Roüen en la maiſon abatiale de S. Oüen, le cinquième iour de Nouembre mil ſix cens quatre.

Signé, THOMAS.

Les Commissaires tenant la preſente conuention, ayant veu la reſponſe que les depputez des Eſtats ont faite à la propoſition & demande à eux faite de la part du Roy, par laquelle accordent ſeulement luy payer pour l'année prochaine mil ſix cens cinq, la ſomme de neuf cens mil liures pour le principal de la taille avec le taillon, & deniers ordinaires accouftumé d'eftre leuez chacun an fur le pays, felon que le tout eft plus à plain mentionné au prefent cahier de leurs dolleances. Icevx Commiffaires apres auoir fur ce fait aufdits depputez plufieurs remonftrances requifes & neceffaires pour le feruice de fa Maiefté, & que fur icelles s'eftans raffemblez pour y aduifer, ils ont dit ne pouuoir faire plus grandes offres à caufe de leur impuiffance & extrême pauureté. Ont ordonné pour ne laiffer le feruice de fa Maiefté en arriere, que par prouifion departement & affiette fera actuellement faite de toutes & chacunes les fommes de deniers par elle demandees & contenues és lettres patentes de Commiffion pour ce expediées felon la forme portée par icelles. Ce qui a efté prononcé publiquement aufdits depputez en l'affemblée defdits Eftats.

Fait à Roüen par lefdits Commiffaires le Mercredy dixiefme iour de Nouembre mil fix cens quatre.

Signé,   Par lefdits fieurs Commiffaires,
LIGEART.

Les fupplians ont peu recognoiftre par les lettres patentes que fa Maiefté a enuoyées pour l'affemblée des Eftats de la Prouince, ce qui meut fadite Maiefté de requerir fes bons fubiets de Normandie, de vouloir contribuer en cefte prefente année, les mefmes fommes qu'en la precedente, pour les defpenfes preffées & importantes de l'Eftat, defquelles comme elle ne fe peut paffer, auffi lui eft-il impoffible de rien diminuer de ce qu'elle a ordonné eftre leué pour ceft effet, croyant qu'elle a eu en cela tout le foing qu'ils doyuent attendre d'elle, pour leur foulagement et defcharge qui lui feront toufiours en la recommandation que fadite Maiefté leur a promis, & qu'ils peuvent defirer de la commodité de fes affaires.

Les articles & remonſtrances contenues au preſent cahier ont eſté veües & reſpondues par ſa Maieſté à Paris le vingt-ſeptiéme iour de Feburier 1605.

Signé, HENRY.

Et plus bas, POTIER (1).

(1) A Rouen, de l'imprimerie de Martin le Meſgiſſier, Imprimeur ordinaire du Roy, tenant ſa boutique au haut des degrez du Palais, 1605. — Publié d'après l'exemplaire appartenant à M. Ch. Lormier.

ARTICLES
DES
REMONSTRANCES
Faictes en la Convention des Trois Eſtats
DE NORMANDIE

Tenue à Rouen le neufiefme jour enfuyvans
mil fix cens cinq.

*Avec la Refponce et Ordonnance sur ce faicte
par le Roy eſtant en ſon Conſeil,*

Tenu à Paris, le vingt-fixiefme jour de Janvier,
mil fix cens fix.

Et a Monseigneur le Duc de Montpencier, *Pair de France, Gouverneur et lieutenant general pour ſa Maieſté, en ſes pays et Duché de Normandie, et à Noſſeigneurs les Commiſſaires depputez par ſadite Maieſté, pour tenir l'aſſemblée generale des Eſtats de ceſte Province, en ceſte ville de Rouen, le neufieſme jour de Novembre mil ſix cens cinq.*

Les trois Eſtats de ceſte Prouince, affiſtans en la préſente conuention, ſupplient treſ-humblement ſa Maieſté, leur pourueoir & accorder ſur chacun article de leurs dolleances les prouifions requifes & neceffaires felon le merite & qualité d'iceux.

Lesdits Eftats admirent de plus en plus les graces que Dieu fait à fa Maiefté, de luy faire voir par les plus obfcurs nuages les deffeins plus cachez de fes ennemis : & auffi toft les faire difparer au bruit de fa veuë, comme font les broüillats aux rayons du Soleil. C'eft pourquoy lefdits Eftats efperent que fadite Maiefté en recognoiffance de tant de bontez & benedictions que Dieu verfe fur elle de iour en iour, qu'elle ordonnera aux Ecclefiaftiques leur premiere exéption, aux Nobles leurs priuileges, & au pauure tiers Eftat, vne defcharge de la plus grande partie de fes demandes.

I.

Les Ecclefiaftiques fupplient tres-humblement fa Maiefté, les maintenir en leurs franchifes & libertez anciennes, nommant gens capables aux dignitez de l'Eglife, afin que par leur bonne vie & doctrine, ils puiffent repurger ce qui s'y eft gliffé de mœurs corrompues.

AV ROY.

Le Roy ne diminuera iamais rien de l'affection finguliere qu'il porte au repos & à la conferuation defdits Ecclefiaftiques, & doyuent fe confier en l'affeurance que fa Maiefté leur a toufiours donnee de les faire fouffrir & laiffer ores & pour l'aduenir ioüir de tous & chacuns leurs anciens priuileges, ainfi qu'ils ont bien & deuëment fait par le paffé, & n'eft l'intention de fadite Maiefté, que les charges & dignitez Ecclefiaftiques foyent conferées à autres perfonnes, que celles qui fe trouuent dignes & capables de les adminiftrer, dequoy elle a foin bien particulier en ce qui despend de sa dispofition : Exhortant lefdits Ecclefiaftiques, & principallement les Eues-

ques & leurs grands Vicaires d'en faire leur deuoir en
ce qui despend d'eux, & fera de leur promotion & collation.

II.

La Nobleſſe de ladite Prouince, remonſtre tres-humblement à ſadite Maieſté, qu'outre le sel qu'elle prēd à vn prix exceſſif, elle porte les impoſts des villes, tant pour leurs vins, ſidres, poirez, & beſtiaux de leur creu & nourriture, comme les autres du tiers Eſtat, au grand preiudice d'icelle & de leurs priuileges, dont ſouloient ioüir paiſiblement leurs predeceſſeurs, en conſidération de leur qualité & merite. A ces cauſes il plaiſe à ſadite Maieſté les vouloir exempter deſdits impoſts, tant de leurs boiſſons, que beſtiaux de leur creu & nourriture, & les priuileger en quelque choſe de ce qui plaira à ſadite Maieſté, afin d'acroiſtre d'autant plus la volōté qu'ils ont d'expoſer leur vies, biens, & moyens pour ſon ſeruice.

AV ROY.

Sa Maieſté ne laiſſera paſſer aucune occaſion de faire paroiſtre à ceux de la Nobleſſe de ſon pays de Normandie, combien la memoire de la fidelité d'icelle, luy eſt recommandée, & combien elle affectionne ce qui concerne ſon contentement, & ne veut permettre qu'elle ſoit empeſchée ou incommodée en aucune choſe que ce ſoit des priuileges, immunitez, & libertez dont ils ont bien & deuëment iouy par le paſſé.

III.

Lesdits Eſtats ſe plaignent encor de la meſme voix, qu'aux années precedentes, de voir les pauures rentiers, languir apres ce qui leur eſt ſi iuſtement & loyallement deub, tant fur les receptes generalles & particulieres, aides, impofitions foraines, & domanialles, que paffans par les mains de l'hoftel commun de la ville de Roüen, ne leur eftant payé que la moitié de leurs rentes fur lefdites receptes generalles & particulieres : & trois quartiers fur l'impofition foraine, contre la forme du payement des arrierages d'icelles : qui leur eftoit fait anciennement de quartier en quartier auec telle probité, que lefdits rentiers eftoyent fommez d'aller aux receptes recueillir le payement de leurs arrierages. Afin donc qu'ils ioüiffent du benefice de leurs biens, & qu'il ayent moyen de fe fubftenter, fadite Maiefté fera suppliée ordonner à fon Conseil, qu'ils feront payez entierement des arrerages de leurfdites rentes, et à l'aduenir de quartier en quartier, & à cefte fin que les Sieurs Treforiers generaux de France, employeront chacun an à l'eftat qu'ils drefferont des charges fur la recepte generalle dudit Roüen, le payement à quoy fe monte lefdits arrerages deubs par fadite Maiefté à l'hoftel commun de la ville de Roüen, & les affigner audit Roüen fur ladite recepte generalle, fans qu'ils foyẽt contrains les prendre à l'efpargne, comme eftant ladite recepte generalle, leur premier fonds, pour euiter aux grãds frais que les Echeuins de ladite ville, font annuellement, à la pourfuite de leurs affignations, qui apres plusieurs pourfuites faites par leur depputez qui font depuis trois moys, & encor de prefent en Court n'ont peu obtenir autre refpõfe dudit Conseil tenu à Limoges le vingt & vniéme iour d'Octobre dernier, que l'eftat des cõftitutions defdites rentes feroit veu & verifié en fon Confeil, afin de feparer les bonnes rentes conftituez en deniers, d'auec les mauuaifes, pour par apres pourueoir au fonds requis, ce qui a efté ià fait y a plus d'vn an par les Commiffaires à ce deputez.

Au Roy. Et neantmoins font les Commiffaires d'auis fous le bon plaisir de sa Maiesté, que le fonds destiné pour le payement des anciennes constitutions de rentes demeure affecté.

Le Roy continuera de pourueoir au payement desdites rentes auec tout le bon traitement des supplians que ses affaires pourront permettre.

IIII.

La Prouince de Normandie estant sise le long des costes de la mer, & pour le trafic & commerce qui s'y peut faire, l'on a tousiours permis l'interest du denier plus grand, qu'aux Prouinces plus esloignees, ayant esté estimé que de l'argent prins à interest au denier dix, l'on en pouuoit faire de grands profits, & les heritages des pauures par ce moyen conseruez, qui faute de pouuoir trouuer argent en rente au denier quatorze, sont honteusement decretez, estāt impossible à quelque personne que ce soit, de pouuoir auiourd'huy trouuer aucuns deniers et en la necessité de ses affaires, que à grands interests ou vsure, ou par vente de son fonds à petit et vil prix, s'estāt trouué depuis ledit changement fort peu de contracts passez au denier quatorze. A ces causes pour euiter aux incommoditez qui en arriuent, il plaise à sadite Maiesté remettre les rentes au denier dix, ou du moins que suyuāt & pour l'execution de la response à l'article quinzième du cahier de l'annee derniere, soit informé de la commodité ou incommodité auant que remettre la condition desdites rentes au denier dix, n'ayant lesdits Estats requis la reduction au denier quatorze.

AV ROY.

Ladite reduction a esté faite auec meure deliberation, & pour la seulle consideration du bien public, qui ne permet que l'on y face le changement que les suppliants requierent.

V.

Remonstrent à fadite Maiefté lefdits Eftats, que comme il n'y a chofe qui enrichiffe & face tant florir les bonnes villes, que la communication qui fe fait du trafic auec les eftrangers, auffi n'y a-il rien qui les auctorife & deftruife tant que la difcontinuation d'iceluy, que l'on voit arriuer à veuë d'œil par la multiplicité & excez des impofts qui font fur toutes fortes de marchandifes, & recentement les foixante fols qui fe leuent pour tonneau de marchandife entrant par mer en fon Royaume, le plus pernicieux & dommageable au bien public & commerce de marchandife qui fut oncques. A ces cavses il plaife à fadite Maiefté moderer lefdits impofts qui fe leuent fur toutes fortes de marchandifes, & ofter entierement lefdits foixante fols pour tonneau de marchandife qui fe leue auec tous les defordres & confufions que l'on fauroit imaginer, d'autant mefme que le fubiet pour lequel ledit impoft auroit efté erigé, eft fourny plus qu'au double de la fomme pretendue.

AV ROY.

Le Roy pouruoirra à la ceffation dudit impoft, apres que les affignations donnees fur iceluy auront efté acquitees.

VI.

Il plaira à fadite Maiefté confiderer qu'à caufe de l'impofition de nouueau mife de vingt sols pour ponfon de vin entrant en la ville de Roüen, pour employer à la refection du pont de ladite ville, Auroit efté leué & receu vn grand nombre de deniers, la quarte partie defquels n'auroit efté iufques à prefent employée à ceft effect. A ces cavses elle eft tref-humblement fuppliée ordonner que lefdits deniers feront entierement employez aux ouurages defdits ponts, premier que de continuer la leuée defdits vingt fols, fuyuant les premieres lettres patentes verifiez pour ceft effect, & reuoquer la leuée qui fe fait de trente mil liures pour le mefme fubiect.

AV ROY.

Le Sieur Rofny grand Voyeur de France, y pouruoira.

VII.

L'IMPOSITION de neuf liures pour tonneau de vin, quarante fols pour tonneau de fidre, et vingt fols pour poiré, leué feulement fur les villes de Rouen, Dieppe, & le Haure, a tellement enerué le traficq defdites marchandifes aufdites villes, qu'à prefent il eft tranfporté aux autres uilles de ce Royaume, où ledit impoft n'a lieu, au grand preiudice des habitans defdites villes de Roüen, Dieppe, & le Haure, & diminution des autres droits de fa Maiefté en icelles. A ces caufes elle fera fuppliee reuocquer lefdits impofts.

AV ROY.

Les deniers dudit impoſt ſont affectez au payement des rentes des ſupplians & autres charges de l'eſtat, qui ne permettent à present la reuocation d'iceluy.

VIII.

LESDITS Eftats fupplient tref-humblement fa Maiefté faire donner à l'aduenir bonne & briefue Iuftice, & expedition aux depputez des Eftats, Efcheuins des villes & communautez, & leurs Procureurs, pour euiter aux grands fraiz qu'ils font ordinairement à la pourfuitte de leurs affaires, qui confomment le tiers ou le quart des parties qui pourfuyuent au preiudice de fa Maiefté & du public.

AV ROY.

C'eſt l'intention de ſa Maieſté, & la fera effectuer.

IX.

Sadite Maieſté a eſté touiours ſuppliee par leſdits Eſtats au cahier de leurs remontrãces vouloir pourueoir à la ſuppreſſion des offices de nouuelle création, comme Eſleuz de creation nouuelle, Acceſſeurs de chacune Viconté adioints aux Enqueſtes, Acceſſeurs criminels Commiſſaires examinateurs, & vn millier d'autres erigez depuis vingt ans, n'y ayant chose qui trauaille & qui apporte plus de dommage & de ruine au peuple que l'erection qui a eſté faite, de tant d'offices nouuelles : Car outre que leſdits officiers nouueaux n'ont recherché leſdits eſtats que pour s'enrichir & s'augmenter du ſang & de la ſubſtance du reſte du peuple, ils n'aportent aucun aide à ſupporter le peſant fardeau des tailles, ayant l'authorité ſur les pauures contribuables, qui n'oſent pour leur authorité les impoſer qu'à leur volonté. C'eſt pourquoy leſdits Eſtats continuent à leur supplication treſ-humble, qu'il luy plaiſe ſupprimer dés à preſent ceux qui ont eſté rembourſez, ou à tout le moins par mort, forfaiture ou autrement : Comme elle fera pareillement les impoſts qui ont eſté mis ſur la Iuſtice, comme les Greffes des preſentations, Pariſis, droits de maiſtres Clercs des Greffes, Biſtrades, doublement des petits ſeaux, & autres telles inuentions qui ne ſont qu'à la foulle & oppreſſion du pauure peuple.

AV ROY.

Le Roy aura aggreable la ſuppreſſion deſdits offices, lorſque ſa Maieſté aura les moyens pour l'effectuer.

X.

Sadite Maiefté fera auffi fuppliée n'octroyer aucunes euocations pour diftraire les habitans de ladite Prouince qu'aux termes de l'ordonnance, & reuoquer celles qu'elle auroyt accordez par faueur, importunité, ou autrement : n'y ayant chofe qui fafche tant les habitans du pays, qu'aller rechercher la Iuftice hors iceluy, & ayment mieux le plus fouuent quitter leur bon droit, que recognoiftre autres Iuges, que ceux que fa Maiefté leur a donnez.

Au Roy. Et neantmoins en font les Commiffaires d'auis.

L'intention de fa Maiefté n'eft qu'il foit expedié aucunes euocations qu'auec grande cognoiffance de caufe, & aux termes des ordonnances.

XI.

Remonstrent à fadite Maiefté lefdits Eftats, que les Officiers des eflections procedans au departemēt de fes tailles en confideration de leurs demeures & autres fermes qu'ils tiennent au diftric de leurs eflections defchargent leurs parroiffes & autres, où leurs fermes font affifes, de grandes fommes de deniers qu'ils reiettent fur autres departemens aux Ecclefiaftiques, Nobles, & Bourgeois des villes, qui à caufe de ce ne peuuent plus trouuer de fermiers qui veulent s'habituer en leurs parroiffes, à raifon de l'augmentation qui leur eft donnée à la defcharge des autres. A ces cavses, Sadite Maiefté fera fuppliée enioindre aufdits Efleuz proceder aufdits departemens de fes tailles, auec telle rondeur & equité, que le peuple en puiffe eftre fatiffait, à peine de priuation de leurs Eftats.

Au Roy. Et en font les Commiffaires d'aduis.

Accordé, comme il eft requis, & eft mandé aux Tréfo-

*riers de France, & Esleuz de faire obseruer le reiglement
fait pour ce subiet : & aura sa Maiesté agreable que s'il y
a quelque defaut ou manquement de la part de ses Officiers, ceux desdits Estats ou leur Procureur scindic luy
en donnent aduis : Sur lequel elle y fera pourueoir selon
la rigueur de ses ordonnances.*

XII.

Sadite Maiesté sera suppliee reuoquer tous Edits faits ou à faire pour la creatiõ de nouuelles offices de Vicontes & autres offices, & principalement pour l'erectiõ de nouueaux sieges de iurisdictions & nouueaux officiers, aux Bourgs où les Iuges ordinaires des villes ont de tout temps & ancienneté tenu leurs iurisdictions, qui tourneroit non feullement au destriment des officiers ordinaires, ayant financé grande somme de deniers aux coffres du Roy, mais aussi feroit la ruyne euidente des villes où lesdites iurisdictions ont accoustumé d'estre exercez, attendu que le nombre de peuple, comme artisans & marchands payant grands subcides & tributs à sadite Maiesté, demeurans esdites villes n'auroient moyen de viure, par ce que la concurrence du peuple cherchant la Iustice n'y arriueroyent plus.

Au Roy. Et en font les Commissaires d'aduis.

Le Roy declarera sur ce particulierement sa volonté.

XIII.

Remonstrent à sadite Maiesté lesdits Estats, comme le feu Roy de bonne memoire son predecesseur que Dieu absoluë : auroit fait Edit en soixante & saize, contenant creation de certain nombre de Nobles des immunitez desquels elle s'estoit chargée, qu'elle auroit tousiours payees, & iusques à present en auroit esté continué la descharge au profit des parroiſſes où payoient tailles ceux qui auoient obtenu leſdites qualitez : & neantmoins ſadite Maieſté en voudroit charger leſdites parroiſſes. C'eſt pourquoy elle eſt tres-humblement ſuppliee faire la meſme deſcharge qu'elle a fait cy deuant, & en deſcharger ſon pauure peuple, d'ailleurs ſi foullé & oppreſſé de ſes tailles & autres ſubſides & impoſts.

AV ROY.

Le Roy veut que le peuple ſoit deſchargé de ladite indemnité, & que ceux qui ont receu le fruict deſdits Anobliſſemens payent ladite indemnité nonobſtant les declarations, arreſts, & autres choſes donnees en leur faueur.

XIIII.

Supplient auſſi ſadite Maieſté, conſiderer que les Vniuerſitez de Paris & Caen, ont droit de créer deux grands Meſſagers en chacun Dioceſe & autres officiers, leſquels cy deuant ont eſté affranchis de la contribution des tailles & ſubſides, & depuis le regallement d'icelles deſchargez de cent ſols de la ſomme à quoy ils pourroiēt eſtre impoſez, en droit de créer d'autres petits meſſagers en chacune ville, pour la commodité des eſcolliers, qui par le droit de leur creation, ne ſont deſchargez ny diminuez d'aucunes choſes deſdites tailles & ſubſides. Neantmoins les plus aiſez des parroiſſes s'y font pourueoir, tant de grands que de petis eſtats de meſſagers, & ſoubs ce pretexte s'exemptent entieremēt de la contribution d'icelles. A ces cavses il plaiſe à ſadite Maieſté ordonner que le reglement fait pour le regallement des tailles ſera ſuiuy : Et que à ceſte fin ſera mandé à la Court des Aides de Normandie, à ce qu'à la diligence du Sieur Procureur general d'icelle, leſdits ſoy diſans grands ou petits meſſagers deſdites Vniuerſitez repreſenteront leurs prouifions à la Court, pour eftre fait diftinction des grands pour la defcharge defdits cent sols de tailles, & des petits pour euiter à l'oppreffion du refte des pauures contribuables.

AV ROY.

Le Roy veut que les grands Meffagers foyent feullement defchargez de cent fols fur ce qu'ils peuuent légitimement payer de tailles.

XV.

Qv'il soit deffendu à toutes perfonnes Nobles & priuilegez officiers, & ne payans tailles, prendre par eux, leurs feruiteurs & interpofez aucun fermages, d'autant que beaucoup defdits Nobles & priuilegez tiennent les meilleures & plus grandes fermes du pays : faire auffi pareilles deffences aux Ecclefiaftiques, qui s'oubliãs de leur deuoir, prennent plufieurs fermes & recettes qui ne font des biens dependans de leurs benefices.

AV ROY.

Et neantmoins en font les Commiffaires d'aduis.

Accordé comme il eft requis.

XVI.

Sadite Maiefté fera fuppliée pourueoir à la refection des ponts & paffages de cette Prouince eftans prefque tous ruinez, la plufpart à la reparation defquels s'il n'eft pourueu promptement, outre les fraiz qu'il conuiendra faire pour leur reparation ou reftabliffement, le trafic ceffera entierement par tout ladite Prouince, & les deniers de fa Maiefté par tels inconueniens retardez.

AV ROY.

Ledit Sieur de Rosny y pouruoirra.

XVII.

Qv'il soit deffendu aux Receueurs des Traictes Domanialles & Foraines ou leurs commis, prendre lesdits droicts sur marchandises qui sont portez dans le Royaume, & d'vne Prouince à autre, d'autāt qu'ils prennent et se font payer desdites coustumes, comme s'ils estoyent portez hors le Royaume, & pour le regard des marchandises subiettes aux droicts, il plaira à sadite Maiesté ordonner qu'il y aura vne pancarte attachée à vn poteau, ou aux bureaux des ports & haures de ladite Prouince, qui contiendra les sommes que doyuent les marchandises portez hors le Royaume, & apportez en iceluy.

AV ROY.

Et sont les Commissaires d'aduis qu'il soit informé des maluersations, & que pancarte soit attachée en lieu public, pour y auoir recours.

Les suppliants ne peuuent estre deschargez des droicts qu'ils ont accoustumé de payer, & ne doyuent tirer en conséquence le priuilege de ceux de Lyon, estant accordé à conditions particulieres, ausquelles les suppliants n'ont rien de commun : Et pour le regard du tableau, Sa Maiesté veut qu'il soit pozé en lieu public & libre, où chacun en puisse auoir la veuë & communication, & que les receptes se facent és bureaux suyuant l'ordre porté par les reglemens, enioignant aux Officiers y tenir la main, à peine d'en respondre en leur propre & priué nom.

XVIII.

Sadite Maiefté fera tref-humblement fuppliée pardōner à l'importunité que luy font les Eftats de Normandie, fur la reuocation de l'impoft du pied fourché, mis fur les beftes qui fe leue en la ville de Caen : au profit des habitans d'icelle, & au grand preiudice & perte des pauures marchans qui le payent, d'autant que lefdits habitans ne fe contentent ny contiennent fuyvant l'octroy qu'il a pleu à fadite Maiefté leur faire, qui eft que ledit impoft ne s'eftend que fur les beftes qui font vendus au marché de Caen, & confommez à ladite ville, ainfi qu'il se fait à Paris, & autres villes de ce Royaume, & neantmoins lefdits habitans ou adiudicataires dudit impoft recherchent tous marchans, menans bœufs, vaches, beftes à layne & porchines, à tous ponts, paffages, barcs, voir iufques à quatre lieuës de ladite ville : les contraignant mefme par force à payer ledit Impoft : Affauoir de cinq fols pour bœuf, deux fols fix deniers pour vache, neuf deniers pour befte à layne, & douze deniers pour porchine, faisans par ce moyen contribuables tous marchans qui chaffent à Paris, & autres villes de ce Royaume audit pied fourché. C'eft pourquoy fadite Maiefté fera tref-humblement suppliée reuocquer ledit impoft comme preiudiciable au bien public, ou à tout le moins que la perception d'iceluy fera reglée pour le temps qui leur eft concedé.

AV ROY.

Et ce pendant les Commiffaires d'aduis que les habitans de ladite ville de Caen, iouyffent felon & ainfi qu'il eft porté par leur octroy.

Il a efté donné Arreft fur ce fubiect, lequel fa Maiefté veut eftre fuyui, & pour ce qui concerne le bien dont les fupplians fe plaignent : Eft enioint à ceux de Caen, de n'eſtendre la leuée dudit impoſt qu'autant qu'il leur eſt permis & limité par leur octroy.

XIX.

Remonstrent à ſadite Maieſté leſdits Eſtats qu'entre les grandes charges que reçoit le peuple, l'aſſiette du ſel par impoſt ſur aucun greniers eſt la plus grande, pource qu'elle contraint violamment les perſonnes à prendre & acheter le ſel dont elles n'ont beſoin, & plus ſix fois qui ne leur faut, & dont en ce le bon meſnage & parcimonie ne leur apporte aucun profit, mais ſont contrains le ietter : outre la collection dont ils ſont chargez, qui leur engendre infinis procez, pour les départemens d'iceluy, ſurtaulx & inegalité des parroiſſes, auec le prix exceſſif de quinze liures tant de ſols pour minot. A ces cavses il plaiſe à ſadite Maieſté, veu le deſordre & ruine qu'aporte l'execution de l'Arreſt du (ſeizième) iour de (ſeptembre) mil ſix cens trois, pour le mettre par impoſt, en deſcharger ladite Prouince, & ordonner que les crües qui ſe ſont faites ſur chacun muid de ſel, pendant le bail de maiſtre Claude Ioſſe, tant pour les frais faits pour le ſiege d'Amiens, que pour Monſieur le Duc de Guiſe, ceſſeront durant le bail de maiſtre Iean Moiſſet, & à l'aduenir, attendu que les ſommes ordonnez par ſadite Maieſté, tant pour leſdits frais que pour ledit Sieur Duc, ont eſté leuez durant le bail dudit Ioſſe.

AV ROY.

Et ſont les Commiſſaires d'aduis que ledit impoſt n'ait lieu que és endroits où de tout temps & ancienneté il s'eſt leué.

Le Sieur de Calignon ayant cy deuant eſté commis pour ouyr les parties ſur ce different, en fera ſon raport au Conſeil, ſur lequel ſa Maieſté ordonnera ce que de raiſon, & pour le regard des crües ſadite Maieſté les en deschargera à l'aduenir, autant que ses affaires le pourront permettre.

XX.

Et sera aussi sadite Maiesté suppliee maintenir les habitans de la Viconté d'Auge en leurs priuileges de l'vsage de sel blanc, estât à ceste fin Monsieur de Calignon supplié de la part desdits Estats vouloir representer au Conseil le merite des priuileges desdits habitans, & que deffences soyent faites à l'adiudicataire exposer en vente aucun sel qui n'ait posé au grenier le temps de l'ordonnance, par ce qu'il n'est salubre au corps humain ny propre à saller les viandes.

AV ROY.

Et neantmoins en sont les Commissaires d'aduis.

Ledit Sieur de Calignon faisant sondit raport, sera pourueu sur cest article ainsi qu'il appartiendra : & pour le regard du depost du sel, sa Maiesté veut que les adiudicataires satisfacent aux ordonnances, comme ils y sont obligez.

XXI.

Remonstrent à sadite Maiesté lesdits Estats, qu'au preiudice de l'arrest du Conseil du (seizième) iour de Iuillet mil six cens trois, donné entre ledit Iosse & le Sindic desdits Estats, par lequel les appellatiōs des condamnations d'amendes adiugez sur les Ecclesiastiques et Nobles, pour estre estimez n'auoir prins du sel suffisamment aux greniers à sel de leurs districs estoient renuoyez en sa Court des Aydes de Normandie, il y auroit eu derechef vne nouuelle euocation concedee audit Iosse pour faire iuger au Conseil d'Estat du Roy lesdites appellations. A ces causes ils la supplient ordonner que sans auoir esgard à ladite euocation comme obtenue par furprife, ledit Arreft donné parties ouyes fur le renuoy defdites appellations, aura lieu, afin de releuer lefdits Ecclefiaftiques et Nobles des grands fraiz qui leur conuiendroit faire au Confeil à la fuitte pour la caffation defdites amendes.

AV ROY.

Et en font les Commiffaires d'aduis.

Les fupplians feront particulierement ouys au Confeil de fa Maiefté auec ledit Joffe, fur le contenu en ceft article, pour y eftre pourueu ainfi qu'il appartiendra.

XXII.

IL plaira à fadite Maiefté regler le nombre de Meffieurs les Commiffaires des Eftats, & ordonner de leur taxe.

AV ROY.

Le Roy a declaré dés l'année derniere fa volonté, qui doit eftre obferuée.

XXIII.

SADITE Maiefté fera fuppliée maintenir les Edicts faits par fes predeceffeurs, pour la creation des rentes conftituez, tãt fur l'hoftel commun de la ville de Rouen, qu'aux villes & communautez, fur les greniers particuliers à fel de ladite Prouince, et les contracts des conftitutions d'icelles, sans permettre que le payement defdites rentes foit fait autrement que fur les lieux fuyuant la forme prescrite et ordonnée par les Edicts verifiez en fes Cours Souueraines, ainfi qu'il s'eft fait de tout temps & en ce faifant reuocquer les Edicts de creation des Receveurs payeurs & Controolleurs defdites rentes, & declaration de fa Maiefté, pour l'eftablissement d'vn Bureau general en la ville de Rouen, pour ce que outre la fomme de dixhuit mil liures qui leur font attribuez pour leurs gages à prendre fur les rentes, qui diminue d'autant le fonds deftiné pour le paiement d'icelles, ils fe preuaudront & auront toufiours en main le fonds à ce deftiné fur la confideration que des particuliers aufquels lefdites rentes font deubs, la plufpart font efloignez de plus de cinquante ou foixante lieuës de ladite ville de Rouen, entre lefquels il y a grand nombre de pauures veufues & foubz-aages qui aimeront beaucoup mieux leur laiffer le fonds de leurs arrierages, que de fe confommer en fraiz pour le recouurement d'iceux de quartier en quartier, qui feroient le plus fouuent beaucoup plus grands que ce qu'ils receueroient.

AV ROY.

L'ordre a efté eftably le plus commode qu'il s'eft peu faire pour le payement defdites rentes, tant par l'eftabliffement du Bureau, que par l'Arreft de la verification d'iceluy en la Chambre des Comptes, lefquels fa Maiefté veut eftre fuiuis : Et pour le regard des gages des Officiers commis à la recepte defdites rentes, ne fe prendront fur les fonds d'icelles rentes.

XXIIII.

Qvi plaife à fadite Maiefté, ordonner que pour l'eflection des Nobles qui doyuent affifter de chacun Bailliage à l'affemblée des trois Eftats de ladite Prouince, les Baillifs seront tenus d'y affifter auec toute la Nobleffe, qui pour ce fera affignée, à peine de dix efcus d'amende payables par deffaillans, pour eftre diftribuez à œuures pieufes au iugement des affiftans s'il n'y a excufe raifonnable.

AV ROY.

Et neantmoins en font les Commiſſaires d'aduis.

Le Roy ordonne que leſdits Baillifs ſatiſferont au deuoir de leurs charges, comme ils y ſont obligez par les Ordonnances.

XXV.

Remonstrent à ſadite Maieſté leſdits Eſtats, que le proprietaire des moulins de Vaudebercq ſur la riuiere de Vire, s'efforceroit deſtourner le canal ancien pour la commodité de ſes moulins, au preiudice non ſeulement des habitans de ſaint Lo, qui ne pourroyent plus conduire leurs marchandiſes en la ville de Rouen, ny en ramener, où ſa Maieſté meſme auroit intereſt : mais auſſi de tout le plat pays qui par ce deſtours d'eau; feroit priué des vaugues et vazes de la mer, dont ils engraiſſent leurs terres qui ſont portez par plus de deux cens baſteaux iuſques aux claiz de Vire, où les laboureurs auec harnois & cheuaux la viennent querir de plus de dix lieuës en la ronde. C'eſt pourquoy ſadite Maieſté ſera ſuppliée faire deffence au propriétaire deſdits moulins de le deſtourner, à peine de mil eſcus d'amende.

AV ROY.

Et en font les Commiſſaires d'aduis.

Sera mandé aux Treſoriers generaux de France, d'enuoyer l'vn d'entre eux ſur les lieux pour informer de la commodité du changement dont ſe plaignent les ſuppliants, & en donner aduis à ſa Maieſté pour y pouruoir. Elle a fait cependant deffence audit propriétaire, de rien entreprendre ou changer au cours ancien de *ladite riviere iufques à ce qu'autrement en ait eſté ordonné.*

XXVI.

Sadite Maiefté fera fuppliée vouloir declarer fon intention fur les engagemens faits de fes domaines, par ce que ceux qui les poffedent veulent iouir des gardes Nobles : et en difpofer tout ainfi que fa Maiefté peut faire, lors que l'occasion s'offre defdites gardes Nobles, ce qu'ils ne peuuent faire neantmoins pour eftre vn droit feodal qui ne fe peut tranfmettre à perfonne que ce foit, demeurant ioint à la perfonne de fa Maiefté protectrice & conferuatrice des enfans mineurs & pupilles de fa Nobleffe, qui demeurans priuez de leurs peres morts à son feruice, fe trouueroient priuez de la liberalité de leur Prince.

AV ROY.

Et neantmoins en font les Commiſſaires d'aduis.

Le Roy ne veut que l'on comprenne à l'aduenir aucun droit de garde Noble és ventes ou engagemens qui ſe feront de ſon domaine. Et pour le regard de ceux auſquels ledit droit eſt engagé par leurs contracts, pourront eſtre rembourſez & deſdommagez dudit droit par les ſupplians.

XXVII.

Que des deniers communs & d'octroy des villes les comptes fe rendront par deuant les Baillifs ou leur Lieutenans, en la prefence des Officiers de fa Maiefté & des Efcheuins defdites villes, s'ils n'excedent la fomme de douze cens liures pour euiter aux fraiz qu'ils conuient faire pour la rendition d'iceux en la chambre des Comptes ; qui font plus grands le plus souuent que les deniers ne fe peuuent monter, & fera fa Maiefté fuppliee conceder la continuation defdits octrois pour douze ans pour le moins, afin d'euiter aux fraiz que l'on fait à les pourfuyure et faire verifier.

AV ROY.

Et neantmoins font les Commiffaires d'auis que les Comptes foyent rendus en la forme & maniere accouftumée, & pour la continuation de l'octroi font auffi d'auis de les continuer.

Il y a reglement que fa Maiefté veut eftre fuiuy.

XXVIII.

SADITE Maiefté fera suppliée voir l'aduis des Sieurs Commiffaires deputez par icelle, fur le reftabliffement des iurifdictions au lieu & bourg d'Arques, & en ce faifant les y remettre ainfi qu'elles y ont efté de toute ancienneté.

AV ROY.

Et en font les Commiffaires d'aduis.

Le Roy fera voir au pluftoft ledit aduis pour ordonner de ladite tranflation ainfi qu'il appartiendra.

XXIX.

IL plaira auffi à sadite Maiefté receuoir les tref-humbles & reiterez fupplications qui luy ont efté faites par les Eftats, pour la fuppreffion de l'Eftat de Preuoft general en cefte Prouince, et ordonner que les Vifbaillifs feront, & en la forme qu'ils ont efté erigez du confentement & fupplication defdits Eftats, maintenus comme auparauant : Et à cefte fin mettront les roolles de leurs Archers aux Greffes des Elections.

AV ROY.

Le Roy a eftably ladite charge pour le bien de fon feruice & du public, & l'a reglee en l'année der-

niere, en sorte que les supplians n'ont occasion de s'en plaindre, veut neantmoins que ledit Preuost general enuoye par chacun an, le roole des Officiers & Archers de sa compagnie en la Court des Aydes, pour y estre registré & y avoir recours quand il escherra. Ordonne aussi audit Preuost de representer par chacun an, en l'assemblée des Estats de la Prouince, son procez verbal des captures faites & iugemens par luy ou ses Lieutenans donnez pendant ladite année.

XXX.

REMONSTRENT à sadite Maiesté lesdits Estats, qu'au mois de May quatre vingts trois, le feu Roy que Dieu absolue, auroit mis vn impost sur les cartes et tarauts qui se vendoient & transportoient tant dedans que dehors le Royaume, à raison duquel impost, vne grande partie des maistres & seruiteurs les plus habiles & meilleurs ouuriers de la ville de Rouen, se retirerent au pays d'Angleterre & Flandres, conduits et menez par les habitans desdits pays pour y trauailler & apprendre la manufacture de faire des cartes & taraux qui fut deslors & est encores de present audit pays, au grand preiudice & dommage de la France, ce que recongneu par le Roy, apres auoir fait faire informacion de la ruyne & perte dudit Estat, auroit à la supplication desdits Estats reuoqué, extaint & aboly ledit impost, au moyen de douze mil escus payez par lesdits Estats, pour l'extinction d'iceluy, qui auroit esté cause que lesdits Maistres & seruiteurs qui s'estoient retirez en Angleterre et Flandres, estoient reuenus en France, et auroient remis ledit Estat en sa premiere vigueur et liberté : Neantmoins il y auroit eu vne declaration obtenuë par surprise, pour leuer ledit impost que l'on feint n'auoir peu estre perceu à cause des troubles. A CES CAVSES, veu la reuocation dudit impoſt, & la ſomme de douze mil eſcus payez pour ceſt effet : Il luy plaiſe le reuocquer de peur que comme audit temps quatre vingts trois, leſdits Maiſtres et ſeruiteurs ne transferent ladite manufacture en autre pays, au grand dommage et ruyne de la France.

AV ROY.

Et en ſont les Commiſſaires d'aduis.

Il y a Arreſt donné depuis peu de iours au Conseil, auquel les ſupplians ſe doyuent conformer.

XXXI.

Sadite Maieſté ſera treſ-humblement ſuppliée reuoquer la commiſſion executée par Meſſieurs Mangot, Courſon et Meſnil Bazire, pour ſe faire repreſenter l'original des fieffes, de ce que chacun tient neument de ſadite Maieſté, pour l'impoſſibilité qui ſe trouueroit en la repreſentation d'icelles, et pour le lõg temps qu'il y a que les fiefs ont eſté erigez, ayant eſté à la plus part perdus durant le temps que les Anglois vſurpoient ladite Prouince, et depuis quarante ans en çà par les guerres ciuilles. Auſſi que toutes personnes ſont tenus proprietaires d'vn fonds, en ayant poſſedé par & puis quarante ans, ſuiuant la Couſtume de ladite Prouince, qui ſeroit meſme vn chemin ouuert aux hommes & vaſſaux de demander à leurs Seigneurs l'original des tiltres en vertu deſquels les terres leur auroient eſté fieffez, aux charges & rentes qu'ils doiuét, dont naiſtroit auec la ruyne de la Nobleſſe, vne abolition de tous leurs fiefs.

AV ROY.

Et neantmoins en ſont les Commiſſaires d'auis.

Les Commiſſaires ouys par ſa Maieſté ſur l'execution

de leur commiſſion, ſa Maieſté en ordonnera ainſi qu'il appartiendra.

XXXII.

SUPPRIMER auſſi l'Ediƈt des francs & exempts en chacune parroiſſe au deſſous de cent feux.

AV ROY.

Perſonne n'eſt abſtraint à ſe ſeruir du benefice dudit Ediƈt.

XXXIII.

Et pour reſponſe à la demande faite auſdits Eſtats au nom de voſtre Maieſté, de la ſomme de dix huit cens dix mil quatre cens quinze liures huit ſols. Le tiers Eſtat, Sire, à qui il ne reſte plus que la ſeulle volonté de ſatisfaire à vos demandes, Supplie tres-humblement les genoux en terre, et les yeux fichez ſur l'image de voſtre auguſte Maieſté, que vous conſideriez l'eſtat en quoy eſt maintenant reduit le pauure peuple de Normandie, pour les grandes & innumerables charges qu'il a ſupportez par cy deuant, & iusques à l'entiere deſtruƈtion d'iceluy : Nonobſtant les grandes et continuelles promeſſes faites par voſtre Maieſté, de les ſoulager, et en ce faiſant & iettant ſon œil de pitié & miſericorde, elle verra d'vn coſté la greſle, dont il a pleu à Dieu la viſiter en Iuillet dernier, qui a eſté ſi groſſe & en telle abondance, qu'elle a gaſté & ruiné preſque tous les bleds et fruiƈts des pays ſituez le long de la mer, & en autres endroits plus de douze lieuës dans les terres aux bailliages de Caen, Rouen, Caux, & Coſtentin : d'autre coſté les paroiſſes entieres et vn monde de maiſons eſpandus çà & là, touchez du feu du Ciel aux bailliages dudit Caux & Giſors, d'vne autre part vn deſbordement de la mer qui a eſté ſi impetueuſe en Mars

dernier, qu'elle a submergé vne infinité de maisons &
couuert tellement de fable, vn monde de terres labourables,
praries, & herbages qui ne pourront rapporter aucun profit
de plus de six ans, & principalement en douze parroisses le
long du bord de la mer, vers la contrée d'Auranches, &
Couſtances, et encores la peſte arriuée en pluſieurs endroits
de ladite Prouince, ſi cruelle qu'elle a deſpeuplé vne
infinité de paroiſſes, puis les terres ſemez en bleds gaſtez &
ruinez par l'innõdatiõ d'eauës du Ciel tombez en forme de
deluge en quelques endroits de ladite Prouince, ſi bien qu'il
ſemble que de toutes parts Dieu ait voulu viſiter & toucher
ceſte deſolée Prouince, qui auroit grande & iuſte occaſion
de demander la deſcharge entiere de vos demandes : Neantmoins comme vos treſ-humbles enfans et ſubieɾts mettans
en conſideration les grandes charges que vous auez à
ſupporter l'année prochaine, ayant oſté la grande crue des
garniſons qui les met tout en ruyne, vous font offre des
ſommes qui enſuiuent.

ASSAVOIR.

Pour le principal de la taille neuf cens mil liures.

Pour les fortifications & reparations des chaſteaux &
fortes places dudit pays douze mil deux cens quatorze
liures.

Pour le taillon quatre vingts deux mil cinq cens quarante
trois liures quatre ſols.

Pour les gages des poſtes trois mil liures.

Pour les taxations des Sieurs Commiſſaires des Eſtats
trois mil cinq cens liures.

Pour les taxations des Sieurs depputez deux mil huit
cens trente huit liures.

Pour les fraiz & affaires communs dudit pays neuf mil
liures.

Montans toutes lefdites parties à la fomme d'vn millioñ traize mil cent foixante vne liure neuf fols tournois, de laquelle lefdits Eftats fupplient tres-humblement fadite Maiefté fe vouloir contenter, & au furplus auoir les habitans dudit pays en bonne et finguliere recommandation.

Fait en la conuention generalle des Eftats du pays & Duché de Normandie tenuë en la maifon abatialle de faint Ouen de Rouen, le quatorziefme iour de Nouembre, mil fix cens cinq.

Signé, THOMAS.

Les Commissaires tenant la prefente conuention, ayant veu la refponfe que les depputez des Eftats ont faite à la proposition & demãde à eux faite de la part du Roy, par laquelle accordent feulement luy payer pour l'année prochaine mil fix cens fix, la fomme de neuf cens mil liures pour le principal de la taille auec le taillon et deniers ordinaires accouftumé d'eftre leuez chacun an fur le pays, felon que le tout eft plus à plain mentionné au prefent cahier de leurs doléances, Iceux Commiffaires apres auoir fur ce fait aufdits depputez plufieurs remonftrances requifes & neceffaires pour le feruice de fa Maiefté, & que fur icelles s'eftant raffemblez pour y aduifer, ils ont dit ne pouuoir faire plus grandes offres à caufe de leur impuiffance & extréme pauureté. Ont ordonné pour ne laiffer le feruice de fadite Maiesté en arriere, que par prouifion departement & affiette fera actuellement faite de toutes et chacunes les fommes de deniers par elle demandees & contenuës és lettres patentes de fadite Maiefté données à Paris le quatriefme iour de Septembre dernier paffé, contenant changement d'octroy de paroiffe en paroiffe dans chacune election en ladite année prochaine, Ce qui a efté prononcé publiquement aufdits depputez en l'affemblée defdits Eftats.

Fait à Rouen par lesdits Commissaires, le Lundy quatorziesme iour de Nouembre, mil six cens cinq.

Ainsi signé,   Par lesdits Commissaires.   LIGEART.

Le Roy ayant à supporter en ceste présente annee, les mesmes charges & despenses qu'és precedentes, et n'y pouuant subuenir que des moyens de ses bons & fidelles subiets, pour le repos & la conservation desquels ces despenses se font, elle ne peut comme elle le desireroit bien descharger ceux de son pays & Duché de Normandie, de ce qu'ils supplient sa Maiesté de leur remettre de ce dont ils ont esté requis de sa part : ce qu'elle aura soin neantmoins de faire leuer auec tout le soulagement de ceux dont les supplians representent les pertes & incommoditez qu'il se pourra. Et mandera incontinent aux Tresoriers generaux de ses finances de tenir la main à ce que les esleuz en l'estendue de leurs charges ayent l'esgard qu'ils doyuent aux incommoditez de ceux qui sauront auoir esté affligez & trauaillez, & pourueoir à leur soulagement ainsi qu'il appartient. Fait & arresté à Paris le vingtsixiéme iour de Ianuier 1606.

Signé,   HENRY.

Et plus bas,   POTIER (1).

---

(1) A Rouen, de l'imprimerie de Martin le Mesgissier, imprimeur ordinaire du Roy, tenant sa boutique, au haut des degrez du Palais, 1606. — Réimprimé d'après l'exemplaire appartenant à M. Charles Lormier.

ARTICLES
DE
REMONSTRANCES
Faictes en la Convention des Trois Eſtats
DE NORMANDIE

Tenue à Rouen, le seizieſme jour de Novembre, et autres jours enſuyvans, mil ſix cens ſix.

Avec la Reſponce et Ordonnance ſur ce faicte par le Roy eſtant en ſon Conſeil,

Tenu à Paris, le trentieſme jour de janvier, mil ſix cens ſept.

Au Roy et a Monseigneur le Duc de Montpencier, *Pair de France, Gouverneur et lieutenant général pour ſa Maieſté, en ſes pays et Duché de Normandie, et à Noſſeigneurs les Commiſſaires depputez par ſadite Maieſté, pour tenir l'aſſemblée generale des Eſtats de ceſte Province, en ceſte ville de Rouen, le ſeizieſme iour de Novembre et autres iours enſuyuans mil ſix cens ſix.*

Les trois Eſtats aſſemblez en ceſte ville de Rouen, propoſent à ſa Maieſté leurs tref-humbles Remonſtrances: Et la fupplient tres-humblement leur vouloir accorder l'effet de leurs iuftes complaintes.

I.

Les Eftats donc fouſpirent deuant l'Image de fon Augufte Maiefté, efperans vn remede à leurs miferes, luy representent combien elle eft fauorifée du Ciel, qui l'a toufiours deliurée de tous perils & hazards dont elle ſ'eft veuë prefte d'eftre touchée, c'eft pourquoy ne luy reftant pour marque d'vne diuine & eternelle memoire, que la defcharge de fon peuple, elle eft trefiuftement fuppliée vouloir redonner aux Ecclefiaftiques leur premiere liberté, aux Nobles leurs immunitez & franchifes, Et fi ample defcharge à fon pauure peuple du tiers Eftat de ladite Prouince, qui ne parle iamais que de fa munificence & liberalité, & louë Dieu eternellement d'auoir efté né, foubs l'aftre lumineux d'vne fi grande & fi admirable Maiefté.

II.

Les Ecclesiastiqves fupplient tref-humblement fadite Maiefté les vouloir conferuer & maintenir en leurs priuileges, immunitez, franchifes & libertez anciennes, & qu'ils ne foyent tenus ny contraints plaider ny respondre deuant les Iuges feculiers, foit en caufes ciuiles ou criminelles, excepté en cas priuilegiez : Ains ordonner aufdits iuges feculiers, les renuoyer auffitoft deuant leurs Iuges Ecclefiaftiques qu'ils auront requis, ainfi qu'il eft ordonné par les faints decrets, & qu'ils ne pourront eftre apprehendez au corps, tant pour le payement des decimes, qu'autres debtes.

Au Roy. Et neantmoins font les Commiſſaires d'aduis que l'Ordonnance de l'annee mil cinq cens trenteneuf, Ordonnance d'Orleans,

Moulins, & Bloys, & Arrests et Reglemens des Courts de Parlement soyent gardez selon leur forme & teneur.

Le Roy continuera d'auoir ses bons seruiteurs & subiects les gens des trois Estats de son pays & Duché de Normandie, en sa fauorable protection & bonne recommandation qu'ils requierent, notamment aura le soin que desirent les gens d'Eglise d'icelle, de les maintenir & conserver en tous leurs priuileges, exemptions, franchises, libertez, & immunitez, & les en fera iouir plainement & librement, ores & pour tousiours ainsi que bien et deuëment ils en ont iouy par le passé iusques à present, & ne veut pour ceste consideration sa Maiesté que lesdits gens d'Eglise, soyent tenus subir les Iurisdictions seculieres, sinon ès cas priuilegiez selon qu'il est prescript par les Ordonnances, Arrests & Reglemens : Et quand aux contraintes pour decimes ou autres debtes, en sera vsé comme il a esté bien et deuëment par le passé.

III.

Que lesdits Ecclesiastiques ne pourront estre imposez ny assis à la taille, pour quelques dixmes & autres biens Ecclesiastiques qu'ils tiendront à ferme, attendu que lesdits biens & lesdites personnes sont exemptes.

AV ROY.

Les suppliants iouiront plainement de leurs exemptions & franchises ainsi qu'ils ont bien et deuëment fait par le passé.

IIII.

Que les Receueurs des decimes seront tenus bailler leurs charges aux Sergens & Huissiers des lieux & Vicontez où seront resseans les redeuables, pour euiter aux fraiz excessifs de ceux à qui ils baillent leurfdites charges, excedant le plus fouvent le principal denier au deftriment des pauures Ecclefiaftiques qui difficilement peuuent s'acquitter du principal, & eftablir vn bureau en chacune Viconté, pour receuoir les deniers defdits decimes.

AV ROY.

Sera mandé aufdits Receueurs faire faire lefdites charges le plus au foulagement defdits fuppliants qu'il fe pourra, & fuyuant les Reglemens.

V.

Qv'il plaife à fadite Maiefté ordonner que les Temples & edifices, marques de la pieté & Religion de fes deuanciers, feront entretenus & r'edifiez aux defpens du reuenu des Abbayes & Prieurez dont ils dependent, pour y eftre le diuin feruice celebré & non pas employez à vfages prophanes, comme ils sont en plufieurs lieux de cefte Prouince.

Au Roy. Et en font les Commiffaires d'aduis.
Accordé.

VI.

La Noblesse fe voyant courbée & atterrée foubs le fardeau de toutes fortes d'impofts, fe plaint à fa Maiefté, & luy reprefente de combien de Lauriers & de Palmes furent honorez & anoblis les fepulchres de leurs Peres morts aux lieux où l'honneur s'acquiert par les armes pour le feruice de fes predeceffeurs, qui en cefte confideration les ont affranchis de la rigueur defdits impofts, neantmoins auiourd'huy elle fe voit tellement mefprifée, qu'encores qu'elle ait bien & fidellement feruy, elle fe voit reduite

comme le reste du peuple au payement desdits impofts. A
CES CAVSES, Sadite Maiefté fera fuppliée les en vouloir tenir
quites & exempts à tout le moins de ce qui prouient de leur
creu & nourriture.

AV ROY.

*Le Roy ne veut que ceux de la Nobleffe foyent abftraints
à chofe quelconque, au preiudice de leurs franchifes, priuileges, exemptions, & immunitez, defquelles fa Maiefté
veut & entend qu'ils iouiffent (ores & pour l'aduenir)
comme ils ont fait bien et deuëment par le paffé, &
iouiffent encores de prefent.*

VII.

Qv'IL foit deffendu à tous Huiffiers ou Sergens prendre,
faifir, ou arrefter par execution les cheuaux & equipages
des Gentilshommes lors qu'ils feiourneront aux villes de
ladite Prouince.

AV ROY.

*En fera vfé comme il eft accouftumé, & fur les
faits & interefts des particuliers dont fa Maiefté fera
requife : Elle y pouruoirra pour le foulagement de la
Nobleffe, & contentement des fupplians autant que faire
se pourra.*

VIII.

PAR le Cahier des doleances de l'année derniere, Sadite
Maiefté fut fuppliée ordonner fonds à l'Hoftel commun de
la ville de Rouen, pour le payement entier des rentes
deuës aux pauures rentiers de ladite Prouince, d'autant
qu'il ne s'en paye que la moitié fur les receptes generalles

& particulieres, & trois quartiers fur l'impofition forayne, encor que de tout temps ils ayent efté payez du total des arrierages d'icelles, qui appartiennent la plus part à pauures gens, femmes vefues, & enfans orphelins, defquelles en cefte confideration ils deuroyent eftre fecourus : neantmoins ils languiffent & meurent de faim, apres ce qu'il leur eft fi iuftemēt deu : C'eft pourquoy fadite Maiefté eft fuppliée ordonner qu'ils feront payez entierement de leurfdites rentes, & qu'à cefte fin fadite Maiefté affignera aux Efcheuins de ladite ville fonds fur ladite recepte generalle, qui eft leur premiere affeurance affectée pour le payemēt d'icelles, pour eftre lefdits rentiers payez de quartier en quartier, fans que lefdits Efcheuins foyent tenus recourir à l'Efpargne, & faire le mefme des autres rentes pareilles deuës, tant fur ladite impofition forayne, qu'autrement, pour euiter aux grands fraiz que font annuellement les Efcheuins d'icelle ville en Court, à la pourfuite de leurfdites affignations.

Au Roy. Et en font les Commiffaires d'aduis.

Le Roy pouruoirra au payement defdites rentes ainfi qu'il a efté fait cy deuant, & auec tout le bon traitement qu'il fera poffible, ayant agreable que verification foit faite de la nature defdites rentes, pour faire la diftinction qu'ils ont requis d'icelles.

IX.

Sadite Maiefté fur la plainte qu'il luy fut faite de l'impoft des foixante fols qui fe leuent pour tonneau de marchandife entrant par mer en ce Royaume, qui eft l'entiere ruyne du commerce, accorda vne ceffation d'iceluy apres que les affignations auroyent efté acquitées, mais puis que non feulement les vingtquatre mil efcus pour lefquels ledit impoſt auroit eſté creé, ont eſté leuez, mais encor la moitié dauantage, Il luy plaiſe le reuocquer afin de mettre ledit commerce en ſa premiere liberté, & euiter aux deſordres & confuſions qui ſe commettent iournellement en la perception d'iceluy.

AV ROY.

Sa Maieſté fera ceſſer ledit impoſt lors que les aſſignations auſquelles elle l'a affecté ſeront acquitées.

X.

Lesdits Eſtats ſe plaignent que soubs couleur de la refection du pont de la ville de Rouen, l'on ait levé depuis trois ans en cà, vingt ſols pour poinſon de vin, & trête mil liures ſur le plat pays par chacun an, neantmoins il ne s'eſt employé que peu de deniers à ceſt effet au preiudice du public, & ruyne dudit pont qui tombe iournellement d'arche en arche faute d'y eſtre pourueu. A ces causes, Il plaira à ſadite Maieſté faire ceſſer leſdites leuees : & que les deniers qui ont eſté perçeuz pour ceſt effet ſeront employez à la refection d'iceluy, & à ceſte fin que ceux qui les auront reçeuz, ſeront contraints par corps à la reſtitution d'iceux, afin que la ville en ſoit plus honorée, & le peuple en reçoyue la commodité qu'il en eſpere.

AV ROY.

Le Roy ordonne au Sieur de Suly grand Voyer de France d'y pouruoir auec le ſoin que le deu de ſa charge & l'importance de la conſeruation dudit pont requierent.

XI.

Par la response du ſeptieſme article du cahier de l'annee

derniere, par laquelle fadite Maieftéeftoit fuppliée reuoquer l'impoft de neuf liures pour tonneau de vin, quarante fols pour tonneau de Sydre, & vingt fols pour Poirey, qui fe leuent fur les villes de Rouen, Dieppe, & le Haure de Grace, elle auroit déclaré que ledit Impoft eftoit affecté au payement des rentes deuës aux fupplians : mais elle est fuppliée remarquer que les rentes des Efcheuins de la ville de Rouen, ont leur fonds affecté : & que ladite leuée a efté faite faute par les habitans de ladite ville, d'auoir impofé fur eux & les villes fufdites, la fomme de fix vingts mil liures à quoy elles eftoyent cottifées pour la reuocation de la Pancarte, ainfi que porte l'Arreft du Confeil du . . . ., mais à prefent que ladite leuée eft fournie, voire plus de deux fois autant & qu'il ne feroit raifonnable qu'vn chacun paftift pour n'auoir efté ladite fomme impofée : Il plaife à ladite Maiefté reuoquer ledit Impoft, pour la ruyne & incommodité qu'en reçoyuent les habitants dudit pays.

Au Roy. Et neantmoins en font les Commiffaires d'aduis.

Les charges aufquelles les deniers dudit Impoft font deftinées, comme les rentes & autres importantes & neceffaires à l'eftat, ne peuuent à prefent permettre la reuocation d'iceluy.

XII.

Qv'il foit ordonné, que le Sieur du Rollet mettra au Greffe les noms & furnoms de fes Lieutenans, Greffiers & Archers, & par femblable leur demeure en chacun Bailliage, & feront reçeuz par le Bailly ou Lieutenant de chacun Bailliage, & que les gages defdits Archers feront payez fur les lieux de leur demeure, afin que les gages puiffent eftre arreftez en cas de maluerfation.

AV ROY.

Ledit Sieur du Rollet a satiffait à la demande desdits roolles : & pour le regard de la reception de ses Archers, l'ordre en est prescript, par l'establissement de la compagnie du Preuost General de Normandie, que sadite Maiesté veut estre suiuy, & quand aux payemens ils se feront au temps & lieu des monstres que doit faire ladite compagnie.

XIII.

Sadite Maiesté sera suppliée reuocquer certaine clause contenuë en la commission : contenant permission aux Receueurs & Sergens d'emprisonner les plus aysez des parroisses pour les deniers de la taille d'icelles, par ce que telle permission apporta vn tel desordre en quatre vingts dixsept que sadite Maiesté fut contrainte faire vn Edict, contenant le Reglement pour le payement des tailles, lequel lesdits Estats supplient estre obserué pour euiter à la ruyne desdits aysez, qui ne peuuent estre contraints qu'apres discussion faite des biens desdits Collecteurs.

Au Roy. Et neantmoins sont les Commissaires d'aduis, que l'Edict & Arrest de la Cour des Aydes soyent suyuis.

L'article du Reglement des tailles, & la forme des contraintes portees par iceluy, sera desormais employé en la commission generale de la conuention des Estats du pays, au lieu de la clause dont se plaignent les supplians, laquelle sa Maiesté n'entend auoir lieu pour l'aduenir.

XIIII.

Qve les comptes des deniers du baon & arriereban seront rendus par deuant les Baillifs des lieux où ledit baon aura esté leué, ainsi qu'il pleust à sadite Maiesté l'accorder par le cahier des Eſtats de l'annee mil cinq cens quatre vingts dixſept : Et qu'à ceſte fin deffences feront faites aux gens des Comptes de pourſuyure aucuns Receueurs à compter par deuant eux touchant les deniers dudit baon, & que les amendes iugees contre les Receueurs feront déclarees nulles.

Au Roy. Et neantmoins veu l'Ordonnance miſe ſur le cahier de l'annee mil cinq cens quatre vingts dixſept, les Commiſſaires en ſont d'aduis, depuis ont leſdits Sieurs des Comptes fait apparoir du cahier des Eſtats reſpondu en l'annee mil ſix cens deux, par lequel ſa Maieſté veut que les comptes dudit arriere-ban ſe rendent en ladite Chambre.

Le Roy veut que leſdits comptes ſe rendent à la Chambre sur les Eſtats arreſtez par les Baillifs, ſuiuant ce que ſa Maieſté a ordonné ſur ſemblable demande des ſupplians faite par leurs remonſtrances de l'an mil ſix cens & deux.

XV.

Sadite Maieſté eſt ſuppliée faire deffences à toutes perſonnes de contraindre les condamnez en amendes, pour leſdites amendes, apres les trois ans paſſez, s'il n'y a des diligences faites durant ledit temps.

AV ROY.

Y ſera pourueu par le Reglement general que ſa Maieſte veut en eſtre fait, attendant lequel, Sadite Maieſté ordonne à la Court de Parlement, de pourvoir à ce qui s'offrira de plaintes particulieres, & enioint à ſon Procureur General, d'y tenir la main ainſi qu'il appartiendra.

XVI.

Qv'il ſoit enioint aux Receueurs, de payer les rentes & charges eſtans ſur les receptes, l'année de leur exercice expirée, à la premiere demande & fommation qu'il leur en fera faite à peine du double, pour euiter aux fraiz qu'il conuient faire pour obtenir extraicts defdits comptes.

AV ROY.

Il y a eftat fait pour le payement defdites rentes fuyuant lequel, les Receueurs doyuent les acquiter auec les formes & par les voyes & contraintes portées par les Ordonnances & Reglemens que fa Maiefté veut eftre foigneufement obferuez.

XVII.

Qv'il plaife à fadite Maiefté faire deffences aux Receueurs des Aydes, de contraindre les particuliers tenans foubs l'adiudicataire du quatriefme, pour le prix de l'adiudication generalle defdits quatriefmes, mais s'adreffer au principal adiudicataire, fes pleges & cautions pour euiter à la ruyne defdits particuliers, qui ne peuuent eftre contraints à payer que la fomme à quoy ils ont efté compofez par ledit adiudicataire.

Au Roy. Et en font les Commiffaires d'aduis.

Chacun defdits fermiers ne pourra eftre contraint à payer autre chofe que ce qui doit, & f'eft obligé de faire par fon contract.

XVIII.

Remonstrent à fadite Maiefté lefdits Eftats, que les Officiers de Monfieur l'Admiral, font payer vn droit de cinq fols pour feu le long des coftes de la mer, lequel droit ils eftendent à leur volonté au grand preiudice du public. A ces causes, Il plaife à fa Maiefté revoquer la commiffion obtenuë fous le nom dudit Sieur Admiral pour la leuée dudit droit, attendu l'impuiſſance & pauureté du peuple, & les amendes qui s'en peuuent enſuiuir.

AV ROY.

Apres que Monſieur l'Admiral aura eu communication de ceſt article, & fait entendre ſon intention ſur iceluy : en ſera ordonné par ſa Maieſté ainſi qu'il appartiendra.

XIX.

Qv'il ſoit enioint aux Eſleuz proceder aux departemens des tailles auec vne rondeur & equité, & à eux deffendu de deſcharger leurs parroiſſes, celles de leurs amis, & autres fauoriſées pour en charger les autres, attendu l'égalité qui doit eſtre gardée au département d'icelles.

AV ROY.

Le Roy enioint fort expreſſément par chacun an, aux Treſoriers generaux de France, & aux Eſleuz d'y tenir la main & faire ſoigneuſement ce qui eſt en cela du deuoir de leurs charges, à quoy s'il n'eſt ſatisfait & y eſt commis de l'abus : Sa Maieſté veut & entend que la recherche & chaſtiment s'en face par la rigueur de ſes Ordonnances.

XX.

Remonstrent à ſadite Maieſté leſdits Eſtats, que les ponts, paſſages, & chauſſées de ladite Prouince, ſont preſque ruynez, ou tellement incommodez faute d'auoir eſté entretenus, que l'on n'y peut paſſer qu'auec perils & haſards de la vie : C'eſt pourquoy leſdits Eſtats ſupplient treshumblement ſa Maieſté que ceux qui tiennent les domaines par engagement, ſeront contraints à les reparer & mettre en eſtat deu, & les particuliers Seigneurs qui perçoiuent droits pour les paſſages des ponts eſtans ſur leurs Seigneuries, de les reparer & entretenir, eſtant raiſonnable que ce qui ſe perçoit ſoit employé à la réfection d'iceux.

AV ROY.

Le Sieur Duc de Suly Grand Voyer de France y pouruoirra.

XXI.

Sadite Maieſté eſt ſuppliée conſiderer que les nouueaux affranchis en chacune paroiſſe, outre qu'ils iouyſſent de pluſieurs priuileges, ſont perſonnes riches & plus aiſez des parroiſſes, qui neantmoins payent fort peu de tailles, à la charge & confuſion des autres, parce qu'ils ne peuuent eſtre hauſſez : & par ce moyen iouiſſent de grandes exemptions, comme de tutelles, curatelles, & autres dont les pauures mineurs ſont tellement incommodez, qu'encor que les ſucceſſions (1) leſdits affranchis refuſent neantmoins leſdites charges, ſoubs vmbre deſdites exemptions donc ſourdent pluſieurs procez, attendant la vuide deſquels les pauures mineurs demeurent ſans tuteurs : c'eſt pourquoy il plaira à ſadite Maieſté les ſupprimer, ou que s'ils ſe pretendent exempts des tutelles deſdits mineurs dont ils ſont preſumptifs heritiers, qu'ils ſeront exclus de leurs ſucceſſions.

Au Roy. Et neantmoins en ſont les Commiſſaires d'aduis.

L'edit n'eſt qu'entre les volontaires.

XXII.

Remonstrent à ſadite Maieſté leſdits Eſtats que en la ville de Rouen, & en autres endroits de ladite Prouince, beaucoup

---

(1) Une partie de la phraſe a été oubliée ; peut-être faudrait-il lire : « Qu'encor que les ſucceſſions les y obligent. »

de gens voire plus de quatre mille perfonnes viuoyent de la confection des Mouftardes, Vinaigres, & eauës de vies : neantmoins il fe trouue perfonnes ayant feuls permiffion de fa Maiefté, de pouuoir faire lefdites Mouftardes, Vinaigres, et eauës de vie, dont le peuple eft grandement incommodé, par ce qu'il faut passer par les mains defdits pourueuz pour lefdites commoditez. A CES CAUSES, Il plaira à fadite Maiefté, fupprimer & reuocquer lefdites prouifions.

AV ROY.

Les requeftes des particuliers oppofans à l'eftabliffement du meftier juré en la ville de Rouen de vinaigrier, mouftardier, & faifeur d'eauë de vie, ayant efté plus amplement confiderées au Confeil de fa Maiefté, fera pourueu fur icelles ainfi qu'il appartiendra.

XXIII.

QVE deffences foyent faites à tous Officiers de faire trafic d'aucune marchandife.

AU ROY.

Les Ordonnances fur ce faites doyvent estre fuiuies : Et eft enioint aux Officiers de fa Maiefté d'y tenir la main.

XXIIII.

SADITE Maiefté fera suppliée donner prompte expedition aux depputez des villes defdites Prouinces, aux depputez defdits Eftats & leurs Procureurs, d'autant qu'ils confomment vne grande partie de ce qu'ils pourfuyuent à la fuitte des expeditions qu'ils recherchent.

AV ROY.

Accordé, & feront auffi lefdits depputez de leur part

les pourſuites deſquelles ils ſont chargez auec le ſoin &
la diligence qu'ils doyuent.

XXV.

Remonstrent à ſadite Maieſté leſdits Eſtats qu'vne des plus grandes ruynes que ſouffre le peuple eſt l'eſtabliſſement du ſel baillé par impoſt, car outre qu'il eſt à prix exceſſif & deſraiſonnable, le peuple eſt chargé de la collection des deniers d'iceluy, ſi bien qu'en tels endroits y a il comme aux petites paroiſſes les pauures habitans ſont en exercice perpetuelle pour la collection (1) tantoſt des deniers de la taille, tantoſt du ſel dont naiſſent infinis procez, ſubiets encores aux recherches comme auparauant par perſonnes incongneuz, vacabons & geans de neant qui ſe diſent Archers du ſel, qui exercent toutes les violences que l'on ſe ſçauroit imaginer ſur ledit pauure tiers Eſtat, meſmes ſur les Eccleſiaſtiques, & Nobles, ſans auoir eſgard à leur qualité, ſous pretexte de l'euocation generalle contenuë au bail de l'Adiudicataire. A ces cavses il plaira à ſadite Maieſté reuocquer ledit impoſt du ſel, en moderer le prix, & que le depoſt s'en fera ſuiuant les Ordonnances, pour euiter à la perte des beurres & lards qui ont eſté perdus par le paſſé, pour auoir eſté ſallé de ſel non gabellé, afin que le peuple aille librement prendre ſon ſel aux greniers de leurs deſtroits comme ils y auoyent accouſtumé, & que deffences ſoyent faites auſdits Archers ayans armes à feu, entrer aux maiſons deſdits Eccleſiaſtiques, Nobles, & gens du tiers Eſtat pour faire leſdites recerches, pour euiter aux inconueniens qui en peuuent arriuer, & qu'il ſoit mis aux greniers, boiſſeaux & cartes.

(1) La phrase est incorrecte; peut-être faudrait-il lire : « Si bien que tels endroits y a il, comme aux petites paroisses où les pauvres habitants... »

Au Roy. Et neantmoins font les Commiffaires d'aduis, qu'il plaife à fa Maiefté, y apporter vn bon reglement.

Y fera pourueu apres que l'on aura reprefenté au Confeil les inftances qui y font pendentes, tant pour ledit impoft du fel, que fur l'vfage du fel blanc dont ont efté cy deuant chargez aucuns des Sieurs dudit Confeil. Veut & declare derechef fa Maiefté, que le fel demeure & repofe en depoft és lieux & durant le temps prefix par fes Ordonnances : Et pour le regard des Archers du fel, le reglement fait fur la function de leurs charges doit eftre foigneufement gardé, Ordonne outre fadite Maiefté qu'il fera baillé au Gouuerneur de la Prouince par chacun an un roolle contenant les noms & furnoms defdits Archers.

XXVI.

Sadite Maiefté a efté fuppliée par l'article precedent reuoquer l'impoft du fel, pour la grande ruyne qu'il apporte au public : toutesfois en cas que fadite Maiefté ne fe rendift flexible & ployable aux plaintes defdits Eftats, & qu'elle vouluft ledit impoft eftre r'egallé, elle eft tref-humblement fuppliée ordonner que ledit impoft fera reueu feulement par les Grenetiers chacun en fon diftric, & à cefte fin reuoquer les commiffions quelle auroit enuoyez à quelques perfonnages de la Court des Aydes, pour euiter à l'augmentation qu'on voudroit faire dudit Impoft, eftât vray femblable qu'ils ont efté choifis par l'adiudicataire pour tirer profit & commodité de l'execution de ladite commiffion, & en cas où aucuns Grenetiers feroyent Receueurs des deniers de leur grenier à fel, & qu'il ne feroit raifonnable qu'eftans commis de l'adiudicataire, ils reuiffent ou regallaffent ledit impoft, l'execution s'en fera par le Controlleur du grenier à fel, & ordonné qu'il fera procédé extraordinairement contre les Grenetiers qui feront commis par l'adiudicataire à receuoir les deniers comme iugeant les amendes & receuans icelles au profit des adiudicataires.

AV ROY.

Le present article sera communiqué au Sieur de Moysset Adiudicataire general des greniers à sel, pour estre ouy auec les supplians sur le contenu d'iceluy, & y pouruoir ainsi qu'il appartiendra.

XXVII.

SADITE Maiesté sera suppliée supprimer tous Offices supernumeraires crées depuis vingt ans, comme Archers du sel & leurs Cappitaines, Assesseurs en chacune Viconté, Assesseurs Criminels, Lieutenans Criminels, Commissaires examinateurs, Clercs des greffes, Clercs des presentations, Huissiers Audienciers, & les Esleuz de nouuelle creation, lesquels particulierement sadite Maiesté dés l'an mil cinq cens quatre vingts dix neuf, auoit supprimez quand ils vacqueroyent par mort iusques à ce qu'ils fussent reduits à l'ancien nombre, neantmoins ils sont r'establis tout de nouueau, & les autres pourueuz soubs pretexte de quelques procurations supposees en toute fraude bien que les pourueuz fussent decedez il y a sept à huict ans, & vne infinité d'autres, d'autant qui s'exemptent de la contribution des tailles ou ne sont assis qu'a leur volōté, à la grand'foulle & oppression du reste du peuple, qui languit soubs le pesant fardeau d'icelles, cessant lesquelles Offices, vn chacun portant son assis raisonnable, sadite Maiesté seroit mieux satisfaite & le pauure peuple soulagé lequel d'ailleurs est succé iusques aux nerfs par multiplicité desdits Officiers : C'est pourquoy ils supplient treshumblement sadite Maiesté vouloir incliner à leur supplication & requeste, ou qu'ils feront rembourfez de la leuée qui fe fait fur la Prouince, des deniers qui fe leuent pour le rembourfement des Officiers fupprimez, ainfi qu'il eft contenu en la commiffion, laquelle lefdits Eftats fupplient eftre reuocquee fi elle n'eft employee à ceft effet.

AV ROY.

Le Roy aura fort agreable de fupprimer lefdites Offices, quant fes affaires le permettront.

XXVIII.

COMME par femblable elle fera fuppliee reuocquer les greffes des prefentations en chacune Viconté, droit de Maiftres Clercs, parifis, biftrades, doublement et tiercement des petits feaux, Controlleurs des tiltres, & les daces exceffiues, & parifis qui fe prennent fur les fentences & contracts, & autres telles ruynes qui ne font qu'affliger le peuple, qui eft occafion que les pauures ayment mieux le plus fouuent quitter leurs iuftes pourfuites que de fe conftituer en fraiz fi exceffifs.

AV ROY.

Idem.

XXIX.

REMONSTRENT à fadite Maiefté lefdits Eftats, que depuis la conftitution des rentes au denier quatorze, il f'eft fait plus de decrets d'heritages qu'il ne s'en eftoit fait vingt ans auparauant, par ce que peu veulent bailler argent en intereft sy eflongné, c'eft pourquoy fadite Maiefté eft fupliée pour euiter à tels inconueniens, vouloir remettre lefdites rentes au denier dix, attendu que le trafic ceffe à caufe d'icelles.

AV ROY.

La reduction defdites rentes s'eft faite au denier quatorze pour le feul fubiet du bien public, ce qui ne peut permettre qu'elles foyent reduites au denier dix, comme les fupplians le defirent.

XXX.

Qve pour euiter à l'affluance des pauures & mandiants qui fe voyent aux villes, Sadite Maiefté fera fuppliée ordonner le reftabliffement des aumofnes aufquelles les Abbayes & Prieurez font fubiettes ainfi qu'il fe faifoit anciennement, à peine de faizie de leur temporel.

Au Roy. Et en font les Commiffaires d'aduis.

Accordé, & fera efcrit à la Court de Parlement, & aux gens du Roy d'icelle, d'y tenir la main.

XXXI.

Remonstrent trefhumblement à fadite Maiefté lefdits Eftats, que ceux qui recherchent leuer euocations pour caufes ciuilles & criminelles, n'eft que pour refuir la Iuftice de leurs Iuges naturels, & à la honte & mefpris defdits Iuges prepofez en certains endroits limitez, afin que le peuple ne foit trauaillé d'aller rechercher la Iuftice en lieux eflongnez. C'eft pourquoy fadite Maiefté eft fuppliée reuoquer toutes euocations qu'elle auroit cy deuant concedees à quelques perfonnes, & pour quelque caufe que ce foit, & que celle qu'elle auroit cy deuant accordée au Sieur Defneual demeure nulle & eftainte, attendu qu'elle eft expirée dés le douziefme de May dernier : A cette fin qu'il luy plaife renuoyer les procez & inftances aux Iuges des lieux ce qui eft auffi pareillement demandé pour les euocations concedees aux Secretaires de fes Chancelleries qui fous ombre d'icelles, euoquent toutes caufes deppendantes de leurs fiefs qui font en la Prouince, voyre iufques à contraindre leurs hommes & tenans, leur porter adueux aux Requeftes du Palais à Paris, de ce qu'ils tiennent d'eux, ne les voulant receuoir fur les lieux, encor qu'ils ayent leurs Senefchaux, Iuftices & Iuridictions où lefdits adueux doiuent eftre rendus, qui eft proprement extorquer de leurs hommes chofe à laquelle ciuillement ils ne font obligez.

Au Roy. Et neantmoins en sont les Commissaires d'aduis.

Sa Maiefté dés l'annee derniere a fort expreffément declaré que fon intention n'eft qu'il foit expédié aucunes euocations qu'auec grande cognoiffance de caufe & aux termes de fes Ordonnances, ce qu'elle ordonne derechef eftre exactement obferué : Enfemble ce que fadite Maiefté a cy deuant ordonné de l'euocation octroyée au Sieur Defneual : qu'elle veut & entend auffi ceffer & n'auoir plus aucun effet deflors que le temps que elle auoit prefcrit pour icelle, par la refponce du fixiefme article des remonftrances des fuppliants de l'an mil fix cens & quatre a efté expiré. Ordonne outre ce fadite Maiefté aux gens tenans les Requeftes du Palais à Paris, & autres lieux, de ne receuoir aucuns renvoys de caufe, en vertu de lettres de commitimus finon és cas & pour ceux qu'il eft permis par les Ordonnances.

XXXII.

CESTE mefme requefte eft faite auffi à fadite Maiefté par lefdits Eftats, qu'il luy plaife reuoquer toutes commiffions extraordinaires, par ce qu'elles ne s'executent qu'auec paffions & violences, & en faueur de ceux qui font commettre les Commiffaires & particulierement celle qui eft executée par les Sieurs de Courfon, Mangot, & Mefnil Bazire pour la recherche des Domaines & reuenu d'iceux, dont les propriétaires ont iouy par vne longue fuitte d'années. Que fi la pretention & maximes que tiennent lefdits Commiffaires auoyent lieu, il n'y a famille en Normandie, qui peut fubfifter, donc arriueroit vne telle confufion, que n'ayant aucun bien affeuré pour l'infraction des anciens droits & couftumes de tout temps obferuees en la Prouince, & confirmez par les feuz Roys, & fa Maiefté mefmes à l'aduenement de fa Couronne, fans auoir aucun efgard à leurs poffeffions immemorialles & Arrefts fur ce enfuiuis de fes Courts Soueueraines, feroyent contraints d'implorer l'ayde & fecours de fa Maiefté, pour leur donner moyen de viure ou de fortir hors le Royaume pour l'extréme neceffité où ils feroient reduis : & où fa Maiefté voudroit continuer ladite commiffion, que les appellans defdits Commiffaires reffortiront à la Court de Parlement, & les procez inftruits par lefdits Commiffaires renuoyez en icelle.

Au Roy. Et en font les Commiffaires d'aduis.

Lefdits Commiffaires ouys sur l'execution de leurs commiffions au Confeil de fa Maiefté, y fera par elle pourueu ainfi qu'il appartiendra.

XXXIII.

SERA auffi fadite Maiefté fuppliée vouloir accorder le changement d'octroy en la prefente annee pour les perfonnes qui eftoient refidans en autres parroiffes & de diuerfes elections le dernier iour d'Aouft mil fix cens cinq, attendu que le changement d'octroy dernier, n'a eu lieu que pour les perfonnes refidans aux parroiffes des mefmes elections où ils eftoient taillables, & ce pour euiter aux fraiz que les Collecteurs font contraints fouffrir pour le recouurement des deniers des affis à la taille des perfonnes qui font demourans hors leur eflections qui feront par mefme moyen renuoyez auec leurs fommes.

AV ROY.

Le Roy renuoye le prefent article aux Treforiers generaux de France de la Prouince, pour pouruoir au contenu d'iceluy, ainfi qu'ils verront eftre neceffaire pour le foulagement du peuple.

XXXIIII.

Et pour ce qu'il y a plufieurs perfonnes en ladite Prouince qui defirans multiplier les richeffes qu'ils ont defrobez aux defpens du public, inuentent chaque iour nouueaux offices, tributs et taxations fur toutes fortes de perfonnes, donnant à entendre à fadite Maiefté, qu'elles ne portent aucun preiudice à fon peuple, dont ils compofent à petit & vil prix : & en tirent puis apres de grands profits & commoditez, ayant defià reduit par ce moyen à pauureté vne grande partie des habitans de ladite Prouince. Il plaira à fadite Maiefté ordonner que leur procez fera fait & parfait comme ennemis de fa Maiefté, de fon Eftat & du public, & reuoquer la leuee qui fe fait en ladite Prouince, fous pretexte de la recherche des financiers, fur les Officiers d'eflection, Sergens, Greffiers, & Collecteurs des parroiffes, leurs vefues & mineurs, defquels les maris font morts il y a vingt-cinq ans, aufquelles taxes peuuent eftre comprinfes plus de douze mille perfonnes.

Au Roy. Et neantmoins en font les Commiffaires d'aduis.

Le Roy declarera plus particulierement fa volonté fur cefte plainte, & pour le regard des taxes faites fur les Officiers des Finances & autres comprins en la recherche d'iceux, les payemens defdites taxes n'eftant que volon-

taires, & perſonnes n'eſtant contraint à ſe ſeruir du beneſice dudit Ediƈt, les ſuppliāns n'ont occaſion de s'en plaindre, eſtant permis à chacun de renoncer au ſuſdit Ediƈt, prenant ſeulement atteſtation de leur renonciation du Sergent exploitant leſdites taxes ou des Greffiers ordinaires des lieux.

XXXV.

Par Arreſt du vingtſixieſme de Iuin, mil ſix cens quatre, les Eſcheuins de la ville de Caen, ont eſté maintenus en la perception du droit de pied fourché, qui leur auroit eſté concedé pour les fortifications de ladite ville, qu'ils auoient pretendu deuoir eſtre perçeu, non ſeulement ſur les beſtes poſantes au marché de ladite ville & paſſant par icelle tous les iours de la ſepmaine, mais auſſi en tous les marchez, lieux & endroits de la Viconté dudit lieu : Toutesfois par les baux à ferme des Aydes nouuelles miſes ſus en ladite ville & fauxbourgs dudit Caen, en Ianvier mil quatre cens quatre vingts quatre, et qui leur auroiét eſté concedez par le Roy Charles huitieſme, ledit oƈtroy dont ils prennent auiourd'huy le doublement n'eſtoit pris que ſur ce qui eſtoit vendu en detail en ladite ville & fauxbourgs d'icelle : c'eſt pourquoy en cas qu'il ne pleuſt à ſa Maieſté le reuoquer comme preiudiciable aux villes des enuirons dudit Caen, à tout le moins qu'il ſera pris à la forme & ſuyvant la premiere conceſſion qui leur a eſté faite, pour euiter aux abus & ruynes qui ſe commettent en la perception d'iceluy.

AV ROY.

L'arreſt du Conſeil du vingtcinquieme iour de Iuin mil ſix cens quatre, donné pour la continuatiõ dudit impoſt ſera executé & ſuiuy, remettant ſa Maieſté pourvoir aux abus que les ſuppliāns ſe plaignent eſtre commis en la leuée & perception d'iceluy, lors qu'ils en feront apparoir.

XXXVI.

Sadite Maiefté fera tref-inftamment fuppliée reuoquer l'Edict par elle fait pour le droict de confirmatiõ des annoblis, depuis & compris l'année mil cinq cens foixante traize, & par mefme moyen l'Edict fait par fadicte Maiefté en l'annee mil cinq cens quatre vingts dix huit, pour la reuocation defdits annoblis, au lieu duquel auroit efté fait celuy de la confirmation d'iceux, à la charge de luy payer finance, & maintenir lefdits annoblis en leurs qualitez, & en confequence la iuffion par elle enuoyée en la Court des Aydes pour la verification defdictes lettres de confirmation, attendu que les pouruëuz defdits annobliffemens l'ont efté par leurs merites & feruices rendus à fadite Maiefté, fes predeceffeurs, & à la chofe publique, & autres defdicts annoblis, moyennant finance qu'ils ont payé en vertu de fes Edicts verifiez où befoin a efté, auffi que lefdits annoblis qui eftoient contribuables à fes tailles ont payé l'indemnité aux parroiffes où ils eftoient demeurans, fuyuant les verifications faites defdits anobliffemens en fes Chambres des Comptes, & Court des Aydes, demeurans referuez fes fubiects à faire payer les indemnitez qui fe trouueront encores deubs par aucuns defdits anoblis, fuiuant qu'ils y ont efté condamnez lors de la verification de leurs lettres, & ce faifant fadite Maiefté donnera subiet aux autres fes fubiects de meriter la chofe publique pour paruenir à ladite qualité en maintenant lefdits anoblis.

Au Roy. Et neantmoins en font les Commiffaires d'aduis.

Le Roy veut que ledit Edict ait lieu, fauf à pouruoir fur les Requeftes qui fe prefenteront au Confeil de fa

*Maiefté particulierement, felon les confiderations d'icelles
& que fa Maiefté verra eftre de raifon.*

XXXVII.

Svpplient treshumblement lefdits Eftats fadite Maiefté, permettre aux Efleuz d'authorifer les confentemens des parroiffes de leurs elections, pour rapport des mauuais taux & deniers inutils, comme deniers procedans des tailles pour releuer fes fubiects des grands fraiz qu'ils font tenus faire au Confeil de fa Maiefté, & en fa Court des Aydes, pour authorifer lefdits confentemens.

AV ROY.

Il y a reglement qui doit eftre gardé.

XXXVIII.

Sadite Maiefté fera auffi fuppliée au nom des trois Eftats de ladite Prouince, reftablir la iurifdiction d'Arques, maintenant exercee aux fauxbourgs de Dieppe au lieu & ville d'Arques, pour les incommoditez que reçoyuent ceux qui vont plaider audit lieu de Dieppe, ou que Monfieur de Roiffy fera fupplié executer fa commiffion pour paruenir aux fins dudit reftabliffement, & autre s'il en auoit, fuiuant la requifition des habitans de Dieppe, ce qui eft dit pareillement pour les autres iurifdictions non reftablies.

AV ROY.

Le Sieur Mangot Maiftre des Requeftes ordinaires de l'hoftel, a efté commis au lieu du Sieur de Roiffy pour informer fur les lieux de la commodité ou incommodité du reftabliffement de ladite Iuftice d'Arques, fur le rapport duquel Sieur Mangot fera ordonné dudit reſtabliſſement ainſi qu'il appartiendra.

XXXIX.

Lesdits Eſtats ſupplient treſhumblement ſadite Maieſté, les vouloir deſcharger de la ſomme de trente quatre mil trois cens quatre vingts ſept liures trois ſols trois deniers, & des intereſts pretendus par les Receueurs des tailles de ladite Prouince, à eux ordonnee par Arreſt du vingtieſme Mars mil ſix cens ſix, pour leur rembourſement de la finance qu'ils diſent auoir payee pour l'attribution du droit de port de commiſſions & mandemens, à quoy eſtoyent tenus les Sergens hereditaux, à cauſe dequoy auroit eſté ledit Edict reuoqué par ſa Maieſté, qui s'eſtoit chargee par le moyen de ladite reuocation dudit rembourſement, ſans en auoir aucunement chargé les ſupplians pour les raiſons lors repreſentees en ſon Conſeil, ſans auoir eſgard auſdits Arreſts, deſcharger les ſupplians de ladite pourſuite, ſauf auſdits Receueurs à pourſuiure leur remplacement ainſi qu'ils aduiſeront bien eſtre.

AV ROY.

Il y a Arreſt donné au Conſeil de ſa Maieſté, le vingtieſme iour de Mars de l'annee derniere, auec le Procureur Scindic des ſupplians auquel Arreſt ſa Maieſté veut qu'il ſoit ſatisfait.

XL.

Le pauure tiers Eſtat, Sire, ne ſçauroit que vous reſpondre, vos demandes ſont ſi exceſſiues, que tant s'en faut qu'il vous les puiſſe accorder, il n'oſeroit ſeulement y penſer, à ioindre la grand'cruë qu'il paye annuellement, qui eſt beaucoup plus forte que le principal, car ſon ſang eſt eſpuiſé, il n'a plus que les nerfs, fa peau eft collée fur les os, tremblant & languiffant, il ne luy refte plus que la feule volonté de vous contenter, & la langue pour demander mifericorde. Que fi iusques à prefent vos demandes ont efté accomplies, ç'a efté par la perte & vente de fi peu qui luy reftoit des miferes paffees, ne mengeant que du pain d'auoyne & de farrazin, & par les criminelles executions qu'on a fait de leurs pauures corps. Maintenant la contagion les touche, le feu du Ciel eft tombé fur leurs maifons, la grefle la plus groffe qu'on veit oncq tombee en la plus part des endroits de ladite Prouince, a gafté entierement leurs bleds, fi bien qu'à grand'peine pourront ils reenfemencer les terres qu'ils tiennent à ferme, les vents impetueux ont abatu leurs arbres dont ils ont fouffert vn dommage & ruyne ineftimable, & les defbordemens de la mer ont gafté les terres adiacentes proches d'icelles, fi bien que de toutes parts ils ont efté touchez de l'iniure des Cieux. C'eft pourquoy en premier lieu, ils fupplient tref-humblement voftredite Maiefté, les vouloir defcharger de ladite grand'creuë, & mettant en confideration les defpences qu'elle aura à fupporter l'annee prochaine, vous fait offre, quelque pauure & miferable qu'il foit, des fommes qui enfuiuent.

ASSAVOIR,

Povr le principal de la taille, neuf cens mil liures.

Povr les reparations & fortifications des Chafteaux & fortes places dudit pays, douze mil deux cens quatorze liures.

Povr le taillon, quatre vingts deux mil cinq cens quarante trois liures quatre fols.

Povr les gages des poftes, trois mil liures.

Povr les taxations des Sieurs Commiffaires des Eftats, trois mil cinq cens liures.

Povr les taxations des Sieurs depputez, deux mil huict cens trentehuit liures.

Povr les fraiz & affaires communs dudit pays, neuf mil liures.

Montans toutes lefdites parties, à la fomme d'vn million treize mil quatre vingts quinze liures quatre fols.

De laquelle lefdits Eftats fupplient treshumblement fadite Maiefté, fe vouloir contenter : & au furplus auoir les habitans dudit pays en bonne & finguliere recommandation.

Fait en la conuention generalle des Eftats du pays & Duché de Normandie, tenus en la maifon abatiale de faint Ouen de Rouën, le vingtiefme iour de Nouembre, mil fix cens fix.

Signé, THOMAS.

Les Commiffaires tenans la prefente conuention, ayant veu la refponce que les depputez des Eftats ont faite à la propofition & demande à eux faite de la part du Roy, par laquelle accordent feulement luy payer pour l'annee prochaine mil fix cens fept, la fomme de neuf cens mil liures pour le principal de la taille auec le taillon, & deniers ordinaires accouftumé d'eftre leuez chacun an fur le pays, felon que le tout eft plus à plain mentionné au long au prefent cahier de leurs doleances. Iceux Commiffaires apres auoir fur ce fait aufdits depputez plufieurs remonftrances requifes & neceffaires pour le feruice de fa Maiefté, & que fur icelles s'eftans raffemblez pour y aduifer, ils ont dit ne pouuoir faire plus grandes offres, à caufe de leur impuiffance & extréme pauureté. Ont ordonné pour ne laiffer le feruice de fadite Maiefté en arriere, que par prouifion, departement, & affiette, fera actuellement faite de toutes & chacunes les fommes de deniers par elle demandees & contenuës és lettres patentes de commiffion, felon la forme portee par icelles, referué des trente trois mil liures pour la reparatiõ des põts & chauffees, defquels le departement & leuee fera furcis iufques à ce que par fa Maiefté, (lefdits depputez ouys) autrement en foit ordonné, ce qui a efté prononcé publiquement aufdits depputez en l'affemblee defdits Eftats. Fait à Rouen par lefdits Commiffaires, le Lundy vingtiefme iour de Nouembre, mil fix cens fix.

 Signé,   Par lefdits Sieurs Commiffaires.

LIGEART.

Le Roy a fait amplement entendre par fes Commiffaires les occafions qui ont meu fa Maiefté à rechercher des fupplians le mefme fecours des tailles & autres deniers qu'és années paffées, notamment les grandes defpences qu'il conuient continuellement fupporter pour le bien & repos de ceft eftat, defquelles fommes fa Maiefté ne fe peut exempter, auffi ne peut-elle diminuer aucune chofe de ce qui a efté propofé aufdits fupplians de fa part pour y fubuenir, excepté neantmoins la fomme de trente trois mil liures qu'elle auoit defiré des fupplians pour employer aux reparations fi preffees & importantes des ponts & paffages de la Prouince dont ils fe font plaints fi particulierement l'année derniere comme encores prefentement, de la leuée defquelles trente trois mil liures, neantmoins fadite Maiefté a fort agreable qu'ils foyent & demeurent du tout quittes & defchargez. Confiderant auffi combien les diuerfes incommoditez que reprefentent lefdits fupplians peuuët apporter d'empefchement au payement de fes deniers, & de retardement & preiudice à fon feruice au recouurement d'iceux, fi l'on n'a tel efgard qu'il eft neceffaire au foulagement des parroiffes affligees, Sadite Maiefté mande & enioint tref-expreffément aux Treforiers generaux de France, d'auoir le foing qu'ils doyuent à ce qu'en procedant aux departemens generaux ou particuliers desdits deniers, l'on pouruoye au support & soulagement desdites parroisses affligees ainsi qu'il appartient, desirant sadite Maiesté que l'Estat de ses affaires puisse permettre au plustot ce qu'elle a tousiours eu de bonne intention de faire pour le contentement desdits suplians.

Les remonſtrances contenuës au preſent cahier, ont eſté veuës & reſponduës par ſa Maieſté, eſtant en ſon Conſeil à Paris, le trentieſme iour de Ianuier, mil ſix cens ſept.

  Signé,   HENRY.

  Et plus bas,

           Potier (1).

---

(1) A Rouen, de l'imprimerie de Martin le Meſgiſſier, imprimeur ordinaire du Roy, tenans ſa boutique en haut des degrez du Palais, 1607. — Réimprimé d'après l'exemplaire appartenant M. Ch. Lormier.

AV ROY.

Sire,

Les deputez des Estats de voſtre pays de Normandie. Apres auoir eu communication des reſponces miſes au pied de chacun article du cahier de leurs doleances repreſentees à voſtre Maieſté, la supplient tres-humblement derechef leur vouloir pouruoir ſur les articles qui enſuyuent.

PREMIEREMENT.

Svr les ſecond & ſixieſme de leurſdites remonſtrances, voſtre Maieſté eſt treshumblement ſuppliée pour les Eccleſiaſtiques & Nobles, vouloir declarer ſa volonté, ſur la reſponce faite par ſon Conseil, contenant que voſtredite Maieſté n'entend & ne veut qu'ils ſoyent abſtrains à choſe quelconque, au preiudice de leurs franchises & immunitez, & neantmoins qu'ils ont payé & payent encore continuellement toutes ſortes d'impoſts & couſtumes, voire meſme de ce qui prouient de leur creu & nourriture. A ſes cauſes ſupplient voſtredite Maiſté les en declarer exempts.

Le Roy ne peut eſtendre l'uſage & ioüiſſance des priuileges, franchiſes, immunitez, exemptions & libertez desquelles leſdits Eccleſiaſtiques & Nobles ſont en poſſeſſion plus auant qu'en ce qu'ils ont iouy bien & deuëment par le paſſé & ioüiſſent encores de preſent, en quoy ſa Maieſté aura le ſoin de les maintenir & conſeruer ores & pour l'aduenir auec tout le ſoulagement & contentement que faire ſe pourra.

Svr l'article dixieſme, voſtre Maieſté ſera tres-inſtamment ſuppliée reuoquer & faire ceſſer la leuee de trente mille liures qui ſe fait sur le plat pays pour la refeƈtion du pont de Rouen, d'autant que le pauure peuple eſt aſſez ſurchargé d'ailleurs.

L'ouurage dudit pont eſtant neceſſaire & preſſé, la leuée cy mentionnée qui y est affectée, ne peut eſtre reuoquee, ayant auſſi eſté deſià eſcrit par le Sieur Duc de Sully, aux Treſoriers generaux de France à Rouen, de faire publier au rabais l'entreprinſe de la refeƈtion dudit pont, ſur l'aſſurance de ladite ſomme, & des autres deniers qui y ſont affectez.

Svr le dixneufieſme article de l'inegalité aux tailles, prouient pour le grand nombre d'Officiers en chacune eleƈtion, auſquels & à leurs parens & favoriſez la pluſpart des parroiſſes appartiennent, ainſi le reſte des autres demeurent ſurchargees dont le peuple n'oſeroit ſe plaindre à cauſe de leur auƈtorité, aymans mieux les rechercher par faueur et preſens qui les ont rendus ſi riches, qu'eux & les exempts des tailles tiennent grande partie des biens de la Prouince, tellement que les contribuables aux tailles, n'eſt la vingtieſme partie du peuple, ceſte auƈtorité auſdits Eſleuz aduenuë depuis l'Ediƈt de quatre vingts cinq, par ce que en precedent il n'y auoit qu'vn bureau en trois Vicontez, tenu par vn ſeul Eſleu qui faiſoit le departement par l'aduis des trois depputez Eſleuz auſdites Vicontez chacun an, & par le deſmembrement eſtabliſſant en chacune Viconté vn ſiege de trois Eſleuz, & depuis trois Preſidents & Lieutenant, ce nombre fait qu'au pauure peuple demeure grande charge, & qu'au departement le depputé du tiers Eſtat n'a aucune voix, ainſi demeure le departement auſdits Eſleus, contre la première forme qui remettoit ledit departement auſdits depputez choiſis chacun an par le peuple qui a tout l'intereſt audit departement, pour en eſtre garants & non leſdits Eſleuz. A cette cauſe il vous plaiſe ordonner que ledit departement ſera fait par ledit depputé en chacune eſleƈtion preſence d'un Eſleu, & le Procureur du Roy pour authoriſer ledit departement, & non pas pour faire iceluy.

Il ne se peut rien changer à l'ordre ni à la forme defdits departemens portez par le reglement des tailles.

Sur les vingtcinq & vingtfixiefme articles, diminuer le prix exceffif du fel, & en outre fupplient voftredite Maiefté faire deffence à tous Huiffiers, Sergents, & Archers pour ledit fel, rechercher les contribuables en iceluy, n'eftans lefdits Archers commis et eftablis que pour la recherche des faux fauniers, eu efgard mefme que lefdis Archers portans armes à feu, foubs couleur de la recherche du faux fel, commettent grandes concuffions & hoftilités, aucuns ne pouuans s'y oppofer à caufe defdits ports d'armes : à ce que deffences leur foient faites pour l'aduenir porter lefdites armes à feu, pour euiter aufdits inconueniens, & que les Iuges ordinaires des lieux coignoiftront de leurs abbus & maluerfations, reuoquant à cefte fin les euocations accordees aux Marchands & Adiudicataires, defquels se seruent ordinairement lefdits Archers pour en abufer, & que les Grenetiers ne feront office de commis d'Adiudicataire & Receueur, qui feroit eftre Iuge & partie du peuple, & mefme que lefdits Grenetiers feront mettre en leurs greniers des quarts & demisquarts de minot pour la commodité du peuple.

Apres auoir ouy le rapport que doiuent faire les Sieurs de Chafteauneuf, & de Vic, des inftances pendantes au Confeil, pour le fait de l'impoft & vfage du fel, fera pourueu aux fupplians fur le contenu defdits articles, le plus à leur foulagement que faire fe pourra.

Quand à l'article trentedeuxiefme touchant la commiffion des Sieurs Mangot & Courfon, & Mefnil Bazire, voftredite Maiefté est treshumblemet fuppliee d'en attribuer la cognoiffance au parlement de voftredite Prouince, felon les preuileges mentionnez en la chartre Normande, & confiderer fur ledit article les memoires par efcrit que vous en presentent lesdits depputez, pour y auoir sur iceux tel esgard que de raison.

Lesdits Commissaires seront ouys au plustost sur le fait de leur commission, pour après pouruoeir à ce qui est requis par lesdicts supplians ainsi que sa Maiesté verra estre à faire par raison.

Sur l'article trentecinquiesme vostredite Maiesté est tresinstamment suppliée faire iuger par son Conseil pendant que lesdits depputez sont à la suitte d'iceluy, ce qui regarde le don & concession de l'octroi du pied fourché fait aux habitans de Caen, ou que s'il plaist à vostredite Maiesté continuer iceluy, que ce soit seulement dans ladite ville de Caen & fauxbourgs d'icelle, suiuant la premiere concession qui leur en a esté faite, & en semblable iuger desisoirement sur ce ce qui se trouue indessis par les articles desdits cahiers pendant la presence desdits depputez à la suitte dudit Conseil.

Ledit impost doit auoir lieu suiuant l'octroy que le Roy en a fait à ceux de la ville de Caen, sauf à corriger & reprimer les abus si aucuns se commettent en la perception d'iceluy, dequoy faisant deuëment apparoir par les supplians au Conseil de sa Maiesté, il leur sera pourueu ainsi que de raison.

Sur le dernier article, sadite Maiesté considerera s'il luy plaist, les charges insupportables tant ordinaires qu'extraordinaires du pauure tiers Estat, qui à l'occasion d'iceluy se void notoirement profugue & vagabond de son pays & habitation ordinaire pour soy refugier aux villes franches, ou autres vos Prouinces, pour euiter l'emprisonnement de leurs personnes, & la necessité grande en quoy ils sont reduits, & que pour ce & attendu que la vingtiesme partie seulement dudit tiers Estat se trouue chargé de toutes lesdites leuees, les autres s'en exemptans tant par offices, exemptions, qu'autres priuileges iournellement inuentees pour eux s'en exempter, à ioindre les incurtions du Ciel, tant de contagion de peste, gresles, foudres et innondations de la mer qui les ont priuees de pouuoir recueillir ce qu'ils esperoient prouenir de leurs semences & labeur, comme il se iustifiera par les procez verbaux en bonne forme faicts par les Iuges des lieux.

A ces causes, il plaise à vostre Maiesté les vouloir descharger de la grande creuë ou partie d'icelle, en quoý vostredite Maiesté les obligera à prier Dieu pour sa conseruation & accoissement de vostre Estat.

Les affaires de sa Maiesté ne permettent à present de faire pour la descharge des supplians plus que ce qu'elle leur a declaré par la responce dudit article.

Signé, L'ABBE', BUISSON & THOMAS.

Les presens Articles ont esté veuz & respondus par le Roy en son Conseil à Paris, le troisiesme iour de Feurier mil six cens sept.

Signé, POTIER.

Collationné à l'original par moy Procureur Scindic des Estats de Normandie (1).

---

(1) Réimprimé d'après l'exemplaire appartenant à M. Ch. Lormier.

ARTICLES
DE
REMONSTRANCES
Faictes en la Convention des Trois Eſtats
DE NORMANDIE

Tenuë à Roüen le vingtdeuxiefme iour d'octobre
et autres iours enſuyuans mil ſix cens ſept.

Avec la Reſponce et Ordonnance ſur ce faicte
par le Roy eſtant en ſon Conſeil,

Tenu à Paris, le vingt-ſixiefme iour de Januier,
mil ſix cens huict.

AV ROY

Et a Monseigneur le Duc de Montpencier, *Pair de France, Gouverneur et lieutenant general pour ſa Maieſté, en ſes pays et Duché de Normandie, et à Noſſeigneurs les Commiſſaires depputez par ſadite Maieſté, pour tenir l'aſſemblée generalle des Eſtats de ceſte Province, en ceſte ville de Rouen, le vingt-deuxiefme iour d'Octobre, et autres iours enſuyuans mil ſix cens ſept.*

Les trois Eſtats de ce pays de Normendie participent au contentement de toute la France, & auec elle remercient la diuine bonté qui continuant ſes graces à l'endroit de leur Prince, a voulu accroiſtre ſa Royalle famille par l'heureuſe naiffance de Monfeigneur le Duc d'Orleans, efperant que fadite Maiefté en recognoiffance defdites rares faueurs qui luy font enuoyez du Ciel aura pitié de fon peuple, luy donnera la main pour le releuer des miferes aufquelles il fe trouue reduit, qui l'obligent pour l'aduenir à vne tres iufte crainte, pour le paffé luy font reffentir vne trop iufte douleur, qu'elle efcoutera fes plaintes, les receura benignement en affection de pere, & y portera les remedes conuenables.

I.

Les Ecclefiaſtiques qui ont toufiours recogneu le defir de fa Maiefté, à maintenir leurs franchifes, fe voyent neantmoins auiourd'huy fi mal traictez, fpeciallement aux Vicontez où le fel eft baillé par impoft, que les plus fimples preftres demeurans auz logis de leur pere & freres aifnez font cottifez, & auec indignité forcez à prendre telle quantité de fel qu'il plaift aux Officiers qui fans autre fubiect les condänent en amende, leuee par leurs Archers auec des violences incroyables. Sa Maiefté ordonnera s'il luy plaift, que lefdits Ecclefiaftiques demeurerôt exempts dudit impoft, & feront libres de prendre du fel au grenier à la proportion du befoin qu'ils en auront.

Au Roy. Et en font les Commiffaires d'aduis.

Le Roy ne veut qu'il foit defrogé aux priuileges & immunitez defdits Ecclefiaftiques, ni des Nobles, & feront feulement iceux Ecclefiaftiques & Nobles, tenus de prendre du fel és greniers de fa Maiefté, lors qu'ils auront feu & mefnage à part.

II.

Sa Maiefté eft fuppliée de conferuer la liberté de l'election d'vn prifonnier qui fe fait tous les ans par les Archeuefque,

Doyen, Chanoines, & Chapitre noftre Dame de Rouen, & d'ordonner que les perfonnes ayans iouy dudit priuelege y feront maintenus.

Au Roy. Et font les Commiffaires d'aduis que le priuilege foit entretenu, fuiuant la declaration du Roy, Arrefts & Reglements de la Court.

Accordé fuiuant la declaration de fa Maiefté, & les Arrefts & Reglemens de la Court de Parlement en conformité de ladite declaration.

III.

Les Ecclefiaftiques fupplient fa Maiefté, que pour le bien du clergé, pour en retrancher les abbus & r'eftablir la premiere dignité foyent authorisez par la Court de Parlement, les decrets du Concile Prouincial de Rouen arrefté en l'affemblée faite audit lieu par feu d'heureufe memoire Monfeigneur l'Illuftriffime & Reuerendiffime Cardinal de Bourbon.

AV ROY.

Sera mandé aux gens du Roy de ladite Court de Parlement, de prendre communication defdits decrets pour donner aduis à Sa Maiefté de l'autorifation d'iceux, afin d'en ordonner après ainfi qu'il appartiendra.

IIII.

Remonstrent à fa Maiefté qu'encores que les Archidiacres ayent fait leur deuoir à l'audition des comptes des Fabriques les Iuges Royaux pour les combler de fraiz, ne laiffent d'en cognoiftre & entreprennent fur les reparations des Prefbitaires & Chanfels des Eglises, quoy que le Iuge Ecclefiaftique y aye defià pourueû. Suppliant fa Maiefté faire deffences aufdits Iuges de venir à telles entreprinfes.

Au Roy. Et feront les Ordonnances de fa Maiefté gardées & obfervées.

Les Ordonnances & Reglemens d'entre les Iuges Ecclefiaftiques & Laiz feront fuiuis & obferuez.

V.

Et d'autant qu'il fe trouue plufieurs Eglifes ruynées, Il plaife à fa Maiefté ordonner que par les Iuges des lieux fera procedé à l'affiette & leuée des deniers neceffaires pour la r'edification fur ceux qui fe trouueront contribuables eux prefens ou deuëment appellez, afin de les redimer des fraiz de l'obtention des lettres pour ledit effect.

Au Roy. Et font les Commiffaires d'aduis qu'ils puiffent leuer deniers requis & neceffaires fuiuant les Edicts & Ordonnances du Roy.

Les fuppliants fe doiuent conformer au reglement, & d'autant pluftoft qu'il ne fe paye rien aux Chancelleries pour le fceau des leuées qui fe font pour reparations d'Eglifes, ornemens, vftencilles, & prefbitaires d'icelles.

VI.

A la Nobleffe ne refte plus pour marque de fa qualité que l'efpée & le courage d'employer la vie pour le feruice de fon Prince, ou s'il luy eft demeuré vn peu de moyēs elle ne s'en peut efioüir pour fes commoditez, ny enuoyer rien de fon propre aux villes ou autres lieux qu'elle ne foit trauaillée d'impofts & de fubfides. Sa Maiefté eft fuppliée confirmant fes anciens priuileges, de la declarer exempte defdits impofts pour ce qui prouient de fon creu.

Au Roy. Et en font les Commiffaires d'aduis.

Le Roy ne veut que les fuppliants foyent troublez en leurs franchifes & immunitez, ains qu'ils en ioüiffent plai-

nement & paisiblement comme ils ont fait bien & deuëment par le passé, & ioüissent encores de present.

VII.

Lesdits Nobles se trouuent reduits à tel poinct qu'ils doutent de la proprieté de leurs biens : car encores qu'ils soyent en paisible & longue possession de leurs tiltres & fiefs, si est-il que les Sieurs de Courson, Mangot, & Mesnil Bazire Commissaires du Domaine, les veulent contraindre à la representation de leurs premiers tiltres & infeodations de leurs fiefs & droitures qui en dependent, chose du tout impossible à recouurer : Et pourtant ils supplient sa Maiesté reuocquer lesdites commissions, les laissant ioüir paisiblement de leurs terres & fiefs, & droits attribuez à leurs fiefs sur les bois & forests.

Au Roy. Et neantmoins en sont les Commissaires d'aduis.

Les procez verbaux faits par lesdits Commissaires en execution de leur Commission, seront representez au Conseil, & ce pendant le Roy veut que leurdite commission soit surcise.

VIII.

Les Estats continuent leurs humbles requestes à sa Maiesté à ce qu'il soit fait fonds aux Escheuins de la ville de Rouen, pour le payement des arrerages de cent cinquante deux mil liures de rente deubs par sa Maiesté, à plusieurs particuliers habitans de ladite ville de Rouen, assignez sur la recepte generalle dudit lieu, passant par les mains du Receueur de ladite ville, desquels il ne se paye que soixante douze mil liures par an, dont pour obtenir l'assignation, il faut faire de grands fraiz en la suite de la Court, qui retournent au preiudice de ceux ausquels lesdites rentes sont deuës, la plus part pauures femmes vefues & enfans mineurs qui n'ont autre bien que lefdites rentes bien & legitimement acquifes, comme il a efté iuftifié à Meffieurs les Commiffaires pour ce depputez.

Au Roy. Et en font les Commiffaires d'aduis.

Le Roy continuera de pouruoir au payement defdites rentes, comme il a efté fait auec tout le bon traitement qui se pourra.

IX.

REMONSTRENT auffi que quelques diligences que lefdits Efcheuins ayent peu faire fur le Bert fes affociez & côforts fermiers de l'efcu pour muid de vin, & autres boiffons, foit par emprifonnement de leurs perfonnes, vente de leurs meubles & decrets de leurs heritages, en vertu des Arrefts de la Court de Parlement, il n'y a efperance que de recouurer la fomme de quinze mil liures, fur foixante & douze mil liures qui leur auoient efté baillees en affignation fur lefdits fermiers pour l'annee derniere mil fix cens fix, de forte qu'il feroit deub de refte cinquante fept mil liures, dont ils fupplient tref-humblement fa Maiefté leur vouloir permettre le fonds eftre fait fur ladite recepte generalle de Rouen.

Au Roy. Et attendu que les obligez font notoirement infoluables & difpenfez par lettres patentes de fa Maiefté, de bailler caution en la Prouince, les Commiffaires font d'aduis qu'il plaife à fadite Maiefté pouruoir aufdits fupplians d'affignation vallable.

Sa Maiefté a renuoyé par Arreft de fon Confeil, la cognoiffance des pourfuites contre lefdits Fermiers en la Court des Aydes à Rouen, qui fera Iuftice fur la plainte des fupplians ainfi qu'il appartiendra.

X.

Lesdits Eſtats remonſtrent à ſa Maieſté, que depuis quatre ans en çà, il s'eſt leué par chacun an ſur le pays, trente mil liures, & dix huit mil liures que le droit de vingt ſols pour muid de vin a eſté baillé à ferme auſſi par chacun an : Outre grandes ſommes qui ſe leuent ſur d'autres generallitez, ſous couleur de la perfection du pont de Rouen : & neantmoins de tous ces deniers n'en a eſté employé qu'enuiron cinq à ſix mil liures pour la demolition de quelques arches, & ne s'eſt aduancé autre choſe pour la r'edification dudit pont qu'vne ſimple adiudication non effectuee : Et d'autant que ce qui a eſté reçeu iuſques à preſent, pouuant monter à deux cens quarante mil liures eſt ſuffiſant pour ladite r'edification, il plaiſe à ſa Maieſté faire enuoyer par ceux auſquels il luy plaira en attribuer la cognoiſſance vne commiſſion aux Eſcheuins de ladite ville, ou autres pour faire proceder à ladite r'edification, & ordonner que ceux qui ont reçeu les deniers ſuſdits affectez à icelle, fournirõt les ſommes qui leur ſeront ordonnez par leſdits Commiſſaires, & ce pendant faire ceſſer tant ladite leuee de trente mil liures ſur le pays, que ledit impoſt pour muid de vin, iuſques à ce que leſdits deniers ſoyent employez.

Au Roy. Et ſont les Commiſſaires d'aduis que les deniers qui ont eſté leuez ſpeciallement pour ceſt effet, y ſoient actuellement employez ſuiuant les adiudications ià faites, & que leſdits deniers ne ſoient nullement diuertis & employés à autre effet que celuy auquel ils ont eſté deſtinez.

Sera pourueu à la refection dudit pont, au pluſtoſt que faire ce pourra, Voulant ſadite Maieſté que les deniers ià leuez & à leuer en ladite Prouince qui y ſont deſtinez, ſoyent reſeruez pour y eſtre employez ſans eſtre diuertis à autre effet quelconque.

XI.

Svpplient ſadite Maieſté leſdits Eſtats vouloir reuocquer l'impoſt de ſoixante ſols pour tonneau de marchandiſes venans par mer en ceſte Prouince de Normandie, ſuiuant la volonté de ſadite Maieſté qui a declaré amplement ne deſirer la continuation dudit impoſt, apres que les ſommes qui ont dōné lieu à ſon eſtabliſſemēt, feroyēt aquitez, cōme elles ſont des lōg tēps : & en outre vouloir moderer les autres impoſts mis ſur le commerce que l'on recognoiſt appertement ſe perdre & ceſſer, ſpecialement les traiƐtes qui ſe faiſoient par tous les ports de cette Prouince en Guynée, Capdeuert, Caſtel de Myne, & autres lieux de la coſte d'Affrique, auiourd'hui tranſferées aux Anglois, Hollandois, & Zelandois à raiſon deſdits impoſts, & meſmes celuy nouuellement pretendu ſur les Cartes & Tarots, lequel a donné occaſion à plus de mille familles de paſſer en Angleterre, & reduit ſi peu qui en reſte ſur le poinƐt de ſuiure la meſme route s'il ne plaiſt à ſadite Maieſté oſter ledit pretendu impoſt.

AV ROY.

Le Roy ordonne que ledit impoſt de ſoixante ſols pour tonneau de marchandiſe de mer aura lieu ſeulement, iuſques à ce que Meſſieurs les Prince de Conty & Duc de Montpenſier ſoyent payez de ce qui leur eſt aſſigné ſur ladite ferme. Sa Maieſté voulant que le dit impoſt ceſſe & demeure ſupprimé leſdites aſſignations acquitées : quand à celuy des Cartes, ſadite Maieſté l'ayant eſtably & affermé, elle ne le veut maintenant reuocquer : & neantmoins lors que le bail qui en eſt fait à preſent ſera expiré, elle aduiſera de pouruoir au foulagement des ſuplians, ainſi qu'elle verra bon eſtre.

XII.

Les Marchands de ladite Prouince fe plaignent de la rigueur qui leur eft tenuë au Royaume d'Angleterre, pour les grandes charges qui fe leuent fur les marchādifes portées audit pays, & enleuées d'iceluy, encores que fa Maiefté traicte auec toute douceur & foulagement les habitans dudit pays d'Angleterre, en l'apport & enleuement des marchandifes qu'ils font de ce Royaume, & fupplie fadite Maiefté moyenner que le mefme traictement qu'elle fait aufdits Anglois en France, foit rendu à fes fubiects en Angleterre.

AV ROY.

En fera parlé à l'Ambaffadeur refident pres de fa Maiefté, de la part du Roy d'Angleterre.

XIII.

Tovs lefdits Eftats continuent les tref-humbles requeftes pour la reuocation de l'impoft de neuf liures pour tonneau de vin, quarante fols pour tonneau de fildre, & vingt fols pour poiré, puis que de longtemps les fommes de deniers pour lefquelles il auoit efté eftably, ont efté fournies voire deux fois autant, eftant cefte furcharge vne ruine extrefme aux villes de Rouen, Dieppe, & le Haure : & encores que ledit impoft ne deuft eftre leué qu'aufdites villes, neantmoins les fermiers d'iceluy l'exigent & font receuoir dans le plat pays, & tout le long de la riuiere de Seyne, contre l'intention & teneur de leurs baux.

AV ROY.

Les charges aufquelles les deniers prouenans dudit impoft, comme les rentes & autres fort importantes, ne per-

mettent à prefent à fa Maiesté de le reuocquer, ioint que ledit impoft fe leue pour l'extinction du fol pour liure.

XIIII.

L'vne des grandes ruines qui afflige le plus tous les eftats de cefte Prouince, eft le prix exceffif du fel qui s'y diftribue, & la forme de le bailler par impoft, inuentee par les partifans, qui non contens de faire vn gain ineftimable, felon le prix conuenu auec fa Maiefté, leurs commis & prepofez ne laiffent de furcharger tous les ordres defdits Eftats par l'impofition dudit fel : c'eft pourquoy ils fupplient fa Maiefté vouloir moderer le prix dudit fel, & fingulierement fupprimer & eftaindre ladite forme de le bailler par impoft.

AV ROY.

Le Roy aura agreable de moderer le prix du fel, lorsque fes affaires le permettront, & pour le regard de l'impoft dudit fel, la forme en eft eftablie pour obuier aux fraudes & abus és lieux que fa Maiefté l'a iugé neceffaire.

XV.

Lesdits Eftats ont toufiours recommencé leur plainte du mauuais ordre que lefdits partifans tiennẽt à la liuraifon dudit fel, de fi mauuaife qualité, qu'il eft tref-notoire que toutes les prouifions des mefnages qui en font fallées, en moins de trois mois fe trouuent corrompues & gaftées, ce qui a caufé, outre la perte, de trefgrandes maladies, d'autant que le fel par eux mis en vente, n'eft repofé en gabelle le temps prefix par les anciens Arrefts & Reglemens fur ce donnez : Et pourtant eft fadite Maiefté fuppliée enioindre fur peines expreffes aux Officiers des magazins, de laiffer repofer le fel en gabelle trois années entieres fuiuant les

anciennes Ordonnances données pour cest effet auant que
l'expofer.

Au Roy. Et font les Commiffaires d'aduis que le fel foit repofé dans les greniers & magazins ordinaires autant de temps qu'il eft porté par les Ordonnances du Roy, Arrefts & Reglemens de la Court des Aydes.

Le Roy veut que le fel repofe en fes greniers durant le temps limité par fes Ordonnances, & les baux defdits Fermiers auparauant qu'il puiffe eftre vendu & diftribué, & n'entend qu'il en foit fait debit ou diftribution quelconque, qu'il n'ait repofé efdits greniers plus d'vn entier : que s'il fe fait autrement, fa Maiefté a ordonné & ordonne que les Officiers d'iceux greniers en refpondront en leurs propres & priuez noms.

XVI.

REMONSTRENT que le defordre commis par aucuns qu'ils appellent Archers du fel eft extreme, pource qu'à toute heure ils tiennent la campagne armez de piftollets & autres armes à feu, entrent fans contredit dans les maifons des habitans du pays, que fous couleur de recherche ils fourragent & executent, leur imputans qu'ils fe feruent de fel qui n'eft de la gabelle, mefme fe trouue en plufieurs greniers que les Iuges & Grenetiers exercent la recepte dudit fel, de forte que comme Iuges ils condamnent en amende les pauures habitans du pays; & comme Receueurs les font executer par lefdits Archers en toute forte de violence, & auec beaucoup d'outrages qui ne peuuent eftre reparez par aucune ouuerture de Iuftice, d'autant qu'à la premiere plainte ou affignation, auffitoft eft fignifiée aux plaintifs vne euocation au Confeil du Roy, & deffence aux Iuges d'en cognoiftre : Que s'il ne plaift à fadite Maiefté fupprimer lefdits Archers, au moins ordonner que les Iuges ordinaires, sans auoir esgard ausdites deffences à eux faites en vertu des euocations, informeront des maluersations & violences desdits Archers, feront & parferont leur procez qu'ils enuoyeront vers sa Maiesté pour en ordonner ce que de raison.

Au Roy. Et en sont les Commissaires d'aduis, & particulierement que deffences soyent faites aux grenetiers & Iuges ordinaires des magazins, de faire la recepte du sel, & des amendes qui en prouiennent.

Il y a reglement pour la function des charges desdits Archers ausquelles s'ils desrogent, seront chastiez par la rigueur des Ordonnances, & sera procedé contre eux en cas de maluersation, ou autres faits concernans leursdites charges par deuant les Officiers des greniers à sel, suiuant le bail general des gabelles, & en cas d'appel, par deuant la Court des Aydes à Rouen. Sera aussi enuoyé par chacun an au gouuerneur de la Prouince, le roolle des noms & surnoms desdits Archers, afin qu'il sçache & cognoisse quels ils sont selon que sa Maiesté l'a cy deuant ordonné. Deffendant au surplus sadite Maiesté aux Grenetiers de prendre les Commissions des fermiers de la gabelle, à peine de priuation de leurs Offices, comme aussi aux fermiers d'employer les Officiers desdits greniers au fait de leurs charges.

XVII.

Sadite Maiesté ayant esté suppliée de reuocquer toutes euocations obtenuës contre les termes des Ordonnances l'a tousiours accordé comme tref-raisonnable, & neātmoins à chasque lettre emanee du grād sceau, est vne retenuë de cognoissance au Cōseil, & ne se trouue si petit fermier partisan ou adiudicataire de leuer taxe ou impost, dont les lettres, baux, ou Arrests ne soyent remplis de ceste clause si preiudiciable d'où naissent les abus qui s'y commettent par lesdits partisans & fermiers sur l'asseurance de telle euocation, exigeant impunément plus qu'il ne leur eſt attribué : Car le peuple bien violenté aime mieux payer plus qu'il ne doit, que de quitter ſa famille, ſon trafic, & autres affaires pour aller rechercher au Conſeil de ſa Maieſté, la Iuſtice contre leſdits fermiers. Pour remedier à tels inconuéniens, ſa Maieſté eſt tref-humblement ſuppliée vouloir reuocquer leſdites euocations, & ordonner que tous les différens qui ſe pourroyent mouuoir contre tels partiſans fermiers & adiudicataires feront decidez par les Iuges de ladite Prouince.

Au Roy. Et en ſont les Commiſſaires d'aduis.

Leſdites euocations ne ſe peuuent reuocquer eſtant permiſes & accordez aux fermiers par leur bail, auquel ſa Maieſté ne veut contreuenir.

XVIII.

SA Maieſté eſt tres-humblement ſuppliée de conſiderer les incommoditez, charges & oppreſſions de ſon peuple, par l'erection de ſi grand nombre de nouueaux offices, augmentations de droits, pariſis, doublement et tiercemēt de ſceaux, Commiſſaires, Lieutenans Particuliers, Criminels, Contrólleurs des tiltres, voire iuſques à des mouſtardiers & vinaigriers, ſe trouuant plus d'officiers que d'aucune autre ſorte de condition. Qu'il luy plaiſe par vne ſuppreſſion generale de tant d'offices oſter la volonté aux inuenteurs d'iceux, de mettre en auant de ſemblables praticques.

AV ROY.

Le Roy a créé leſdites Offices pour la néceſſité de ſeſ affaires, & pouruoirra à la ſuppreſſion d'iceux, quand ſeſdites affaires le pourront permettre : & cependant ſadite Maieſté accorde qu'auenant vaccation par mort deſdites Offices, qu'ils ſoyent ſupprimez.

XIX.

La ruine des contribuables de la taille vient de l'eſtabliſſement des affranchis, leſquels quoy que riches & oppulans pour vne petite ſomme d'argent, outre qu'ils ne payent que fort peu de la taille, ſont exempts de toutes autres charges, meſmes de tutelles de leurs plus proches parens, faiſant tomber toutes les foulles & charges ſur les pauures & impuiſſans, qui fait que leſdits Eſtats ſupplient treſ-humblement ſa Maieſté vouloir reuocquer leſdits affranchis, attendu que depuis qu'ils ont eſté pourueus, ils ſont amplement rembourſez de ce qu'ils pourroient auoir payé.

Au Roy. Et ſont les Commiſſaires d'aduis de la reuocation & ſuppreſſion deſdits Offices.

L'Ediɛt n'eſt qu'entre les volontaires, & n'entend ſadite Maieſté qu'il en ſoit abuſé, accorde auſſi ſadite Maieſté qu'aduenant la mort des pourueuʒ deſdits affranchiſſements qu'ils ſoyent ſupprimeʒ.

XX.

Il ſe trouue encores de certains officiers voyeurs de chemins, leſquels abuſans de leurs charges, paſſent de village en village ordinairement en la ſaiſon plus inſtante, ſoit de l'Aouſt ou autre temps que les laboureurs ſont plus occupez, & les contraignent abandonner tout, pour à leur appetit trauailler aux chemins, demeurant à les entretenir en ce trauail tant qu'il leur plaiſt, ou pour les en exempter exigent de grandes ſommes de deniers, & eſt ſa Maieſté ſuppliée de les ſupprimer.

Au Roy. Et ſont les Commiſſaires d'aduis que la reparation des chemins ſoit faite ſuiuant les Ordonnances, & d'employer les payſans à temps opportun & commode.

Il y a reglement pour la reparation deſdits chemins,

qui a esté enuoyé aux *Courts de Parlement, & Officiers des lieux auec commandement d'y tenir la main.*

XXI.

Depvis quelque temps d'abondant se trouuent plusieurs pourueus d'offices de Sergents Louuetiers qui s'attribuent authorité d'entrer dans les forests auec harquebuses & chiens, abusans si licentieusement, que sous couleur d'vne petite somme qu'ils ont fournie, ils ne peuuent estre haussez à la taille, & apportent vne ruine apparente aux forests de sa Maiesté, commettant beaucoup d'exactions sur le peuple.

Au Roy. Et sont les Commissaires d'aduis de la reuocation desdites Offices, attendu la ruine des forests & du gibier.

Le grand Louuetier ouy sur le contenu de ceste article, y sera pourueu ainsi qu'il appartiendra.

XXII.

Sa Maiesté est tres-humblement suppliée vouloir faire reformer certains nouueaux Iaugeurs de fustailles à mettre vins, sildres, & autres liqueurs faites en ceste Prouince, lesquels ayant plus d'esgard à leur profit particulier qu'au bon ordre & police du public, veulent contraindre les bourgeois & marchands de leur payer trois sols pour tonneau plain ou vuide vendu ou non vendu, sans les iauger ny apposer leur marque, contre la premiere institution des Iaugeurs, & les Ordonnances & Arrests sur ce ensuiuis, Et partant est sadite Maiesté suppliée remettre l'exercice desdits Iaugeurs pour en vser ainsi que par cy devant, suiuant les reglemens donnez par Monsieur le Bailly dudit Rouen, des troisiesme Octobre mil six cens trois, confirmez par les feux Roys ses predecesseurs, & Arrests du Parlement dudit lieu, du dernier Ianvier mil cinq cens quarante neuf.

Au Roy. Et font les Commiſſaires d'aduis qu'il en ſoit vſé ſuivant les reglemens de la Court.

Le Roy veut que ledit Ediƈt ait lieu conformement aux verifications qu'en ont fait les Courts Souueraines dudit pays.

XXIII.

Sa Maieſté a encores tout de nouueau authoriſé les Receueurs des tailles de ceſte Prouince, de faire aſſeoir & impoſer à leur profit quarante ſols pariſis en vne partie, & dix ſols pariſis en autre, pour le port des cōmiſſions & mādemens des tailles & creuës, ce qui retourne à la grande foulle & oppreſſion generale de tout le pays, pour la commodité & profit deſdits particuliers Receueurs : C'eſt pourquoy elle eſt ſuppliée reuocquer ladite pretenduë attribution, attendu meſmes que par tous les reglemens les Sergens hereditaux ſont ſubiets au port deſdits mandemens.

Au Roy. Et en ſont les Commiſſaires d'aduis.

La ſuppreſſion requiſe deſdites attributions, a eſté accordée dès longtemps, & ne reſte qu'à l'effeƈtuer en rembourſant par les ſupplians leſdits Receueurs, ainſi qu'ils y ſont tenus par les Arreſts du Conſeil des vingtieſme de Mars mil ſix cens ſix, & vingtcinquieſme Aouſt dernier, à quoy leſdits ſupplians doyuent ſatisfaire.

XXIIII.

Qv'il plaiſe à ſa Maieſté reiterant ſes commandemens, enioindre aux Eſleuz de proceder iuſtement & eſgallement auſdites aſſiettes & departemens, à peine, où par cy apres l'inegallité ſeroit cogneuë & iugee, de priuation aƈtuelle de leurs offices, & qu'incontinent apres la ſignature des roolles ils ſeront mis au greffe pour y auoir recours.

Au Roy. Et en font les Commiffaires d'aduis.

Il y eft pourueu par les commiffions & mandemens de fa Maiefté par chacun an, & leur eft enioint de faire obferuer les reglemens de la taille, à peine d'en refpondre en leurs propres & priuez noms.

XXV.

Que deffences foyent faites à toutes perfonnes de faire aucune entreprinfe pour empefcher le paffage des nauires & bafteaux paffans par la riuiere de Vire, ny mefmes prendre & exiger aucune chofe à caufe du paffage fur les terres voifines de ladite riuiere en conduifant lefdits bafteaux ou nauires.

Au Roy. Et font les Commiffaires d'aduis qu'il foit pourueu par les Iuges ordinaires, & qu'à cefte fin en foit informé, & que ce pendant deffences foyent faites à toutes perfonnes de rien leuer de nouueau au preiudice du public, fur peine de concuffion.

Les fupplians fe pouruoirront fur les plaintes particulieres aux Iuges des lieux pour en eftre par eux ordonné ainfi qu'ils cognoiftront eftre à faire par raifon, & ce pendant fera & demeurera le cours & paffage de ladite riuiere libre comme auparauant.

XXVI.

Qu'il plaife à fa Maiefté commander au Sieur Mangot executer la commiffion par luy encommencee pour le reftabliffement de la Iuridiction de prefent tranfferée aux fauxbourgs de Dieppe.

Au Roy. Et en font les Commiffaires d'aduis.

Accordé.

XXVII.

Remonstrent à fadite Maiefté les contribuables aux

tailles de l'eslection dudit Arques, que les habitans de la ville d'Eu & Tresport ont tousiours contribué à la plus grande partie des tailles & charges de ladite eslection : & neantmoins ont depuis peu obtenu vne amodiation à fort petite somme, quoy qu'ils tiennent toutes les terres des enuirons pretendās faire reietter le surplus des sommes qu'ils souloyent porter sur le reste de ladite eslection. Qu'il plaise à sadite Maiesté ordonner qu'ils contribueront ausdites tailles & charges ainsi que par le passé.

AV ROY.

Le present article est renuoyé aux Tresoriers generaux de France, pour donner aduis de la difference qu'il y a entre l'abonnement accordé à ceux desdits lieux de Tresport & d'Eu, & de ce qu'ils auoient auparauant accoustumé de porter de la taille pour en estre ordonné par sa Maiesté, ainsi qu'il appartiendra.

XXVIII.

Les subiects de la Viconté d'Allençon, supplient tres-humblement sa Maiesté les vouloir releuer des vexations indeuës qu'ils reçoyuent par les Iuges du Mayne, par lesquels ils sont iournellemēt condamnez sur de pretenduës contumaces aux assignations que leurs Sergents font par placart à vne Croix situee dans le fauxbourg de Montfort limitrophe dudit pays du Mayne, & que deffences soient faites ausdits Iuges du pays du Mayne d'auoir plus esgard à tels exploicts, ny iuger telles contumaces, sinon sur exploits faits à personne ou domicille suiuant l'ordonnance.

Au Roy. Et en sont les Commissaires d'aduis.

Cest Article sera communiquee au Sieur de la Guesle Procureur General au Parlement de Paris, pour conferer

auec aucuns des Officiers des lieux qui font à prefent en
cefte ville, & fur ce donner aduis à fa Maiefté.

XXIX.

Remonstrent lefdits Eftats que par la commiffion enuoyée
par fa Maiefté, la fomme de trente trois mil liures y eft employée nommément affectée pour la refection des ponts,
encor que fa Maiefté dés l'année dernière en euft defchargé
ladite Prouince, attendu que la refectiõ defdits ponts doit
eftre faite aux fraiz des particuliers qui y font obligez, à
caufe de leurs terres ou comme tenans le Domayne par engagement. Suppliant fadite Maiefté vouloir defcharger ladite Prouince de ladite fomme conformément à ce que fadite
Maiefté en auroit ià ordonné en l'année derniere.

*Au Roy. Et font les Commiffaires d'aduis que les Seigneurs qui
doyuent porter les fraiz de la refection des ponts y foient affubiettis.*

*Ceux qui ioüiffent du Domayne, font tenus aux repa-
rations ordinaires, & non à celles des ruines qui fe font
faites durant la guerre, aufquelles estant tref-neceffaire
de pouruoir, fa Maiesté a ordonné ladite leuée laquelle fe
fera auec les deniers de la grand creuë, pour euiter aux
fraiz, & ne fera continuee finon autant que la neceffité &
le bien dudit pays le requerront.*

XXX.

La verité des plaintes precedentes, les charges que porte
la Prouince, les impofts dont elle eft foullee, les calamitez
qui l'affligent, les maladies qui la depeuplent, font marques
de fa neceffité : en quelque miferable eftat qu'elle foit pourtant reduite, pour fatiffaire aux demandes de fadite Maiefté,
tant pour le principal de la taille, que autres creuës, fans

aire mention de la grande creuë qui eſt vne ſurcharge exceſſiue, ſe forçant au delà de ce qu'elle peut, elle eſpere que ſa Maieſté ne paſſera à l'impoſſible, & ſe contentera.

ASSAVOIR,

Povr le principal de la taille, neuf cens mil liures.

Povr les reparations & fortifications des Chaſteaux & fortes places dudit pays, douze mil deux cens quatorze liures.

Povr le taillon, quatre vingt deux mil cinq cens quarante trois liures quatre ſols.

Povr les gages des poſtes, trois mil liures.

Povr les taxations des Sieurs Commiſſaires des Eſtats, trois mil cinq cens liures.

Povr les taxations des Sieurs depputez, deux mil huiɛt cens trente huit liures.

Povr les fraiz & affaires communs dudit pays, neuf mil liures.

Montans toutes leſdites parties, à la ſomme d'vn million treize mil quatre vingts quinze liures quatre ſols. De laquelle leſdits Eſtats ſupplient treſ-humblement ſadite Maieſté, ſe vouloir contenter, & auoir les habitans dudit pays en recommandation.

Fait en la conuention generalle des Eſtats du pays & Duché de Normandie, tenus en la maiſon abbatiale de ſaint Ouen de Rouen, le vingtſixieſme iour d'Octobre, mil ſix cens ſept.

Signé, DE BRETIGNERES.

Les Commiſſaires tenans la preſente conuention, ayant veu la reſponſe que les Depputez ont faite à la propoſition & demande à eux faite de la part du Roy, par laquelle accordent ſeulement luy payer pour l'annee prochaine mil ſix cens huict, la fomme de neuf cens mil liures pour le principal de la taille auec le taillon, & deniers ordinaires accouftumez d'eftre leuez chacun an fur le pays, felon que le tout eft plus à plain mentionné au prefent cahier de leurs doleances. Iceux Commiffaires apres auoir fur ce fait aufdits depputez plufieurs remonftrances requifes & neceffaires pour le feruice de fa Maiefté, & que fur icelles s'eftans raffemblez pour y aduifer, ils ont dit ne pouuoir faire de plus grandes offres, à caufe de leur impuiffance & extréme pauureté. Ont ordonné pour ne laiffer le feruice de fadite Maiefté en arriere, que par prouifion, departement, & affiette fera actuellement faite de toutes & chacunes les fommes de deniers par elle demandées & contenuës és lettres patentes de commiffion, felon la forme & teneur portee par icelles, ce qui a efté prononcé publiquement aufdits Depputez en l'affemblee defdits Eftats. Fait à Rouen par lefdits Commiffaires, le vingtfixiefme iour d'Octobre, mil fix cens fept.

  Signé, Par lefdits Sieurs Commiffaires.

LIGEART.

Le Roy prend en bonne part les remonftrances & excufes des fupplians, & defireroit autant comme eux, que les defpences aufquelles elle eft obligée pour l'entretenement de ceft eftat, durant la prefente annee peuffent luy permettre de fe contenter de leurs offres : Mais par ce que lefdites defpences font importantes & neceffaires, auffi eft le recouurement des deniers que fadite Maiefté y a deftinez, & particulierement ce qu'elle s'eft promis d'eux pour y fubuenir, & s'en doit faire la leuee entiere, & telle qu'elle l'a fait requerir, & a efté ordonnée par fes Commiffaires.

Les remonſtrances contenuës au preſent cahier, ont eſté veuës & reponduës par le Roy eſtant en ſon Conſeil à Paris, le vingtſixiefme iour de Ianuier, mil ſix cens huit.

   Signé,   HENRY.

   Et plus bas,

          Potier (1).

---

(1) A Rouen, de l'imprimerie de Martin le Mesgissier, imprimeur ordinaire du Roy, tenant sa boutique au haut des degrez du Palais, 1608. — Réimprimé d'après l'exemplaire appartenant à M. Ch. Lormier.

ARTICLES
DES
REMONSTRANCES

Faictes en la Convention des Trois Eſtats

DE NORMANDIE

Tenue à Rouen le vingtſeptieſme iour de Nouembre,
et autres iours enſuyvans, mil ſix cens huict.

*Avec la Reſponce et Ordonnance sur ce faicte
par le Roy eſtant en ſon Conſeil,*

Tenu à Paris, le douzieſme iour de Mars, mil ſix
cens neuf.

AU ROY ET A MONSEIGNEUR DE FERVACQUES, *Mareſchal de France*, Lieutenant général au Gouvernement de Normandie, en l'abſence de Monſeigneur le Dauphin, et à Noſſeigneurs les Commiſſaires depputez par ſa Maieſté, pour tenir l'aſſemblee generalle des Eſtats de ceſte prouince en ceſte ville de Rouen, le vingt-ſeptiéme iour de Nouembre, et autres iours enſuiuans mil ſix cens huict.

I.

SIRE, LES ESTATS DE NORMANDIE, ont contribué tous leurs moyens, pour fournir aux neceſſitez de l'Eſtat, ils n'ont plus que les os & la peau : & ne leur reſte qu'vne voix debille et caſſée pour ſe plaindre, ſur tant de miſeres qu'ils endurent non point icy ou là, mais au meilleur & en tous les endroits de la Prouince. Le reſentiment de leur mal les fait courir au remede qu'ils ne peuuét trouuer, ſinon aux pieds de voſtre Maieſté, viue Image de Dieu en ceſte terre, deuant laquelle ils ſe proſternĕt & la ſupplient à joinĉtes mains d'abaiſſer les yeux ſur leur condition plus lamentable que l'eſprit de l'homme ne peut conçeuoir, ils l'eſperent puis que voſtre Maieſté d'vne main liberalle leur a donné pour proteĉteur & gage de ſon affeĉtion la perſonne de Monſeigneur le Dauphin, duquel la Naiſſāce a eſté pour les François vn iour de Merueilles, attendu par toute l'Europe auec autant de neceſſité que d'eſperance.

Voz treſ-humbles ſubjets du tiers Eſtat, ſont reſolus à vĕdre ſi peu de bien que la pauureté leur laiſſe, voire meſmes ſe ſaigner iuſques à la derniere gouſte de leur ſang, pour ſatisfaire aux ſommes portées dans la Commiſſion de voſtre Maieſté, Mais ils la ſupplient de reçeuoir contentement de leur offre & deſcharger le pays de ceſte grăde cruë beaucoup plus exceſſiue que le Taille, qui tous les ans apres ladite Commiſſion enuoyée viĕt fŏdre ſur eux, pour acheuer leur ruine & deuorer le reſte de leur ſubſtăce. Le peuple eſt en tel eſtat que rien ne ſe peut adiouſter à ſa calamité que la mort. La rigueur du grand Hyuer a gaſté les vignes & les arbres, perdu les ſemailles de la terre et fruſtré les Laboureurs de l'eſpérăce de leurs Moiſſons : La Mer a paſſé ſes riues, à noyé une infinité de terres en Coſtentin, La ſterelité a eſté preſque vniuerſelle dans le pays : la pauureté en a chaſſé grand nombre de familles toutes entieres, qui iuſques à cinq ou ſix mil perſonnes ſe ſont retirez aux iſles & pays circonuoiſins : Tellement que les plaines ſont deſolées & ſans culture, & les Bourgs & Villages deſerts &

abandonnez, ne font plus que vieilles Mafures. Voftre Maiesté en auroit veu les informatiõs des Iuges ordinaires. Mais pour leuer tout foupçon de faueur, ils la fupplient leur permettre d'en informer par telles perfonnes qu'elle aura agreable.

AV ROY.

Le Roy reçoit avec beaucoup de contentement la prompte fubmiffion des fuppliants à accorder & payer ce que fa Maiefté leur a fait entédre deuoir eftre par eux côtribué en la presente année, pour fubuenir aux defpenfes ordinaires de ceft Eftat. Quãd à la defcharge qu'ils requerent de la cruë extraordinaire, d'autant qu'elle fe leue pour fatiffaire aux defpences les plus importantes à la conferuation de cedit Eftat, fadite Maiefté ne la peut accorder, en feront toutesfois lefdits fuppliants foulagez pour l'aduenir autant que les affaires de fadite Maiefté le pourront permettre.

II.

Les Ecclefiaftiques & Nobles ont cefte croyance que voftre Maiefté les maintiendra en la liberté de leurs priuileges et immunitez.

Au Roy. Et en font les Commiffaires d'aduis.

Le Roy ne veut qu'il foit donné aucun empefchement à fes subiects Ecclefiaftiques ou Nobles en la iouyffance de leurs priuilleges & s'ils ont quelque occafion de plainte particuliere pour ce regard la faifant entendre y fera pourueu.

III.

Les moyens iuftes & legitimes pour maintenir & augmenter l'Eftat feront de bon cœur fuiuis & embraffez par vos fubiects, qui ne manqueront iamais de rendre le feruice qu'ils doiuent à la Couronne. Mais regrettét & font marris des autres inuentions, par ce qu'elles ne tendent qu'à la ruine de l'Eftat et d'vn chacun, pour acroiftre la fortune de quelques partifans qui ne viuent que de la calamité publicque. Car c'eft chofe eftrange qu'en Normandie il y a des Officiers de voftre Maiefté, qui contre le debuoir de leur charge n'eftudient autre chofe que des partis à la ruine de la Nobleffe et du peuple. Tous les ordres de la Prouince fupplient tref-humblemét voftre Maiefté qu'il foit informé contre iceux Officiers, comme ennemis de l'Eftat et perturbateurs du repos public, ils ont def-jà trop beu du fang de voz fubiets pour n'en eftre point encor defalterez.

Au Roy. Et en font les Commiffaires d'aduis.

Les Contracts pour le racquit du Domaine du Roy, font faits au Confeil de fa Maiefté auec telle confideration du foulagement de fes fubiects, qu'ils n'ont occafion d'en faire plainte. Mais fi en l'exécution d'iceux il fe commet quelque abus, c'eft contre l'intention de fadite Maiefté, & les fuppliants en faifant apparoir par le particulier, il y fera pourueu à leur contentement.

IIII.

On dit que voftre Maiefté veut retirer fon domaine, il n'y a rien fi iufte, le bon fubiect n'oppofera iamais fon intereft au bien du Prince, mais il n'eft pas raifonnable que foubs ce pretexte la Nobleffe & le peuple foyent en proye des partifans. Il y a deux cens Gentils hommes en Normandie qui de pere en fils par vne longue fuitte d'ayeulx poffedent les Fiefs Nobles des Sergenteries hereditaires, mouuantes neument de voftre Courõne, qu'vn nommé Beauquet dit eſtre de voſtre Domaine pour tirer profit du party qu'il a propoſé. Permettez SIRE qu'ils ſoyent cõſeruez en leur bié, pour le trãſmettre en leur poſterité, cóme ils ont reçeu de leurs peres, ou ſi voſtre Maieſté deſire eſtre informée ſi les Sergenteries ſont de voſtre Domaine, qu'ils ſoyent renuoyez au Parlemẽt de la Prouince, pour iuger ceſte queſtion, ſans que leur bien ſoit iugé par Cõmiſſaires contre les loix du Royaume. Ceſte recherche fait que peu de perſonnes ſe tiennent aſſeurées en leurs moyens. Ils eſperent que voſtre Maieſté, reuoquera ce party.

Au Roy. Et en ſont les Commiſſaires d'aduis.

Le Sieur Langloys faiſant ſon rapport du procez intenté au Conſeil de ſa Maieſté, pour le fait deſdites Sergenteries, ſera pourueu aux ſupplians ainſi qu'il appartiendra.

V.

Les Edits pour la reünion des terres vaines & vagues, & pour les eriger en Fief, qui ſont choſes bien cõtraires, portent telle conſequence & tellement preiudiciable au pays que voſtre Maieſté eſt ſuppliée tres inſtamment de les reuocquer.

AV ROY.

Les ſupplians ouys particulierement au Conſeil, ſur le contenu de ceſt article, auec ceux qui ont intereſt auſdits Edits, y ſera pourueu.

VI.

Les receptes des conſignations que les partiſans du Domaine, eſtiment deuoir eſtre receuës en Normandie, ſont tellement pernicieuſes au public, pour les grands inconuehiens qui en naiftront, que les Eftats en attendent de voftre Maiefté vne entiere reuocation.

AV ROY.

Ledit Edict a efté faict & verifié aux autres Parlements du Royaume, pour certaines grandes & importantes confiderations, pour lefquelles fadite Maiefté entend qu'il ait auffi lieu, & soit verifié au Parlement de Normandie.

VII.

Les proprietaires des Greffes qui pour vne partie du prix y ont fait entrer des rentes, ne sont actuellement remboursez par ceux qui ont fait party de les reünir à voftre Domaine, mais ils les veullent contraindre de perdre vne partie defdictes rentes. Vostre Maiefté f'il luy plaift aura agreable de reuocquer tous fes Edits et partis, afin que la Nobleffe & le peuple qui ont fuiuy voftre valleur redoutee fur toute la face de la terre puiffent recueillir les fruicts de la paix que vous leur auez donnée apres avoir effuié la pouffiere de vos armes, pour repofer des fatigues de la guerre. Que fi voftre Maiefté desire que les Greffes foyent rembourfez, ordonner que ce fera en deniers comptans.

Au Roy. Et en font les Commiffaires d'aduis.

Il y a Arreft donné au Confeil, pour le rembourfement defdictes Rentes, lequel doit eftre fuiuy & obferué.

VIII.

Puis que le tiers Eftat eft fubiect aux Tailles, il eft raisonable de luy donner moyen d'y fatiffaire, & touteffois les plus riches des Paroiffes par l'Edit des affranchis en font exempts fans diminution, pour le regard des pauures. Voftre Maiefté eft fuppliée de les fupprimer en rembourfant par les communautez des parroiffes, ceux qui ont efté defià leuées.

Au Roy. Et en font les Commiffaires d'aduis.

Ceux qui font maintenant pourueuz defdits affranchiffements & ceux qui le feront cy apres, ne peuuent eftre priuez de la iouyffäce d'iceux : fi ce n'eft que les fuppliansfe fubmettent à faire rembourcer dès à prefent par les communautez, les quittances qui reftent à deliurer de gré à gré & pour ceft effect leur feront expediées toutes lettres neceffaires.

IX.

Et reuocquer vn Edict préfenté à la Cour des Aydes, portant eftabliffement de certain nombre de Gardes aux Forefts auec exemption de Tailles.

Au Roy. Et en font les Commiffaires d'aduis.

L'eftat des Officiers de la Venerie, fur lequel eft fondée l'exemption dont les fuppliansfe pleignent, eftant veu au Confeil, y fera pourueu.

X.

Apres que les reparations des Eglifes ont efté adiugées, fi enfuitte quelques differents furuiennent, les Iuges ordinaires Efleuz et autres Iuges extraordinaires en pretendêt refpectiuemêt la cognoiffance, & pour cela euocations au Confeil, durant lefquelles les reparations font furcifes. Voftre Maiefté ordonnera s'il luy plaift, que tous les procez meuz & à mouuoir en confequence defdictes adiudications, feront traictez par les Iuges ordinaires.

Au Roy. Et en font les Commiffaires d'aduis.

Les Iuges ordinaires cognoiftront des reparations defdites *Eglises, adiudication d'icelles, et de tous autres différents qui en pourront furuenir, & pour le regard des departements affiettes & leuées de deniers affectées auf-dictes reparations, la cognoiffance en appartient aux Efleuz, comme de chofe dependant de leurs charges.*

XI.

Que l'adiudication des Fermes des villes fe fera deuant les mefmes Iuges ordinaires, & Maires Efcheuins, comme il eft obferué de tout temps et non deuant les Efleuz, la reduction defquels au nombre antien eft demandée par le pays.

Au Roy. Et neantmoins pour le regard defdites adiudications en font les Commiffaires d'aduis, à la charge que les Iuges ordinaires ne prendront aucune chofe pour leurs falaires.

Il y a reglement & Arreft donné au Confeil du onziefme iour de Mars mil fix cés fix entre lefdits Iuges ordinaires & Efleuz pour la function de leurs charges, aufquels il fe conformeront. Quand à la suppreffion requife defdits Efleuz fadite Maiefté l'a agreable & accorde qu'elle ayt lieu, vaccation d'iceux aduenant par mort.

XII.

L'enleuement des bleds & du bois, & le tranfport qui s'en fait aux pays Eftranges met vne telle neceffité dans le peuple, qu'il eft befoing de donner ordre à fes plainctes qui certes font grandes, mais fi elles eftoyēt mifes à la balance auec fes peines, voftre Maiefté verroit qu'il ne crie point trop pour le mal qu'il endure.

AV ROY.

Le Roy pouruoira fur le contenu de ceft article, aux

occaſions qui s'offriront ainſi que ſa Maieſté iugera eſtre neceſſaire pour ſon ſervice & le bien de ſes ſubiets.

XIII.

Les estats continuent leurs tres-humbles Requeſtes à ſa Maieſté, à ce qu'il ſoit fait fonds aux Eſcheuins de la ville de Rouen pour le payement des arrerages de cent cinquante deux mil liures de rente, deubz par ſa Maieſté à pluſieurs des habitans de ladite ville de Rouen, aſſignez ſur la Recepte generale, paſſant par les mains du Receueur de ladite ville, eſquelles il ne ſe paye que ſoixante douze mil liures par an, Et que pareillemẽt fonds leur ſoit fait ſur ladicte Recepte generalle de ſoixante douze mil liures par eux baillez en aſſignation ſur le Bert & ſes aſſociez Fermiers de l'eſcu pour muid de vin, attendu qu'ils ſont inſoluables, & rien ne peut eſtre tiré du decret de leurs heritages, & qu'ils n'en ont touché de ladite ſomme que quinze mil liures.

Au Roy. Et en ſont les Commiſſaires d'aduis.

Le Roy ordonnera du fond que ſa Maieſté a de couſtume d'affecter au payement deſdictes rentes, auec le meſme ſoing du contentement des ſuppliants qu'elle a eu par le paſſé, & pour le regard de la plaincte qu'ils font du Bert & ſes aſſociez, il y a Requeſte expreſſément preſentée par le Sieur de Haniuel, ſur laquelle ſa Maieſté ordonnera ce qu'elle verra eſtre de raiſon.

XIIII.

Supplient pareillement ſa Maieſté ordonner que les deniers des leuées faictes pour la reparation du Pont de Rouen, montans pour le moins à trois cens mil liures y ſeront employez : Et cependant que la leuée de trente mil liures faicte tous les ans fur le pays & l'Impoſt de vingt fols pour muid de vin cefferont.

AV ROY.

Les fuppliants s'adrefferont à Môſieur le Duc de Sully lequel fera employer à la refection dudit Pont, les deniers leuez pour icelle lors que l'on y trauaillera.

XV.

Que l'Impoſt de neuf liures pour tonneau de vin, quarante fols pour tonneau de Sildre, et vingt fols pour tonneau de Poirey, fera reuoqué puiſ-que de long-temps les fômes pour lefquelles il auoit efté eſtabli ont efté fournies.

AV ROY.

Ledit Impoſt ſe leue pour l'extinctiõ du ſold pour liure & les deniers qui en prouiennêt font affectés au fonds ordinaire du payemêt des rentes des fuppliants & autres charges fort importantes, qui ne permettent que fa Maiefté face à prefent cefſer ledit Impoſt.

XVI.

L'Impoſt de foixante fols pour tonneau de Marchandife venant par Mer en cefte Prouince, eſt caufe de la perte du commerce, Ce que cognoiffant bien fa Maiefté en la refponce d'vn article des cahiers de l'année derniere, ordõna que l'Impoſt demeureroit fupprimé apres que Meffieurs les Princes de Conty & duc de Montpenfier auroient efté payez de certaines affignations fur ladite Ferme, ce qu'ayant efté effectué & les affignations remplies, voſtre Maiefté ordonnera s'il luy plaiſt, que ledit Impoſt demeura fupprimé.

Au Roy. Et en font les Commiffaires d'aduis.

Les affignations leuées en la préfente année fur les deniers dudit Impoft eftant acquitées, fera pourueu aux fupplians.

XVII.

Enfemble l'Impoft des Cartes & Tarots, lequel a efté caufe que mil familles ont abandonné le pays, & quitté la terre de leur Naiffance, pour aller chercher les moyens de gaigner leur vie, parmy des Nations rudes & eftrangeres.

Au Roy. Et en font les Commiffaires d'aduis, pour le grand preiudice que ledit Edict apporte à la manufacture & à la ruine de grand nombre de familles qui fe font allez habituer en pays eftrange.

Le Roy y pouruoira.

XVIII.

Ce n'eft pas affez de reuocquer lefdits Impofts pour remettre le trafic, tout ainfi qu'apaifer le mal à diuerfes fois et pour certain temps n'eft pas le guerir, Mais il eft neceffaire de reuocquer vn certain Edict d'affreteurs de Nauires, prefenté à la Court, lequel apporteroit autrement vn extrefme dommage au commerce, pour ce qu'il ne fe feroit plus aucun fret de Nauires aux ports de Normandie, & par ce moyen les Cappitaines de Nauires & tous les hommes de mer fe retireront en pays Eftrange, laiffans la cofte de Normãdie defnuée d'hommes & de vaiffeaux : au prejudice des affaires de fa Maiefté, laquelle eft fuppliée trefhumblement d'empefcher qu'il n'aye lieu.

Au Roy. Et en font les Commiffaires d'aduis, pour le grand preiudice que ledict Edict apporte au commerce.

Il n'y a aucunes depefches expediées, pour l'eftabliffe-

ment defdits affreteurs, & n'eft l'intention de fa Maiefté qu'ils ayent lieu.

XIX.

Et declarer le Greffe des Prieur & Confulz non Domanial, pource qu'il deppend de la nomination & eflection des marchands, lefquels ne peuuent fans notable inconueniēt eftre affubiectis aux formes praticquees aux Iurifdictions ordinaires.

Au Roy. Et en font les Commiffaires d'aduis.

Les fuppliants feront ouys plus particulieremēt fur ce fait au Confeil de fa Maiefté, pour leur eftre pourueu ainfi qu'il fera Iugé raifonnable.

XX.

Et pareillement ordonner que les fentences des Prieur & Confuls ferōt executoires, fans eftre controollées par le Controlleur des Tiltres, pour l'incommodité qu'en reçueueroient les Marchands, Le pays en general demande la fuppreffion defdits Controlleurs des Tiltres.

Au Roy. Et en font les Commiffaires d'aduis.

Il y a Edict verifié au Parlement.

XXI.

L'Eftat ne peut eftre appuyé fur des moyens trop fermes pour ce qui eft de l'eftabliffement ordinaire, mais aux chofes introduites par occafion, ou que la neceffité du temps a fait naiftre, il est fceant de laiffer au peuple quelque efperance de les voir finir, l'efcume de la Mer, nous a efté baillée par Impoft, auec tāt de rigueur que c'eft pitié, On a creu que c'eftoit pour la neceffité des affaires du Royaume, nous ne la voyons point finir, & mal-aifémēt peut-il entrer en noftre efprit qu'elle dure fi long-temps, & fuppliós tref-humblement voftre Maiefté, de la reuocquer, & pour le moins en diminuer le prix, pource qu'il est extremement cher, & outre cela vicieux de telle forte que les prouifions des mefnages qui en reçoiuent la faumeure en font entierement corrompues. Ce qui tourne au defauantage du peuple, & f'en va au profit de l'adiudicataire, lequel pour eftre difpēcé du defpoft ordinaire vent la moitié plus de fel qu'il ne faifoit il y a dix ans, s'eftant vendu les deux dernieres années en la Prouince iufques à deux mil cinquante muids de fel.

AV ROY.

La ferme de l'Impoft du fel, s'eft eftablie pour obuier aux fraudes commifes en la diftribution & vsage d'icelluy és lieux où lefdictes fraudes l'ont fait iuger neceffaire, Et quand au prix dudit fel, fa Maiefté aura toufiours fort agreable de le diminuer et moderer au foulagement des fupplians fes affaires le permettant, Pour le regard du defpoft la volonté de fa Maiefté eft, que ledit fel foit repofé en fes Greniers, durant le temps qu'elle a ordonné par reiglement exprez fur ce fait, auant qu'il puiffe eftre expofé en vente, A quoy f'il n'eft fatiffait, fa Maiefté entend que les Officiers y pouruoyent ainfi qu'il appartient.

XXII.

A ce mal-heur font ioinctes les Euocations des Archers & leur eftabliffement ruineux au pays qu'ils courent impunément, & y commettent mil meurtres, volleries, & concuffions : que voftre Maiefté s'il lui plaift retranchera, par la fuppreffion defdits Archers, la plufpart defquels ne font que mauuais garnements, prefque tous en decret de prife de corps.

Au Roy. Et en font les Commiffaires d'aduis.

Le roolle defdits Archers doibt eftre representé par le Marefchal de Feruacques, au Côfeil de fa Maiefté, pour le Fermier ouy fur icelluy, en eftre ordonné ce que de raifon.

XXIII.

Il y a plus, C'eft qu'à la Court des Aydes a efté prefenté vn Edit de Greffiers d'Impoft du fel en chacune parroiffe la reuocation duquel eft inftamment demandée.

Au Roy. Et en font les Commiffaires d'aduis.

Attendu qu'il eft neceffaire, qu'il y ait quelques gens pour faire lefdites charges de Greffiers, & que ceux qui les poffedet à prefent en tiltre d'Office, ne prennent autre fallaire que ce que reçoiuent ceux qui les exerçoient auparauant par commiffion, la reuocation ne s'en doibt faire.

XXIIII.

Et au refte depuis peu ont efté préfentées au Bureau de vos Treforiers generaux, des Patentes pour faire leuée de deux fols fix deniers pour boiffeau de fel, à la ruine du peuple, que voftre Maiefté eft fuppliée de reuocquer.

Au Roy. Et en font les Commiffaires d'aduis.

La leuée defdits deux folds eft ordonnée par tout le Royaume, pour le remboursement des Lieutenãs generaux, à quoy les deniers feront employez, par celuy qui a contracté pour le racquit du Domaine, & ce qui reftera d'iceux après ledit rembourfement, eft deftiné pour fubuenir audit racquit.

XXV.

Bien que la Nobleffe et l'Eclefiaftique foyent exempts de l'Impoft du fel, neantmoins de trois ans en trois ans, viennent en Normandie des Commiſſaires extraordinaires, qui les condamnent en de grandes amendes, prenant pretexte qu'ils vſent moins de ſel que ne portët leurs moyens, Voſtre Maieſté aura agréable s'il luy plaiſt, de les deſcharger de tant de vexations, Comme pareillement le peuple, lequel ſoubz vn faux pretexte d'abus eſt multé de grandes amendes, par d'autres Commiſſaires.

Au Roy. Et ſont les Commiſſaires d'aduis, qu'il plaiſe à ſa Maieſté s'informer des ſommes exceſſiues qui ſont leuées ſoubz pretexte deſdites amendes.

Repreſentans par les ſuppliant le roolle des condamnations tel qu'ils l'ont propoſé & fait entendre & ouy ſur ce iceluy qui a le party y ſera pourueu.

XXVI.

Puis qu'il plaiſt à voſtre Maieſté maintenir le Sieur du Raoullet en la qualité de grand Preuoſt de Normandie, elle eſt treſ-humblement ſuppliée de le reigler ſuiuant l'eſtabliſſement de grand Preuoſt aux autres Prouinces, où les euocquations pour le fait de leurs chargés, ne ſont point reçeuës.

Au Roy. Et en ſont les Commiſſaires d'aduis.

Le Sieur du Raoullet ouy ſur le contenu en ceſt article, ſa Maieſté y pouruoirra.

XXVII.

Remonſtrent leſdits Eſtats le grand nombre des Officiers & en demandent la ſuppreſſion, nonobſtant Edicts & declarations contraires puis que tous les ans en Normandie, ſe leüent grandes ſommes de deniers pour le rembourſement des Officiers ſupprimez.

AV ROY.

Accordé aduenant que lefdictes Offices vacquent par mort.

XXVIII.

Et fupplient fa Maiefté de reuocquer toutes fortes d'euocations, tant pour le faict des droicts de la Romaine, qu'autres Fermes, par le moyen defquelles les Fermiers s'efforçent de ruiner le priuilege des Foires, comme femblablement le fermier de l'efcu pour Tonneau de Mer, & autres qui en confequence des euocquations exigent impunémēt fur les Marchāds, lefquels ayment mieux payer ce qui leur eft demandé, que d'aller à la fuitte des procez euocquez.

Au Roy. Et font les Commiffaires d'aduis, que les Fermiers ne pourront euocquer en vertu de leurs Baux, fi le droit de l'Impoft n'eft difputé & non quand il fera queftion de la quantité des Tonneaux de marchandifes, lefdits différents seront Iugez par les Iuges de la Prouince.

Ne fe peut au preiudice de ce qui en eft accordé & conuenu par les Contracts & Baux à ferme de ceux qui tiennent lefdites Fermes.

XXIX.

Que dorefnauant les amendes ne feront pourfuiuies par les Receueurs, trois ans après le Iugement d'icelles.

Au Roy. Et en font les Commiffaires d'aduis.

Les fuppliants facent apparoir s'il y a quelque Ordonnance ou reglement qui empefche la pourfuitte & demande defdites amendes, trois ans apres qu'elles auront été adiugees, pour leur eftre fur ce pourueu, ainfi que fa Maiefté verra eftre à faire par raifon.

XXX.

Que les Maiſtres & Gardes de l'Eſtat d'Apoticaire & Eſpicier de ceſte ville de Rouen, ſerõt maintenus en leur poſſeſion de vendre eaux de vie, vinaigres, mouſtarde, au preiudice des nommés Brunette & Deſhaiz, ſe diſant pourueuz par Ediƈt de l'Eſtat de Mouſtardier Vinaigrier & faiſeur d'eaux de Vie, & que ledit Edit ſera reuocqué attendu que pour les preparations de Medecine et autres menus denrées qu'ils diſtribuent en leurs Boutiques, il leur eſt beſoing non d'vne ſorte de Vinaigre, mais de plus de vingt.

Au Roy. Et en ſont les Commiſſaires d'aduis.

Le Procureur Sindic des ſupplians ouy au Conſeil, avec ceux qui ont intereſt au contenu de ceſt article, y ſera pourueu ainſi qu'il appartiendra.

XXXI.

Qu'il plaiſe à ſa Maieſté ordonner que pour la faute de fonds, qui ſ'eſt trouué à leurs deniers : reuenant à la ſomme de douze mil ſept cens trente ſept liures dix ſols, pour les grands fraiz qu'ils ont ſupportez aux années dernières, à cauſe du long ſejour que leur depputez ont faiƈt à la Court et ſuitte de ſa Maieſté, & pourſuittes de pluſieurs procez & affaires, permettre que leuée ſoit faiƈte ſur eux de ladite ſomme.

Au Roy. Et en ſont les Commiſſaires d'aduis.

L'Eſtat de la Recepte & deſpence des deniers ordonnez aux ſupplians, pour ſubuenir à leurs affaires, ſera repréſenté audit Sieur Duc de Sully, pour iceluy veu, eſtre apres pourueu auſdits ſupplians ſur la leuée qu'ils requerent ainſi qu'il appartiendra.

Voilà les plainƈtes & les demandes, que nous faiſons à voſtre Maieſté, que nous eſperons de ſa bonté nous eſtre fauorablemēt accordées, pour ce qu'elles ne font ni iniuftes ny excefſiues ny opiniaftres, mais de tref-humbles & tref-fidelles fubiects. Faict en la conuention generale des Eftats du pays & Duché de Normandie tenus en la Maifon abatialle de S. Ouen de Rouen, le fecond iour de Decembre mil fix cens huict.

Les Commiffaires tenans la prefente conuention, ayāt veu la refponce que les depputez ont faicte à la propofition & demande à eux faicte de la part du Roy, par laquelle ils accordent à fa Maiefté de luy payer pour l'année prochaine mil fix cens neuf, toutes les fommes de deniers par elle demandées & contenuës ès lettres Patentes de Commiffion pour ce expédiées : ont ordonné de leur accord & confentement, que departement leuée & affiette fera actuellement faicte, de toutes & chacune lefdites fommes, felon la forme portée par lefdites lettres de Commiffion, & pour le regard du furplus de leurs demandes, fe retireront par deuers fadicte Maiefté pour entendre fur ce fa volonté. Faict à Rouen par lefdicts Commiffaires, le Mardy deuxiefme iour de Decembre mil fix cens huict.

<blockquote>
Signé,   Par lefdits Commiffaires,
                    LIGEART.
</blockquote>

Les prefentes Remonftrances ont efté veuës & refponduës par le Roy eftant en fon Confeil à Paris, le douziefme iour de Mars, mil fix cens neuf.

<blockquote>
Signé,   HENRY.
Et plus bas,   POTIER (1).
</blockquote>

Collationné à l'original par moy Procureur Scindic des Eftats de Normandie.

---

(1) A Rouen, de l'imprimerie de Martin le Mefgiffier, imprimeur ordinaire du Roy, 1609. — Réimprimé d'après l'exemplaire appartenant à M. Ch. Lormier.

AV ROY.

Sire,

Les depputez des Eftats de voftre pays de Normendie, ayant eu communication des refponces mifes au cahier de leurs plaintes reprefentées à voftre Maiefté, la fupplient humblement leur pouruoir plus précifément fur les articles qui enfuiuent.

PREMIEREMENT.

Puis qu'il a pleu à voftre Maiefté fur le cinquiefme article de leurs remonftrances, déclarer qu'il ne fe paye rien en vos Chancelleries pour le fceau des leuées qui fe font pour les reparations des Eglifes, Prefbitaires, ornemens, & uftancilles d'icelles, elle aura s'il luy plaift agreable de permettre que par les Iuges des lieux foit procedé à la leuee & affiette des deniers neceffaires pour ce fubiet fur les contribuables, afin qu'ils foyent defchargez des fraiz de l'obtention des lettres qu'il feroit befoin d'auoir.

Le reglement doit eftre fuiui, eftant fait pour le bien & foulagement du peuple.

La refponce du huictiefme porte que voftre Maiefté continuera de pouruoir au payement des rentes conftituez fur la recepte generalle de voftre ville de Rouen, elle eft donc fuppliée tref-humblement d'y mettre ordre dés à préfent & eftablir vn fonds fur ladite recepte, pour le payement defdites rentes legitimement créées & duës en la plus grande partie aux Eglifes, vefues, & pauures pupilles qui n'ont d'ailleurs aucuns moyens de viure.

Les fuppliants ont occafion de fe contenter, de ce que fa Maiefté ordonne de fonds par chacun an pour lefdites rentes, & de l'affeurance qu'elle leur donne de le continuer.

Les depputez defdits Eftats voyent en la refponce de l'onziefme article, que voftre Maiefté veut que l'impoft fur les Cartes aye lieu, mais ils efpèrent qu'elle confiderera combien ceft impoft eft preiudiciable à vne infinité de pauures familles qui s'entretiennent de telle manufacture, & la fupplient que dés à préfent elle leur en accorde la réuocation: Enfemble qu'elle aye agreable de fpecifier les affignations qu'elle a donnez à Meffeigneurs le Prince de Conty & Duc de Montpenfier, à prendre fur l'impoft de l'efcu pour tonneau de marchandife de mer, & à quelles fommes montent lefdites affignations, afin que les fuppliants foient affeurés de la reuocation dudit impoft, apres que lefdites affignations auront efté acquitées.

Sadite Maiefté a declaré fa volonté par ladite refponce.

Au faiziefme & dixfeptiefme article, les fupplians ont demandé la fuppreffion des Archers du sel, & la reuocation des euocations donnez contre les ordonnances aux fermiers & adjudicataires des impofts : que fi voftre Maiefté defire la continuation defdits Archers, elle eft fuppliée tres humblement ordonner que les informations & decrets de prife de corps decretez contre eux, feront apportez en fon Confeil, afin que les commiffions de ceux qui feront trouués coupables de crimes foient caffez, & qu'il foit extraordinairement procedé contre eux, & que outre les reglemens portez par la refponce defdits articles, lefdits Archers feront tenus de comparoir tous les ans à l'affemblee des Eftats du pays, & fix mois apres deuant le Gouuerneur de la Prouince, pour rendre raifon de leurs actions : Sçauoir quels ils font, et s'ils ont domicille en la Prouince, et que deffences leur feront faites de paffer dans les villes en troupe, & auec armes deffendues.

Sera fuiui le reglement, & ce que fa Maiefté a depuis declaré par la refponce defdits articles.

En la refponce du dernier article qui concerne la leuee de trente trois mil liures pour la refection des ponts de la Prouince : Voftre Maiefté ordonne qu'elle fe fera auec la leuee de la grand'creuë : mais elle confiderera que les ruines aduenus aufdits ponts, doyuent eftre reparez par ceux qui tiennent fon Domaine par engagement. Elle eft donc fuppliée de defcharger le pays de ladite leuee, comme il a efté par la refponce des cahiers de l'année precedente, ce qui obligera les fuppliants à prier Dieu pour la conferuation de voftre Maiefté, et l'accroiffement de fon Eftat.

Ladite leuee n'aura lieu qu'autant que le peuple la iugera néceffaire, & la defirera.

Signé, DE BRETIGNERES. PANNESAY.

Fait à Paris le vingtneufiefme iour de Ianuier, mil fix cens huict.

Signé, POTIER.

Collationné à l'original par moy Procureur Scindic des Eftats de Normandie.

ARTICLES
DE
REMONSTRANCES

Faictes en la Convention des Trois Eſtats
DE NORMANDIE

Tenue à Rouen, le ſeptieſme iour de Décembre, et autres iours enſuyvans, mil ſix cens neuf.

Avec la Reſponce et Ordonnance ſur ce faicte par le Roy eſtant en ſon Conſeil, la Royne régente, ſa mère, préſente.

A Paris, le ſeptieſme iour de ſeptembre, mil ſix cens dix.

AV ROY.

Et a Messire Alexandre de Faucon, sieur de Rys, *Chevalier, Conſeiller du Roy en ſon Conſeil d'Eſtat, et premier Préſident en ſa Court de Parlement à Rouen, et à Noſſeigneurs les Commiſſaires depputez par ſa Maieſté, pour tenir les Eſtats de ceſte Prouince : le ſeptième iour de Décembre mil ſix cens neuf.*

Sire,

Les plaintes ordinaires des trois Eſtats de cette Prouince, la raiſon & neceſſité de leurs affaires, l'entiere affection qu'ils ont toufiours portee inuiolablement au bien de voftre feruice, les font attendre du foulagement à leurs maulx, ils voyent qu'au milieu de la tranquilité publique de laquelle ioüiffent heureufement tous les peuples de France, ils font maltraictez des partifans, ruinez de Tailles exceffiues, de multitude d'Officiers qui s'en exemptent, d'Impofitions, de Commiffaires extraordinaires, d'Archers du Sel, & de multiplicité d'Edicts, Ces confideratiõs plaines de commiferation leur font prédre creance que comme ils font vos fubiects naturels, vous qui eftes leur Prince legitime tout clement & debonnaire aurez pitié de leurs miferes, & que voftre mifericorde regnera toufiours fur eulx à caufe de leur calamité.

I.

C'est chofe bien digne de compaffion, quand les prieres des fubiets d'vn grãd Prince ne reüffiffent poinct à de bõs effects, & que la couftume de prier a formé vne habitude à les refufer. Nous loüõs Dieu de ce que voftre Maiefté ne nous traicta iamais que benignement, recevant noz plainctes auec debonnaireté & douceur : Pardonnez nous pourtant, SIRE, fi de douleur mais auec tref-humble refpect, nous fommes contraincts de fupplier voftre Maiefté, d'ordonner que les refponces fauorables que nous efperons de fa bonté, ferõt plus precifes & conformes au bien que nous voz tref-humbles fubiects deuons attendre de voftre Maiecté, Affin que les peuples qui viuent paifiblement foubz voftre obeiffance en puiffent recueillir contentement, Car il femble que la refponce des Cahiers de l'an paffé foit vn pur extraict des Cahiers de l'année precedente.

AV ROY.

Le feu Roy ayant efté preuenu par le deteftable parri-

*cide commis en sa personne, de ce qu'il s'estoit proposé
de faire pour le contentement des supplians sur leurs
presentes remonstrances, Sa Maiesté qui ne veult en rien
degenerer de la pieté clemence & debonnaireté dudit feu
Roy enuers tous ses subiects : aura tousiours en singu-
liere recommandation ce qui concerne le bien desdits supplians, auec tout le soing de leur repos & soulagement
qu'ils peuuent desirer, leur en faisant congnoistre les effets sur l'occasion presente desdites remonstrances, comme
elle fera en toutes autres le plus fauorablement que l'Estat de ses affaires le permettra.*

II.

Ces entreprenevrs d'Edicts & de partis pour le rachapt
de voz Domaines, bien qu'ils ne tendent qu'à remedier au
malheur de leurs affaires par la ruine des Prouinces seroient excusables, s'ils arrestoient leurs desseings au rachapt du Domaine : Mais indifferemment ils mettent en
party le bien de voz peuples fondez sur vne estrange maxi-
me, qu'auiourd'huy il leur suffit qu'vne chose puisse estre
appellee domaniale, encores qu'elle ne le soit pas pour faire
party de la reünir au Domaine comme si elle en estoit, Car
sur le contredict que l'on y veult apporter, ce ne sont point
les Parlemens des Prouinces qui en décident, Mais des
Commissaires : C'est à dire tout est Iugé sans formes voire
contre les formes ordinaires. Les marques en sont euidétes
en l'affaire des Sergenteries hereditaires, vrays fiefs Nobles
establiz dés le temps de noz Ducs & iusques à nous posse-
dées de pere en fils par deux cens Gentils hommes. Neantmoins vn mauuais Normand appellé Baucquet, auquel
c'est moindre desespoir de se perdre dans la confusion generale que dans celle de sa maison, a faict party de les reünir au Domaine dans seize années, auec vne condition cap-

tieuſe de rembourſer les propriétaires, pour ce que iamais n'en payerent aucune choſe : Ce party, SIRE, a eſté reiglé par Commiſſaires & non par vne des Courts ſoueeraines de voſtre Royaume, qui ſeules ſont Iuges des queſtions de voſtre Domaine : En ſuitte ont eſté donnez en voſtre Conſeil deux Arreſts faſcheux pour nous en la perte de noſtre bien, & qui tirent apres eulx des inconueniens qu'il eſt impoſſible de preuoir ny éuiter : pour ce que deſ-jà les freres s'entreportét le poignard à la gorge pour reſoudre leurs partages, les voiſins pour caſſer les eſchanges qui les tenoient en repos, & ceulx qui les ont acquiſes par auctorité de Iuſtice ſur l'aſſeurance des decrets, crient à haulte voix et s'eſclament contre la foy publique. Nous eſperons que voſtre Maieſté reuocquera ces Arreſts, maintiendra les proprietaires des Sergenteries en leur bien, & nous garantira du rauage des Commiſſaires extraordinaires qu'on dit s'approcher de ceſte Prouince, trop riche pour ceulx qui ont deſſeing d'y mal faire, et trop pauure pour ceulx qui ſe reſoudent d'y viure en gens de bien.

AV ROY.

Le Roy a ordonné aucuns Commiſſaires des principaulx de ſon Conſeil pour examiner les articles concernant le rembourſement des Sergenteries fieffées, Et apres auoir ouy celuy qui a traiɛ́té pour faire lediɛ́t rembourſement rapporter le tout auec leur aduis à Sa Maieſté pour y pourueoir ainſi qu'il appartiendra, Ayant ſadite Maieſté ſurcis cependant l'exécution deſdiɛ́s articles.

III.

A PEINE auons quelque reſpit, que les partiſans recommencét, à peine ſomme nous hors de leurs gehennes qu'ils nous y remettent : Il femble que le iour ineuitable de noftre ruine foit efcheu par leurs artifices, Quād on s'arrefte à confiderer l'Edict pour eriger en fief les terres vaines & vagues, & le party pour y reünir au Domaine celles qui ont efté fieffées depuis l'an cinq cens dixneuf. On dict qu'vn contraire ne peult eftre tiré de l'autre, de l'eau des effects du feu, Mais il fe trouue qu'vn nommé Alexandre Marchand, qui en effect marchande et traffique de noftre sang & de noftre fubftance, accommode fort induftrieufement ces deux affaires entierement contraires à fon intereft. Il demande la verification de l'Edict cele les articles de fon party. Si l'erection en fief eft reçeuë, la reunion eft innutile, les particuliers eftans maintenus, fi la reünion eft auctorifée, l'eftabliffement en fief ne fera plus néceffaire, pour ce que la reünion les rejoinct au Domaine, Les partifans font le rachapt du Domaine dans feize ans; Et par l'erection le furchargent : Si l'Edict & le party font executez enfemble, les partifans pourroient infeoder ou reünir les terres qui leur viendront à gré. Car en vertu du party les terres, defquelles les proprietaires ne compoferont par grande fomme de deniers feront reünies; Et apres que les partifans auront efté depoffedez, leurs terres feront infeodez à prix d'argent, au plus offrāt et dernier encheriffeur par la force de leur Edict, ou tireront deniers des poffeffeurs des terres vaines & vagues pour les exempter de leur party. Tel poffede au droict de fes ayeulx des terres bien bafties, qu'on vouldroit dire auoir efté autres fois vaynes & vagues. C'eft la verité que les terres venduës à faculté de rachapt, peuuent bien eftre infeodées ou reünies au Domaine. En rembourfant celles qui ont efté fieffées à perpetuité, auec charge & redeuance au Domaine font en la condition de reçeuoir l'eftabliffement en fief, mais non d'eftre reünies, la cenfiue eftant feulement Domaniale. Sy la reünion a lieu : il y a en Normandie des Villes & Bourgs & plus de trois cens villages baftis dans les Forefts & aux lifieres, que les Gentils hommes & les peuples qui les habitent feront contrainéts d'abandonner. Par ce moyen les droiéts de voftre Maiefté amoindriront, & les Tailles n'y feront plus cueillies, les partifans feuls y faifant du proffiét : Toutes ces terres vaynes & vagues, SIRE, eftoiët places innutiles, qui depuis ont efté fieffées à perpetuité auec congnoiffance de caufe, apres acceffions des lieux, procès verbaulx, Commiffions veriffiées en voftre Confeil. Pour paruenir à les acquerir & mefnager, plufieurs notables familles ont vendu leur ancien Patrimoine, les ont partagees, dõneez en mariage à leurs enfans, vĕduës, & reuenduës, efchangeez, retireez par clameur, & acquifes par decret : Si elles font reünies naiftront mille procés : d'auantage les communaultez des parroiffes aufquelles voftre Maiefté a permis par lettres Patentes données en fix cens cinq, de retirer dans fix ans non encores expirez leurs Communes, y feroient beaucoup préjudicées. Il y a cinq cens Gentils-hommes, lefquels apres auoir efpandu leur fang & defpenfé la meilleure partie de leur bien au feruice de la Couronne comme ils y fõt obligez, fe verront maintenãt priuez de fi peu qui leur refte, contrainéts d'abandonner la terre de leur naiffance, & s'en aller le bafton blan en la main pour mandier leur vie : Tant de milliers d'hommes du tiers Eftat qui apprehendent telle reünion, reftent entre nous eftonnez & confuz les bras croifez & les yeulx fichez en terre, attendant la refponfe de ceft article. En cefte extremité, SIRE, qui les tient en fufpends entre l'efperance & la crainéte, Ayez s'il vous plaift agreable de reuocquer lediét Ediét & party, Et en fuitte l'Arreft donné en voftre Confeil le vingtfixiéme iour de Septẽbre dernier fur les remõftrances de voftre Parlement, lequel porte que l'Ediét d'infeodation aura lieu, Et en ce qui touche les articles accordez audit Marchand, qu'il retirera les terres vagues & vaynes, paluz, maraiz, atteriſſemens, bois abroutilz, & eſſartez ſeulement, ce ſeulement eſt en effect tout ce qu'ils poſſedent.

AV ROY.

Pareille ſurceance que deſſus eſt accordée de l'execution des Edicts & party, faicts pour verifier les terres vaynes & vagues & reunir au Domaine les fieffees, attendant pareil rapport & aduis des Commiſſaires ſuſdicts.

IIII.

Encores que voſtre Maieſté par ſes Edicts & lettres Patentes expediées pour la reuente à faculté de rachapt des Greffes, Tabellionnages & autres parties du Domaine aye declaré expreſſément que les premiers adjudicataires ne pourroient eſtre depoſſedez par les derniers, ſinon en les rembourſant actuellement de la finance qu'ils auroient payee aux coffres de ſa Maieſté & de leurs fraiz : Que ſur l'aſſeurance de ces Edicts & à ces conditions pluſieurs auec incommodité ayent enchery les Greffes & autre Domaine aliené, & pour payer le prix ſe feroient conſtituez en intereſt, auquel ils courent de iour en iour : Ce neantmoins Alexandre Marchand ayant contracté auec voſtre Maieſté pour le rachapt de deux millions de liures de Domaine en Normandie & ſoubz le Parlement de Paris à condition de rembourſer les proprietaires, Contre la teneur de ſes pactions en vertu d'vne Commiſſion donnee à Monſieur Aubry Maiſtre des Requeſtes, a contrainct les particuliers à ſouffrir dans ſeize ans ſans aucun remburſement l'euiction des Greffes, Tabelliōnages, ou autre Domaine, ou de ſe pourueoir par deuers Meſſieurs les Treſoriers generaulx de

France en chaque generalité, pour la reduction de leur finance au denier vingt : ce qui eſt contraire à la teneur de ſon contract & des Edicts, la foy deſquels ils ont ſuiuie en leurs encheres. Voſtre Maieſté eſt treſ-humblemēt ſuppliee de reuocquer ceſte Commiſſion, & ordonner que les Greffiers & autres adiudicataires du Domaine depoſſedez par ledict Sieur Aubry & autres, ſans auoir eſté rembourſez, feront reſtabliz en la proprieté de leurs Greffes & autre Domaine, pour en iouyr iuſques à l'actuel remburſement; Et qu'à l'aduenir ils ne pourront eſtre depoſſedez, que premierement ils n'ayent eſté remburſez par ledict Marchand en argent comptant, Encores qu'aucuns acquereurs deſdicts Greffes euſſent fourny des conſtitutions de rentes auſquels on en faict perdre le tiers.

AV ROY.

Surcis attendant ſemblablement le rapport & aduis des Commiſſaires ſuſdicts.

V.

Qvelle apparence, SIRE, qu'vn innocent des bois aye eſté receu à faire party pour reünir à voſtre Domaine les Offices de Greffiers des Tailles, en iouyſſant durant ſeize années des ſix deniers pour liure qui leur ſont attribuez. Les engagemens ou alienations du Domaine de la Couronne peuuent eſtre reünies ſur les conſiderations aduantageuſes qui ſe preſentent à voſtre Maieſté, mais les Offices ne ſont poinct de voſtre Domaine. En ſoixante quinze ils furent creez par Edict du feu Roy, à la pourſuitte d'vn grand qui en obtint don, L'eſtabliſſement n'en fut poinct general, Et depuis par Edict verifié en voſtre Cour des Aydes, ont eſté ſupprimez, au moyen de quelque remburſement que firent les parroiſſes qui peult eſtre ſe monte à trente mille liures, Cet Edict que la liberalité d'vn Prince a faict naiftre, peult-il rendre vn Office Domanial? Si cela eft, Les Offices creez auiourd'huy, fupprimez d'icy à quinze iours, pourront eftre reunis comme Domaniaux. Il eft impoffible de reünir ce qui eft fupprimé, car il n'eft plus, & ce qui eft Domaine ne fe fupprime iamais. En effect ce party eft pour faire reuiure fans Edict le proffict d'Offices fupprimez durant feize annees au preiudice de voftre Maiefté & de voz fubiects : Et quant les Offices feroient Domaniaulx, ceft innocent des bois feroit vn profict iniufte & tromperoit voftre Maiefté. En Normandie fe léue tous les ans plus de trois millions de liures pour les Tailles, les fix deniers pour liures attribuez aufdits Offices montent par an à plus de cinquante mil liures, Le rembourfement qu'il conuient faire eft de peu de chofe; Voilà donc qu'en fix mois de iouyffance il aura du fonds pour faire le rembourfement, et iouyra quinze ans et demy de cinquante mil liures de rente en Normandie. Il n'eft pas mal aifé de fe faire riche en peu de temps, Par ce moyen voftre Maiefté aura s'il luy plaift agreable la reuocation de ce party.

AV ROY.

Le Roy accorde la reuocation dudict party ainfi qu'il eft requis.

VI.

Les Estats fe plaignent du party des debets de quitance depuis l'annee mil cinq cens foixante & dix, iufques en l'an mil fix cens trois, il eft autant raifonnable d'en exempter les rentes des Euefchez, Abbayes, Prieurez, Chappelles & Commanderies, comme d'en referuer celles qui appartiennét aux Hofpitaulx, Hoftels Dieu & Maladeries, Attendu qu'elles ne peuuent tomber au commerce des partifans, Et ne fuiuent poinct les perfonnes, ainfi les benefices dont les titullaires ont droict de toucher leur reuenu, nonobftãt la negligéce de leurs predeceffeurs, à joindre les amortiffemés par eulx obtenuz, Et que les deniers doibuent eftre conuertis aux reparations des Eglifes & maifons qui en deppendent, Entretien des ornemens, celebration du feruice Diuin, œuures pitoyables, Et pour le regard des Gentilshommes & du peuple, defquels les Tuteurs ont efté pareffeux à demander leur bien, ou qui pour autres confiderations leur eft encore deub, Il n'y a gueres d'apparence de veoir vn partifan y mettre la main pour s'en accommoder & leur ofter le tiers. Lefdicts Eftats en demandent trefinftamment la reuocation.

AV ROY.

Le party cy mentionné fe trouuant vtile & raifonnable & fans preiudice au public, Sa Maiefté ne le peult reuocquer, Sera neantmoins donné tel ordre pour affeurer le payement des deux tiers referuez aux particulliers, qu'ils n'auront occafion de f'en plaindre, Voulant à cefte fin, le contract en eftre reprefenté aufdits Commiffaires, Tant pour eftre par leur aduis pourueu à ladicte affeurance, que pour congnoiftre des rentes amorties à la defcharge de fadite Maiefté.

VII.

Vostre Maieste' eft fuppliee tref-humblement reuocquer l'Edict d'vn payeur des rentes affignees fur les receptes generales & particulieres de Normandie prefenté en la Chambre des Comptes, Car encores que fon pretexte foit fondé fur quelque defordre, comme d'auoir conuerty vne nature de deniers fur l'autre, transferé les generalitez ou receptes pour la cōmodité des creanciers fans auoir defchargé celles fur qui les conftitutions eftoient faictes, & de grand nombre de parties que l'on pretend auoir efté employées en la defpenfe des comptes, dont les conftitutions n'ont iamais efté outrepaffées, ny tels accidens aduenus, Dequoy la veriffication faicte depuis quelques annees par Commiffaires expreffément depputez par fa Maiefté rend tefmoignage. Par les Edicts & contracts de conftitution les rentes font payées directement par les mains des Receueurs generaulx & particuliers : y eftablir vn autre ordre, c'eft violer la foy publique, & preiudicier aux hypothecques des creanciers outre le diuertiffement des deniers qui eft fort à craindre les faifant paffer par vne feule main. D'ailleurs les Offices de Comptables des Receptes generales & particulieres, & leurs cautions font affectez fpeciallement au payement defdictes rentes (apres le fond du Roy acquicté) qui eft vne affeurance pour les creanciers : de laquelle les Comptables & cautions pretendront eftre defobligez par ce nouuel eftabliffement, De forte que les creanciers feront contraincts de fortir hors des limites des villes & lieux de leur domicile pour demander les arrerages, & f'adreffer au payeur general qui peult eftre ne fera de la Prouince & n'y refidera en perfonne, & fe fera difpenfer de remplacer fur les lieux lefdictes cautions & feuretez : Lefquelles venant à manquer, les creanciers courront rifque de perdre leurs arrerages : à caufe des grands fraiz qu'il leur cōuiendra faire par l'efloignement dudict Payeur, Ce qui faict congnoiftre, que tel Office n'eft eftably qu'à la ruine publicque, & pour furcharger les finances de voftre Maiefté, Confideré que les Receueurs generaulx & particuliers acquictent lefdictes rentes, fans pretendre plus grandes taxes ou gages pour le travail qu'ils y rendent.

AV ROY.

L'Edict de Creation defdicts Receveurs des rentes fera reueu & deüement examiné par lefdicts Commiffaires pour en faire rapport & donner aduis ainfi que des autres chofes deffufdictes.

VIII.

La Mvltitvde d'Officiers en vn Eftat bien reiglé a touiours efté pernicieüfe, Ce que voftre Maiefté recoingnoiffant bien, a fupprimé les Offices d'Efleu qui vacqueront par mort, Et neantmoins il y a vn Edict prefenté depuis peu à la Cour des Aydes, qui donne quallité d'Efleuz aux Controoleurs des Tailles, Voftre Maiefté aura s'il luy plaift agreable, non feulement de reuocquer ledict Edict, Mais auffi de reduire les Efleuz au nombre ancien.

Au Roy. Et en font les Commiffaires d'aduis.

L'Edict d'attribution de ladicte qualité eft faict dès long temps & ne preiudicie à la Prouince, Et pour le regard de la reduction des Efleuz au nombre antien, Sa Maiefté l'aura touiours agreable quand fes affaires le pourront permettre.

IX.

Revocqver pareillement l'Edict prefenté à la Court des Aydes d'Huiffiers Audienciers au magafin à Sel.

Au Roy. Et en font les Commiffaires d'aduis.

Le Roy a furfis l'execution dudict Edict par Arreft de fon Confeil & declaration expreffe de fa Maiefté fur iceluy.

X.

Les commissaires Examinateurs en l'Election duquel la veriffication eft pourfuiuie en ladicte Court des Aydes.

Au Roy. Et en font les Commiffaires d'aduis.

Les deniers prouenans defdictes Offices eftans affectez au payement des debtes de l'Eftat les plus importantes, Sa Maiefté ne les peult reuocquer.

XI.

ET D'AVLTANT qu'à la demande de la reuocation de l'Edict des Greffiers d'Impoft du fel aux parroiffes où il eft baillé par Impoft, faite par les plainctes des Cahiers de l'annee paffee, veu la ruine que cela apportoit aux peuples, attendu mefme que rien n'en reüffit au profit du Roy, Mais qu'il a efté donné à Monfieur de Mayenne, Voftre Maiefté fift refponfe qu'elle vouloit qu'il euft lieu : attendu que ceulx qui font pourueuz en tiltre d'Office, ne prénent auculne chofe d'auantage que ceulx qui les exerçoient par Commiffion : Puis que il n'y en euft iamais qui fuffent pourueuz, ny en tiltre ny par Commiffion, qui eft la feule caufe de la refponfe, Voftre Maiefté eft fuppliee de les reuocquer.

Au Roy. Et en font les Commiffaires d'aduis.

Ledict Edict a efté pareillement furcis par lefdicts Arrefts & declaration.

XII.

L'EDICT de creation de fubftituz de voftre Procureur general porte telle confequence, que la reuocation en eft tref-inftamment demandee, L'eftabliffement de tels nouueaux Offices aux Courts fouueraines & aux Vicomtez & Sieges d'icelles apporteroit trop grande confufion.

Au Roy. Et en font les Commiffaires d'aduis.

Idem.

XIII.

Si les Princes dans leur eftat felon l'occafion des affaires, ou pour gratiffier vn Prince eftabliffent des Offices innutiles & à la foulle du peuple, qui depuis ayent efté reuocquez fur les remonftrances qui en ont efté faictes, & le plus fouuent par le rembourfement de ceulx qui s'y eftoient faicts pourueoir, Cela eft vne obligation eftroicte de ne les reftablir iamais, Neantmoins fur vne fimple requefte prefentee par vn donneur d'aduis qui propofera d'en faire party, ou d'vn autre à qui en faict don voftre Maiefté, Toutes fortes d'Offices fupprimez font reftabliz, & lettres de prouifion expediees en blanc par ceulx qui les vouldront achapter, fans qu'il y ayt Edict de reftabliffement, ou que les Edicts foient veriffiez aux Parlemens, Ce qui eft aduenu depuis peu pour les Acceffeurs & Procureurs communs aux Sieges inferieurs des Vicomtez, & autres Offices qui ne font qu'à l'oppreffion du peuple, Voftre Maiefté eft fuppliee de fupprimer lefdicts Offices & tous autres de pareil eftabliffement, Commiffaires Examinateurs, Lieutenans Criminels, & toutes ces inuentions de parifis, prefentations, droicts de Clerc, doublement & tiercement de petits fceaulx.

Au Roy. Et en font les Commiffaires d'aduis.

Le Roy accorde la reuocation & fuppreffion pour le regard defdictes Offices d'Acceffeurs & Procureurs aux Vicomtez & fieges inferieurs.

XIIII.

Bien qu'en cefte Prouince fe leuent tous les ans quarante mil efcus pour la fuppreffion des Offices fupernumeraires, Neantmé vn nommé Chalanges, premier Commis du Sieur Moiffet les faict reuiure par un party qu'il a propofé, Il eft donc raifonnable que le party foit reuocqué, Et que voftre

Maiefté face ceffer la pourfuitte que pourroient faire contre le pays quelques particuliers pour ceft effect.

Au Roy. Et en font les Commiffaires d'aduis.

Sa Maiefté a reuocqué le party dudict Chalanges.

XV.

DEPVIS quelque temps, fur vne fimple Commiffion les Arrefts des Compagnies foueraines donnez en Iugement contradictoires font retardez, Voftre Maiefté ordonnera s'il luy plaift, que l'execution des Arrefts ne fera empefchee que par les voyes ordinaires, fans auoir efgard aufdictes Commiffions.

Au Roy. Et en font les Commiffaires d'aduis.

Sa Maiefté ne veult & n'entend que l'execution defdicts Arrefts foit furcife que par les voyes & pour les caufes portees par fes Ordonnances.

XVI.

SA MAIESTE' eft fuppliee d'auoir efgard au grand nombre de ceulx qui fe difent exempts de la cõtribution des Tailles pour eftre Officiers de la Maifon des Princes, & les réduire au nombre porté par les Ordonnances, Qu'il fera enuoyé par chacun an auant le premier iour de Ianuier, vn Eftat certain & arrefté au Confeil, Lequel fera mis au Greffe de la Court des Aydes, & contiendra les noms furnoms & parroiffes des exempts & Officiers ; Que ceulx qui s'y feront pourueoir par fraude fans eftre employez aufdicts Eftats, feront tenuz aux peines portees par les Ordonannces, & en cas de contredict, les differends traictez en la Court des Aydes.

Au Roy. Et en font les Commiffaires d'aduis.

Le Roy a declaré affez expreffément par fes Ordonnances & declare encores annuellement par les Commiffions qu'il enuoye pour les leuees de deniers qui fe font en la Prouince, qu'autres ne foient ou puiffent eftre exempts d'y contribuer, que ceux qui feruent actuellement ayant quartier & gages, & qui font comprins & denommez comme tels, és Eftats qui en font d'annee en autre enuoyez au Greffe de la Court des Aydes, Ce que fa Maiefté veult et ordonne eftre exactement & foigneufement gardé & effectué.

XVII.

Le Roy s'il luy plaift, aura agreable fuiuant la refponfe des Cahiers des Eftats de l'an mil fix cens fept, Que Monfieur Mangot Maiftre des Requeftes acheue fa Commiffion touchant le reftabliffement des Iuridictiōs Royales de la ville d'Arques, de prefent transferees hors les portes de la ville de Dieppe.

Au Roy. Et en font les Commiffaires d'aduis.

Cefl affaire eftant à refouldre auec grande congnoiffance de caufe, le Roy veult en eftre informé, & fera à cefte fin executer la Commiffion qui en auoit efté donnee au Sieur Mangot Maiftre des Requeftes ordinaires de fon Hoftel, Pour apres en ordonner ce qui fera plus conuenable.

XVIII.

Qve les Comptes des villes pour octrois, impofitions et autres leuees, et jà rendus à la Chambre des Comptes, ne pourront eftre blafmez : fi ce n'eft par les voyes de Iuftice, Et en ce cas que les differendz en feront traictez devant les juges de la Prouince, Sans pouuoir eftre euocquez & fans auoir efgard aux euocations pour ce fubiect defià obtenuës.

AV ROY.

Il ne s'eſt faiɛt aucune reuiſion deſdiɛts Comptes, & ne veult ſa Maieſté qu'il s'en face, Mais bien que les reglemens concernans leſdiɛts oɛtroys ſoient obſeruez.

XIX.

Vostre Maieste' eſt treſ-humblement ſuppliee d'auoir pitié de tant de perſonnes, femmes vefues & enfans orphelins : qui n'ont autre choſe à vuire que les rentes à eulx venduës par les predeceſſeurs des Conſeillers Eſcheuins de la ville de Rouen, à prendre ſur les aſſignations appartenans à ladiɛte ville ſur la Recepte generalle, montãs par an à cent cinquante deux mil liures, Dont depuis pluſieurs années il n'a eſté faiɛt fondz que de ſoixante-douze mil liures par an, qui leur ont eſté aſſignées en ceſte année ſur les Fermiers de nouuelles Impoſitions qui ſe leuent ſur ladiɛte ville de Rouen, Haure & Dieppe, au lieu de leur naturelle aſſignation ſur les Receptes generales dont ils ſouffrent grands intereſtz, A quoy ſa Maieſté remediera s'il luy plaiſt & leur pouruoiera de fondz entier ſur ladiɛte Recepte generalle pour leſdiɛts cent cinquante deux mil liures par an.

Au Roy. Et en ſont les Commiſſaires d'aduis.

Les affaires du feu Roy l'ayant contrainɛt de ne payer qu'vne partie des rentes aſſignees ſur les Receptes generalles, Les ſuppliants ont eſté traiɛtez en ce retranchement non à l'eſgal ſeulement de ſes autres ſubieɛts, Mais beaucoup plus fauorablement, Et comme lediɛt deffunɛt Roy leur a faiɛt ceſte grace pour vne particuliere bonne volonté qu'il leur portoit, Sa Maieſté qui n'en a maintenant moings pour eulx la leur veult continuer, Ce qui les oblige auſſi à ne pas déſirer d'auantage d'elle, qui faiɛt en cela pour eulx tout ce que ſes affaires peuuent permettre.

XX.

Remonstrent lefdicts Eftats, Qu'il eft encores deub aufdicts Echeuins, cinquante fept mil liures de refte de l'affignation qui leur auoit efté baillee de foixante douze mil liures pour l'annee mil fix cens fix, à prendre fur Durand, le Bert & affociez : lors Fermiers defdictes nouuelles Impofitions, Defquels cinquante fept mil liures ils n'ont peu eftre payez, ny par l'emprifonnement des redebuables, ny par decrets de leurs biens : Attendu que par Arrefts du Confeil priué, lefdicts le Bert & affociez ont efté defchargez de ladicte fomme, reffaifis de leurs biens & mis en liberté, en confideration de la recompence qu'ils ont donnee à fa Maiefté, laquelle eft fuppliee remplacer ledit fondz. Et outre cela, pour le moins fix mil liures que montent les fraiz des pourfuites.

Au Roy. Et en font les Commiffaires d'aduis.

Bien que ledict le Bert ayt efté defchargé, pour la commiferation que fa Maiefté a eu de fa pauureté, qui le rendoit incapable de iamais la payer, Sadite Maiefté aymant mieulx porter cefte perte que de la laiffer fur les fupplians, elle les fera affigner de ce qui manque & deffaut de l'affignation leuée fur ledict le Bert fur quelqu'autre nature de deniers.

XXI.

Et faire ceffer la leuée fur le pays & en ladicte ville de Rouen, depuis fix ans en ça de vingt fols pour muid de vin entrant en icelle, foubz prétexte de la refection du Pont, où il ne s'eft employé iufques à préfent que peu de chofe en la demolition de quelques arches, Et les deniers leuez fe montent à la fomme fuffifante pour ladicte refection, Et d'aultant que ceux qui font dans le pays recongnoiffent mieux l'incommodité qui en vient, Il plaife à voftre Maiefté commettre perfonnes dans la Prouince qui y puiffent auoir l'œil & pourueoir diligemment.

AV ROY.

Monfieur le Comte de Soyffons, Gouuerneur & Lieutenant general pour le Roy en la Prouince, eftant à Rouen mandera ceulx qui ont charge de la conftruction dudit Pont, & ceulx qui y ont intereft, Pour eulx ouys reprefenter à fa Maiefté ce qu'il en aura entendu auec fon aduis, fur le tout pour en eftre ordonné apres ainfi qu'il appartiendra.

XXII.

La revocation de l'Impoft de l'efcu pour muid de vin, Quarante fols pour tonneau de Sidre, & vingt sols pour tonneau de Poiray eft demandee.

AV ROY.

Ledit Impoft fe leue pour l'extinction du fold pour liure, & les deniers qui en prouiennent font affectez au fond ordinaire du payement des rentes des fuplians, & autres charges fort importantes qui ne permettent que fa Maiefté face à prefent ceffer ledit Impoft.

XXIII.

Pvisqve de long temps les affignations donnees fur l'impofition de l'efcu pour tonneau de marchandife de mer font remplies & le bail finy, Voftre Maiefté aura agreable felon la refponfe des Cahiers des deux annees precedétes le declarer fupprimé, autrement fi l'on procede à nouuelle adiudication le commerce eft entierement perdu, Ce qui tourne au preiudice de l'Eftat.

AV ROY.

Apres qu'il aura esté recongneu quelles assignations ont esté leuees sur les deniers de ladite imposition, et s'il en reste à acquicter, sa Maiesté y pourueoira selon que ses affaires le permettront.

XXIIII

Les Estats remonstrent à vostre Maiesté, Que l'Edict faict sur la composition des Salpestres & pouldres à Canon a esté vériffié au Parlement, duquel ils requierent la reuocation, comme de chose importante, non seulement à vne ville mais à toute la Prouince, N'estant raisonnable d'oster l'entière disposition confection & conseruation desdicts Salpestres & pouldres à Canon à la ville de Rouen & autres villes de ladicte Prouince, les Bourgeois desquelles sont bons seruiteurs & subjects naturels de sa Maiesté, pour les confier en la main d'vn seul homme, comme le pretend vn nommé Philbert Godet Sieur de Saint Hilermont stipulé par Richard de Chatonon. Pourquoy sera sadite Maiesté suppliee qu'ils soiët maintenuz à faire lesdictes Pouldres à Canon, comme de tout temps cela a eu lieu en ladicte ville de Rouen, Estant necessaire que touiours il y aye des Pouldres en icelle, & que le trafic & apport de Salpestres & Poudres à Canon qui se faict des pays estranges en ladicte ville de Rouen puisse continuer. Qui sera le vray moyen de rendre touiours ladicte ville de Rouen remplie desdictes Pouldres & Salpestres, tant pour sa conservation au seruice de sadicte Maiesté, que pour en fournir les vaisseaux qui s'esquippent en icelle pour faire voyages en mer, Ceste mesme consideration doit auoir lieu pour les autres villes de la Prouince.

AV ROY.

Ledict Sieur Duc de Sully ouy sur le contenu dudit article, y sera pourueu.

XXV.

SA MAIESTE' est suppliee maintenir la Iuridiction des Prieurs Consulz en la forme qu'elle a esté iusques à present, Et ne permettre que le Greffe d'icelle soit comprins au party de Pollet comme Domanial & aussi qu'il n'entre en ladicte Iuridiction aucuns Huissiers en tiltre d'Office, Par ce que l'entree d'Officiers en ladicte Iuridiction, seroit le moyen de faire perdre la sommaire Iustice qui se distribuë aux Marchands, & par ce moyen ruiner tout le commerce.

AV ROY.

Accordé.

XXVI.

COMBIEN que les Ecclesiastiques & Nobles soient libres par l'Ordonnance, de prendre le sel qui leur est necessaire aux Greniers du distric de leur demeure, pourueu qu'ils n'vsent de faulx sel, si est-ce que leur condition est renduë pire par les abus des Fermiers du sel, leurs commis et Archers, qui par voye de fait sans forme de Iustice font des violences plus grandes que ne feroient les ennemis du pays en plaine guerre ouuerte à cause des euocations particulieres ou generalles employées en leurs baulx, affin de n'estre subiets à la correctiō des Cours & Iustice du pays : Ce qui donne subiect ausdicts Ecclesiastiques & Gentils-hommes, non moins affectionnez au seruice de leur Roy que leurs predecesseurs, de se plaindre des Archers du sel, & des euocations qui leur sont données. Les Ordonnances pour le faict du sel, portent le reglement que les faulx sauniers puissent estre pris & apprehendez par les Archers, Sergents & autres personnes, sans assistance de Iuges & Grenetiers ny Controlleurs ; Mais que les recherches qui se font aux maisons de ceulx qui pourroiét estre soubçõnez de prendre du sel ailleurs qu'aux Greniers, ou contreuenir aux Ordonnances soient faictes par les Grenetiers ou Controleurs qui pourront entrer aux maisons des Gentils hommes accompagnez de telles personnes qui leur sont necessaires dont ils respondront. Au lieu de suiure cest ordre les Fermiers des Greniers à sel, obtiennent par surprinse des Cõmissions extraordinaires adressantes bien souuét à des personnes qui sont leurs associez & partisans, Lesquels sans cognoissance de cause condamnent lesdicts Nobles & gens d'Eglise en de grosses amendes & restitutions de Greniers : encores qu'on aye pris du sel & autres peines à leur discretion, font executer leurs Iugements & Sentences par voyes violentes, rigoureuses & extraordinaires : Nonobstant toutes appellations, De la congnoissance desquelles ils font interdire les Courts souueraines de la Prouince, Affin d'oster tous moyens aux condamnez de pouuoir iustiffier leur innocence, & faire reparer leurs iugements, d'aultant qu'vn simple Gentil-homme ou Ecclesiastique qui sera condamné en vingt cinq ou trente escus, quoy qu'iniustement aymera mieux les payer que d'aller au priué Conseil poursuiure son appel, à la vuide duquel outre le temps qu'il y consummeroit, il y dependroit six fois d'auantage. Et cependant par ce moyen tirent & exigent des Nobles & Ecclesiastiques de la Prouince grand nombre de deniers, Ce qui leur est plus de charge, que s'ils prenoient le sel par Impost. Les plainctes en ayant esté representées en vostre Conseil sur les Cahiers de l'annee precedente, Vostre Maiesté donna response qu'apres que nous auriõs representé le roolle des

amendes il y feroit pourueu, Mais ce moyen nous eſt oſté
pour ce que les Commiſſaires extraordinaires font emporter par leurs Greffiers les rooles des Amendes, De façon
qu'il n'eſt poſſible de tirer la cognoiſſance particuliere des
condemnations deſdiɛtes amendes, ſi voſtre Maieſté n'ordonne que leſdicts Greffiers extraordinaires ferōt cōtrainɛts
de porter leur roolle au Greffe de la Court des Aydes. Ce
qui eſt encores le plus rigoureux leſdicts Fermiers ont des
Archers particuliers : la pluſpart deſquels ſont gens vagabonds, fugitifs, ſans domicile, banis, ou preuenuz de crimes
capitaulx, leſquels tantoſt pour exiger, piller & butiner, &
tantoſt pour feruir d'inſtruments de vengeance, vont iournellement au nombre de vingt ou trente cheuaulx à port
d'armes, Entrant le piſtolet à la main dans les Maiſons des
Gentils-hommes, ſans eſtre aſſiſtez d'aucuns Officiers de
Iuſtice, fourragent rompent et briſent Portes, Coffres & Buf-
feɛtz à leur diſcrection, & ſans reſpecter aucunes perſonnes,
Dames, ny Damoiſelles d'honneur, emportent les meubles,
enleuent les hommes, pour apres compoſer & exiger & les
rançonner par menaſſes & eſtonnemens, ſans en faire rien
ſçauoir à la Iuſtice, encores qu'ils n'ayent trouué aucun
faulx ſel, ſinon celuy qu'ils y apportent d'eulx meſmes ordinairement, & font croire qu'ils l'ont trouué aux maiſons.
Que ſi on eſt refuſant de compoſer auec eulx : ils dreſſent
des procés verbaulx à leur fantaſie, ſans aucune atteſtation
ny teſmoings dignes de foy, Et lors qu'ils les ont mis entre
les mains des Grenetiers & Controoleurs les veulent contraindre de donner Iugement à leur poſte, ſans leur permettre d'informer ſi le cōtenu de leurs procés verbaulx eſt
vray ou faulx, les menaſſent que s'ils ne condamnent à leur
gré de les prendre à partie, qu'ils les feront interdire de
leurs charges, & euocqueront le tout au Conſeil auec telle
inſolence & temerité, qu'vn petit Commis ou Archer eſton-

nera les Iuges & parties de telle forte qu'il fera ce qu'il vouldra. Au moyen dequoy fe commettent de grandes iniuftices & extortions, Comme de nouueau cela eft arriué aux Maifons des Sieurs de Lindebœuf, de Beruille, Houdetot & plufieurs autres Gentils-hommes en grand nombre où telles infolences ont efté commifes, & quelques plainctes qu'ils en ayent faictes ils n'en ont peu auoir aucune Iuftice. Ce font les caufes principales de cette plainéte, que font lefdicts Nobles & gens d'Eglife, pour eftre maintenuz en leurs droicts & libertez fuyuant les anciennes Ordonnances, Par lefquelles il ne fe trouuera poinct que depuis Philippes quatriéme Roy de France, qui premier erigea la Gabelle du fel, iufques à prefent on ayt vfé de femblables procedures que celles dõt yfent auiourd'huy lefdicts Fermiers leurs Commis & Archers, Suppliant voftre Maiefté, que conformément aufdictes Ordonnances, il foit feulement permis aux Grenetiers & Controlleurs de faire les recherches, vifiter & entrer aux maifons des Gentils-hommes & gens d'Eglife, Lefquels pourront pour leur affeurance s'accompagner de telles perfonnes qu'ils trouueront eftre neceffaires, foient Archers ou autres, fans leur permettre fourrager, et defquels ils refpondront, Et qu'il fera faict deffenfes aux Archers d'entrer aux maifons des Ecclefiaftiques Nobles & du tiers Eftat, Ains fe contenteront d'aller par les champs, fur les Chemins, aux Portes, Haures, Riuieres & defcétes, pour veoir fi quelqu'vn contreuiendra aux Ordonnances, & faire les captures des faulx Saulniers, & affifter les Officiers des Gabeles quand ils en ferõt requis pour leur donner main forte, Pour lefquelles chofes ils ont efté inftituez. Que toutes les appellations qui feront interieétées des Iugements & Sentences, tant defdicts Commiffaires extraordinaires que defdicts Greniers & Controleurs refforti- ront & feront traictées à la Court des Aydes en Normandie

& non ailleurs : fans permettre aucunes euocations au Confeil, Veu que par toutes les Ordonnances telles appellations font attribuées à la Court des Aydes, & fpecialement par celles du Roy à prefent regnant du mois de Ianuier mil cinq cens quatre vingts vnze, & auffi fur les plainctes qui furent renduës en l'an mil fix cens trois par quelques Gentils-hômes de Normandie le Roy declara par lettres Patentes qu'il vouloit que les appellations des fentences donnees pour le faict des Gabeles, mefmement des Commiffaires extraordinaires reffortiffent en la Court des Aydes de Rouen, Nonobftant tous Edicts & lettres à ce contraires, deffendant d'y donner aucune euocation pour ce fubiect.

Au Roy. Et en font les Commiffaires d'aduis.

Il y fera pourueu par le nouueau bail à ferme que Sa Maiefté eft prefte de faire des Greniers à fel de ce Royaume.

XXVII.

CEs defordres font encores plus grands fur le peuple, Car outre le prix exceffif du fel baillé par Impoft, il y a trop d'abus, Ce qui fe remarque en la Commiffion obtenuë par le Sieur de Moiffet contre les faulx Saulniers fi rigoureufement executée à fon inftance dans le Baillage d'Alençon par le Sieur Berthout Confeiller en la Court des Aydes, que de prefent il y a plus de quatre cens hommes en decret de prife de corps & quatre vingt prifonniers : du nombre defquels font plufieurs petits enfans au deffoubz de dix ans, Reuocquez SIRE cefte Commiffion infiniement ruineufe, & pour la confequéce & pour l'effect, et remediez au defordre qui vient des Commis dudict Sieur Moiffet qui preftent du fel aux parroiffes, & le temps expiré leuēt des executoires des Grenetiers pour les trauailler d'executions rigoureufes, là où ils debueroient fe contenter de fimples affignations, &

permettez qu'il foit informé des exactions defdicts Commis, lefquels fur legeres amendes iugees contre les payfans, bien que fans caufe, proteftent d'appellations, Appellent à minima, et les forcent à des tranfactions & obligations par corps de fommes excefliues.

AV ROY.

Le Roy a reuocqué ladicte Commiſſion.

XXVIII.

LES ECLESIASTIQVES qui font infiniement trauaillez en la iuridictió des officialitez par le nouueau reftabliffement des Procureurs du Roy qui affiftent aufdictes Iuridictions, Supplient voftre Maiefté que des differends qui naiftront entr'eulx & les Officiaulx touchant le reglement de leur charge la Court de Parlement en foit Iuge, fans qu'ils puiffent eftre euocquez pour ce fubiect au Confeil, comme il eft arriué, depuis peu qu'vn nommé Du Hamel nouuellement pourueu d'vne defdictes Offices en l'Officialité de Rouen, a euocqué fur l'occafion du reglement de fa charge tous les Iuges Officiers de ladicte Officialité.

Au Roy. Et en font les Commiſſaires d'aduis.

Sa Maiefté veult & ordonne que lefdictes Offices foient reuocquez & fupprimez.

XXIX.

IL EST bien raifonnable de reuocquer la Commiffion pour les aydes des Cheuets, d'aultant que rien n'en tourne au proffit de voftre Maiefté, Le don de ce qui en prouiédra eftant expedié en faveur de Madame de Montglas auffi-toft que la Commiffion, Veu mefmes qu'on pretend y taxer les terres de roture releuant de voftre Domaine qui iamais n'y furent comprifes : Ains feulement les Fiefs Nobles felon la Couftume de Normandie.

AV ROY.

Le Roy ne peult reuocquer la leuee desdicts droicts d'ayde Cheuel, Ordonne neantmoins aux Commiffaires qui y font eftabliz de faire les taxes moderées, & s'il y a quelques plainctes de furtaxe, Il leur eft enjoinct d'y pourueoir diligemment. Quand aux Roturiers qui s'en pretendent exempts, Sa Maiefté veult qu'ils foient renuoyez au Parlement pour en Iuger.

XXX.

LA MESME reuocation eft demandee, pour la Commiffion de la recherche des gardes Nobles & confifcations, defquelles on dict que la premiere annee appartiët à voftre Maiefté. Car encores que cela fuft, Voftre condition n'en feroit poinct plus aduantageufe, ayant efté expedié vn don de quatre mil efcus, à prendre fur les deniers qui en prouiendront, & la veriffication du don faicte prefque en mefme temps que la Commiffion.

AV ROY.

Accordé.

XXXI.

VOSTRE MAIESTÉ eft fuppliee reuocquer generalement toutes Commiffions extraordinaires en Normandie, Par ce que de là naiffent des malheurs & calamitez aux peuples, Ce qui leur dõne plus de courage à mourir qu'à viure, Voftre Maiefté n'en feroit poinct importunee, s'il eftoit aultant en noftre puiffance d'oublier le mal que les Commiſſaires ameinent, comme il eſt facile de s'en taire, Mais il ſemble que la Normandie ſoit vn Champ ouuert à toutes ſortes de Commiſſions, & que l'on y entre comme dans vne vigne décloſe pour en arracher les ſouches & les plantes.

Au Roy. Et en font les Commiſſaires d'aduis.

Accordé.

XXXII.

La revocation de l'Impoſt ſur le pied fourché, que depuis quelque temps la ville de Caen ſ'attribuë, par le moyen d'vn octroy eſt demandee, ou pour le moins qu'il ſoit reduict au beſtial conſummé dans la ville.

AV ROY.

Il y a Arreſt donné au Conſeil de ſadicte Maieſté à la requeſte de ceulx de la ville de Caen, Contenant le reglement qui a eſté Iugé neceſſaire pour la leuee & perception dudict Impoſt.

XXXIII.

Que les cauſes purement Scolaſtiques & Academiques entre les Docteurs, Regens, Pedagogues, Eſcoliers et Officiers de l'Vniuerſité de Caen, ſeront traictez en premiere inſtance deuant les Recteurs & Doyens, & par appel en la Court, Sans que le Bailly de Caen ou ſon Lieutenant en puiſſent congnoiſtre, Et que les Echeuins de ladicte ville ne pourrōt diſpoſer de la reception des profeſſeurs en ladicte Vniuerſité, ny leur dōner ſceance, place ny qualité au preiudice des Ordonnances reglemens de la Court & ſtatutz de l'Vniuerſité.

Au Roy. Et ſont les Commiſſaires d'aduis, que les Reglemens de la Cour ſoient gardez.

Le Roy renuoye les fuppliants en fa Court de Parlement, pour fur le contenu en ceft article ouyr les parties qui y ont intereft, & les regler ainfi qu'il appartiendra.

XXXIV.

DEMANDENT lefdicts Eftats la reuocation des Louuetiers.

AV ROY.

Accordé.

XXXV.

ET QVE la fuppreffion foit confirmée des Receueurs Collecteurs des Tailles en chacune parroiffe fupprimez il y a longtemps, lefquels auiourd'huy par vne fimple declaration on vouldroit reftablir, auec exemption pareille voire plus grandes que les affranchis des paroiffes.

Au Roy. Et en font les Commiffaires d'aduis.

Accordé.

XXXVI.

QV'IL foit ordonné que les Regratiers & Reuendeurs de fel, lefquels n'ont efté rembourfez fuyuant l'Edict du faiziéme May 1580, fur les deux fols fix deniers pour liure fur la vente de chacun minot de fel, foiet rembourfez fur ladicte leuee aux lieux où le rembourfement n'a efté faict.

AV ROY.

Apres avoir ouy l'Adiudicataire y fera pourueu.

XXXVII.

QVE certains Offices de Greffiers d'affirmation eftabliz fans Edict par Monfieur de Groffy Maiftre des Requeftes, feront reuocquez.

Au Roy. Et en font les Commiffaires d'aduis.
Accordé.

XXXVIII.

Pvis que fur le pays font leués tous les ans trente trois mil liures pour la reparation des Ponts & Paffages, On efpere que Monfieur le Duc de Sully donnera ordre aux reparations les plus neceffaires, Comme aux Chauffées & autres endroicts de la Prouince qui luy feront baillez par eftat.

Au Roy. Et en font les Commiffaires d'aduis.

Apres auoir ouy ledict Sieur Duc de Sully fur le contenu de ceft article, fa Maiefté en ordonnera comme il appartiendra.

XXXIX.

La Commiffion des acquicts à caution veriffié à la Court des Aydes qui touche fort l'intereft de tous les Marchands doibt eftre reuocquée, Et en fupplient les Eftats tref-humblement voftre Maiefté.

AV ROY.

Les antiens Fermiers de la Romaine qui font ladicte recherche feront ouys au Confeil fur l'execution d'icelles recherches, Laquelle cependant fadicte Maiefte veult & entend eftre furcife.

XL.

La revocation d'vn Edict pourfuiuy au Parlement, de certains Offices de Vendeur de Beftail, auec attribution de fix deniers pour liure eft inftamment demandée.

Au Roy. Et en font les Commiffaires d'aduis.
L'Edict n'a efté veriffié.

XLI.

Remonstrent les Eſtats, qu'ils ont eu aduis que voſtre Maieſté par Ediƈt a creé en tiltre d'Office vn Vendeur de Poiſſon fraiz ſec & ſalé, en toutes les villes de ſon Royaume : où cy deuant n'en auroit eſté pourueu, auec droiƈt d'vn ſold pour liure du prix de la venduë des Poiſſons, La conſequence duquel eſt merueilleuſement preiudiciable aux habitans des villes maritimes de ceſte Prouince, Les habitans deſquelles font conſtruire Nauires pour la peſche des Harencs & Moruës, & Baſteaux pour la pesche de l'autre Poiſſon. Pour ceſt effet ſont employez tous les ans plus de dix mil perſonnes qui ne viuent d'autres commoditez. Et par leur moyen le Poiſſon fraiz, ſec, & ſallé, ſe diſtribuë preſque en toutes les villes de France, & s'en faiƈt vn grand traffic. Il ſe trouuera que les Bourgeois & habitans de Dieppe ſeuls, entretiennent plus de deux mil hommes paures Mariniers : demeurant la pluſpart ès Faulxbourg de Dieppe & villages circonuoiſins payans tous la Taille à voſtre Maieſté, Auſquels eſt faiƈt aduance tant par leſdiƈts Bourgeois proprietaires deſdiƈts Nauires & Batteaux que autres particuliers habitans de ladiƈte ville de grandes ſommes de deniers pour les voyages, pour l'accommodement de leurs reths & pour la nourriture de leur famille durant ladiƈte peſche, Au retour de laquelle leſdiƈts Bourgeois ſont contrainƈts d'attendre le remplacement de leurs deniers d'annee en autre, & quelque fois ſont perte entiere pour les riſques de la Mer, pauureté ou mort deſdiƈts Mariniers. Sur ceſte conſideration & à cauſe des Nauires & Batteaux qu'ils font conſtruire, Ce qui ne ſe peult qu'auec grands fraiz, Les habitans de la ville de Dieppe, & autres villes maritimes, ont iouy de tout temps à droiƈt de Bourgeoiſie du Vendage de Poiſſon, Que s'il eſtoit eſtably en tiltre d'Office, le cours defdictes pefches feroit arrefté, les habitans des villes diuertiz de baftir Nauires ny Batteaux, Les Mariniers employez aufdictes pefches obligez d'eulx retirer de la Prouince, faire leur nauigation en autres lieux hors du Royaume, Et la pefche de toute forte de poiffon tranfportee aux Anglois & Flamands, defquels la France feroit contrainéte mandier le fecours à l'aduenir. D'aultant que les habitans defdictes villes Maritimes ne pourroient entretenir ny Nauires ny Batteaux ny les mettre en Mer, Et arriuant que voftre Maiefté vouluft faire quelque embarquement ou armee Nauale, ne fe trouueroiët ny Nauires ny Mariniers pour voftre feruice. Ces raifons font efperer que voftre Maiefté aura agreable la reuocation defdictes Offices.

Au Roy. Et en font les Commiffaires d'aduis.

Le Roy a accordé la fuppreffion defdicts Offices.

XLII.

CES plainctes particulieres ne font rien au refpect des autres qui font faictes, pour la defolation qui eft dans le plat pays. En plufieurs Bailliages la contagion a efté prefque vniuerfelle, principalement à Conftance et és enuirons, la fterilité generalle pour la recolte des bledz, & des fruicts, Les grandes eauës ont tout rauagé fur le bord des riuieres, Les grefles ont affligé la terre, Il ne fault poinct dire auec quelles douleurs nous fouffrons cefte calamité. La grandeur du mal le faict affez imaginer : Puifque nous ployons volontairement foubz voftre puiffance legitime, Permettez que nous leuions les yeulx vers voftre mifericorde : de poinct en poinct, fuit cefte confequence neceffaire entre le Prince & fes fubiects. En quelque miferable eftat pourtant que nous foyons reduicts, nous offrons volontairement à voftre Maiefté les fommes contenuës en la Commiffion, & la fupplions de nous exempter de la Grand' Creuë.

AV ROY.

L'eſtat notoire des affaires de ſa Maieſté ne lui permet aucunement de deſcharger les ſupplians de ladicte Creuë.

XLIII.

La Commiſſion pour la tenuë des Eſtats, enuoyée ordinairement ſur le poinct que les Tailles doibuent eſtre aſſiſes, & la reſponſe du Cahier de nos plainctes, qui n'eſt iamais donnée qu'apres l'aſſiette des Tailles, Ce qui nous oſte l'eſperance de les veoir diminuées, ſont cauſe que nous ſupplions treſ-humblement voſtre Maieſté ordonner que la conuention des Eſtats de ceſte Prouince ſera tenuë à l'aduenir tous les ans le premier iour d'Octobre.

AV ROY.

S'adreſſeront à Mondit Sieur le Comte de Soyſſons Gouuerneur ſuſdict, auec l'aduis duquel ſadicte Maieſté ordonnera du temps plus conuenable de la tenue deſdicts Eſtats, ſelon les occaſions & le beſoing qu'en auront repréſenté leſdicts ſupplians.

Faict en la conuention generale des Eſtats du dit pays & Duché de Normandie, tenuë à Rouen en la Maiſon abatiale de Sainct-Ouen, Le troiſiéme iour de Decembre mil ſix cens neuf, & autres iours enſuyuans.

Signé, DE BRETIGNERES.

Les commissaires tenans la preſente conuention, Ayant veu la reſponſe que les depputez des Eſtats ont faicte à la propoſition & demande à eulx faicte de la part du Roy, Par laquelle ils accordent volontairement à ſa Maieſté de luy payer en l'annee prochaine mil ſix cens dix, toutes les ſommes de deniers par elle demandées & contenuës és lettres Patentes de Commiffion pour ce expediées : pourueu qu'il luy plaife les defcharger de la grande Creuë extraordinaire. Ont ordonné que deppartement leuée & affiette fera actuellement faicte de toutes & chacunes lesdictes fommes, felon la forme portée par lefdictes lettres de Commiffion. Et que pour le regard du furplus de leurs demandes fe retireront par deuers fa Maiefté pour entendre fur ce fa volonté. Faict à Rouen par lefdicts Commiffaires, le Lundy feptiéme iour de Decembre mil fix cens neuf.

  Signé, Par lefdicts Commiffaires,

      LIGEART.

Les remonftrances cy deffus ont efté veües & refpondües par le Roy eftant en fon Confeil, la Royne Regente, fa Mere prefente. A Paris le feptiéme iour de Septembre mil fix cens dix.

  Signé, LOVIS.

   Et plus bas, Potier.

AV ROY.

Sire,

Les Deputez de Normandie, ayant eu communication de la refponfe donnée par voftre Maiefté au Cahier de leur remonftrances, recognoiffent qu'elle eft portée à leur foulagement, & efperent de fa bonté refponfe plus fauorable fur les articles qui enfuyuent.

I.

Les deux, trois, & quatriéme articles de leurs plainctes portent la reuocation par eux demandée des partis, touchant la reünion des Sergenteries hereditaires, des terres vaines et vagues, & infeodation d'icelles, & pareillement des Greffes de la Prouince : Voftre Maiefté congnoift les iuftes caufes qui les obligent d'en pourfuiure la reuocation & les a entendües dans fon Confeil, neantmoins en la minutte de la refponfe à eux communiquée, Ils ne lifent qu'vne furfeance defdicts partis. Ils fupplient voftre Maiefté leur en accorder la reuocation pure & fimple.

Le Roy ne peult maintenant qu'arrefter le cours defdicts partiz & Edicts, attendant que par les Commiffaires que fa Maiefté a ordonnez pour les reuoir & examiner, & ouyr ceulx qui en ont traicté, elle foit informee & puiffe mieux iuger des occafions plus pregnantes de fupprimer & reuocquer lefdicts partiz & Edicts pour en ordonner apres ainfi qu'il appartiendra.

II.

La refponfe du fixiéme article, dans lequel ils fuplient voftre Maiefté accorder la reuocation du party des debets de quictance porte que voftre Maiefté, veut qu'il aye lieu,

Ils fe promettent de fa bonté qu'elle en aura agreable la reuocation.

Les fupplians ont toute occafion de fe louër du foing que fa Maiefté a voulu prendre d'affeurer par le moyen dudiã party les deux tiers defdiãs debets, defquels le total eftoit incertain & comme abandonné, par la negligence mefmes des particuliers.

III.

En l'article dix-neuf, voftre Maiefté n'ordonne pas plus grand fonds pour le payement des rentes deuës fur les Receptes generales que le feu Roy (que Dieu abfoluë), Lequel avoit beaucoup retranché & diminué du fondz d'icelle. Elle aura, s'il lui plaift agreable, leur ordonner le fondz entier pour le payement defdictes rentes, & confiderer que par Commiffaires expreffément deputez par le Roy, les contracts defdictes rentes ont efté iugez bons & valables.

Lefdiãs fupplians ayant moins d'occafion que fes autres fubieãs de fe plaindre du fond qui leur eft laiffé par chacun an, pour le payement de leurfdiães rentes, fe doibuent contenter de ce que fa Maiefté fait en cela pour eulx plus fauorablement que pour les autres.

IIII.

Les abus touchant le fel, le prix exceffif d'iceluy, l'exaction des Commis de l'Adiudicataire, la ruine que apporte l'eftabliffement des Archers, ont efté remarquez amplement au vingtfixiéme article de leurs remonftrances, ce qui leur faifoit esperer que dés à prefent il feroit pourueu par voftre Maiefté, qui differe à y mettre ordre iufques au nouueau bail à ferme, qu'elle eſt preſte de faire des Greniers à ſel du royaume. En l'attente de ce ſoulagement qu'ils eſperent, Ils ſuplient treſ-humblement voſtre Maieſté leur accorder la ſuppreſſion & reuocation entiere deſdicts Archers du ſel.

Lors du renouuellement du Bail general des Gabelles, Sa Maieſté y pouruoiera, auec les remedes plus conuenables qui ſe pourront pour leur ſoulagement.

V.

EN l'article quarante deuxiéme, ils avoient eſperance de la reuocation toute entiere, Ou au moins diminution de la grande crüe qui ſe leue ſur eux. Mais ils voyent que voſtre Maieſté leur reſpond que l'eſtat de ſes affaires ne luy permet de la diminuer : Ils la ſuplient treſ-humblement d'auoir pitié d'eux, & leur teſmoigner en cet endroit qu'ils feront ſoulagez en leurs miſeres ſoubz le regne de voſtre Maieſté, de laquelle ils ſont treſ-humbles & treſ-fidelles ſubjects, auec prieres qu'ils font continuellement pour la ſanté de voſtre Maieſté & proſpérité de ſon Eſtat.

Signé,   DE BRETIGNERES.

Les deſpenſes de ceſt Eſtat s'eſtant de beaucoup augmentées comme chacun ſçait, depuis que la leuee de ladicte Crüe a eſté ordonnee, tant ſ'en faut que ſa Maieſté la puiſſe reuocquer, qu'au contraire elle ſe trouueroit contrainte à rechercher vn plus grand ſecours des ſuplians, ſi elle ne poſtpoſoit la neceſſité & incommodité apparente de ſes propres affaires à leur ſoulagement. Faict au Conſeil d'Eſtat du Roy, la Royne Regente mere de ſa Ma-

ieſté preſente. A Paris le quatorziéme iour de Septembre mil ſix cens dix.

Signé, LOVIS.

Et plus bas, Potier (1).

Collationné à l'original, par moy Procureur Scindic des Eſtats de Normandie.

(1) A Rouen, de l'imprimerie de Martin le Meſgiſſier, Imprimeur ordinaire du Roy. MDCX.— Réimprimé d'après l'exemplaire de M. Ch Lormier.

DOCUMENTS
CONCERNANT
LES
ÉTATS DE NORMANDIE

ÉTATS D'OCTOBRE 1602.

I.

EXTRAIT DES REGISTRES DE L'HÔTEL-DE-VILLE DE ROUEN.

Lettres du Roi au bailli de Rouen (1), Paris, 12 août, pour la réunion des Etats de Normandie. — Lettre du gouverneur Mgr. de Montpensier, au même bailli, pour le même sujet : « Monsieur le bailly, ayant pleu au Roy, mon seigneur, m'envoyer cy sa commission pour la tenue des Estatz de mon gouvernement, qu'il vous escript pour les assigner aud. lieu et jour que je m'y pourray trouver,

---

(1) Robert aux Espaulles, sr de Sainte-Marie-du-Mont, avait été nommé bailli de Rouen le 25 mars 1601, en remplacement de Jacques Le Veneur, comte de Tillières, décédé. Il fut reçu à cet office en vertu d'un arrêt du Parlement du 16 av., où l'on eut soin d'insérer des réserves en ce qui concernait l'union à cet office de la fonction de capitaine de Rouen. Il prêta serment au Parlement le 19 avril 1602, et fut installé au bailliage le même jour.

je n'ay voulu différer davantage à le vous envoyer, à ce que, suivant icelles, vous aiez à faire aussi préparer les députez de votre bailliage pour se rendre à Rouen le 15e jour du mois d'octobre prochain, qui est le temps que j'ay résolu d'y assister pour satisfaire tant au commandement que S. M. m'en faict, que au désir que j'auray toujours d'y moyenner au général de la province les effets de mon inclination au bien commun d'icelle. Je vous prie donc, monsieur le bailli, n'y manquer audit jour, comme je ne feray de ma part, et me croire toujours votre plus affectionné amy, Henry de Bourbon.

« De Champigny, le 8e sept. 1602. »

L'époque fut différée parce que le Roi crut devoir retenir près de lui le duc de Montpensier en attendant l'arrivée à sa cour des ambassadeurs des Suisses « pour, avec plus d'assistance, les recevoir et rendre l'action de renouvellement de la commune alliance plus célèbre ». Le bailli fut averti de ce retard par une lettre du Roi, du 4 oct. Il y eut un nouveau retard dont le duc de Montpensier s'empressa d'informer le bailli « afin que les députés ne fissent aucun séjour ni dépens inutiles ».

Assemblée à l'Hôtel-de-Ville le 11 oct., sous la présidence de Jacques Cavelier, lieutenant général au bailliage. Jourdain Cavelier, solliciteur, « référa, pour l'absence du procureur, avoir semons MM. les grands vicaires et MM. du chapitre. » Les quarteniers avaient *semons*, de leur côté, trente notables bourgeois de leurs quartiers et fait semondre les autres par leurs centeniers et cinquanteniers. Quant à MM. du conseil de la ville la semonce leur avait été portée par le sergent. Présents en cette assemblée, outre les gens du Roi et les conseillers de la ville, les députés des 4 vicomtés, 45 ecclésiastiques (curés et vicaires), 4 nobles (2 seulement s'étaient fait excuser) et un grand nombre de bourgeois.

Après l'appel des nobles de la vicomté, les défaillants ajournés en personne, tant de la vicomté de Rouen que des autres vicomtés, furent condamnés en 2 écus d'amende, et les autres ajournés qui l'avaient été à domicile (c'étaient ceux de la vicomté de Rouen) en un écu d'amende applicable à la *Santé* (1).

Il fut arrêté qu'à l'avenir « seroit pris garde de mettre et termer la présente assemblée que en veille et jour de feste, à ce que les ecclésiastiques pussent vaquer au service divin ».

Furent nommés pour l'église : Jean Périon, curé de Beaumont-en-Auge ; — pour la noblesse, Jean Du Fay, écuyer, sr du Taillis, gentilhomme ordinaire de la maison du Roi ; — comme conseillers échevins : n. h. Jacques Daclainville l'aîné, et Pierre Asselin. En cas d'absence ou de maladie de l'un des deux conseillers, on laissait au Bureau de l'Hôtel-de-Ville, le droit de le remplacer par tel autre qu'il croirait bon.

Proposition des États. 24 oct. 1602. « En l'assemblée du premier advocat général, procureur du Roy au bailliage, conseillers, eschevins modernes et anciens, députez de l'église et noblesse et du tiers état des vicontés du bailliage, tenue par nous Jacques Cavelier.

« Délibérer les articles présentez par les prieur, consuls. *Trouvez bons pour estre admis au Cayer des Estats.*

« Délibérer aussi pour la réparation du pont, cays et talutz de Rouen et adviser à empescher la grande ruyne qui menace, avant 2 ans du jourd'huy, la cheute et renversement d'icelluy dans la rivière, s'il n'y est promptement pourveu, et sur ce prendre résolution de l'ordre qui doibt

---

(1) Par ce mot on désignait le personnel et les lieux affectés au traitement des pestiférés et autres infectés de maladies contagieuses.

estre tenu en cest affaire. — *Sera employé article au Cayer des Estatz pour avoir fonds sur le pais* (1).

« Plus, de la résolution qui doibt estre prise pour la levée d'un sold pour livre demandée sur les toiles et s'il est pas à propos d'en faire demander la suppression au nom de tous les Estatz, comme en ayant esté faicte la poursuite en court par le procureur desd. Estatz. — *Lad. suppression sera demandée soubz le nom desd. Estatz* (2).

« Plus sçavoir si les députez pour aller en court pour ce subject seront envoyez, ou s'ils différeront leur voiaige jusques aprez la résolution des d. Estatz. — *Sera différé.*

« Communiquer ce qui a esté référé à la compagnie par le procureur des Estatz sur ceste poursuite, ensemble faire lecture des 3 dernières lettres du dit procureur de la ville en ce qui concerne les toiles. — *Il a esté pourveu cy-dessus.*

« Délibérer de la démolition des fortes places de la province de Normandie, reservé des frontières, spécialement du Pont-de-l'Arche, Henricarville et autres. — *Sera employé au dit Cayer en termes généraux.*

« Si les députez des 7 bailliages prétendent la révocation des nouveaux impostz, comme ils ont autrefois faict, quelle

---

(1) Le 8 janv. 1604, la ville obtint des lettres patentes pour la levée, pendant trois ans, d'une imposition de 20 s. pour muid de vin entrant à Rouen, applicable à la refaçon du pont de Rouen. Ces lettres furent vérifiées à la Cour des Aides le 20 déc. 1605 (Arch. de la S.-Inf. *Mémoriaux de la Cour des Aides*. B. 15, f° 200). Cette imposition fut baillée pour trois ans à Jacques Bertemont pour 18,500 l. par an, dernier mars 1605. Le Roi, dans les lettres patentes qu'il avait fait expédier, déclarait qu'il s'était rendu compte par lui-même, lors de son voyage à Rouen, du mauvais état du pont.

(2) L'édit des toiles fut revoqué le 28 oct. 1603.

responce leur doibt estre faicte et l'ordre qui y sera tenu ?
— *Sera protesté lors de la responce dudit Cayer.* »

II.

NOTES DU PREMIER PRÉSIDENT GROULART.

« Estas 1602. — La commission estoit adressée à MM. de Montpensier, mareschal de Fervaques, Jambeville, Moteville, Deshameaus, de la Haulle, Desportes, Le Fauconnier, Morin, tous quatre thrésoriers de France à Caen et Rouen, Le Jumel, procureur général, Choisi et Servian, receveurs généraus aus deux Généralités (1), et moi. Ils estoient assignés au 15 octobre. Mais d'autant que le Roy retint M. de Montpensier afin d'assister à la solennité du renouvellement de l'aliance des Suisses, cela fust différé, et l'ouverture remise au 24, qui se fist par M. de Montpensier et moi dans la sale de Saint-Ouen. MM. les présidents de Bernières et du Bourgtheroude obtindrent chacun des letres pour y assister, ce qu'ils firent. Les letres ne portoient que pour ceste année. La Response fut octroyée au mardi ensuivant qui estoit feste. Ils n'eussent peu avoir de temps assés, mais il ne faut tirer cela à conséquence, et si il coustera beaucoup d'argent au païs, à cause que les députés, pour la plus part, se trouvèrent ici dès le 15e, et il a fallu leur bailler taxe (2).

---

(1) Jean de Choisy, receveur général à Rouen, Nicolas Servient, receveur général à Caen.

(2) Groulart aurait pu se plaindre, et c'eût été plus juste, des taxes qu'il fallut lui donner, ainsi qu'aux autres Commissaires, en raison de leur assistance aux Etats. La taxe de Fervaques fut de 200 écus. (*Plumitif du Bureau des finances*; 18 déc. 1602). Plus d'une fois, pour épargner au pays des charges inutiles, les députés protestèrent contre le nombre exagéré des Commissaires.

« Il ne s'est rien présenté de demande extraordinaire, d'autant mesme que les députés des Estas ne furent jamais si foibles en tous autres ordres, jusqu'à n'oser hazarder de demander la démolition des forteresses et niches de petits tiranneaus (1). Toutes fois j'estime que le Roy, qui veut la paix et le repos en son royaume, le fera. »

III.

NOMINATION DES DEUX COMMISSIONS POUR LE PORT DU CAHIER ET POUR L'AUDITION DES COMPTES.

« Du mardi aprez midi, 29ᵉ jour d'octobre 1602 à Rouen, en la maison abatial Saint-Ouen de Rouen.

« Furent présens discrette personne Mᵉ Jeh. Perion, curé de Beaumont-en-Auge, députté pour l'estat de l'église du bailliage de Rouen ; noble homme Jeh. Du Fay, député pour la noblesse dud. baill. de Rouen ; n. h. Jacques Daclainville et Pierre Asselin, conseillers eschevins de la ville de Rouen ; Jeh. Plébault, d. pour le tiers estat de la

---

(1) Cette mesure avait été réclamée par les Etats en l'année 1599, art. XXVIII et XXIX de leur Cahier. Si, aux Etats de 1602, il ne fut pas question de la démolition des places fortes, ce ne fut pas la faute des députés du bailliage de Rouen qui avaient reçu charge, comme on l'a vu précédemment, de la réclamer de nouveau dans l'intérêt du pays. Presque toutes les forteresses inutiles furent successivement démolies sous les règnes de Henri IV, de Louis XIII et de Louis XIV. Des lettres patentes du dernier mai 1608 ordonnèrent, notamment, « que toutes les fortifications, deffences, remparements qui pouvoient rendre le chateau de Domfront fort et de résistance fussent entièrement démolies et démantelées. Le duc de Sully donna une commission spéciale au sʳ de la Haulle, l'un des Commissaires des Etats de 1602, pour faire exécuter les travaux nécessaires à cette fin et pour procéder aux adjudications. *(Arch. de la S.-Inf.*, C. 1123, Ordonnance du 16 août 1608.)

viconté de Rouen (1) ; Jeh. Testier, pour la vic. de Pont-de-l'Arche (2) ; Gilles de Ferrière, pour la vic. de Pont-Autou et Pont-Audemer (3) ; Pierre de Breban, pour la vic. d'Auge (4) ; — discrète personne Me Richard Gosse, presbtre, curé de la par. Saint-Aulbin et doyen de Saint-Romain, pour l'estat de l'église du baill. de Caux ; messire Ch. de Quenel, chevalier, s^r du lieu, d. pour la noblesse dud. baill. de Caux ; Pierre Pernelle, s^r du Mesnil-sous-Lislebonne, d. pour le t. e. de la vic. de Caudebec ; Guill. Le Clerc, pour la vic. de Moustiervilliers ; Franç. Lormier, pour la vic. d'Arques ; Remy Voert, pour la vic. de Neufchastel ; Georges Langloys, pour la vic. de Gournay ; — discrète personne Me Jacques Labbé, presbtre, docteur en théologie, licencié ès-droitz, prieur de Martigny, d. pour l'église du baill. de Caen ; noble seigneur Julien de Oillenson, s^r vicontal de Coulibeuf, d. pour la noblesse dud. baill. de Caen ; Me Guill. Bauches, escuier, procureur scindicq de la ville de Caen, d. pour lad. ville ; Jacques Orenge, d. pour le t. e. de la vic. dud. Caen ; Richard Néel, pour la vic. de Bayeulx ; Jacques Margueritte, pour la vic. de Falaise ; Me Franç. Le Carpentyer, pour la vic. de Vire et Condé ; — discrète personne Me Denis Guillot, presbtre, chanoine théologal de l'église N. D. de Coutances, d. pour l'église du baill. de Costentin ; n. h. Guill. Daigremont, s^r de la Ruauldière, d. pour la noblesse du bailliage de Costentin ; Jacques Jourdan, d. pour le tiers estat de la vic. de Coustances ; Adrien Touzart, pour la vic. de Carenten ; Guill. Jobart, pour la vic. de Vallongnes ; Me Jacques Le Conte, pour la vic. d'Avranches ; Noel Robbes, pour la

(1) De la par. de Clères, nommé le 7 oct.
(2) De Fontaine-Bellenger, nommé le 3 oct.
(3) De la Poterie-Mathieu, nommé le 27 sept.
(4) De Pont-l'Evêque, nommé le 4 oct.

vic. de Mortaing ; — discrète personne Me Loys Grippierre, chanoine de Lisieulx, d. pour l'église du baill. d'Evreux ; n. h. Jeh. de Querville, sr du lieu, pour la noblesse dud. baill.; Thomas Le Mareschal, l'un des eschevins de la ville d'Evreux, d. pour le t. e. de la vic. dudit Evreux ; Sébastien Le Pelley, pour la vic. de Beaumont-le-Roger ; Vincent Florence, pour la vic. de Conches et Breteuil ; Robert Millecent pour la vic. d'Orbec ; — discrète personne Me Clément Belin, doyen de Baudemont, curé de Mutflaines, d. pour l'église du baill. de Gisors ; noble seigneur messire Jhérosme d'Arconat (1), sr de Hébécourt, d. pour la noblesse dud. baill.; Jeh. Guersent, garde des sceaux de Gisors, d. pour le t. e. de la vic. dud. Gisors ; Symon Le Normand, pour la vic. de Vernon ; Jeh. Langlée, pour la chastellenie de Pontoise ; Berthin Drouyn, pour la vic. d'Andely ; Jeh. Chefdeville, pour la vic. de Lions ; — discrète personne Me Du Boysvarey, presbtre, doyen de Passays, curé de Saint-Brix, d. pour l'église du baill. d'Allençon ; n. h. Guy Achart, chevalier, sr de Beauregard, d. pour la noblesse dud. baill. d'Allençon ; Franç. Jardin, pour le t. e. de la vic. dud. Allençon ; Loys Servain, pour la vic. d'Argenten ; Estienne Laillier, sr de la Chesnaye, pour la vic. de Domfront ; Simon de Bretignières, sr du Boscgast, pour la vic. de Verneuil et Chasteauneuf en Thimerais, et Me Raoullin Rochin, procureur scindicq des habitans de la ville de Mortagne, d. pour la vic. du Perche et Nogent-le-Rotrou.

(1) Jeronimo Darconat (c'est ainsi qu'il signait), sr de Hébécourt, gentilhomme ordinaire de la Chambre du Roi, avait épousé Marie d'Allegre, et était, par alliance, proche parent de Fervaques, qui avait épousé Anne d'Allegre, comtesse douairière de Laval. (V. *Tab. Rouen*, dern. oct. 1602). Il était capitaine et gouverneur, pour le Roi, de Pont-Audemer, 27 nov. 1604. *Ibid.*

« Tous les dessus dits délégués représentans les gens des trois Estatz de la province de Normandie, assemblez en ceste ville de Rouen en la présente année 1602, suivant la convocation faicte par le voulloir du Roy notre sire, lesquels, ès d. qualitez, en suivant le pouvoir porté par les procurations portez par chacun d'eulx respectivement, ont depputé, nommé, esleu et establi leurs procureurs généraulx et spéciaulx, c'est assavoir les d. sieurs Labbé, prieur de Martigny, et Guillot, chanoine, théologal de Coustances, pour l'estat de l'église; led. s^r d'Arconat et d'Oillenson, s^r de Coulibeuf pour la noblesse; lesdits Pernelle, Desjardins pour le t. e., et n. h. Jeh. Thomas, s^r de Fontaines, procureur scindicq des d. Estats, ausquels et à chacun d'eulx ou l'un d'eulx portant la présente, les d. s^{rs} délégués ès dits noms et qualitez, ont donné et donnent plein pouvoir.,. de poursuir vers la majesté du Roy et nos seigneurs de son Conseil la responce et expédition des articles du Cayer arresté et signé desdits s^{rs} députez, etc. » Suivent les signatures.

Les mêmes, le même jour, nomment comme commissaires des comptes, Périon, curé de Beaumont, Gosse, curé de Saint-Aubin ; — les s^{rs} de Quenel et de Querville ; — Guersent et Le Normand, avec le procureur syndic des Etats.

IV.

PIÈCES DIVERSES.

Vœu émis par les trois Etats de la vicomté d'Arques en faveur de l'établissement des Feuillants en l'abbaye d'Ouville. — « L'an de grâce 1602, le lundy, 7e jour d'octobre, aux faubourgs de la porte de la bare de Dieppe, devant nous Adrien Soier, escuier, s^r du Baudruel et d'Espiney, conseiller du Roy, lieutenant général au bailliage de Caux, viconté d'Arques, apprès avoir proceddé à l'appel des gens des trois Estas de ceste viconté, assignés à comparoir ce jourd'huy par devant nous, vertu des lettres de commission du Roy à nous adressées, pour procedder à eslection d'aulcun d'entre eux pour assister aux Estatz de ceste province de Normandie termés à tenir en la ville de Rouen au 15e jour de ce présent mois et an par les officiers du Roy a été remontré qu'ils ont été advertis que l'on a présenté et offert résignation de l'église et monastère d'Ouville-l'Abbaye, située sur les limites et proche de ceste viconté, aux religieux de la Congrégation de N. D. des Feuillants, pour y establir ung monastère de leur ordre, attendu qu'audit lieu n'y a aulcuns religieux proffaicts ny office divin exercé selon l'ordre de régularitté et l'intention des fondateurs dudit monastère, mais que les d. religieux Feuillants ne s'y veulent introduire sans estre certains que les Cathollicques de ce pays l'aient agréable, requérant lesd. officiers du Roy que les d. gens des trois Estats de ceste viconté présents ayent à donner sur ce leur advis, à quoy par les dits des trois Estats estant en grand nombre, tant de l'ordre ecclésiastique, de la noblesse, que du tiers Estat, a esté faict responce qu'ils désiroient tous l'introduction des dits religieux Feuillants audit lieu d'Ouville-l'Abbaye, espérant que la bonne et saincte vie qu'ils mainent, jointes avec les doctes et pieuses prédications qu'ils font ordinairement par le païs, seront cause de la conversion de plusieurs hérétiques, dont y a grant nombre en ces quartiers, et partant qu'ils supplioient et supplient très humblement nostre Saint-Père le Pape et tous autres ayans pouvoir d'avoir agréable la dite résignation, introduction desdits bons religieux audit lieu d'Ouville-l'Abbaye, dont acte a esté accordé ausd. officiers du Roy et requérants pour valloir qu'il appartiendra. Faict comme dessus. Signé : Soier, Dupliz, Destrepaigny et Vasselin, et scellé de cire rouge en placard.

« Collation faicte sur l'original.

« L'an de grâce 1602, le mardi, 8e jour d'octobre, à midi, devant nous Pierre Cavelet, escuier, sr de Bosrozay, conseiller du Roy notre sire et lieutenant civil et criminel au bailliage de Caux à Caudebec, après avoir proceddé à l'appel des gens des trois Estas de ceste viconté assignés à comparoir ce jourd'huy par devant nous, vertu de lettres de commission du Roy à nous addressées pour proceddér à l'eslection d'aucuns d'entre eux pour assister aux Estats de ceste province de Normendie termés à tenir en la ville de Rouen au 15e de ce présent mois et an, par les officiers du Roy a esté remonstré qu'ils ont esté advertis, etc. » Le reste comme à l'acte de la vicomté d'Arques.

Collation faicte par le tabellion royal (1).

Acceptation par un gentilhomme de la nomination faite de sa personne comme député de la noblesse. — « Du jeudy avant midi, 10e jour d'octobre, en l'escriptoire du tabellionage de Rouen. Fut présent messire Charles de Quenel, chevalier, sr du lieu, lequel, de sa bonne volonté et sans contraincte, confessa avoir nommé et constitué pour son procureur la personne de........., auquel il a donné puissance et autorité de sa personne représenter et par

---

(1) Arch. de la S.-Inf., *F. de l'abbaye d'Ouville, titre 2.* — On peut remarquer parmi les circonstances relatées dans le premier de ces deux actes l'élection faite aux faubourgs de la porte de la Barre à Dieppe ; — l'appel fait par le lieutenant des gens des trois Etats de la Vicomté ; le grand nombre de gens des trois Etats, bien qu'il ne s'agit que de l'élection d'un député du tiers Etat ; le vœu émis par eux, sur la proposition d'officiers du Roi, quant à l'affectation d'une maison religieuse située pourtant en dehors des limites de la vicomté d'Arques.

spécial de comparoir par devant M. le bailli de Caux ou M. son lieutenant au siège de Neufchastel, suyvant l'assignation donnée audit sr constituant par Denise, sergent, le 8e jour de ce moys, et illec déclarer qu'icelluy sr constituant a accepté la nomination qui a esté faicte par MM. des troys Estats en lad. viconté pour soy présenter à l'assemblée génerálle qui se fera mardi prochain en ceste ville de Rouen des Estatz de ce pays de Normandie ; promet s'y conduire fidellement suyvant les mémoires et instructions qui lui seront envoiez par lesd. srs des troys Estatz, mesmes de recepvoir l'acte qui a esté faict de l'eslection et nomination de sa personne, et de ce luy a donné charge de faire le serment en tel cas requis et accoustumé, ainsy qu'il a présentement faict devant les tabellions, promettant icelluy sr constituant tenir et entretenir tout ce que par son dit procureur sera fait, géré et négocié pour cest effect seullement, sur l'obligation de tous ses biens, présents et à venir. Signé : Charles de Quenel (1). »

Taxe à l'imprimeur pour l'impression du Cahier des Etats et de quelques arrêts de la Cour des Aides. — « Dernier avril 1603. Sur la requeste présentée par Me Martin Le Mesgissier, imprimeur pour le Roy en ceste ville de Rouen, affin de luy estre faict taxe pour l'impression de cent Cahiers des articles et remonstrances faictes en la convention des Estatz de Normandie, tenue à Rouen le 24 d'octobre dernier 1602, avec la responce et ordonnance sur ce faicte par S. M. en son Conseil tenu à Paris le 4e fév. ensuivant 1603, et iceulx Cahiers faict relyer et couvrir en parchemin blanc, ainsy qu'il est accoustumé, ensemble pour avoir imprimé plusieurs arrestz donnez en la Court des Aydes de Normandie les 19 juillet, 15 décembre, 19 févr. et 26 d'av.

---

(1) *Tabellionage de Rouen. Meubles.*

dernier, suivant la requeste du procureur syndic desd. Estatz, assavoir le nombre de 200 concernant le sel levé par impost, et 200 concernant les sergens commissaires des tailles (1) pour ces causes et ainsi qu'il est porté par lad. requeste,

« Veu le contenu en lad. requeste, ensemble la certification du procureur desd. Estatz comme il auroit faict imprimer les Cahiers des articles et remonstrances desd. Estatz et arrestz cy-dessus mentionnez, taxe a esté faicte au suppliant de la somme de 75 l., assavoir pour l'impression desd. Cahiers 50 l., ainsi qu'il est accoustumé, et pour les arrests 25 l., laquelle luy sera payée par Me David Doublet, trésorier desd. Estatz, auquel est mandé ainsy le faire, sans difficulté. »

Taxe aux messagers des Etats. — « 16 mai 1603. Sur la requeste présentée par Robert Trope et Symon Choisy, messagers ordinaires des Estatz de ceste province de Normandye, tendant affin de leur estre faict taxe de deulx voiages qu'ils ont faicts exprès, suivant la charge à eulx donnée par le procureur scindicq desd. Estatz, pour les affaires d'iceulx, pour porter aux officiers de toutes les Ellections et greniers à sel de ceste province de Normandie plusieurs pacquets dans lesquels estoient les arrests du Conseil et de la Cour des Aydes sur ce intervenus, concernant ceulx desd. greniers à sel, les reiglements faicts sur

---

(1) Arch. de la S.-Inf., *Plumitif du Bureau des Finances.* — Les *registres secrets* du parlement mentionnent, le 26 nov. 1601, des lettres patentes données à Paris, le 23 oct. de cette année, pour la recherche des exactions et malversations qui s'étaient commises et se commettaient encore tous les jours par les sergents de Normandie. Ces exactions devaient, en effet, être assez nombreuses, à en juger par celles qui donnèrent lieu à des poursuites, soit à la Cour des Aides pour les sergents des tailles, soit au parlement pour les sergents ordinaires.

l'impost du sel, et ceulx desd. Ellections, autre reiglement faict pour le port des mandemens du principal de la taille et creues, ainsi qu'ils nous ont faict aparoir par la certiffication du procureur scindicq desd. Estatz, à raison, et ainsi qu'il est accoustumé, de 66 jours pour chacun desd. voiages.

« Veu la ceruifficacion du procureur sindicq desd. Estatz, taxe a esté faicte aux supliants de la somme de 66 écus, évalluez à 198 l., pour 132 jours vacquez aux deulx voiages à raison de 30 s. par jour... laquelle sera payée par Me David Doublet, trésorier des Estatz (1). »

Ordonnance du Bureau des Finances pour la levée de la gratification accordée par les Etats à Mgr. de Montpensier, gouverneur de la province. — « 12 sept. 1605. Veu les lettres patentes du Roy données à Fontainebleau le 22 nov. dernier, par lesquelles nous est mandé faire lever sur ceste Génerallité de Rouen, au quartier de janv. prochain, la somme de 12,000 l. pour les 2 tiers de 18,000 l. accordées par les Estats de ceste province de Normandie à Monsr le duc de Montpensier, avec 400 livres pour les frais de l'obtention d'icelles, a esté consenti l'enthérinement, et ordonné que la somme sera levée avec la creue extraordinaire pour éviter à frais (2). »

Extrait des Registres secrets du parlement. Arrêt du parlement contre un commissaire pour la recherche des financiers. — « 8 août 1602. La cause de l'assemblée estoit pour délibérer sur ce qui a esté remonstré par le procureur général du Roy que, combien que, par plusieurs arrestz et reiglemens donnez par la court, il soit fait deffenses à tous commissaires d'exécuter aucune commission extraordinaire

---

(1) Arch. de la S.-Inf., *Plumitif du Bureau des Finances.*

(2) Arch. de la S.-Inf. C. 1121, à la date indiquée.

en ce ressort que au préalable ils n'ayent présenté leur commission à ladicte court, dont ayant adverti Me René Le Beau, sr de Sauzelles, maistre des requestes, ayant commission du Roy pour la recherche des financiers en ce ressort (1), il n'auroit délaissé à voulloir procéder à l'exécution d'icelle, et de faict commandé à l'official de Rouen ou son vice-gérent de décerner monitoires et censures pour les faire publier, ce que le dit procureur général ayant empesché, ledit maistre des requêtes avoit de rechef enjoinct audit official de passer oultre ausd. fulminatoires sur grandes peines et amendes, à quoy il estoit besoing de pourveoir, et la matière mise en délibération, a esté donné arrest de deffenses à tous commissaires en général suivant le Dictum. » *(Voir l'art. XXV du Cahier des Etats.)*

Extrait des Registres secrets du parlement. Arrêt du parlement relatif aux comptes de l'arrière-ban. — « 28 juillet 1602. M. Vigor a faict rapport des lettres patentes de Déclaration du Roy sur la reddition des comptes du baon et arrière-baon par devant les baillis, et a esté arresté que lesd. lettres patentes seront leues, publiez et enregistrées ès registres de la court et envoyez par les bailliages et que les gentilshommes seront nommez, lors de la convocation dudit baon et arrière-baon, et par ce que, en cas de deffault et absence d'iceulx ou d'aucuns d'eulx,

---

(1) Ce commissaire avait charge de rechercher les abus et malversations commises aux finances. Il avait même mission de poursuivre les villes, communautés, maires, échevins, pour raison des deniers communs et d'octroi. Son pouvoir fut réduit en ce qui concernait les villes par arrêt du Conseil du Roi du dernier décembre 1601 et lettres patentes sur icelui, et notification en fut faite aux baillis de la province et par le Bureau des Finances au sr de Sauzelles, pour lors à Rouen, 13 janvier 1602. (Arch. de la S.-Inf., C. 1121.)

ne sera différé de passer oultre à la reddition desd. comptes. » *(Voir l'art. XVII du Cahier des Etats.)*

Visite générale des poids et mesures. — Pierre de Rossel, dit le capitaine Maltais, avait été pouvu par le Roi, au lieu de défunt Jean Pioche, à l'état et office de maître et général réformateur des aunes, poids, mesures et balances du Royaume, 7 sept. 1595 (lettres de provisions vérifiées en la cour le dernier mai 1596). Il eut à soutenir, en 1598, un procés contre Robert Hais, jaugeur et soi-disant visiteur et garde des étalons, aunes, poids et mesures de la Vicomté de l'Eau et des mesures à sel de la Normandie. La cour, par arrêt du 13 mars 1598, ordonna que Hais aurait seulement le droit de jauge sur les marchands vendeurs acheteurs à Rouen par poids et mesures, lorsqu'ils les feraient jauger et marquer. « Afin de régler et pourvoir, à l'avenir, aux abus qui procédaient de la diversité des étalons, l'un du poids de Rouen, l'autre du marc de Troyes, celui de Rouen plus fort pesant que le marc de Troyes, de 56 grains pour livre, led. poids de Rouen et marc de Troyes devaient être ajustés sur les étalons que conservaient les gardes du métier de balancier, et marqués aux armes du Roi pour être et demeurer en la garde du Vicomte de l'Eau. Par ci-après devaient être ajustés sur l'étalon de Rouen tous les autres poids des marchands vendeurs et acheteurs, autres que les orfèvres et ceux qui vendaient ou distribuaient or ou argent, monnayé ou à monnayer, lesquels seulement devaient se servir du marc de Troyes. » La cour par le même arrêt fit défenses aux marchands, quels qu'ils fussent, « d'avoir en leurs maisons ou boutiques aucun poids pour esmer ni pour peser en plus avant 12 livres. Dorénavant 2 fois par an, par ledit de Rossel, visiteur général, ou autres à son droit, sur les marchands vendeurs à poids ou à mesures, tant en gros que détail et denrées, visitations devoient être faites de leurs poids, aunes et mesures, sans que pour son droit de visitation celui-ci pût prendre en la ville de Rouen, de chaque marchand, et pour chaque poids qu'il visiteroit, plus de 15 d., sans préjudice de ses autres droits aux amendes et confiscations. Les conseillers de Rouen furent maintenus en leur possession et jouissance du jauge des pots, pintes et autres pareils vaisseaux, même des aunes dont l'étalon devoit demeurer en la garde de la ville (1). »

Un arrêt de réglement du 21 mars 1603 fixa le droit de visite pour chaque aune à 5 d., pour chaque mesure, soit pot, pinte ou vaisseau, à 10 d., pour chaque étalon, s'il était de cuivre, à 2 d., et s'il était de plomb, à 1 d., le tout conformément à un autre arrêt du 14 mai 1529.

Pierre de Rossel (2) résigna son office en faveur de Pierre de Bernithen, premier valet de chambre du Roi, qui obtint des lettres de provisions le 3 avril 1605, se fit recevoir au parlement de Rouen le 12 mai 1607, et donna commission à Ch. Le Lanternier pour la réformation des aunes, poids et mesures au bailliage de Rouen, le 7 janvier 1611. *(Voir l'article XXV du Cahier des Etats.)* L'établissement et les droits des offices de jaugeurs donna lieu plus tard à de nouvelles plaintes des Etats.

Un autre arrêt de la même cour, du 15 mars 1599, rendu entre les maîtres et gardes de l'état de grossier mercier en la branche des marchandises de clou, fer et acier de

---

(1) Arrêt imprimé en placard. Arch. de la S.-Inférieure, *Fonds des Jaugeurs.*

(2) Dans un acte du tabellionage de Rouen, du 11 novembre 1605, il est qualifié de noble homme. On voit par le même acte qu'il avait épousé Jeanne Myron.

Rouen, apothicaires, épiciers, chandeliers et autres, d'une part, et le même Pierre de Rossel, d'autre part, permit aux marchands de Rouen « de poiser en leurs maisons, de chacune denrée et marchandises jusqu'à 24 l. en deux poids et au-dessous; d'avoir de gros poids de 26 ou 32 l. justes pour esmer seulement leurs marchandises, sans qu'il pussent avecq eux achapter ou vendre, encore que les achapteurs le consentissent, à peine de forfaiture de leurs marchandises. » Il fut ordonné qu'à cette fin les poids qu'ils pouvaient avoir en leurs maisons seraient ajustés sur ceux des poids de 26 et 52 dans 15 jours et marqués de la marque du visiteur « pour monstrer qu'ils ne les avoient à autre fin que pour esmer ». Ils étaient tenus, au-dessus dudit poids de 24 l., d'aller porter leurs marchandises en la Vicomté de l'Eau « pour estre poisées au poids du Roy en la forme accoustumée ».

C'est à cet office de visiteur des poids et mesures que fait allusion en ces termes le président La Barre, dans son *Formulaire des Eleus*.

« Au siècle dernier 1600, sur la fin, n'avons-nous pas veu certain Massiloys, auquel Henry IIII. avoit donné la réformation des poids et mesures de ceste Province, troubler tout le monde d'icelle. Fyst oster aux Bourgeois et Marchands de Rouen, certain poids qu'il appelloient haymes, dont ils se servoient entr'eux : qui furent jugez faibles : Fallut révoquer sa Commission l'an 1607 (1), il eut des commis valets de Gentilshommes qui firent rage, qui meportoient pots et pintes sans se soucier autrement de droiture, et n'osoient encore les pauvres gens dire mot : qui par ce moyen ont perdu leurs ustensiles. »

---

(1) Erreur, la commission du visiteur général des poids et mesures ne fut pas révoquée cette année-là.

Ordonnance du Bureau des Finances de Rouen pour la mise en recouvrement de l'assiette des tailles de l'Élection de Pont-de-l'Arche en présence du délégué du tiers Etat de la vicomté dudit lieu. — « 3 janvier 1603. Vu l'assiette des tailles de l'Election de Pont-de-l'Arche pour la présente année, faite par les advocat, procureur du Roy, receveur et greffier de ladite Election, en la présence du délégué du tiers estat de ladite vicomté qui a assisté en la dernière convention des Etats de ceste province, suivant la commission qui leur en a esté par nous expédiée le..... jour de décembre dernier, pour l'interdiction des autres officiers de ladite Election, et après qu'elle a esté par nous vérifiée sur les assiettes des trois dernières années et qu'ils ont affirmé d'avoir justement et également faicte en leurs loyaultez et consciences, nous avons ordonné que, suivant icelle, ilz expédieront et envoiront en toute diligence les mandemens en chacune des paroisses de ladite Election, et enjoint audit receveur de tenir la main que les deniers en soient promptement paiez à ce qu'il n'en arrive aucun retardement. » (1)

Instance des habitants de Pontoise pour être distraits de l'Election de Gisors; opposition du procureur syndic des Etats. — « Du jeudi 24ᵉ du mois de juillet 1603. Sur la requeste présentée par les habitans de la ville et chastellenie de Ponthoise à ce qu'ayant esgard que, suivant notre ordonnance intervenue sur la requeste par iceux présentée, ils ont faict assigner devant nous les officiers de l'Election de Gisors pour estre présents à l'exécution de l'arrest du Conseil donné au nom des supplians, mesmes communiquer ledit arrest et requeste présentée sur icelluy au procureur des Estats de ceste province, il nous pleust

---

(1) Arch. de la S.-Inférieure, C. 1121, à la date indiquée.

oyr les parties ensemble, et procéder à l'exécution dudit arrest, suivant le vouloir de S. M., et qu'il nous est mandé par iceluy,

« Après avoir oy M. Henry Le Bret, Elleu en l'Election de Gisors, pour luy et ses autres confrères d'office, est ordonné qu'il aura communication, tant des remonstrances des supplians, que des autres pièces par eulx produites, lesquelles luy seront baillées par inventaire au greffe, et dont il fera pareille communication aux habitants de Gisors qui l'ont demandée, pour les d. Elleus et habitans y rendre responce dans le moys pour tous délays.

« Sur autre requeste présentée par les habitans de la ville de Gisors, contenant comme ils auroient eu advis que les habitans de la ville et chastellenie de Ponthoise auroient présenté requeste à S. M. en son Conseil affin de se distraire et desmembrer de l'Election dudit Gisors, sous laquelle ils ont de tout temps esté compris, et pour autres chefs y contenus, sur laquelle ils ont été renvoiez vers nous pour estre oys avec les Elleux dudit Gisors et en dresser notre advis; et d'aultant que telle prétendue distraction et desmembrement tourneroit du tout à leur préjudice et détriment, et qu'ils entendent formellement empescher et maintenir que ladite ville et chatellenie de Ponthoise doibt demeurer unye, comme elle a de tout temps esté, en ladite Election de Gisors, suivant les arrests qui en sont intervenus, à quoy ayant esgard, il soit ordonné qu'ils seront receubz à intervenir et avoir communication des raisons respectives des parties pour y garder leur intérest,

« Est ordonné que les supplians auront communication des arrests et autres pièces baillées par les habitans de Ponthoise, et ce par les Elleus de Gisors ou celluy d'eux qui en sera chargé, pour respondre sur icelles avec lesdits Elleuz dans le moys. »

24 oct. 1603. — « Sur la requeste présentée par les habitans de la ville et chastellenie de Ponthoise....

« Veu l'opposition du procureur des Estats de Normandie, par laquelle il empesche formellement qu'il y ait ligne séparée pour ladite chastellenie de Ponthoise de la somme en laquelle sera imposée l'Election de Gisors pour la taille et creue, ne peuvent les Trésoriers généraulx de Rouen donner advis sur la requeste présentée par lesdits habitans, et sera par eulx enjoint auxdits Elleuz de Gisors, en procéddant à l'assiette des tailles et creues de l'année prochaine, d'avoir esgard à descharger ladite ville de Ponthoise et parroisses de ladite chastellenie et y garder l'égalité requise, pour oster tout subject ausdits habitans de se plaindre de ladite surhausse, à peyne d'en demeurer responsables (1). »

Délibérations de l'Hôtel-de-Ville de Rouen : Le sol pour livre; démolition de Henricarville; rentes. — « 11 janvier 1603. — Il a esté arresté que l'on suivra la

---

(1) Arch. de la S.-Inférieure. C. 1121. — Pontoise dépendait pour le spirituel de l'archevêché de Rouen et, pour les impositions, de la Normandie et de la Généralité de Rouen, Voir *Dialogne fort plaisant et recréatif de deux marchands, l'un de Paris et l'autre de Pontoise, sur ce que le Parisien l'avoit appelé Normand.* A Lyon, par Benoist Rigault, 1573. Paris. — « Je voudrois bien sçavoir pourquoy on vous faict porter vostre taille à Gisors, par cela on peut conjecturer que vous estes de Normandie. — *Pontoise.* — Et pour cela rien, on peut porter l'argent des tailles en Espaigne et toutefois par cela ne serions dictz Espagnols, car l'argent ne fait pas la nation. Quand à ce que nous sommes de l'élection de Gisors, il vous faut entendre que le roy feit un impost sur le bailliage de Gisors, les esleuz dudict lieu remonstrèrent qu'ils n'estoyent suffisantz pour payer si grande somme de deniers. Adonc le Roy ordonna que la chastellenie de Pontoise seroit annexée audict bailliage pour payer ladicte somme, et depuis ce temps là avons tousjours esté taxés pour payer aux dictz esleuz. »

résolution de l'assemblée du 27 déc. derrenier, et à ceste fin, l'on se retirera vers le Roy pour lui en faire très humbles remonstrances et suplications, pour faire lesquelles ont esté nommez, etc.

« Ensuict la teneur des lettres (qui donnaient lieu aux remonstrances).

« Messieurs, vous ne devez doubter que je n'aporte au soulagement du peuple tout ce qui dépend de moy, et si j'estoys creu en toutes choses, l'on en verroit plus d'effectz que je n'en ay encor peu faire produire. J'empesche tant qu'il m'est possible toutes sortes de commissions, éedictz, recherches, levées et autres nouveautez, mais le plus souvent je suis emporté, tantost par une plus grande authorité, tantost par la pluralité des voix, et tantost pour ce que infinies choses pareilles se depeschent à mon desceu. J'ay faict voir au Roy et au Conseil les lettres que m'avez escriptes sur ces subjectz. Chacun dict que vous avez raison, qu'il faut pourveoir à voz plaintes ; mais quand ce vient à en produire des effects, l'on tache de pousser le temps à l'espaulle et tirer les choses en longueur. Pour le présent, je ne respondray que à ung des poinctz de votre lettre, comme à celluy qui requiert plus prompte provision à cause du temps qui presse. Je vous diray donc que c'est inutilement que vous discourez si amplement sur les inconvéniens de la capitation pour remplacer le sold pour livre. Car c'est chose que nous avons bien préveue, et aussi vous a l'on laissé en liberté de lever les 40,000 escus par imposition sur une ou deux ou trois sortes de marchandises, telles que vous voudrez choisir. Quand à Paris, pour lever sa somme, il a choisy de lever tout sur le vin, et cella s'exécute desjà sans aucun bruict, ny que l'on en aye dict une seulle parolle. Si vous désirez que le poisson sallé en porte sa part, je ne le réprouve pas, pourveu que ce soit sur celluy qui se consomme en la province, car autrement ce ne seroit plus Rouen, mais Paris et les autres villes de France qui paieroient votre taxe, laquelle n'estant que pour deux ans, vous doibt estre fort suportable, principallement puisque vous la pouvez aussi bien jecter sur les villes abonnées, comme sur les franches. Quand aux rentes, il ne se peult rien adjouster à ce qui en a esté tant de foys traicté et résolu, à sçavoir que la moictié de ce qui proviendra de l'impost tenant lieu du sold pour livre sera employée au paiement desd. rentes, et l'autre moitié pour les affaires du Roy. C'est à vous à faire en sorte que chacun se conforme à la volonté de sa Majesté, laquelle je vous faictz entendre cy-dessus, à quoy m'asseurant que ne manquerez, je prieray Dieu qu'il vous mainctienne en sa garde. Ce 2eme jour de janvier 1603. C'est vostre plus affectionné amy à vous servir, Rosni ; et à costé est escript : « Dictes à monsieur le premier président que je ne luy escriptz pour le présent. Je remectz cella lorsque je luy feray responce à tous les poinctz de sa lettre. Cependant je luy baise les mains ». Et à la superscription est escript : Messieurs, Messieurs les Trésoriers Généraulx de France en la Généralité de Rouen à Rouen. »

« Du samedy 18e jour de janvier 1603, en l'assemblée des 24 du Conseil de ceste ville de Rouen, tenue en l'hostel commun d'icelle par nous Jacques Cavelier, et sur la communication de certaines lettres escriptes par Mr de Gyèvre, secrétaire d'Estat, à M^r le mareschal de Fervasques, touchant la démolition de Henricarville.

« Communiquer les lettres escriptes à la ville par le procureur d'icelle.

« Pour le premier article, il a esté arresté que la dernière résolution prinse en l'assemblée du 22 aoust dernier sera suivye, à laquelle la compaignie perciste, ce qui sera faict entendre audit sr mareschal, le suppliant d'en moyenner l'effect envers le Roy.

Extraict de deux articles contenus en unes lettres de Mr de Gyèvre, escriptes à Mr de Fervacques, mareschal de France et l'un des lieutenans du Roy en Normandie, dabtées du 10 janv. 1603 et signées : Potyer, comme il ensuict :

« Le Cayer de Normandie a esté respondu. Ce qui concerne le sr du Roullet, avoit esté remiz au Roy. Sa Majesté a commandé qu'on voye si on le pourra accomoder avec les vibaillys pour adjouster à leurs charges ce que S. M. juge nécessaire pour son service. Par lesdits articles la démolition de Henricarville n'est accordée que à condition de fournir la somme que S. M. a ordonnée pour rescompenser ceulx qui en sortent.

« S. M. m'a commandé de vous escrire qu'elle désire que tenez la main pour faire bailler par ceulx de Rouen ce qu'elle a demandé pour la permission de desmolir Henricarville. »

« Du 6e jour de fév. 1603, en l'assemblée générale de la ville et communaulté de Rouen.

« Pour oyr le refert de MM. les députez de leur voiaige de court ayant aporté arrest du Conseil d'Estat du 28 janv. derrenier, sur lequel convient délibérer.

« Sur la copie non approuvée des lettres du Roy et de M. de Rosni addressées à MM. les Trésoriers Généraulx de ceste ville baillées à MM. de ceste ville par les d. srs Trésoriers Généraulx.

« Il a esté advisé que S. M. sera très humblement supliée vouloir faire fondz du total des rentes deubz à lad. ville sur sa recepte générale, montant 51,774 escus 51 s. 1 d., et ce pendant, actendu les affaires de sa dicte Majesté, pour raison desquelles elle déclare ne pouvoir à présent paier que demie année desd. rentes, que suivant l'option donnée par sa dicte Majesté, et qu'il est contenu en l'arrest cy-dessus dabté, lad. ville prendra quand à présent, demye année desd. rentes sur la dicte recepte, comme son premier fondz et hypothèque, qui sera paiée par le receveur général au receveur de lad. ville, pour estre distribuée aux particuliers rentiers, et que la présente résolution sera faicte entendre à MM. les Trésoriers Généraulx de ceste Généralité qui seront supliez en charger l'estat de la présente année aux fins du paiement de lad. demye année montant 77,662 livres 5 s. 6 d. ob. sur la recepte, sauf à se pourvoir vers le Roy pour avoir fondz de l'autre demye année, lorsque la commodité de ses affaires le pourra permettre. »

Extrait des Registres du Conseil d'Etat. — « Sur la requeste présentée par les habitans de la ville de Rouen, tendant, pour les considérations y contenues et actendu que la moictié des *Nouveaulx Impostz* cy-devant levez en la province de Normandie leur a esté accordée par le Roy pour le paiement de 51,774 escus 51 solds, 1 denier de rente que a la dicte ville à prendre sur la recepte généralle de Rouen et qui sont deubz à plusieurs particulliers, femmes veufves, orfelins, hospitaulx, maladeryes, églises et à des pauvres nécessiteux, dont il est deu plusieurs arréraiges, et que S. M. a révoqué lad. imposition et pour partie du remplacement d'icelle voulu que sur les villes franches et abonyes de lad. Généralité de Rouen, il soit levé la somme de six-vingts mille livres par forme de subvention ou imposition, que lesd. habitans auroient consenti estre de 30 s. pour chacun muy de vin, et du droict qui se prent sur le poisson sallé en vertu de l'éedict d'establissement desd. *Nouveaulx Impostz*, il pleut au Roy leur accorder les deniers de lad. imposition pour estre employez au paiement desd. rentes et ordonner que les eschevins de lad. ville en feront le manyement jusques à ce qu'il puisse estre faict fondz sur lad. recepte généralle pour l'entier paiement desd. rentes, et pour ce qui est deu desd. arréraiges leur en faire fondz sur lad. recepte, mesmes ordonner qu'ils seront paiez de la somme de 33,375 livres deue pour le quartier derrenier à eulx assigné sur lesd. *Nouvelles Impositions* dont ils ont baillé leur acquict au trésorier de l'Espargne qui leur en a délivré sa rescription sur le fermier desd. *Nouveaulx Impostz*, lequel à ce faire sera contrainct,— Le Roy en son Conseil, ayant faict estat de s'aider de la moitié de la somme de six-vingts mil livres qui se doibt lever en la province de Normandie en la présente année pour partie du remplacement du sold pour livre, n'en peut accorder aux supplians que l'autre moictié montant 60,000 l., laquelle S. M. a ordonné et ordonne leur estre paiée et délivrée, pour, avec la somme de 17,662 l. que sa dicte M. leur permect d'imposer et lever en la présente année sur telles denrées et marchandises qui se consommeront en lad. ville de Rouen qu'ils verront plus commodes, estre employées au paiement de demie année de leurs dictes rentes, si mieux lesd. supplians n'ayment prendre leur assignation et paiement de ladite demye année sur les deniers de la recepte généralle de Rouen, ainsi que font les autres subjects qui ont rentes sur les receptes généralles ; et attendu que la despense est entièrement faicte par le trésorier de l'Espargne de la moictié du droict dudit sold pour livre du quartier d'oct. dernier, S. M. a ordonné et ordonne que de l'assignation donnée aux supplians sur la ferme du sold pour livre de l'année dernière il leur sera desduict la somme de 6,500 escus, à laquelle monte la moictié du rabais et descharge accordée par S. M. à Jehan Godey, fermier dudit sold pour livre ès Généralités de Rouen et Caen. Faict au Conseil d'Estat du Roy, tenu à

Paris le 28ᵉ jour de janvier 1603. Signé : Lhuillier, ung paraphe. »

« Du neufieme juing mil six cens trois en l'assemblée des 24 du Conseil de ceste ville... pour délibérer sur les articles cy-aprez.

« Pour donner advis à la court,

« S'il est propre (pour le péril émynent des arches du pont, cays et talutz menaceans ruyne et prestz de tomber en la rivière de Seyne, comme il est notoire) demander permission à S. M. d'employer à la réfection dud. pont, cays et talutz 12,000 l. par an des deniers destinés pour la fortiffication de la ville, attendu que l'on n'a peu obtenir du Roy aucun fondz sur le païs aux deus voiages faictz en court pour ce subject.

« Sur la demande que font MM. les Trésoriers Généraulx aux sʳˢ conseillers et eschevins de cette d. ville, au nom et suivant les lettres de Mʳ de Rosni, de lui envoyer copies approuvées des contractz et constitutions de toutes les rentes assignées sur la recepte génerale.

« Sur les ordonnances de MM. les Trésoriers Généraulx de France, soubscrites au bas des requestes à eulx présentées le 6 de ce présent mois et an touchant les assignations des rentes constituées sur la recepte génerale des finances et domaine de la vicomté de Rouen, deubz aux particulliers rentiers et pour la faute de fondz.....

« Pour le troisième et quatrième article arresté que l'on baillera audit sʳ de Rosni la coppie des contracts de constitutions de rentes assignez sur la recepte génerale, et que sa M. sera suppliée faire fondz pour le paiement des arrérages desd. rentes. »

Lettre adressée à la Chambre des Comptes par deux de

ses membres envoyés en mission auprès du Roi, au sujet des comptes du ban et de l'arrière-ban. — « Messieurs, lundy dernier le Cahier des Estatz feust veu et respondu, et sur la demande des comptes du ban et arrièreban, Monsieur de Meaupeou représenta que pour le service du Roy il estoit nécessaire que les comptes se rendissent à la Chambre à cause que les acquits y demourent, que quelques fois Sa Majesté s'aydoit par les mains du trésorier de l'Espargne de ses deniers, qui feust cause qu'il feust résolu que ceux qui auroient le maniement de ses deniers compteroient par estat par devant les baillifs et par compte à la Chambre. Nous avons sur ce suject, assistez de Monsieur du Mesnil, fait ce qu'il convenoit, comme il le vous pourra dire à bouche, aussi les particularitez de ce qui se passa chez M. de Rosny, quand nous l'alasmes voyr et présenter les lettres de la Chambre, lequel ne s'y trouva pas. Néantmoings pour les lectres que vous desirez et dont vous nous avez envoyé la minutte, elles sont signées en commandement de Monsieur de Gievre et mises ès mains de Monsieur Desportes-Berullière, fort affectionné à la campagnée, pour les faire seeller au commencement du prochain mois qu'il entrera en charge. Nous n'avons rien voullu précipiter pour ce que nous avons eu deffy qu'il y eust plus de difficulté au seau qu'au seing, ores qu'elle soit pleine de justice. Pour les arrestz de la Chambre du Conseil, nous croyons les pouvoir tirer plus facilement du parlement que de la Chambre. La sepmaine prochaine nous verrons quelques-ungs des greffiers pour les faire expédier. S'il se présente quelque autre chose, où nous puissions rendre quelque service au général et au particulier de la compagnée, nous faisant l'honneur de nous commander, nous vous supplions croire que nous vous rendrons service d'aussy bon cueur que nous prions Dieu qu'il vous donne,

Messieurs, en santé, longue et heureuse vye. De Paris, ce xxviii décembre 1602.

« Voz bien humbles et affectionnez serviteurs,

« Guerin, Garnier.

« A Messieurs, Messieurs des Comptes de Normandie, à Rouen (1). »

Signalons l'édit pour la vente à faculté de rachat du domaine en Normandie jusqu'à concurrence de 200,000 écus et de 2 s. pour livre pour les frais, conformément à l'avis de l'Assemblée des Notables de Rouen, de 1596. « Ladite somme devoit être employée à l'acquit du Roi et sur tant moings de plus grande somme qu'il devoit à certain prince estranger. » Commission pour cette aliénation au s^r de la Thuillerie, maître d'hôtel ordinaire, Paris, déc. 1599. Cet édit ne fut verifié en la Chambre des Comptes que le 5 juin 1602, après remontrances de la Chambre et du parlement. Antérieurement à la vérification, le 22 mai 1601, M. de la Thuillerie avait été remplacé par Franc. Dufour, trésorier payeur des compagnies des ordonnances du Roi (2).

(1) Arch. de la S.-Inf., *F. de la Chambre des Comptes*, correspondance.

(2) L'édit pour la revente du domaine n'avait été enregistré au parlement que sous certaines réserves. « 28 janvier 1602. Sur le rapport fait par M. Turgot, de l'arrest donné par le Roy en son Conseil d'Estat, le 29 décembre dernier, sur l'exécution de l'édit de la vente de son domaine en Normandie, et arrest de vérification intervenu sur icellui le 9 de juillet 1601, a esté arresté que ledit éedict sera exécuté suivant ledit arrest de la cour du 9 juillet 1601, aux mesmes clauses, charges et modifications y contenues et non en plus avant, sur peine d'en respondre par les Commissaires. » — 12 déc. 1603. « A esté faict rapport des lettres patentes en forme de jussion du Roy, du 2e de ce mois, sur l'éedict fait par le Roy pour la vente des terres vaines

ÉTATS D'OCTOBRE 1603.

I.

EXTRAIT DES REGISTRES DE DÉLIBÉRATIONS DE L'HOTEL-DE-VILLE DE ROUEN.

Lettres du Roi au bailli de Rouen fixant la réunion des Etats au 15 oct., Caen, 17 septembre 1603. — Lettre du duc de Montpensier au bailli pour l'inviter à procéder en diligence à l'élection des députés, Lisieux, 21 sept. — Lettre du lieutenant, des avocats du Roi et des procureurs du Roi au bailliage de Rouen aux conseillers échevins de l'Hôtel-commun pour le même sujet, oct. 1603.

Réunion à l'Hôtel-de-Ville de Rouen sous la présidence de Jacques Cavelier, lieutenant général, lundi 13 oct. Présents à cette assemblée Anzeray, 1er avocat général au parlement, Boullays, procureur du Roi au bailliage, 6 conseillers modernes, Pigny, grand vicaire, 2 chanoines, 11 anciens conseillers, Delahaye, sieur de S. Victor, avocat pensionnaire, De la Place, procureur de la ville, 3 quarteniers, les délégués des 4 vicomtés du bailliage (1),

---

et vagues, bois abroutis, buissons et espines, et a esté arresté par la cour que le Roy sera très-humblement supplié la vouloir dispenser de lever les modifications contenues aux arrêts d'icelle. » *Registres secrets du parlement.*

(1) Jean Regnault, député du Pont-de-l'Arche, ne comparut pas et fut condamné à l'amende. Ses motifs d'excuse, soumis par lui aux Commissaires des Etats, furent transmis par ceux-ci aux échevins qui les agréèrent dans leur séance du 22 oct. et enjoignirent, à cette occasion, aux juges du Pont-de-l'Arche de « procéder à l'advenir plus tost à la nomination de leur député pour le tiers estat de leur vicomté, lequel ils feroient comparaître en l'Hostel-commun de la ville de Rouen au jour qui leur seroit assigné, sur les peines au cas appartenans ».

55 ecclésiastiques, curés pour la plupart, 5 nobles, et plusieurs bourgeois en grand nombre.

Proposition des Etats, 16 oct. — « Articles délibérez pour estre employez au Cahier des Estatz — Sera supliée très-humblement S. M. que la surcéance par elle faicte de la levée de l'impost des toilles pour 3 moys aye lieu à tousjours, comme estant ledit impost recongneu à la totale ruyne de ceste province.

« Remonstrer la surcharge que la Généralité de Rouen porte et, entre autres, les villes de Rouen, Havre-de-grâce et Dieppe, au lieu des *Nouvelles Impositions,* auxquelles villes se lève 1 escu pour muy de vin, 40 sols pour tonneau de sildre et 20 sols pour tonneau de poiré, lesquelles levées divertissent totalement le trafic ès d. villes, à la totale ruyne d'icelles, et dont ilz supplient S. M. les vouloir descharger.

« Qui luy plaise pourvoir de paiement aux rentes faites par S. M. aux particuliers rentiers, en réitérant le contenu en l'article du Cayer de l'année derrenière pour le mesme subject.

« Révoquer toutes commissions extraordinaires qui sont à la foulle du peuple, et, entre autres, celle du sieur de Sauzelles et d'autres en son lieu, mesmes celle de la revente du Domaine.

« Suplier S. M. ordonner fondz pour la réfection du pont à Rouen.

« Que le procureur des Estatz soit tenu faire résidence actuelle en ceste ville de Rouen, s'il n'est en court pour les affaires du païs.

« Suplier aussi sad. Majesté de donner aux marchands de ceste province liberté et privileige de pouvoir transporter marchandises hors de ceste d. ville à Lyon et autres villes de ce royaulme, sans paier aucun droict de traictes domaniales et foraines, conformément et suivant qu'il est permiz aux marchandz de Lyon et aultres villes de ce royaulme.

« Remonstrer que lors de l'entrée et sortie des marchandises, perception des droictz deubz ou imposez à cause d'icelles, les receveurs à ce préposez assubjectissent les marchandz de bailler caution, en quoi faisant prennent, pour la descharge desd. acquicts à cautions, (droits) qui excèdent le plus souvent le droit qui seroit deu, si elles estoient transportez hors le royaulme, le tout au dommaige de son peuple. Sera S. M. supliée faire défense à tous officiers d'exiger ny prendre sur iceulx marchandz aucun sallaire pour lesd. acquictz à caution que ce qui leur est octroyé et accordé par les ordonnances.

« Sera aussi réitéré l'article touchant les déprédations employé au Cahier de l'année dernière. »

II.

NOTES DU PREMIER PRÉSIDENT GROULART.

Etats de 1603. — « L'assemblée estoit termée au 15, et le 16 oct. en fust fait l'ouverture où estoient Commissaires MM. de Montpensier, de Fervaques, Jambeville, de Mauteville, Deshameaus, Le Prestre, Bionneau, Thrésoriers de France à Rouen, Le Quesne et Rozel, Thrésoriers généraux à Caen, le procureur général Le Jumel, les deux receveurs généraux de Rouen et Caen, et moy. MM. de Sainte-Marie-du-Mont, bailly de Rouen, et MM. de Bernières et du Bourgtheroude obtinrent lettres pour y assister (1).

(1) Sainte-Marie n'avait pas besoin de lettre particulière pour assister aux Etats. Ses lettres de nomination comme bailli portaient expressément qu'en cette qualité, il avait séance aux Etats de Normandie tout et ainsi que les Le Veneur ses prédécesseurs. *Arch. municipales de Rouen*, Délib. du 18 mars 1602.

« Il n'i a eu rien de remarquable, car il semble que l'on eust choisi les plus foibles en toutes sortes d'estas, pires encor que l'an passé, tant il semble que le siècle soit dénué d'hommes, chacun ne songeant qu'à son particulier. Le différend d'entre le s^r de Sainte-Marie et moy est traité au mémoire des séances, et faut noter que me trouvant mal, je ne peus faire l'ouverture, laquelle se fist par M. le président de Bernières que j'en avois averti huit jours auparavant, ne pensant pas, pour mon indisposition, m'y pouvoir trouver ; toutes foys j'asistai à la Response. »

III

NOMINATION DES DEUX COMMISSIONS POUR LE PORT DU CAHIER ET POUR L'AUDITION DES COMPTES.

« Du mardi avant midi 21e jour d'oct. 1603 passé en la maison abatial de Saint-Ouen de Rouen.

« Furent présens discrette personne Me François le Fevre, dellégué pour l'église du bailliage de Rouen ; Gabriel de Lymoges, escuier, s^r de Saint-Just, d. pour la noblesse dud. baill.; nobles hommes Jeh. Pavyot (1) et Absalon de Clère, conseillers eschevins de l'Hostel-commun de ceste ville de Rouen; Ch. Varnier, d. pour le tiers estat de la viconté dud. Rouen ; Jeh. Regnauld, pour la vic. du Pont-de-l'Arche ; Ambroise Pellerin, pour la vic. du Pont-Autou et Pont-Audemer ; Raoul Thouret pour la vic. d'Auge ; — discrète personne Me Pantaléon Le Heurteur, curé de Saint-Jacques de Neufchastel, doyen du doyenné dud. lieu, d. pour l'église du baill. de Caux ; Adrien de

---

(1) Jean Pavyot, ancien conseiller échevin de Rouen, était, le 16 déc. 1605, consul en la juridiction des marchands et assureurs de navires, avec Jacques Le Vasseur. V. *Tab. de Rouen, Meubles.*

Moridion, escuier, s^r de La Salle, d. pour la noblesse dud. baill. de Caux ; Thomas Tarel, pour le t. e. de la vic. de Caudebec; Jeh. Hérault, s^r de la Clynarderie, pour la vic. de Moustiervillier ; Antoine Pottier, pour la vic. d'Arques; Adrien Bloquet, pour la vic. de Neufchastel ; Georges Langlois, pour la vic. de Gournay ; — noble personne Me Yves de Clouet, presbtre, curé de Vieusoix, d. pour l'église du baill. de Caen ; Jacques Guerie, s^r des Vallées, l'un des bourgeois eschevins de la ville de Caen, d. de lad. ville de Caen ; Pierre Francquer, d. pour le t. e. de la vic. dud. Caen ; Noel Furon, pour la vic. de Bayeulx ; Estienne Seren, pour la vic. de Falaise; Jeh. Mesquet, s^r de Cruoult, pour la vic. de Vire et Condé ; — discrète personne Me Christophe de Sainte Geneviefve, chanoine pénitencier en l'église cathédrale d'Avranches, d. pour l'église du baill. de Costentin ; n. h. Anthoine de Mathan, s^r de ...., d. pour la noblesse dud. baill. de Costentin ; Lois de Coquerel, pour le t. e. de la vic. de Coustances; Michel Le Petit, pour la vic. de Carenten et Saint-Lô ; Guill. Criquevielle, pour la vic. de Vallongnes ; Me Pierre Périer, pour la vic. d'Avranches ; Jeh. Legot, pour la vic. de Mortaing ; — discrète personne Me Robert Boullenc, presbtre, prieur du Parc et chanoine de l'église cathédrale N.-D. d'Evreux, d. pour l'église du baill. dud. Evreux; messire Pierre de Quenel, escuier, chevalier de l'ordre et l'un des cent gentilshommes de la maison du Roy, seigneur du Fresne et des Brosses, d. pour la noblesse du baill. d'Evreux; Pierre Chrétien, pour le t. e. de la vic. d'Evreux ; Me Jehan Le Painteur, pour la vic. de Beaumont-le-Roger ; Jehan Buisson, pour la vic. de Conches et Breteuil ; Jacques Mauduit, s^r de la Roussiere, pour la vic d'Orbec ; — discrète personne Me Marguerin Le Masurier, presbtre, curé du Saussey, d. pour l'église du baill. de Gisors ; Jacques de Marle, escuier, s^r de Luserche, d. pour la noblesse du baill. de Gisors ; Jeh. Guersent, pour le t. e. de la vic. de Gisors ; Symon Le Normant, pour la vic de Vernon ; Me Jeh. Langlois, scindic des habitans de Pontoise, pour la chastellenie dud. Pontoise ; Jeh. Le Clerc, pour la prévosté de Chaumont et Magny ; Jacques Ingoult l'aisné, pour la vic. de Lions ; — noble et discrète personne Me Charles de Meurdrac, s^r de Bressay et curé de Darsigny, pour l'église du baill. d'Allençon ; Jacques de Brousses, escuier, s^r de Cuissey, d. pour la noblesse du baill. d'Allençon ; Israel Allix, pour le t. e. de la vic. dud. Allençon; Jeh. Le Riche, pour la vic. d'Argentan ; Me Jeh. Pellerin, pour la vic. de Domfront ; Symon de Bretignières, pour la vic. de Verneuil et Chasteauneuf-en-Thimerais, et Aquilin Clereau, pour le conté du Perche et chastellenie de Nogent-le-Rotrou, ont députté, et nommé lesd. François Le Fèvre et Ch. Meurdrac, pour l'église, lesd. de Lymoges, s^r de Saint-Just, de Marle, s^r de Luserche, pour la noblesse, lesd. Pierre Périer et Adrien Blosquet pour le t. e., et n. h. Thomas, s^r de Fontaines, procureur scindicq desd. Estatz, auxquels ont donné plain pouvoir de poursuir vers la majesté du Roy et nosseigneurs de son Conseil la responce et expédition des articles du Cayer arresté et signé des dits sieurs depputez. »

Les mêmes, le même jour, nomment commissaires, pour l'audition des comptes et le remboursement des officiers, Christophe de S^e Genefviève, Robert Boullenc pour l'église ; — les sieurs de Mathan et de Brousses pour la noblesse ; Le Normant et Mesquet pour le tiers estat.

IV

PIÈCES DIVERSES.

Quittance donnée par un député du tiers état, de la somme à laquelle il avait été taxé pour son voyage en cour. — « Du mercredi après midi, 18 fév. 1604. M⁰ Pierre Périer, depputé du tiers Estat de la vicomté d'Avranches aux Estats de ceste province de Normandie, tenus par la permission du Roy, en ceste ville de Rouen, le 16ᵉ jour d'oct. dernier et depputé en l'assemblée desd. Estats, par le général des autres depputés en icelle, le 21ᵉ dudit mois, pour porter au Roy le Cayer des articles faicts et arrestés en lad. assemblée des très humbles remonstrances faictes à S. M. par ses subjects des tiers estats de ceste dicte province, tant pour levée de ses deniers de l'année présente, que aultres affaires contenues aud. Cayer, a confessé avoir reçu comptant de Mᵉ David Doublet, trésorier desdits Estats, la somme de 450 l., à laquelle les frais et séjour de son voyage en court à la poursuite de ce que dessus ont été taxées et liquidées au privé Conseil de S. M. le 20ᵉ jour de déc. dernier (1). »

Compétence en fait de noblesse. — Par lettres patentes du mois de juil. 1603, le Roi, voulant obvier aux entreprises du parlement de Rouen et maintenir le procureur général de la Cour des Aides en la fonction de sa charge, et cette cour en sa juridiction spéciale, avait déclaré et ordonné, par forme de règlement, que les mandements et arrêts qu'elle donnerait sur la dénonciation ou requête du procureur général pour faire asseoir aux rôles des tailles ceux qui usurpaient la qualité de noble, ou, sous prétexte de privilège, s'exemptaient indûment de la contribution des tailles,

---

(1) *Tabellionage de Rouen, Meubles.*

recevraient leur exécution sans égard aux surséances et défenses du parlement, le Roi lui interdisant expressément de prendre connaissance des aides et des tailles. Les conseillers du parlement, assez peu soucieux en général des attributions de l'assemblée provinciale, la déterminèrent pourtant à prendre parti pour leur juridiction contre celle de la Cour des Aides et à insérer, en leur faveur, un article dans leur Cahier de remontrances.

Voici cet article tel qu'il fut inséré, avec la réponse du Roi et l'arrêt du Conseil dans les registres de la Cour des Aides.

EXTRAICT DU 5e ARTICLE DES REMONSTRANCES FAITES AU ROY PAR LES GENS DES TROIS ESTATS DU PAÏS ET DUCHÉ DE NORMANDIE CONTENU EN LEUR CAHIER.

« Remonstrent les d. de la noblesse que, sur la moindre dénonciation qui est faite à mons. le procureur général de la Court des Aides de l'usurpation que fait une personne de quallité et tiltre de noblesse, ledit sr procureur général faict aussi tost donner arrest et mandement par lequel lad. Cour ordonne que lad. personne sera assignée à bref jour, et cependant, sans autre congnoissance de cause, qu'elle sera emploiée et imposée aux rolles, dont s'ensuivent non-seullement une notte perpétuelle à la postérité, mais aussi plusieurs querelles et grandz fraiz pour obtenir arrest de main-levée. A ces causes il plaise à sad. Majesté faire deffences à lad. Court des Aides de donner à l'advenir tels et semblables arrests ou mandemens, et que les d. nobles ne pourront estre traictez en ladite court des Aides, sinon en cas où il se trouveroit que les parroissiens en général d'aucunes parroisses eussent faict imposer et comprendre ung de la dicte qualité de noblesse au roolle de la taille d'icelle, et en ce faisant qu'il fust question de la descharge et main-levée dud. impost, par lequel avec telle partie compétente l'instance eüst esté formée.

Au Roy. Et néantmoings sont les Commissaires d'advis que ceulx qui sont en possession de noblesse ne pourront estre assis à la taille sans congnoissance de cause, dont le différend sera jugé par les baillifs, et, par appel, à la court de parlement, et, en cas d'assis renvoiez en la Court des Aides suivant les ordonnances.

Le Roy ne veult que ceulx qui ne sont assis à la taille et desquels les pères n'y ont aussi esté compris y soient cottisez ny rendus contribuables qu'aprez qu'ilz y auront esté condampnez par jugements donnez, eulx oys et deuement appellez, de quoi la Cour des Aydes congnoistra en vertu du pouvoir qui luy en est attribué par les éedictz et reiglemens sur le faict des tailles et lettres patentes du quinzième jour de juillet dernier. Signé : Potier, ung paraphe. »

Extrait des registres du Conseil d'Etat. — « Sur la requeste faicte au Conseil de S. M. par son procureur général en sa Court des Aydes de Rouen à ce qu'en l'ordonnance sur l'article 5ᵉ du Caier des trois Estats du païs de Normandye fussent employez ces mots : *privativement à sa court de parlement*, le Roy a ordonné et ordonne qu'au dict article seront augmentez ces motz : *privativement à sa court de parlement*, et que lettres en seront expédiées à son dict procureur général. Faict au Conseil du Roy tenu à Paris le 3ᵉ jour d'av. 1604. Signé : Huilier. »

Le parlement ne se tint pas pour battu : il revint à la charge, et son opposition, jointe aux instances du procureur syndic des Etats, détermina le Roi à rendre une Déclaration par laquelle il confirmait la Cour des Aides en la connaissance et juridiction de la qualité noble et de tous privilèges, contrairement aux prétentions du parlement (1).

---

(1) Déclaration du mois de juillet 1604, *Ordonnances, édits et déclarations concernant l'autorité, etc., de la Cour des Aydes de Normandie*. Rouen, Imprimerie d'Eustache Viret, MDCLXXXII, p. 84 et suiv.

Le Roi, dans cette Déclaration, après avoir rappelé ses lettres patentes de juillet 1603, reprochait aux gens du parlement d'avoir recherché les moyens de continuer leurs entreprises ordinaires. « Soubz le nom des Trois Estatz du païs et par les depputez d'icelluy, soubz couleur de quelque petite rigueur dont l'on usoit, à leur advis, contre ceulx qui ne sont assis à rolles des tailles, en les faisant employer en iceulx, ils avoient faict demander par l'article v^e de leur Cahier la révocation des lettres du 20 juillet 1603 ; et par un mesme moien, par l'advis des Commissaires, ou plutôt d'eux mêmes, » juges et parties, puisque plusieurs d'entre eux figuraient parmi les Commissaires, ils avaient demandé qu'on leur attribuât la juridiction de tout temps commise aux gens de la Cour des Aides, juges naturels de tous privilèges, pour voir et retrancher les usurpations qui se faisaient au préjudice des droits du Roi et à la foule des sujets taillables.

Défenses à toutes personnes de prendre par exécution les bateaux, rets, filets et autres instruments servant à la pescherie des environs de la mer en Normandie. — « Henry, par la grâce de Dieu, roy de France et de Navarre, à nos amez et féaulx conseillers les gens tenant nos courtz de parlement et de nos Aides à Rouen, Trésoriers Généraulx de France audit lieu et à tous baillifs ou leurs lieutenans, Esleuz, contrôleurs sur le faict de nos aides et tailles au ressort de nosd. courts, salut. Nous voulons, vous mandons et ordonnons qu'en suivant ce que nous avons accordé à nos très chers et bien amez les depputez des Estatz de nostre païs et duché de Normandie sur le xxixe article des remonstrances à nous faictes et présentez en leur dernière assemblée, dont l'extraict est cy-attaché soubz le contreseel de nostre chancellerie, vous aiez à faire, comme nous avons faict et faisons, très expresses inhibitions et deffences à tous receveurs, collecteurs, asséeurs et huissiers, sergents et tous autres nos subjectz quelconques, de prendre par exécution les bateaux, retz et filletz et autres instrumens servans à la pescherie, appartenant auxd. pescheurs taillables demeurans ès environs et le long des costes de la mer de notre dite province de Normandie, vous enjoignant aussi très expressément, comme nous vous enjoignons, mandons et ordonnons, faire de nouveau proclamer, publier et afficher, par tous les lieux et endroitz publics accoustumez, chacun de vous en l'estendue de vos pouvoirs et jurisdictions, ainsi qu'il escherra et à vous appartiendra, les ordonnances et reiglemens faictz sur l'establissement des parcs et la quantité et condition des filletz servant ausd. parcs et à la pescherie, et le tout exactement faire garder et observer... Car tel est notre plaisir. Donné à Paris, le 16ᵉ jour de janvier, l'an de grâce 1604.

« Enregistrées pour être gardé et observé selon leur forme et teneur suivant l'arrest de ce faict en parlement le 30ᵉ jour d'avril 1605. »

Suit l'art. xxixᵉ répondu par S. M. le 21 déc. 1605.

« Et tout ainsy que S. M. a fait deffence à tous sergentz, commissaires des tailles et aultres de prendre par exécution les chevaulx, beufs, jumens et autres bestes servans à labourer et cultiver la terre par son éedict du mois d'avril 1595, il plaise aussy ordonner que tous bateaux, retz, filletz et autres instrumentz servans à la pescherie, appartenant aux paouvres contribuables demeurans le long des costes de la mer ne pourront estre pris par exécution, attendu que les paouvres pescheurs n'ont autre moien pour faire leurs tailles que de la pesche des poissons, mesmes plaira à S. M. ordonner que les ordonnances pour le regard de la qualité des retz et filletz des establissements des parcs seront actuellement gardez et observez par les officiers de marines (1).

Au Roy. Et neantmoingtz sont les Commissaires d'advis du contenu audit article.

Accordé. »

Lettres patentes pour les gens des trois Etats de Normandie, au sujet du port des mandements des tailles. — « Henry, par la grâce de Dieu, roy de France et de Navarre, à nos amez et féaulx conseillers les gens tenans notre Court des Aydes à Rouen, salut. Nos très chers et bien amez les gens des trois Estatz de notre païs et duché de Normandie nous ont, par leurs depputés, en leur dernière Assemblée, très humblement faict remonstrer, ainsy qu'en l'année précédente, l'excès et la surcharge que reçoit le peuple de la levée de la somme de 40 s. parisis que nous avons ordonnée aux recepveurs de nos tailles pour le port et envoy des mandemens d'icelles et de 10 s. parisis pour les creues extraordinaires, nous suppliant et requérant, attendu qu'ils ont, comme il leur avoict esté ordonné en l'année dernière, faict deuement recongnoistre et apparoir que les sergents héréditaulx et fieffez de la province estoient tenus au port des dits mandementz par leur institution, nous suppliant et réquérant, y aiant esgard et au soulagement de nos dictz subjectz, révoquer et supprimer la levée desd. 40 s. par. pour les mandemens desd. tailles et de 10 s. parisis pour les creues et leur en octroier lettres de descharge et suppression nécessaires, Nous auparavant que faire plus expressément droit ausd. supplians sur leurs dictes remontrances, et y ayant aucunement esgard, avons ordonné et ordonnons par ces pré-

---

(1) Arch. de la S. Inf., *F. de la Cour des Aides, Mémoriaux*, B. 16, 1604-1609, fo 41.

sentes qu'ils feront leur diligences, et de mesme notre procureur général en notre dicte Cour des Aides, de nous faire apparoir en notre Conseil dans trois mois, par actes suffisans ce qui a esté de tout temps et ancienneté paié pour le port et semonce desd. mandements, pour en ordonner et y pourveoir après et ainsi que de raison, et cependant avons tenu et tenons en estat et surcéance la levée qui se faict dudit droit pour les trois années passéez, et de laquelle les contrainctes et commissions sont jà envoiez. Si vous mandons et ordonnons tenir la main à ce que, dans lesd. trois mois, notre dit procureur général et lesd. supplians nous facent deuement aparroir de ce qui s'est ci-devant paié pour le port et semonce desd. mandemens, faisant ce pendant deffenses très expresses, de par nous à tous les Esleuz, contrôleurs, asséeurs, collecteurs, huissiers, sergents et autres que besoing sera, en l'étendue de notre ressort, de passer oultre à la levée du droict susdict pour lesd. trois annéez, qui se faict ou pourroict faire en vertu des ordonnances, commissions et mandementz ou contrainctes qui en sont ou seroient dans le temps susdict envoiez, ains surceoir et tenir en estat lad. levée et toutes exécutions et contrainctes en conséquence d'icelle jusques à ce que, led. temps expiré, aultrement en ayt esté ordonné par nous, le tout à paine de restitution en leur propre et privé nom, et de plus grande paine, sy elle y eschet. De ce faire vous avons donné et donnons pouvoir, commission et mandement spécial. Car tel est notre plaisir. Donné à Paris, le 21e jour de déc. 1603 et de notre règne le 15e. Signé: Henry; et plus bas est escript: Par le Roy, Potier. — Enregistré en la Cour des Aides le 19 janv. 1604. »

« *Extraict du* xxiiie *article du Caier des Remonstrances faictes et présentées au Roy par les gens des trois Estatz du païs et duché de Normandie à eulx respondues par sa d. Majesté le 21ᵉ jour de déc. 1603:*

« SA MAJESTÉ est très humblement suppliée en réitérant l'art. xxiij⁰ du Caier des Remonstrances de l'année 1601, contenant supplication à S. M. revocquer la levée qui se faict en ceste province de Normandie de 40 s. par. pour le port des mandements et 10 s. parisis pour les creues, aiant représenté, ainsi qu'il avoit esté ordonné, au Conseil comme les sergens estoient tenuz porter lesd. mandements à leurs fraiz, sans qu'il en coustast au peuple.

Au Roy. Et sont les commissaires d'advis du contenu aud. article.

Les suppliants feront leur dilligence comme aussi le procureur général du roy en la Court des Aides, de faire apparoir au Conseil de S. M., dans les trois mois, par actes sufisans, ce qui a esté de tout temps et ancienneté payé pour le port et semonce desd. mandements pour après y estre pourveu, et ce pendant sera tenu en surcéance la levée des trois années dont les mandements avoient esté envoiez. »

Par arrêt de Conseil du dernier sept. 1604, la province fut déchargée du paiement de ce droit (1).

Arrêt du Conseil d'Etat au sujet de l'impôt du sel. — Extrait des registres du Conseil d'Etat. — « Sur la requeste présentée au Roy par le sieur de Fontaines, scindic général du païs de Normandie, à ce qu'il plaise à S. M., pour les causes et considérations contenues à lad. requeste, renvoier à la Court des Aides dud. païs la congnoissance des oppositions et appellations interjectées des sentences et jugemens donnez sur les abbus et malversations commises au fait du sel, par les sieurs Renard, conseiller au grand Conseil, et Billard, maître des Requestes ordinaire

(1) Arch. de la S.-Inf., *Mémoriaux de la Cour des Aides, B. 20.*

de son Hostel, commissaires députés par S. M. pour la recherche desd. abus et malversations aud. païs, nonobstant que par les Commissions à eux octroiées le Roy s'en fust reservé la congnoissance en son Conseil et icelle interdite à tous autres juges, mesmes à lad. Court des Aides ; autre requeste tendant à mesme fin, présentée à S. M. par le clergé et noblesse du ressort du grenier à sel de Baieulx pour semblables appellations qui les concernent, et autre requeste de plusieurs gentilzhommes du païs de Caux, requérans semblable renvoy, et aussi qu'il plaise à S. M. déclarer les ecclesiastiques et nobles dud. païs francs et exemptz de prendre le sel par impost ; Veu lesd. requestes et deffences sur icelles de Me Claude Josse, fermier et adjudicataire général des greniers à sel de ce roiaume, ensemble lesd. commissions, le Roy en son Conseil, conformément aux éedictz et ordonnances des roys ses prédécesseurs et siennes, a déclaré et déclare les ecclésiastiques et gentils hommes de son païs de Normandie franz et exemptz de prendre le sel par impost, à la charge toutes fois qu'ilz prendront le sel nécessaire pour leur provision et de leurs familles dans les greniers et magasins de S. M. au ressort desquels ils sont et non ailleurs, à peine d'estre décheuz dud. privilleige et exemption ; et faisant droict sur lesd. requestes et désirant par ung réglement général pourveoir à tous ses subjectz du païs de Normandie, de quelque quallité et condition qu'ilz soient, a ordonné que lesd. sentences et jugements donnez par lesd. s^{rs} Renard et Billard, en vertu de leurs d. commissions, soit contre les ecclésiastiques, gentilshommes ou autres, seront exécutéez par provision, moiennant caution qui sera prestée par led. Josse, ou ses commis, aux lieux où lesd. greniers seront scituez, nonobstant toutes oppositions et appellations et sans préjudice d'icelles, lesquelles S. M. a renvoié et renvoie en sa Cour des Aydes dud. païs, nonobstant que par lesd. commissions la congnoissance en feust réservée à son Conseil; et attendu qu'il s'agist de la conservation des droitz du Roy, veult et ordonne sad. Majesté qu'ès dictes instances intentées pour raison desd. appellations, son procureur général en lad. Cour des Aydes prenne la cause en main pour ledit Josse et ses commis, ce qui luy est très expressément enjoinct de faire. Faict au Conseil d'Estat tenu à Paris le 24ᵉ jour de juill. 1603. Signé : Melliand. »

Commission du Roi à la Cour des Aides pour l'exécution de cet arrêt. Le Roi nomma, par lettres du 18 oct., Nicolas Dehors, conseiller en la Cour des Aides de Normandie, commissaire à l'effet de se transporter aux villes d'Eu, Tréport, Dieppe et Saint-Valery, et des'y informer « s'il y auroit aucuns ressortissans aux greniers de ces villes qui se plaignissent d'être surchargés et d'avoir reçu ordre, du sieur Renard, de prendre plus de sel qu'il ne leur en falloit ». Il pouvait recevoir leurs plaintes, en présence du curé de la paroisse, du seigneur et de 4 habitants, du procureur et des officiers de Josse, diminuer leur impôt, ou l'augmenter, suivant l'occasion. Pareille commission fut donnée à un autre conseiller de la même Cour, Louis Marc de la Ferté pour les villes, bourgs et paroisses dépendant de Caudebec, Caudebec excepté, etc. (1).

(1) Arch. de la S.-Inf., *Mémoriaux de la Cour des Aides*.

ÉTATS DE NOVEMBRE 1604.

I.

EXTRAIT DES REGISTRES DE L'HOTEL-DE-VILLE DE ROUEN.

Lettres du Roi au bailli de Rouen, datées de Fontainebleau, 17 sept., fixant la réunion des Etats à Rouen au 4 nov. — Lettres du duc de Montpensier au bailli pour le même objet, datée de Champigni, 24 sept.; des officiers du bailliage aux échevins de Rouen, 2 octobre.

Assemblée tenue le lundi 25 oct., en la grande salle de l'hôtel-de-ville, pour l'élection des députés, sous la présidence du lieutenant général du bailliage. Prirent part à l'élection (outre les officiers du Roi, conseillers, avocats, pensionnaires de la ville et députés des 4 vicomtés du bailliage), 53 ecclésiastiques, 5 nobles, un grand nombre de bourgeois, lesquels avaient été convoqués par les quarteniers ou leurs préposés, centeniers et cinquanteniers.

Le député du tiers état de la vicomté de Rouen, pour défaut de comparence, fut mis en défaut et condamné à 6 l. d'amende. Il en fut de même du sergent de la ville pour la même cause, mais, peu de temps après, ces amendes furent levées : le sergent avait exposé qu'il avait eu empêchement pour les affaires de la ville, et le député de la vicomté, qu'il s'était blessé à la jambe en s'acheminant à l'Hôtel-commun.

On nomma, pour l'église, Me Marin Le Pigny, curé de Sassetot, chanoine et archidiacre de l'église de Rouen; pour la noblesse, Ozias de Boniface, sr d'Ectot-l'Auber, d'Yerville et de Bosc-le-Hard; comme conseillers échevins, nobles hommes, Thomas de Galentine, conseiller notaire et secrétaire du Roi et audiencier en la chancellerie de Normandie, et Richard Fremyn, s^r de Merval et du Mesnil-Godefroy.

Proposition des Etats. « 5 nov. Il a esté arresté que l'on supliera S. M. descharger la ville de Rouen, Havre et Dieppe, de l'impost de l'escu pour muy de vin, 40 s. pour tonneau de sildre, et 20 s. pour tonneau de poiré après l'expiration des 2 ans qui finiront en déc. prochain, à ceste fin révoquer la Déclaration envoyée à la Court des Aides pour la continuation d'icelluy.

« Révoquer aussi l'impost de l'Escu pour tonneau de mer qui se lève en Normandie, au préjudice de la navigation et du trafic.

« Pourveoir au paiement des rentes deubz à la ville par sad. Majesté, à prendre sur ses receptes, tant pour les arrérages du passé que pour le courant.

« Révoquer l'éedit de création en titre d'office des receveurs, paieurs et contrerolleurs des rentes, tant sur le Roy que sur la ville, ensemble le bail général des Aides faict à ung nommé de Moisset (1).

(1) Ce bail avait été fait au Conseil du Roi, 15 mai 1604 (Arch. de la S.-Inf., *Mémoriaux de la Chambre des Comptes,* B. 23 f°, 159 et suiv.), pour 10 ans à commencer au 1er oct. de la même année. Il fut communiqué aux échevins de Rouen le 2 sept. Le 11 du même mois, la ville arrêtait qu'il serait présenté requête à la Chambre des Comptes pour la supplier de différer la vérification de cet édit, qu'elle qualifiait (dern. sept.) de très pernicieux au bien public.—Noble homme Jean de Moisset, conseiller du Roi, receveur général et payeur des rentes de la ville de Paris, contrôleur de l'argenterie du Roi, adjudicataire général des Aides de France, des greniers à sel, etc. 3 déc., 13 déc. 1604, dern. nov. 1605. Il avait pour procureur ou pour principal commis, à Rouen, Philippe de Colanges, conseiller du Roi, secrétaire de ses finances, 3 déc. 1604. *Tabellionage de Rouen, Meubles.*

Ce Ph. de Colanges avait été précédemment associé de Jean Godey,

« Qu'il plaise à S. M. se rendre fondateur du collége des Pères Jésuistes qu'il a ordonné et restably en ceste ville capitalle de la province, y affectant quelques bénéfices simples jusques à compétent revenu (1). »

II.

NOTES DU PRÉSIDENT GROULART RELATIVES AUX ÉTATS.

1604. — « La convention estoit termée au 4 (nov). Le 5, qui fust le lendemain, se fist la proposition. Estoient Commissaires MM. de Montpensier, de Fervaques, de Mauteville, Deshameaus, Boneau et Morant, thrésoriers à Rouen, Canore et Cauvigni, thrésoriers de Caen, Lizore,

bourgeois de Paris, pour la ferme des *Nouvelles Impositions* du pays de Normandie. V. 10 oct. 1602, *Tabellionage de Rouen, Meubles*. Pendant longtemps, Moisset fut en contestation avec la ville de Rouen. Il y est fait allusion dans le rapport présenté aux échevins par M. Pavyot, 1er échevin sortant, lors de l'élection de nouveaux conseillers, 4 juill. 1605. « Messieurs, depuis 3 ans que nous avons été en charge, il nous est survenu plusieurs affaires d'importance, aucunes desquelles nous avons menées à fin, et les autres nous les avons défendues, entre aultres, la poursuite que faict le sieur de Moisset, fermier général des Aides de la France, qui veult attirer à soy les Aides de solde, encor que MM. de la Cour des Aides, lors de la vériffication de son bail, nous y ayent mainctenus. Du depuys il a eu une jussion, laquelle il faut deffendre, pour estre l'affaire d'importance. » *Délibérations de la ville de Rouen.*

(1) Par lettres datées de Paris, fév. 1604, Henri IV avait accordé aux Jésuites « la permission de se remettre et retablir au collége qu'ils avoient ci-devant en la ville de Rouen, entendant qu'ils rentrassent en possession de tous les biens, meubles et immeubles dont ils étoient saisis au moment de leur suppression ». Les Jésuites avaient été rétablis en France par l'édit donné à Rouen, sept. 1603. Des articles furent arrêtés entre les échevins et le R. P. Ignace Armand, provincial de la Compagnie de Jésus pour l'établissement du collége de Rouen, 18 juin 1604.

procureur général, Serviant et Choisi, receveurs à Rouen et Caen, et moy. Les sieurs de Sainte-Marie, de Bernières et du Bourgtheroude eurent lettres pour y assister.

« Nous avions esté en mauvais ménage, le s^r de Sainte-Marie et moi, pour nos séances qui n'avoient esté jugées par le Roy, de sorte que j'accorday de ne me trouver à la Responce, et qu'entre cy et ung an nous ferions juger ce différend.

« Le député pour la noblesse d'Alençon s'estant fait excuser par maladie, on envoya dans la chambre pour savoir s'il y auroit quelque gentilhomme qui peust estre à sa place. On fit venir le chevalier de Médavid (1). Au commencement on fist difficulté de lui faire faire le serment, à cause des vœux que font ceux de Malte ; toutes foys on le laissa, et, qui plus est, il fut l'un des deux députés pour porter le Cayer au Roy, ce qui fust trouvé fort estrange, à cause qu'il n'avoit esté esleu par le païs ; mais les brigues et menaces qu'en fist M. de Fervaques, son parent, firent faire cela par force. »

III.

NOMINATION DES DEUX COMMISSIONS POUR LE PORT DU CAHIER ET POUR L'AUDITION DES COMPTES.

« Du mercredi aprez midi, 10e jour de nov. 1604, passé en la maison abatial de St-Ouen de Rouen.

« Furent présens noble et discrette personne Me Marin Lepigny, curé de Sassetot, chanoine et archidiacre de

(1) Jacques Rouxel, grand Prieur d'Aquitaine, commandeur de Lagny-le-Sec et de Coulours ; son frère Anne-Pierre Rouxel, baron de Médavy, bailli d'Evreux et d'Alençon, avait épousé la fille de Guillaume de Fervaques, comte de Grancey, maréchal de France. Anselme, *Hist. Généal.*, VII, 571.

l'église-cathédrale N. D. de Rouen, délégué pour l'église du bailliage de Rouen ; Ozias de Boniface, escuier, s^r d'Ectot-l'Auber, d'Yerville et Boslehard, d. pour la noblesse dud. baill. de Rouen; nobles hommes Thomas de Gallentyne, conseiller, notaire et secrétaire du Roy et audiencier en la chancellerie de Normandie, et Richard Fremyn, s^r de Merval et du Mesnil, conseillers eschevins dud. Rouen, d. pour lad. ville ; honorable homme Jean Delamare, d. pour le tiers estat de la vicomté dud. Rouen ; Pierre Le Cerf, pour la vic. du Pont-de-l'Arche (1) ; Michel Le Cousturier pour la vic. du Pont-Autou et Pont-Audemer (2); Olivier Orieult, pour la vic. d'Auge (3);—discrette personne Me Charles Le Prévost, curé de Bollebec et doyen de Foville, d. pour l'église du baill. de Caux ; n. h. Jeh. Soyer, sieur de S. Soupplis, d. pour la noblesse dud. baill.; Pierre Clouet, d. pour le t. e. de la vic. de Caudebec ; Jeh. Goubert, pour le t. e. de la vic. de Moustiervillier ; Jeh. Le Saulnier, pour la vic. d'Arques ; Pierre Bruhières, pour la vic. de Neufchastel; Me Loys Le Brument, l'un des eschevins de la ville de Gournay, pour la vic. dud. Gournay ; — noble et discrette personne Me Jeh. Du Moustier, prestre, curé de Merey, d. pour l'église du baill. de Caen ; n. h. Jeh. de Moges, s^r de ...., d. pour la noblesse dud. baill.; Me Guil. Bauches, procureur syndic de la ville de Caen, d. pour lad. ville de Caen ; Simon Girouard, pour le t. e. de la vic. dud. Caen; Guill. Eurry, p. le t. e. de la vic. de Bayeulx ; Pierre Restoult, pour la vic. de Fallaize ; Jeh. Mesquet, s^r de Criaulx, pour la vic.

---

(1) Pierre Le Cerf, du Boscroger, député du t. e. de Pont-de-l'Arche, nommé le 23 oct.

(2) Michel Le Cousturier, de S.-Philbert, nommé le 22 oct.

(3) Olivier Orieult, de Pont-l'Evêque, nommé le même jour.

de Vire ; — vénérable et discrète personne M⁰ Denys Guillot, presbtre, chanoine théologal de l'église de Coutances, d. pour l'église du baill. de Costentin ; n. h. André Du Bosc, sʳ d'Emendreville et Sourdeval, d. pour la noblesse dud. baill.; Jacques Jourdain, d. pour le t. e. de la vic. de Coustances, Philippe Gerville, pour la vic. de Carentan et Saint-Lô ; Guill. Bouillon, pour la vic. de Vallongnes ; Mᵉ Simon Brisoult, pour la vic. d'Avranches ; René Mariage, pour la vic. de Mortaing ; — discrette personne Mᵉ Loys Grippière, chanoine de l'église Saint-Pierre de Lisieux, d. pour l'église du baill. d'Evreux ; n. h. Pierre Périer, sʳ de l'Aunay, l'un des gentilshommes de la maison du Roy, d. pour la noblesse dud. baill.; Mᵉ Jeh. Lorée, pour le t. e. de la vic. dud. Evreulx ; Jeh. Beroult, pour la vic. de Beaumont-le-Roger ; Anthoine Le Landoys ; pour la vic. de Conches et Breteuil ; Pierre Hardy, fils de Guillaume, pour la vic. d'Orbec ; — Discrette personne Mᵉ Hector Gaultier, curé de Mézières et chanoine en l'église N. D. de Vernon, d. pour l'église du baill. de Gisors ; messire Loys de Sebouvylle, chevalier, sʳ des Marests et Vignanrie, d. pour la noblesse dud. baill.; Jeh. Guersent, pour le t. e. de la vic. de Gisors ; Simon le Normand, pour la vic. de Vernon ; Jeh. Le Maistre le jeune, procureur scindicq de la ville de Pontoise, d. pour le t. e. de la chastellenie dud. Pontoise ; Jeh. Le Clerc, pour la prévosté de Chaumont et Maigny ; Berthin Drouy, pour la vic. d'Andely ; Jeh. Chefdeville, pour la vic. de Lions ; — Noble et discrette personne Mᵉ Jacques Godebille, presbtre, curé de la Magdeleine de Verneuil, d. pour l'église du baill. d'Allençon ; n. h. Jacques de Rouxel, chevalier, sʳ de Médavy, ayant assisté ausd. estats au lieu et place de n. h. Pierre Du Boys, sʳ de la Fayette, d. pour la noblesse dud. baill.; Marc Duval, pour le t. e. de la vic. dud. Allençon ; Marin Gondouyn, pour la vic. d'Argénten ; Jeh. Le Mareschal, pour la vic. de Danfront ; Symon de Bretignères, pour la vic. de Verneuil ; et Raoulin Rochin, pour le conté du Perche et chastellenie de Nogent-le-Rotrou.

Tous les dessus dits ... ont députté, nommé, esleu et establi leurs procureurs généraulx et spéciaulx, lesd. s^{rs} Lepigny et Godebille, pour l'église ; de Boniface et de Médavy pour la noblesse ; Le Normant et Brisoult pour le tiers estat, et n. h. Me Jeh. Thomas, s^r de Fontaines, procureur scindicq desd. Estatz, auxquels et à chacun d'eulx ou l'un d'eulx portant la présente lesd. s^{rs} delléguez, èsd. noms et qualitez, ont donné et donnent plain pouvoir... de poursuir vers la majesté du Roy et nosseigneurs de son Conseil la responce et expédicion des articles du Cayer arresté et signé desd. s^{rs} depputez, sans aucune chose augmenter ou diminuer, etc. »

Les mêmes, le même jour, nomment comme délégués à l'audition des comptes, les s^{rs} Guillot et Grippière pour l'église ; l'Aunay et Desmarets pour la noblesse ; Guersent et Le Brument pour le tiers état, avec le procureur syndic.

IV.

PIÈCES DIVERSES.

Impôt des 3 écus pour muid de vin, etc. — La même Déclaration du Roi qui portait abolition de l'impôt du sel pour livre, ordonnait la continuation de l'impôt de 60 s. pour muid de vin, 40 s. pour tonneau de cidre et 20 s. pour tonneau de poiré entrant aux villes de Rouen, Dieppe et le Havre, 26 fév. 1603.

Cette imposition fut baillée à Pierre des Essarts, pour 2 ans, moyennant 166,000 l. par an, 17 avril 1603 ; — à

Durand Le Ber, pour 2 ans, moyennant 180,000 l. par an, 30 juillet 1605 ; — à Roussel, pour 2 ans, moyennant 148,000 l. par an, 17 mars 1607. Les diverses lettres de continuation envoyées par le Roi ne furent enregistrées qu'à regret par la Cour des Aides, et à la suite de jussions (1).

Durand Le Ber et son associé Philippe Thorel, bourgeois de Rouen, ne purent payer le prix de leur bail « pour les grandes et excessives pertes advenues et qu'ils avoient souffertes ». Ils furent détenus pendant 2 ans en la conciergerie de la Cour. « Pour esvitter à ce qu'ils ne fussent du tout réduicts à une perpétuelle prison, ils demandèrent au parlement qu'il leur fût permis de passer procuration pour plaider... présenter requeste au Roy et à son Conseil à ce que, eu esgard à ce que dessus, il leur fut fait rabais sur la somme de 55,000 l. dont ils demeuroient redevables et qui avoit été donnée en assignation aux eschevins de Rouen jusqu'à concurrence de 30,000 l. » Cette permission leur fut accordée, et le 13 nov. 1694 les tabellions de Rouen se transportèrent à la Conciergerie pour recevoir leur procuration (2). *(Voir l'article VIII du Cahier des Etats de 1604.)*

Décrets. — « On ne fait plus de décrets en la Cour, cela aiant été défendu par Arrest du privé Conseil du 29 de mars 1617 entre Auguste Prevost s^r du Goulet, et Me Nicolas Echard, syndic des Etats de la province de Normandie, et par deux Déclarations des 22 d'oct. 1604 et 22 d'avril 1617 il fut ordonné qu'à l'avenir toutes adjudications par decret du ressort de Normandie, états et distributions de deniers se feroient devant les juges ordinaires des lieux sans

---

(1) Arch. de la S.-Inf., *Mémoriaux de la Cour des Aides*, B. 14, f° 164 v°, 176 v°; B. 15, f°s 189, 147 ; B. 16, f° 140.

(2) *Tabellionage de Rouen, Meubles.*

en pouvoir être évoquées, quoique ce fut en vertu d'arrest et défenses à tous juges d'y contrevenir à peine de nullité. » (*Œuvres de Me Henri Basnage*, 3e édition, 1709, II, 427.) Les décrets occupent une grande place dans les registres du parlement des premières années du xviie siècle. *(Voir l'art. XII du Cahier des Etats de 1604.)*

Ce ne fut pas sans regret que cette Cour se vit enlever, au profit des juges ordinaires, une matière qui était pour les rapporteurs l'occasion d'assez gros profits : « 14 nov. 1603. Sur ce que M. Martel, conseiller, a voulu faire rapport des articles qui avoient esté dressées et envoyées par les chambres pour régler les incertitudes et difficultés que font les juges inférieurs en ce qui dépend de l'exécution des décrets, a esté advisé que 4 de MM. les plus anciens de la grand'-chambre, assavoir... s'assembleront lundi prochain chez M. le président Anzeray pour revoir lesdits articles et y adjouster, dyminuer et esclaircir ce qu'ils verront estre nécessaire pour, ce faict, estre envoyez par les chambres et par aprez plaidez en la cour. » *Registres secrets du parlement.*

Biens communaux aliénés par les communes. — « Henri IV, art. 37 de l'édit de mars 1600, sur le fait des tailles (1), permit aux habitans qui avaient aliéné leurs communaux pour acquitter les impositions, d'en rembourser la valeur, et d'y rentrer pendant les quatre années d'après.

« Ayant été contraints, est-il dit, les habitans de la plupart des paroisses de ce royaume vendre leurs usages et

---

(1) Cet édit a été publié dans le recueil intitulé : *Ordonnances, édits et déclarations concernant l'autorité de la Cour des Aydes de Normandie*, Rouen, 1682, p. 68.

communes à fort vil prix, pour payer les tailles et autres grosses sommes de deniers qui se levoient avec violence sur eux durant les troubles et bien souvent à ceux mêmes qui en avoient les assignations, voulons et ordonnons, quoique lesdites ventes aient été faites purement et sans rachat, qu'il soit loisible aux habitans de les retirer, en remboursant le prix actuellement payé par les acquéreurs dans quatre ans du jour de la publication des présentes. » Le vicomte de la Maillardière, *le Produit et le Droit des Communes;* Paris, 1782, p. 431. *(Voir l'art. XI du Cahier des Etats.)*

Prix des rentes. — « Le prix auquel on peut constituer des rentes a changé plusieurs fois; autre fois en cette province on pouvoit constituer des rentes au denier dix. Cela fut changé par un édit vérifié en la cour (de parlement) le 2 nov. 1602 et publié le 29 du même mois; et par cet Edit il ne fut plus permis de faire des constitutions de rente qu'au denier quatorze. Et en l'année 1608, on a encore changé le prix de la constitution et on l'a réduit au denier dix-huit. » *Œuvres de Me Henri Basnage,* 3e édition, 1702, II, 427. *(Voir l'art. XV du Cahier des Etats de 1604.)*

Arrêt du Parlement contre un sergent et un adjudicataire des amendes de forêts. — « 29 mai 1604. Sur le rapport fait par M. Turgot, conseiller, que ayant esté envoyé en commission en la ville de Dieppe, il avoit esté adverti de grandes vexations qui se font par les receveurs des amendes des forests des années 1586, 87, 88 et 89, nonobstant les deffenses faictes de rechercher lesd. amendes après les trois ans passez, et veu la rellation d'exécution faicte par Hardouin, sergent, le 27 juin 1603, à la requeste de Me Nas Caron, vivant adjudicataire des amendes des forests d'Arques et Eavy, pour lesd. années 1586, 87, 88 et 89, sur les biens de Robert Valeren pour la somme de 10 escus d'amende contenue aux roolles délivrez par led. Caron, a esté arresté que lesd. Hardouyn et Caron seront adjournez à comparoir en personne à la cour, à l'instance du procureur général du Roy, pour respondre à telles fins et conclusions que led. procureur général vouldra contre eux prendre et élire ; et jusques à ce qu'ils aient comparu, leur a esté interdict et défendu tout exercice de leurs charges, sur peine de crime de faulx. » *(Voir l'art. XXI du Cahier des Etats.)*

Droit de 30 pour 100 sur les marchandises venant d'Espagne, etc., et de 3 livres sur tous navires chargés de marchandises. — Des lettres patentes, données à Fontainebleau le 6 novembre 1603, ordonnèrent de lever, outre les anciens droits, 30 pour 100 sur toutes marchandises manufacturées, non défendues, venant d'Espagne, de Portugal et d'autres pays, terres et seigneuries de l'obéissance du Roi d'Espagne, comme des pays de l'archiduc de Flandre, tant pour être vendues et débitées en France que pour être transportées ailleurs, même sur le fer apporté de Biscaye et de Gallice.

La même imposition devait être levée sur toutes marchandises portées de France dans les mêmes pays, à l'exception des vins et des grains.

D'autres lettres patentes, données à Fontainebleau le 12 du même mois, ordonnaient la levée de 3 livres pour tonneau sur tous navires chargés de marchandises entrant et sortant ès villes maritimes, ports et havres de Normandie, excepté le charbon, mâts, planches, bois à bâtir, les bateaux pêcheurs de poisson frais, et ceux qui étaient chargés de grains ou de bois à brûler.

Elle devait commencer dès le 1er décembre et cesser

aussitôt qu'elle aurait fourni une somme de 85,590 livres (1).

Le premier de ces arrêts fut renvoyé (29 janvier 1604) par la Cour des Aides aux procureurs syndics des Etats et de l'Hôtel-commun, avec prescription d'un mois de délai pour présenter au Roi les remontrances de la province et de la ville.

Le second fut enregistré au parlement sur l'observation du premier président Groulart que ce nouvel impôt tiendrait lieu de celui des toiles qui serait supprimé (2). On y fit pourtant d'assez importantes modifications. L'arrêt d'enregistrement portait que « les droits seraient payés à l'entrée seulement, tant par les sujets de la province que autres sujets du royaulme et estrangers, sans qu'il pût être rien levé ni pris à la sortie. On ne devait rien exiger pour les navires entrant et sortant pour aller d'un port et havre en un autre. L'impôt devait s'éteindre dès qu'on aurait atteint la somme de 80,590 livres, et pour qu'il fût permis de s'en rendre un compte exact, l'arrêt voulait qu'il fût commis un bourgeois ou marchand de la ville de Rouen par les conseillers échevins, lequel en demeurerait responsable, pour en faire la recette particulière et générale avec un contrôleur, et qu'aux autres ports et havres il fût pareillement préposé un receveur et un contrôleur par les maires et échevins des lieux (3) ».

(1) Archives de la Seine-Inférieure, *Mémoriaux de la Cour des Aides*, B. 15, f° 14 et suivants. Cette somme était affectée au paiement d'une partie de ce que le Roi devait encore aux étrangers et à quelques-uns de ses sujets.

(2) Les lettres patentes faisaient, en effet, allusion à une suppression utile et avantageuse, que le Roi avait en vue pour le soulagement des contribuables.

(3) Archives du parlement, *Registres secrets*, 28 novembre 1603.

Ces deux lettres patentes firent l'objet des délibérations de la ville de Rouen les 20, 24, 26 novembre 1603, et donnèrent lieu aux remontrances suivantes :

« Les conseillers eschevins de cette ville de Rouen, ayant eu communication des lettres patentes du Roy, du présent mois pour lever à l'entrée et sortie de toutes marchandises qui s'aportent et transportent en Espaigne, Portugal et autres lieux de l'obéissance du Roi d'Espaigne et de l'archeduc, trente pour cent,

« Remonstrent très-humblement ledit impost de trente pour cent estre la totalle ruyne de la province de Normandie et particullièrement de ceste ville, attendu que la meilleure partie du trafic d'icelle consiste en plusieurs manufactures qui, au moyen du commerce, sont transportées hors de ce royaulme audit païs, et, led. impost ayant lieu, lesd. manufactures cesseroient en ceste province, laquelle en conséquence de ce seroit rendue infructueuse à S. M., le trafic discontinué et renvoyé ès autres provinces, et à ce moyen les ports et havres rendus inutiles, à la totalle ruyne de tous ses pauvres subjectz.

« Remonstrent aussi lesd. conseillers eschevins les marchands traficans ordinairement en la mer avoir de présent leurs navyres, biens et marchandises aud. païs d'Espagne, Portugal, et autres lieux desd. roys d'Espagne et archeduc, desquels ne peuvent avoir leur retour qu'avec la commodité du temps et pour le plus tost d'ung an du jour d'hui, qui leur seroit ung grand préjudice, si led. impost avoit lieu.

« A ces causes la court sera très-humblement suppliée voulloir avoir les susdites remonstrances pour aggréables, lesquelles, soubz son bon plaisir, ils convertissent en opposition, en cas qu'il pleust à lad. court passer à la vérification desdictes lettres.

« Les conseillers et eschevins de ceste ville de Rouen ayant eu communication des lettres patentes du Roy du 12 du présent pour lever 3 livres pour tonneau sur tous navyres chargés de marchandises entrant et sortant ès villes, ports et havres de ce païs de Normandie, à commencer le 1er de décembre prochain, jusques à la somme de 85,590 livres, excepté aucunes marchandises y contenues,

« Remonstrent très-humblement à la court que, par l'exposé desd. lettres, est faict mention que S. M., en l'année dernière auroit extainct et supprimé l'impost de la *Pancarte*, vulgairement appelé en ce païs *Nouvelles impositions*, et néanlmoins au lieu de lad. pancarte, auroit estably l'impost de un escu pour muy de vin, 40 s. pour tonneau de sildre et 20 s. pour tonneau de poiré affermé à la somme de................., outre la perception des *Nouvelles impositions*, continuées durant les quartiers de janvier, février et mars derniers, qui s'est montée à grandes sommes de deniers, ensemble une creue qui s'est faicte sur les tailles de ceste Généralité et autres levées extraordinaires conceues sur ung pareil subject, à quoy la court jugera, si lui plaist, quel soulagement l'on a receu en ceste d. Généralité par la révocation de lad. pancarte.

« Remonstrent aussi que, outre lesd. charges, a esté levé en ce païs l'impost d'un sold pour livre sur toutes marchandises de toilles, combien que en la généralité des choses contenues audit édict de la *Pancarte* les toilles y feussent comprises.

« De ce que dessus la court advertira, si luy plaist, aux grandes charges extraordinaires levées en ceste Généralité, laquelle on prétend encore charger dud. impost de trente pour cent, outre les anciens droictz sur toutes marchandises, allant et venant ès royaulmes d'Espaigne, Portugal et païs de l'obéissance de l'archeduc, suivant les lettres patentes de sad. Majesté du 7e du présent, addressées à la Court des Aides, pour les vérifier, ensemble la charger dud. impost de 3 livres pour tonneau de marchandises entrant et sortant, suivant qu'il est mentionné auxd. lettres patentes qu'il a pleu à lad. court leur communiquer, qui seroit, avec tous lesd. impostz et surcharges, la totale ruyne de ceste province, à cause du divertissement du trafic et particulièrement de ceste ville, et le renvoyer ès autres provinces.

« A ces causes sera très humblement lad. court suppliée voulloir avoir lesd. remonstrances pour aggréables, lesquelles, soubz son bon plaisir, ilz convertissent en opposition, en cas que lad. court voudroit passer outre. »

Abus en la justice. — Le reproche fait par les Etats, dans l'art. XXVI du Cahier de leurs remonstrances se trouve justifié par les *Registres secrets* de la cour. — Le 30 août 1604 un débat s'éleva entre M. de Bourget et M. Maynet, au sujet d'un procès que le président Maignart avait distribué à M. de Bourget et que M. Maynet était allé prendre au greffe. Le conseiller, privé du rapport sur lequel il comptait, s'était permis de dire à M. Maynet, qui était son ancien, que « de prendre des procès au greffe sans distribution estoit contre les ordonnances et ressembloit plus tost à une espèce de friponnerie que autrement ». L'affaire parut de conséquence au premier président, « et emporter l'honneur de toute la compagnie qui sembloit déchoir d'heure en heure, et en laquelle on ne voyoit plus aucune marque de l'ancienne modestie et respect que les jeunes portoient à leurs anciens comme à leurs peres, qui estoit l'ung des signes des malheurs qui menaçoient la société, estant le premier serment que l'on faisoit en entrant au parlement, de porter honneur à ses anciens. » A la suite d'information, et les chambres assemblées, M. Bourget fut suspendu pour un temps, à cause des paroles insolentes qu'il avait prononcées, et M. Maynet fut réprimandé, pour avoir cédé à un mouvement de cupidité.

Le 12 novembre 1603, le premier président rappelait qu'il était besoin de pourvoir, suivant les ordonnances et les mercuriales, « aux plaintes qui se faisoient ordinairement des arrests qui se donnoient sur les simples requestes des parties, où se faisoient plusieurs surprises que l'on étoit contrainct le plus souvent et quasi honte avec révocquer, et mesmes aux plainctes des espices et rapports qui se taxoient sur lesd. requestes. »

Arrérages des rentes. — L'Hôtel-de-Ville de Rouen avait député à la cour MM. de Clère et de Galentine pour obtenir le paiement des arrérages des rentes.

Ceux-ci rendirent compte aux échevins de leurs démarches, dans la séance du 8 janvier 1604.

« Le mercredy 3 décembre, feurent saluer Mgr de Montpensier et Mons. de Gèvre, et le lendemain M^r le chancelier et MM. du Conseil, auxquels tous donnèrent à entendre la justice de leur demande. Feurent aussi voyr M. de Rosni, et suplié voulloir donner fonds pour le paiement des rentes assignées, sur la recepte générale, aux particulliers rentiers pour l'année lors courante, ensemble charger l'estat de l'année prochaine pour le paiement desd. rentes, à quoy ledit s^r avoit dict : « Vos rentes sont de belles rentes ! Les unes sont créées d'arrérages, les autres pour des subventions, autres pour gratifications, autres à cause de la confirmation de vos privilèges. Tout n'y vault rien. » Auquel sur le champ avoient remonstré les rentes de la ville ne pouvoir estre arguées de défectuosité, pour en avoir esté les constitutions faictes avec les formalités requises, les commissions pour cest effect addressées à personnes qualifiées, vérifiées aux courts souveraines, de quoy avoit esté faict bonne preuve à MM. les Commissaires députés par S. M. pour la vérification des rentes, représenté les doubles des comptes rendus à la Chambre, auxquels estoient transcripts les acquits des receveurs généraulx pour les deniers receus à cause desd. contributions, ce qui ayant esté représenté auxdits s^{rs} Commissaires, ils en avoient chargé leur estat, sur lesquelles remonstrances pour toute responce dict ledict sieur qu'il y adviseroit.

« Aux fins de leur poursuicte avoient présenté requeste au Conseil, en laquelle par la lecture se recongnoistra n'avoir esté rien obmis de ce qui estoit à demander, et quoyque, sans intermission, à chacun jour de Conseil, se feussent présentés pour estre oys, et présenté, à divers jours, à M^r le chancelier plus de dix placets, n'avoient peu avoir audience, ains seullement ung advertissement d'aucuns de MM. du Conseil que leur requeste avoit esté délibérée, et qu'il y seroit donné responce..... »

« Au Roy et à nos seigneurs de son Conseil.

« Sire,

« Les conseillers eschevins de votre ville de Rouen remonstrent très-humblement à V. M. qu'il seroit deu à plusieurs particulliers, pauvres femmes veufves, enfants orphelins, communaulté des pauvres et hospitaulx, n'ayans d'ailleurs aucun moyen de vivre, la somme de 153,963 l. 12 s. 3 d. de rente par chacun an sur votre recette généralle audit Rouen, restans, déduction faicte de la somme de 1,510 l. 18 s. 10 d. pour racquictz et amortissement de quelque partie de rente faictz par MM. les Commissaires députez par V. M. pour la revente des greffes et tabellionnage de votre province de Normandie, de la somme de 155,474 l.

11 s. 1 d., à quoy montoient les rentes vendues et constituées à plusieurs particulliers et les assignations à eulx données sur votre recepte généralle aud. Rouen, au paiement desquelles, à faulte de fonds sur lad. recepte, auriez par cy-devant affecté la moictié des *Nouvelles impositions* qui se levoient en votre province de Normandie et depuys rejectez sur votre d. recepte généralle.

« Remonstrent aussi lesd. supplians que, en tant que seroit le courant de la présente année, votre dicte Majesté, par arrest du 28 janvier derrenier, leur auroit accordé demye année desd. rentes montant à 76,981 l. 10 s. 1 d. à prendre sur votre dicte recepte généralle, et néaulmoins auroient seullement receu 57,000 l. par une rescription du s^r trésorier de l'Espargne, addressante à Me N^{as} de Servient, receveur général à Rouen, de sorte que sur lad. demye année, y auroit faute de fonds de 19,981 l. 10 s. 1 d. ob., outre la faute de fonds de l'autre demye année courant, montant à semblable somme de 16,981 l. 10 s. 1 d. ob., qui leur seroit encores deue.

« Par semblable remonstrent que pour l'année desd. rentes escheues le derrenier décembre 1602, néaulmoins que eussiez ordonné leur estre payé la somme de 49,500 escus, quoyque fondz insuffisant pour le paiement de lad. année revenant à la d. somme de 153,963 l. 12 s. 3 d., ils avoient seullement receu 38,000 escus, tant en conséquence dudit arrest du 28 janvier derrenier, par lequel V. M. auroit accordé à Jeh. Godey, adjudicataire desd. *Nouvelles impositions* par le prix de 130,000 escus, la somme de 6,500 escus pour moictié du rabais de la non-joyssance de son bail, à prendre sur l'assignation accordée ausd. supplians par votre d. Majesté, combien qu'ilz n'eussent joy de la moictié desd. *Nouvelles impositions*, que à cause aussi de la somme de 5,000 escus retenus par led. s^r trésorier de l'Espargne pour mons. le grand (1), au moyen de quoy seroit deu ausd. supplians, pour reste de lad. année 1602, 39,963 l. 12 s. 3 d., avec grand nombre d'arrérages des années précédentes.

« Ce considéré, Sire, il vous plaise, en ayant esgard aux justes remonstrances des supplians et en considération de l'estat auquel sont réduicts vos pauvres subjects, à faulte de non paiement des arrérages de leurs dictes rentes, ordonner que, en l'estat de l'année prochaine, dressé pour la Généralité de Rouen, sera employé lad. somme de 153,963 l. 12 s. 3 deniers à eulx deue, ainsi que dict est, pour estre lad. somme receue par le receveur de la ville de Rouen, de votre dicte recepte générale, comme leur fondz et première assignation, et que pour l'advenir cest ordre sera suivy et gardé, afin de rédimer les supplians des frais qu'il leur convient faire à la poursuite de leur assignation, pour après lad. somme receue estre distribuée par le receveur de lad. ville aux particuliers rentiers et au faict de sa charge ainsi qu'il appartiendra, mesmes leur ordonner fonds de 3,000 l. pour les espices, façon, frais et reddition des comptes.

« Pareillement ordonner fonds leur estre faict de la somme de 19,981 l. 10 s. 1 d. ob., à eulx deue pour reste de la demye année du courant de l'année présente, accordée par votre dite Majesté sur ladicte recepte générale ; aussi leur faire fonds de l'autre demye année courante, montant à 16,981 l. 15 s. 1 d. et outre leur faire fonds de 3,000 l. pour les espices, façon, frais et reddition des comptes de la présente année, qui ne peuvent souffrir diminution, ores qu'il ne soit compté que de demye année.

« Ensemble leur pourvoir de fonds de la somme de 39,963 l. 10 s. 3 d. à eulx due pour reste de l'année 1602,

---

(1) M. de Bellegarde, grand écuyer.

et pour les arrérages des années précédentes, et les supplians continueront à prier Dieu pour vostre prospérité et santé. Signé: De Clère, Galentine; » et plus bas est escript : « Le Roy continuera de faire fonds le plus ample que ses affaires le pourront permettre pour le paiement desd. rentes, et fera tousjours sa Majesté congnoistre aux supplians, comme elle a faict par le passé, le soing particulier qu'elle a de leur bien et contentement, notamment au faict desd. rentes, en l'acquit desquelles ils ont beaucoup d'occasion de se louer de la bienveillance de sa d. Majesté, qui leur a faict recevoir en cella beaucoup plus de favorable traictement que ses autres subjects. Faict à Paris, le 18e jour de décembre 1603. Signé : Henry ; et plus bas : Potier, ung paraphe. »

Receveurs et contrôleurs des rentes. — Par édit donné à Paris, au mois d'avril 1604, le Roi créa en titre d'offices formés 2 receveurs et payeurs et 4 contrôleurs généraux pour avoir l'administration, maniement et distribution de tous les deniers affectés aux rentes constituées tant sur l'Hôtel commun de Rouen que sur les recettes généralles de Rouen et Caen, greniers à sel, aides, imposition et domaine forain.

Dans cet édit, le Roi mettait en avant l'intérêt public. Il avait eu commisération de tant de pauvres familles, « la pluspart desquelles, n'ayant autre moyen de se substanter que du revenu annuel desd. rentes, s'attendoient, soubs la foy publique et fermeté de la parolle et promesse des rois, ses prédécesseurs, d'en estre de temps en temps satisfaicts, notamment après tant de nécessités souffertes pendant les guerres. »

Cette considération avait mû le Roi, après la réduction de sa ville de Rouen, de payer le plus qu'il lui avait été possible, encore que ses finances fussent tellement surchargées par les désordres qui y avaient été commis 30 ans auparavant qu'il n'eût pas même la moitié des fonds suffisants pour subvenir aux dépenses nécessaires à la conservation de son Etat.

« Mais au lieu que le fonds par lui laissé deust estre distribué esgallement à tous les rentiers et à mesure que l'argent étoit receu, on lui fit plusieurs grandes plainctes des divertissements que se faisoient des dits deniers, tant par ceux qui ordonnoient aux receveurs... que des longueurs et pratiques dont ils usoient, s'excusant leurs deniers estre divertis ailleurs pour autres affaires. » Il arrivait que les riches étaient payés; que les veuves et les orphelins ne pouvaient rien obtenir. Il fallait que ces abus fussent bien réels, puisque, en plusieurs occasions, la ville de Rouen, le parlement, les Etats de la province les avaient signalés, et que le Roi les reconnaissait lui-même dans son édit. Mais la création des nouveaux officiers, qui était annoncée comme un préservatif contre le renouvellement de ces abus, ne parut aux échevins de Rouen qu'une aggravation de charge et un autre abus contre lesquels ils reclamèrent.

Le 25 mai, la ville, dans une assemblée génèralle, décida que l'on se pourvoirait par opposition pure et simple, à la Chambre des Comptes, pour empêcher la vérification de cet édit. Le dernier septembre, elle députa en cour, pour en obtenir la suppression, Robert de Hanyvel et Geoffroi Gavyon, anciens conseillers (1).

Cet édit fut, malgré ces démarches, enregistré à la Chambre des Comptes, le 24 septembre 1604 (2).

Paroissiens assignés pour l'élection des députés du tiers état de la vicomté de Rouen. — « Jehan Le Clerc, ser-

---

(1) Archives de la ville de Rouen, *Registre des Délibérations*, A. 22, fo 34.

(2) Arch. de la S.-Inf., *Mémoriaux de la Chambre des Comptes*.

geant royal vendeur en la sergeanterye de Cailly, branche de Blainville, certiffie à tous qu'il appartiendra que ce jour d'huy, 15e et 16e jours d'octobre 1604, vertu du mandement donné de Mr le bailly de Rouen ou son lieutenant le 11e jour d'oct. présent mois et an, je me suis présenté ès parroisses de la sergeanterye de mon distric, ausquelz lieux j'ay signiffié aux parroissiens desd. parroisses qu'ils aient à eulx assembler dimanche prochain, heure et yssue des grandes messes parroissiales de leurs dictes parroisses, pour assister et se trouver au prétoire ordinaire où se tient la juridiction dudit bailliage et au jeudy 21e d'oct., présent mois et an, pour, avec les aultres parroissiens des autres sergeanteries de ceste d. viconté, et en la présence de l'un des Esleuz en l'Elexion de ceste d. ville, nommer ung deslégué pour le tiers estat, pour assister à la convention des Estats de ceste province de Normandie termez à tenir en lad. ville de Rouen au 4e jour de nov. prochain venant, et lesquels parroissiens qui seront nommez apporteront ung mandement signé du curé ou vicaire et thésauriers, qui contiendra que ilz avoient esté nommez devant celuy qui avoit charge de nommer pour delesgué dudit tiers estat, et iceulz parroissiens assignez ainsy qu'il ensuict.

« Premierement

« Parroissiens de Blainville, en parlant à Thomas Hellyé, Jehan Mabire, thésauriers de lad. parroisse.

Parroissiens de S. Arnoult, en parlant à Nicolas Delarue et François Michault, thésauriers de lad. parroisse.

Parroissiens de Sermonville la Sauvage, en parlant à Robert Dubosc et François Morel, thésauriers.

Parroissiens de la Vieurue, en parlant à Jehan du Mesnil et Claude Le Blanc, thésauriers de lad. parroisse.

Parroissiens de Morgny, en parlant à Jehan Canehors et Nicollas Le Brement, thésauriers de lad. parroisse.

Parroissiens de Crevon, en parlant à Ollivier Crespin et Martin Forestier, parroissiens de lad. parroisse.

Parroissiens de Sermonville la Rivière, en parlant à Nicolas Bourel et Henry Adens, parroissiens.

Parroissiens de Castenay, en parlant à Cler Masson et Guill. Marcotte, thésauriers de lad. parroisse.

Parroissiens de Saint-Aignan sur Ry, en parlant à Regné Le Hur et Georges Boudet, parroissiens.

Parroissiens de Boissey, en parlant à Jehan Le Chevalier et Adrien Chrestien, parroissiens.

Parroissiens d'Ernemont, en parlant à Jacques Allain et Le Roux, parroissiens et thésauriers de lad. paroisse.

Parroissiens de Chef de l'Eau, en parlant à Allexis Huray et au sieur de Beaucamp, thésauriers de lad. parroisse.

Parroissiens de Héron, en parlant à Antoine et Tassin Pellerin et Denis Hellye, thésauriers de lad. paroisse.

Parroissiens de Héronchel, en parlant à Jehan Fleury et Vincent Cauchois, parroissiens.

Parroissiens de Rebaiz, en parlant à Henry Lermette le jeune, thésaurier, et Pierre Ratel, parroissiens.

Paroissiens de Morville, en parlant à Jehan Foucault et Marin Jumellin, thésauriers de lad. parroisse.

Parroissiens d'Ellebœuf sur Andelle, en parlant à Clément Sanson et Jehan Le Loutre, thésauriers.

« Tous adjournez, parlant comme dessus, à comparoir jeudy prochain de matin, 21 oct. présent mois et an, par devant Monsr le Bailly de Rouen ou son lieutenant, au prétoire ordinaire dudit bailliage, pour eslire et nommer ung delesgué du tiers estat, suyvant qu'il est cy-devant contenu. Faict présence de Cardin Le Sueur, Simon Louche et autres ; signé : Le Cler, un paraphe.

« Collacion faicte sur l'original en pappier cy-dessus transcripte, veu au greffe du bailliage de Rouen ce jourd'hui dernier jour de janvier 1608 (1). »

ÉTATS D'OCTOBRE 1605.

I.

EXTRAITS DES REGISTRES DE L'HOTEL-DE-VILLE DE ROUEN.

Lettres du Roi au bailli, datées de Fontainebleau, 20 sept. 1605, fixant la réunion à Rouen au 20 oct. — Lettre du duc de Montpensier au même, même date. — Autre lettre du même au même : « Ayant, à mon arrivée en ceste ville, advisé de remettre la tenue des Estats de mon gouvernement au 9 du mois prochain, à cause de quelque occasion qui m'est survenue, j'ay pensé aussitôt vous en devoir donner advis et prier, comme je faiz par ce mot, Monsr le bailly, que, incontinent icelluy receu, vous faciez sçavoir en diligence ès vicontez de votre bailliage la remise desd. Estats audit jour 9e du mois prochain, afin que les députez d'icelle ne se rendent en ceste ville plus tost que le huictieme d'icelluy, pour le lendemain faire l'ouverture des d. Estats, ce que m'asseurant vous sçaurez faire, je ne vous en convyeray davantage si ce n'est à me croire tous jours votre très affectionné amy, Henry de Bourbon. Rouen, ce 9 oct. 1605. » — Lettre des officiers du bailliage aux échevins de Rouen, nov. 1605.

Assemblée tenue en la grande salle de l'Hôtel-de-Ville, sous la présidence du lieutenant général au bailliage, 17

---

(1) Arch. de la S.-Inf., *F. de l'abbaye de Montivilliers ; Boissay.*

octobre 1605. Présents (outre les officiers de justice, les conseillers de la ville, les députés du chapitre, un pensionnaire, les quarteniers et les députés des 4 vicomtés), 64 ecclésiastiques (entre autres le sous-prieur de Grandmont), 5 nobles et un grand nombre de notables et *éminents* bourgeois. Furent nommés Etienne Sansson, curé de S. Laurent, archidiacre et chanoine de Rouen, pour l'église; M. de Roncherolles, l'aîné, baron du Pont-Saint-Pierre, pour la noblesse; pour conseillers échevins, nobles hommes Jeh. Voisin, s^r de Guenouville, Nicolas Puchot, s^r de Malaunay, conseiller et secrétaire du Roi.

Proposition des Etats. — « Du 9e jour de nov. 1605, en assemblée tenue apres la Proposition des Estats pour délibérer les articles pour employer au Cayer des Estats par nous Jacques Cavelier, lieutenant général, en laquelle ont assisté les s^{rs} 1er advocat général, conseillers eschevins, anciens conseillers, députez de l'église, noblesse et du tiers Estat des quatre vicontez de ce bailliage.

« Sera réitéré et adjousté à l'article 5e du Cayer de l'année dernière touchant le paiement des arrérages des rentes que la ville a à prendre sur la recepte génerale: qu'il plaise à S. M. faire employer par chacun an, par MM. les Trésoriers généraulx, en l'estat qu'ils dresseront des charges sur la recepte génerale dudit Rouen, le paiement de ce que montent iceulx arrérages, comme estant lad. recepte génerale leur premier fond, pour éviter aux grands frais que lesd. eschevins ont faict et font encor maintenant en court, y ayant encor à présent leurs députez à poursuivre leur assignation vers Sa Majesté, faute d'estre employez aud. estat, lesquels, néantmoins leur poursuicte et jusques en la ville de Lymoges le 21e oct. derrenier, n'ont raporté autre responce sur leur requeste, que l'estat desd. rentes seroit veu et vérifié (par le Roy) en son Conseil afin de séparer les bonnes rentes constituées en deniers comptans d'avec les mauvaises et aprez pourvoir au fonds requis pour le paiement des arrérages de celles qui auront esté créées avec bonne et juste cause, tout ainsi qu'il se fait chacun an pour les rentes constituées sur les autres receptes génerralles de ce royaulme, sans ordonner d'aucun paiement, suplians à ceste cause iceulx eschevins Sa Majesté cependant pourveoir de fonds suffisant pour le paiement desd. rentes.

« Révoquer les eedictz de création nouvelle de vendeur de vinaigre, eaux-de-vie et moutarde, ensemble l'impost que l'on prétend mettre sur les cartes, dez et tarots, cy-devant suprimé.

« Que les deniers levez pour la réfection du pont de cette ville de Rouen soient employez entièrement audit ouvrage premier que continuer lad. levée des 20 s. pour ponson de vin suivant les premières patentes.

« Que le passage du pont de Pont-de-l'Arche soit libre et ouvert pour la commodité du public, et qu'il soit défendu aux habitans de lad. ville de s'ingérer d'aller aux bateaulx pour les monter, s'ils n'en sont requis, et qu'il sera informé des exactions qui y ont esté et sont commises.

« Qu'il plaise à S. M. remectre la constitution et création des rentes au denier dix, pour les incommodités qui en arrivent, spéciallement pour les dots des femmes et filles; du moings que, suivant et pour l'exécution de la responce de l'article xve du Cayer de l'année derrenière, il soit informé de la commodité ou incommodité de remectre icelles rentes au denier dix, n'ayant lesd. Estats requis la réduction au denier quatorze.

« Suplier S. M. ordonner à l'advenir à MM. de son Conseil privé en la justice et Intendants de ses finances faire bonne et briefve justice et expédition aux députez, tant du païs que des villes et communautez, mesmes au procureur des Estats, pour éviter aux grandz frais qui ordinairement s'y font et consomment à la foulle et oppression du pauvre peuple et des parties poursuivantes. »

II.

NOMINATION DE DEUX COMMISSIONS POUR LE PORT DU CAHIER ET POUR L'AUDITION DES COMPTES.

« Du mardy avant midi 15ᵉ jour de nov. 1605, passé en la maison abatial de Sᵗ Ouen de Rouen.

« Furent présens noble et discrette personne Mᵉ Estienne Sansson, curé de S. Laurans de Rouen, dellégué pour l'église du bailliage de Rouen (1); messire Pierre de Roncherolles l'aisné, sʳ et baron du Pont-S.-Pierre, d. pour la noblesse dud. baill. de Rouen ; nobles hommes Jeh. Voisin, sʳ de Guenouville, et Nᵃˢ Puchot, sʳ de Mallaunay, conseiller notaire et secrétaire du Roy, conseillers et eschevins de Rouen, d. pour lad. ville; honorable homme Jacques Jullien, d. pour le tiers estat de la vic. de Rouen (2) ; David de Sᵗ Gilles, pour la vic. de Pont-de-l'Arche ; Nᵃˢ Barbes, pour la vic. du Pont-Autou et Pont-Audemer (3); Richard Fresnel, pour la vicomté d'Auge (4) ; — noble et discrette personne Mᵉ Pierre Parent, curé de Montebourg et doyen de Canville, d. pour l'église du baill. de Caux ; noble homme Robert Alexandre, sʳ d'Esquimbosc, d. pour

---

(1) Dispensé par le chapitre « pour tout le temps qu'il seroit occupé à faire l'ouverture des Etats pour lesquels il avoit esté député ». 19 oct. 1605, *Délib. capitulaires*.

(2) De la par. de Quièvreville, nommé le 14 octobre.

(3) Nommé le même jour.

(4) Nommé le 11 octobre.

la noblesse dud. baill. ; Thomas Tarel, d. pour le t. e. de la vic. de Caudebec ; Jeh. Hérault, pour la vic. de Montivilliers ; Ch. Le Peley, pour la vic. d'Arques ; Emond de Beauchamp. pour la vic. de Neufchastel ; Me Loys Le Brument, pour la vic. de Gournay ; — noble et discrette personne Me Michel Bunel, chanoyne en l'église cathédral N. D. de Bayeux, d. pour l'église du baill. de Caen ; n. h. Gabriel Eude, s^r de Beauregard, d. pour la noblesse dud. baill. ; honorable homme Pierre Néel, l'un des eschevins de la ville de Caen, d. pour la ville de Caen ; Thomas Jan, d. pour le t. e. de la vic. de Caen ; Charles Le Patouf, pour la vic. de Bayeux ; Pierre Anzerey, pour la vic. de Fallaize ; Jeh. Mesquet, s^r de Cruaux, pour la vic. de Vire et Condé ; — noble et discrette personne Me Loys de Juvigny, chantre et chanoine en l'église cathédral d'Avranches, d. pour l'église du baill. du Costentin ; n. h. Robert de Mathan, s^r de St Ouen, d. pour la noblesse dud. baill. ; Loys de Coquerel, d. pour le t. e. de la vic. de Coustances ; Michel Le Petit, pour la vic. de Carenten et S^t Lo ; N^{as} de la Fontaine, pour la vic. de Vallongnes ; François Chicot, pour la vic. d'Avranches ; Jeh. Le Got, pour la vic. de Mortaing ; — discrette personne Me Jeh. Du Prey, presbtre, hault-doyen de l'église cathédral N. D. d'Evreux, d. pour l'église du baill. dudit Evreux ; messire Félix Le Conte, seigneur et baron de Nonant, d. pour la noblesse dud. baill. ; Michel de Haulteterre, d. pour la vic. du baill. d'Evreux ; Thomas Le Pelletier, pour la vic. de Beaumont-le-Roger ; Jeh. Buisson, pour la vic. de Conches et Bretheuil ; Loys Le Page, pour la vic. d'Orbec ; — discrette personne Me Florimond de Marle, presbtre, curé d'Amécourt, d. pour l'église du baill. de Gisors ; n. h. Jeh. de Feuguerolles, s^r du lieu, d. pour le t. e. de la vic. de Gisors ; Jeh. Guersent, d. pour le t. e. de la vic. de Gisors ;

Pierre Papel, l'un des eschevins de la ville de Vernon, d. pour le t. e. de la vic. de Vernon ; Jeh. Le Maistre, pour le t. e. de la chastellenie de Pontoise; Pierre Le Clerc, pour la prévosté de Chaumont et accroissement de Magny; Berthin Drouy, pour la vic. d'Andeli; Jeh. Chefdeville, pour la vic. de Lyons ; — vénérable et discrette personne Me Jacques De la Mare, presbtre, curé d'Avenelles, et doyen d'Exmes, d. pour l'église du baill. d'Allençon ; n. h. Vincent de Droullin, s^r de Rou (?) et de Say, d. pour la noblesse dud. baill. ; Jeh. Duval, s^r de Haulte Claire, d. pour le t. e. de la vic. dud. Allençon; Gervais Maurice, pour la vic. d'Argenten et d'Exmes : François Balloche, pour la vic. de Domfront; Simon de Bretignères, pour la vic. de Verneuil; et Aquilin Cléreau, pour le conté du Perche et chastellenie de Nogent-le-Rotrou.

« Tous les dessus dits dellégués ont député lesdits s^{rs} Sansson et Bunel pour l'estat de l'église; led. s^r baron du Pont S. Pierre et ledit baron de Nonant pour la noblesse; lesd. Guersent et Anzerey pour le t. e. ; et noble homme Me Jeh. Thomas, s^r de Fontaines, procureur sindic desd. Estats, ausquels et à chacun d'eulx portant la présente, lesd. delléguez... ont donné et donnent pouvoir de poursuivir vers la majesté du Roy et nos seigneurs de son Conseil la response et expédition des articles du Cayer arresté et signé desd. s^{rs} députez, sans aucune chose augmenter ny diminuer... » Suivent les signatures. Un délégué Th. Jan, signe par une marque.

Les mêmes, le même jour, nomment commissaires pour l'audition des comptes les s^{rs} de Juvigny et de Marle pour l'église; les s^{rs} de Mathan et de Beauregard, pour la noblesse; Voisin pour la ville de Rouen; Barbes, Hérault, Mesquet, Haulteterre, Chefdeville, Coquerel, Bretignères pour le t. e., avec le procureur syndic.

III.

PIÈCES DIVERSES.

Bail de l'aide de 20 sous pour tonneau de mer. — Extrait des registres du Conseil d'Etat. — « Sur ce qui a esté remonstré par Courtailler, fermier des 60 s. pour tonneau de mer en la province de Normandie que, par arrestz donnez au Conseil du Roy, il a esté ordonné qu'il jouira entièrement du bail qui luy a esté faict par S. M. de lad. ferme pour les 3 années qui finiront au 15e fév. 1607, nonobstant les remonstrances faictes sur la vérification dud. bail par la Court des Aides de lad. province et l'arrest par elle donné, que S. M. seroit suppliée de dispenser lad. Court de procéder à la vérification dud. bail pour la 3e année d'icelluy, attendu que les deux premières années estoient suffisantes (pour) paier la somme de 85,090 l. pour laquelle la levée dud. impost s'estoit commencée, sur lesquelz arrestz et lettres de jussion expédiez en conséquence d'iceulx, lad. Court a différé de faire droit jusques à ce que le Cahier des Estatz de lad. province ait esté respondu par S. M., auquel y a article qui contient la mesme supplication, requérant à ceste cause led. Courtailler et que le dernier desd. arrestz est postérieur aud. Cahier des Estatz de l'année 1604, par lequel lesd. Estatz faisoient la mesme supplication qu'en la présente année, dont ils ont esté reffusés, joint qu'il ne pouvoit pendant les deux premières années de son bail se desdommager de l'intérest qu'il a eu tant pour l'interruption du traffic survenu par les deffenses de traffiquer avec les Espagnols (1) durant plus de la moiité

---

(1) Ces défenses, bien que préjudiciables au commerce et contraires aux intérêts de la ville de Rouen, avaient été faites pour punir l'Espagne de ses dispositions hostiles à l'égard de la France, depuis l'avènement de Philippe III. (Voir les *Mém. de Claude Groulart*, 1601.)

dud. temps, et avec les Anglois, à cause de la malladie contagieuse (1), qu'il pleust à S. M. luy pourveoir; Veu le bail fait aud. Courtailler au Conseil du Roy le 11e jour de mars 1604, vériffication d'icellui en la Cour des Aides le le 1er jour d'av. ensuivant pour 2 années seulement, arrest donné aud. Conseil le 15 mai 1605, arrest de lad. Court des Aides du 2 juil. 1605, autre arrest donné aud. Conseil le 9e jour de sept. dernier, autre arrest de lad. Court des Aides du 16e jour du présent mois, par lequel elle auroit surcis la délibération dud. bail à ferme et lettres de jussion à elle adressantes pour passer outre à la vériffication dud. bail pour la 3e année jusques à ce qu'il lui feust apparu de la responce faicte par S. M. sur le Cahier de Normandie, que conformément ausd. arrestz du 15e may 1604 et 9e septembre dernier, led. Courtailler sera maintenu en la jouissance de la ferme de 60 s. pour tonneau de mer, pour le temps qui lui reste de son dit bail et à ceste fin que lettres de jussion seront expédiées à la Court des Aydes à Rouen pour passer oultre à la vériffication pure et simple dud. bail, sans attendre autre responce sur le Cahier des Estatz de la province de Normandie que celle qui a jà esté faicte pour ce regard sur le Cahier de l'année 1604. Faict au Conseil d'Estat du Roy tenu à Paris le 29e jour de déc. 1605. Signé : Méliand. »

Nouvelle lettre de jussion, 16 fév. 1606. Enregistrement le 16 mars 1606 (2).

(1) Plusieurs années de suite la peste régna en Angleterre. Les échevins de Rouen et le parlement craignirent que les navires anglais ne l'apportâssent en Normandie. (Voir au Palais de Justice les *Registres secrets* du parlement.)

(2) Arch. de la S.-Inf., *Mémoriaux*, B. 16, 1604-1609, fos 10 et suiv. — Nouveau bail de la même aide à Marcellin Chappel, pour

Nouvelles vicomtés. — Par édit du mois de sept. 1606, Henri IV avait démembré, des anciennes vicomtés de Normandie, les sièges particuliers de plaids qui en dépendaient, et les avait érigés en titres de vicomtés principales, en y créant le nombre nécessaire d'officiers. Il révoqua cet édit dès le mois de juil. 1607, moyennant certaines taxes que durent payer les officiers des anciennes vicomtés (1); mais Louis XIII renouvela les dispositions de l'édit de sept. 1607 par un autre édit, donné à Saint-Germain-en-Laye au mois de janv. 1636, qui fût enregistré au parlement, du très exprès commandement du Roi, plusieurs fois réitéré, le 16 mars 1637, à la Chambre des Comptes le 19, et à la Cour des Aides le 17 du même mois. *(Voir l'art. XII du Cahier des Etats de 1606.)*

Lettres pour l'indemnité des anoblis. — « Henry, par la grâce de Dieu, roy de France et de Navarre, à noz amez et féaulx les gens tenans notre Court des Aides en Normandie, salut. Aux estats qui nous sont envoyés chacun an en notre Conseil par nos amez et féaulx les Trésoriers de France et Généraulx de nos finances en la Générallité de Rouen, nous avons veu plusieurs charges et despences emploiez en iceulx sur aucunes de nos receptes particulières des tailles pour les gaiges d'officiers, rentes constituées, et entre autres la descharge d'aucuns anoblis et affranchis desd. tailles dont nous serions chargez de l'indemnité envers les parroissiens ; et ayans trouvé lesd. charges excessives et qui emportent une partie du fonds de nos tailles, estant nécessaire pour le bien de noz affaires de nous en descharger,

---

3 ans, moyennant 87,000 l. par an, 3 av. 1607. Nouvelle opposition de la Cour des Aides, et nouvelles lettres de jussion, du dernier juin 1607, *Ibidem*, f° 153 v°.

(1) *Registres secrets du parlement*, 16 fév. 1607.

nous avons estimé qu'il estoit à propos de rejecter et oster desd. estats la despence employée en iceulx pour l'indempnité desd. anoblis et affranchis depuis l'année 98, et par ce moyen, aux estatz arrestez en notre dit Conseil des despences à faire chacun an par noz recepveurs généraulx et particuliers de lad. Générallité envoiez à nos d. Trésoriers généraulx, il n'auroit esté employé, en la despence des estatz desd. receptes particulières, aucune chose pour la descharge de l'indemnité des parroisses où sont demourantz lesd. anoblis, suivant et conformément ausquels estatz nosd. Trésoriers généraulx, en dressant par eux les estats aux receveurs particulliers desd. tailles, n'auroient pareillement emploié en iceux lad. descharge, au moien de quoy noz receveurs des tailles auroient faict contraindre les habitants desd. parroisses à paier entièrement leur assis ausd. tailles, sans leur faire aucune déduction, ainsi qu'il s'estoit cy-devant faict pour l'indemnité desd. anoblis, lesquels se seroient pourveuz par devers vous pour leur estre faict droict sur lad. descharge et les maintenir en la jouissance d'icelle; ce que vous auriez fait à raison de la vériffication par vous faicte cy-devant des lettres obtenues par lesd. anoblis et affranchis; et à ceste occasion nosd. receveurs des tailles n'ont peu estre paiez desd. parroisses, et par conséquent n'ont pareillement paié en notre recepte générallle ce qu'ils debvoient pour lad. indempnité; et en sont faictes reprinses aux estats et comptes renduz de leur recepte, ce qui apporte autant de diminution aux deniers de nos finances dont nous avons faict estat; à quoy désirant pourveoir et empescher le désordre qui arriveroit à nos finances de lad. Généralité, nous vous mandons et enjoignons que, sans vous arrester ausd. vériffications par vous faictes des lettres desd. anoblissements, vous aiez à vériffier et permettre les paiemens, ès mains de nosd. receveurs des tailles, de la descharge que pourroient prétendre lesd. parroisses pour lad. indempnité, sans y apporter aucune difficulté, ny entretenir noz contribuables en procès à l'encontre de nosd. recepveurs des tailles ; et pour aucunement desdommager lesd. parroisses et les mettre hors d'intérest de la surcharge qu'elles pourroient porter à ceste occasion, nous mandons aux Trésoriers généraulx de France qu'en faisant par eux le département des tailles de la Génerallité, ils aient esgard à descharger les Ellections où sont les parroisses subjectes à lad. descharge, pour estre par les Elleuz d'icelles pareillement deschargez de ce qu'ilz jugeront en leurs loiaultez et consciences estre raisonnable, au lieu de la descharge desd. anoblis, rejectant sur les autres parroisses de leur Ellection lad. descharge. Car tel est notre plaisir. Donné à Paris, le 16e jour de janvier 1604 (1). »

Commiſſion pour la recherche des Domaines. — 22 Mars 1607. — « A esté délibéré sur le faict de la commission du sr de Courson, et forme des monitoires et quérimonies, dont il entend user pour l'exécution d'icelles, soubz prétexte de la recherche des Domaines, injonction et commandement par luy faict à l'archevesque de Roüen et son official pour l'abstraindre à concéder lesd. monitoires. Ont été mandez MM. du Vicquet et Le Jumel, advocat et procureur généraulx, auxquels a esté demandé s'ils avoient quelques mémoires et instructions sur le faict de l'exécution de la commission du sr de Courson et des monitoires et censures ecclésiastiques qu'il prétend faire publier. A esté dict par ledit sr du Vicquet qu'il n'en avoit de sa part

---

(1) Enregistré à la Cour des Aides, le 5 fév. 1604. — Arch. de la S. Inf., *Mémoriaux de la Cour des Aides*, B. 15, fo 11 vo et suiv. — Mêmes lettres dans les *Mémoriaux de la Cour des Comptes*, B. 23, fo 15. — *(Voir l'art. XIII du Cahier des Etats de Normandie).*

eu communication, et que ceste forme de fulminer est contre les ordonnances, n'estant les censures ecclésiastiques introduites pour la révélation des choses immeubles, et seulement pour les meubles ; et par ledit s^r procureur général dict que lesd. monitoires, mandements et ordonnances dud. s^r de Courson, lui avoient esté baillez par M. de Bretteville, vices-gérant de l'official de Rouen, et qu'il est nécessaire d'en faire remonstrance au Roy. Leur a esté dict qu'ils ayent à voir lesd. pièces et y bailler leur requeste sur ce qu'ils jugeront estre nécessaire de faire remonstrance, et à ceste fin ont esté lesd. pièces mises entre les mains dudit sieur procureur général (1). »

ÉTATS DE NOVEMBRE 1606.

I.

EXTRAITS DES REGISTRES DE L'HOTEL-DE-VILLE DE ROUEN.

Lettres du Roi au bailli de Rouen, datées de Fontainebleau, 20 sept. 1606, fixant la réunion à Rouen au 14 nov. de cette année (2). Lettres du duc de Montpensier au même bailli pour le même objet, Gaillon, 10 oct. 1606. — Lettre des officiers du bailliage aux conseillers échevins de Rouen, 16 oct. 1606.

Assemblée en la grande salle de l'Hôtel commun, sous la présidence de Jacques Cavelier, lieutenant général au

(1) *Registres secrets du Parlement (Voir l'article XXXI du Cahier des Etats).*
(2) Ces lettres du Roi portaient que l'on ne pourrait élire des officiers du Roi ni des gens de justice.

bailliage, lundi 6 nov. 1606, pour l'élection des députés.
Prirent part à l'élection (outre le 1er avocat et le procureur
du Roi au bailliage, les conseillers modernes, le grand vicaire Péricard, les 2 chanoines députés du chapitre, les anciens conseillers, un pensionnaire et le procureur de la
ville, les 4 quarteniers et les députés des 4 vicomtés) 5 nobles « et plusieurs autres en grand nombre, tant ecclésiastiques qu'autres notables bourgeois, desquels on ne put tirer le
nom pour la grande multitude ». — Furent nommés : pour
l'état ecclésiastique, Me André Guyjon, docteur en théologie, prieur de S. Sauveur, grand vicaire au temporel et
au spirituel de Mgr de Joyeuse, archevêque de Rouen ; —
pour l'état de noblesse, Jacques de Bauquemare, sr du
Mesnil et de Vitot, commandant pour S. M. au château
du Vieux-Palais ; comme conseillers échevins, Geoffroy
Gavyon et Jacques Blondel. On leur donna spécialement
pouvoir de requérir la démolition de Henricarville. —
Bauquemare ayant allégué qu'il était conseiller de S. M.
en son Conseil d'Etat et privé, on nomma à sa place, le
14 nov., le sr d'Estouteville (1). Ce dernier présenta à son
tour ses excuses : il fit valoir qu'il n'appartenait pas au
bailliage de Rouen, mais à celui de Caux. On le remplaça,
le mercredi, par M. Jeh. de Tilly, écuyer, sr de Prémont
et de Vandrimare.

Proposition des Etats. — « Du jeudi 16e de nov. 1606,

(1) Mardi 14 nov. 1606. « Le procureur de la ville, entré en chapitre par supplication, a faict entendre à la compagnie comme M. d'Auberville, lieutenant du bailly de Rouen, avoit receu les lettres de
Mons. de Montpensier par lesquelles il entent qu'il soict procédé à
autre élection d'un noble que du sr du Mesnil (Bauquemare), pour
assister aux Estatz, et pour ce subject avoit été termé à ce jour d'huy
après midy assemblée à l'ostel commun de ceste ville. Ont esté députez MM. les archidiacres Sansson et Marc pour assister à lad. assemblée. » *Délib. capitulaires.*

en l'assemblée tenue après la Proposition des Estats pour délibérer les articles pour employer au Cayer, il a été arresté que l'on suppliera S. M. révoquer les édicts de création nouvelle des vendeurs de vinaigre, eaux-de-vie et moutardes. — Pour l'estat de prieur et consuls, il a esté arresté qu'il sera employé au Cayer du bailliage. — Pour le bailliage de Rouen sera persisté avec les députés de la spécialité commune. »

II.

NOMINATION DES DEUX COMMISSIONS POUR LE PORT DU CAHIER ET POUR L'AUDITION DES COMPTES.

« Du mardi avant midi, 21e jour de novembre 1606, passé en la maison abatial S. Ouen de Rouen.

« Furent présens noble et discrette personne Me André Guyjon, docteur en théologie, prieur de S. Sauveur et grand vicaire de Mgr le révérendissime cardinal de Joyeuse, archevesque de Rouen, dellégué pour l'église du bailliage de Rouen ; nobles hommes Geoffroy Gavyon et Jacques Blondel, conseillers eschevins de la ville de Rouen, delléguez pour lad. ville; hon. homme Anthoine Rose, d. pour le tiers estat de la viconté de Rouen; hon. homme Thomas Sanson, pour la vic. de Pont de l'Arche; Mathieu Le Gras, pour la vic. de Pont-Audemer; Ollivier Orieult, pour la vic. d'Aulge; — discrette personne Me Martin Desmares, presbtre, curé de la par. d'Angerville l'Orcher, d. pour l'église du baill. de Caux ; noble seigneur Anthoine Doulle, chevalier, sr de Neufville-Ferrière, d. pour la noblesse dud. baill. ; Constentin Housset, d. pour le t. e. de la vic. de Caudebec; Robert Le Boullenger, pour la vic. de Montivilliers; Anthoine Harenc, pour la vic. d'Arques; Geoffroy Horcholle, pour la vic. de Neufchastel, et Mᵉ Loys Le Brument, procureur syndicq de la ville de Gournay pour là vic. de Gournay ; — vénérable et discrette personne Mᵉ Guill. Labbé, presbtre, licencié ès droits, chancelier et chanoine de l'église cathédral N. D. de Bayeulx et curé de Guibray, d. pour l'église du baill. de Caen ; n. h. Jeh. d'Oillenson, sʳ d'Ouilly et de Friboys, d. pour la noblesse dud. baill. ; Mᵉ Jeh. Brunet, l'un des gouverneurs et eschevins de la ville de Caen, d. pour lad. ville de Caen ; Marin Le Marchand, d. pour le t. e. de la vic. de Caen ; Noel Furon, pour la vic. de Bayeulx ; Philippe Buisson, pour la vic. de Fallaize ; Françoys Le Carpentier, pour la vic. de Vire et Condé ; — discrette personne Mᵉ Jacques Bertout, presbtre, chanoine en l'église cathédral de Coustances, d. pour l'église du baill. de Costentin ; n. h. Jeh. de Gueroult, d. pour la noblesse dud. bailliage ; Mᵉ Jacques Jourdan, d. pour le t. e. de la vic. de Coustances ; Estienne Bataille, pour la vic. de Carenten ; Rob. Mallo, pour la vic. de Vallongnes ; Jacques Le Conte, pour la vic. de Mortaing ; — noble et discrette personne Mᵉ Jacques Borel, d. pour l'église du baill. d'Evreux ; Guill. de Bonnechose, esc., sʳ de la Boullaye, d. pour la noblesse dud. baill. ; Francois Cochard, d. pour le t. e. de la vic. d'Evreux ; Nᵃˢ Le Marié, pour la vic. de Beaumont-le-Roger ; Jeh. Salmon, pour la vic. de Conches et Bretheuil ; François Maraiz, pour la vic. d'Orbec ; — vénérable et discrette personne Mᵉ Charles de Pistres, presbtre, chanoine de l'église collégial de N. D. d'Andeli, d. pour l'église du baill. de Gisors ; hault et puissant seigneur messire Charles de Roncherolles, chevalier, seigneur et baron de Heugueville, d. pour la noblesse dud. baill. ; Jeh. Guersent, d. pour le t. e. de la vic. de Gisors ; André Le Prince, pour la vic. de Vernon ; Jehan Maistre, pour la chastellenie de Pontoise ; Pierre Le Clerc, pour la prévosté de Chaumont et accroissement de Maigny; Jeh. Prevost, pour la vic. d'Andeli; Jeh. Chefdeville, pour la vic. de Lyons; — Me Mathurin Colibeaux, presbtre, curé de S. Marc de Graive, d. pour l'église du baill. d'Allençon; ne h. Jacques Achard, sr de Bonvoulloir, d. pour la noblesse (1); Bonaventure Duval, d. pour le t. e. de la vic. d'Allençon; M. Yver, pour la vic. d'Argenten et d'Exmes; Jeh. Le Mareschal, pour la vic. de Verneuil et Chasteauneuf-en-Thimerais, et Raullin Rochin, pour le comté du Perche et chastellenie de Nogent-le-Rotrou...

« Tous les dessus dits delléguez, représentans les gens des trois Estatz de la province de Normandie, ont député, nommé et esleu leurs procureurs généraulx et espéciaulx, c'est assavoir lesd. srs Labbé et Desmares pour l'église; led. sr baron de Heugueville et le sr de la Marine pour la noblesse; et lesd. Marais et Buisson pour le t. e., et n. h. Me Jeh. Thomas, sr de Fontaines, procureur syndic, ausquels et à chacun d'eulx, portant la présente, lesd. srs delléguez, ès dits noms et qualitez, ont donné et donnent plein pouvoir de poursuivir vers la Majesté du Roy et nos seigneurs de son Conseil la responce et expédition des articles du Cayer arresté et signé desd. srs députez, sans aucune chose augmenter ou diminuer. » Suivent les signatures.

Les mêmes, le même jour, délèguent à l'audition des comptes les srs Borel et de Pitres pour l'église; les srs d'Ouilly et de la Boullaye pour la noblesse; Le Carpentier et Duval pour le tiers état, avec Jehan Thomas, sr de Fontaines, procureur syndic.

III.

PIÈCES DIVERSES.

Lettres patentes concernant les anoblis. — « Henry, par

(1) Cependant il signe Alexandre Achard et non Jacques.

la grâce de Dieu, roy de France et de Navarre, à nos amez et féaulz conseillers les gens tenans la Cour des Aydes à Rouen, salut. Nous avons recongnu par plusieurs voz arrestz les reffuz par vous faicts de procéder à la vérification de notre édict du mois de mars 1606 pour la manutention de ceux qui ont esté anobliz en notre païs et duché de Normandie et mesmes par les deux derniers, des 14 aoust et 29 nov. dernier, où vous auriez différé de procéder au faict de lad. vériffication jusques à ce que lesd. anoblis nous eussent faict telles remonstrances qu'ilz verroient bon estre, et que nous aurions pourveu sur le Cahier des Estatz de notre province de Normandie pour ce qui concernoit lesd. anobliz, ce qui auroit esté effectué ainsi qu'il appert par l'extraict du Cahier des Estatz dud. païs de Normandie, attaché soubz le contre-seel de notre chancellerie; et d'aultant que par les remonstrances qui nous ont esté faictes, tant sur led. Cahier, que requestes particulières des anobliz dud. païs de Normandie, nous aurions jugé leurs raisons trop faibles pour faire changer les notres meurement deslibérées en notre Conseil, lors de la résolution par nous prise de faire led. éedict, de l'advis d'icelluy et de notre certaine science, plaine puissance et auctorité royale, nous voullons, vous mandons et expressément enjoignons par ces présentes que, tous affaires cessants et postposez, vous ayez à vérifier purement et simplement led. éedit pour la manutention desd. anoblis de notre pays de Normandie du mois de mars 1606, sans y apporter aulcune longueur, modiffication ni restriction. Car tel est notre plaisir. Donné à Paris, le 22e jour de fév. 1607... Signé : Henry (1). »

(1) Arch. de la S.-Inf., *Mémoriaux de la Cour des Aides*, B. 16, f° 116. — Le Roi, en conséquence de la résolution prise en l'assemblée de Rouen, avait, par édit du mois de janvier 1598, revoqué les

Vinaigriers mis en jurande. — Par édit donné au mois d'av. 1597, le Roi en avait confirmé un autre de son prédécesseur, du mois de déc. 1581, lequel ordonnait que dorénavant « nuls artisans et gens de métier, demeurans et travaillans, comme maistres de leurs arts et mestiers, ès villes, faubourgs, bourgs, bourgades du royaume, auxquels n'y avoit maîtrises ni jurés, fût en boutiques ouvertes, chambres, ateliers ou autres endroits, et qui seroient trouvés travaillans, ne pourroient exercer sans estre pourveuz ».

Cet édit ne fut pas observé, notamment en ce qui concernait le métier de vinaigrier, aigrier, moutardier et faiseur d'eau-de-vie de la ville et banlieue de Rouen. On crut pourtant remarquer que ceux qui l'exerçaient n'avaient pas la connaissance et expérience à ce requises, et qu'ils employaient souvent, « aux aigres des cidres, des grains d'ièbles, du suriau et du *compros*, anciennement appelé *tournesort*, qui était une toile teinte pour donner couleur aux aigres (1), ce qui causoit de grandes maladies, comme de flux de sang et autres dangereux inconvéniens; et aux vinaigres, au lieu de les faire purs, y employoient des lies de plusieurs sortes de liqueurs; et à la moutarde, au lieu de bon senevé, y mettoient des graines de choux et de rabettes qui la rendaient huileuse et de mauvais goût, et du jour au lendemain putrefaicte, conséquemment indigne d'entrer au corps humain; et l'eau-de-vie, au lieu de la faire de bonnes lies, y en employoient de puantes et infec-

anoblissements obtenus par finance. — Cet édit fut révoqué et les anoblissements furent confirmés, mais à charge, aux anoblis depuis 1573, de payer certaines taxes, mars 1606. Ce second édit ne put être enregistré qu'à la suite de plusieurs lettres de jussion.

(1) Ces toiles dites *compros*, teintes en rouge, s'achetaient en Angleterre. C'était par ces toiles qu'on faisait couler les *aigres*.

tées avec des épiceries qui causoient de grands et dangereux accidents au peuple. »

Une *infinité de personnes sordides et déshonnêtes* s'entremettaient d'en fabriquer, spécialement les chandeliers, bien que ce fût incompatible avec leur métier. A la suite d'une information, le bailli de Rouen avait déclaré que, « pour le bien public et pour éviter à ces abus, il était nécessaire que les faiseurs de vinaigres, aigres, moutardes et eaux-de-vie fussent érigez, jurez et policiés d'ordonnance en la ville et banlieue de Rouen. »

En conséquence de cet avis, un édit, donné à Montargis, oct. 1606, créa en jurande l'état de vinaigrier, aigrier, moutardier et faiseur d'eau-de-vie, pour être dorénavant et perpétuellement juré et exercé à l'instar du même métier, tel qu'il était exercé à Paris. Ceux qui voudraient s'y faire admettre devaient obtenir des lettres du Roi, signées par un de ses conseillers et secrétaires et scellées au grand sceau. Le Roi attachait une si grande importance à cet édit qu'il voulut que le parlement procédât à son enregistrement, sans tenir compte d'aucunes réclamations, et sans aucun retard, bien que ce fût le temps des vacations. L'enregistrement eut lieu le 6 nov. 1606. Il y eut une opposition très vive de la part des maîtres et gardes des métiers de chandelier, de tonnelier, d'épicier et d'apothicaire, de la part des échevins et des Etats de Normandie. Mais ce fut en vain. Des arrêts du Conseil donnèrent tort aux opposants, et le lieutenant général du bailli tint la main à l'exécution du nouvel édit.

Un règlement qui y était annexé portait, entre autres articles :

« Aucun ne pourra faire ledit mestier ny faire acte de maistre vinaigrier, aigrier, moutardier et faiseur d'eau-de-vie que premièrement il n'ait esté aprenty avec un maistre dudit mestier par l'espace de 3 ans entiers.

« Aucun maistre ne pourra prendre aucun apprenti moins dudit temps de 3 ans.

« Aucun maistre dud. mestier ne pourra tenir en sa maison qu'un vallet pour crier et acheter lies, vin, sildre et autres marchandises propres audit mestier parmy les rues, et, s'il a un apprenti qui soit capable, il ne pourra avoir autre valet marchant pour acheter, tant que lesd. 3 ans dudit apprenty soient finis et accomplis ; et ne pourra icelluy maistre accueillir avec luy aucun adjoint ni personne pour faire led. mestier.

« Item qu'aucun dudit mestier ne pourra dorénavant ouvrir au jour de dimanche, les festes de N. D., S. Vincent, S. Jean, S. Nicolas, S. Estienne, S. Martin, ny aux festes solennelles, sur paine de 40 solz parisis d'amende.

« Aucun, quel qu'il soit, ne pourra faire vinaigre, aigre, ne presurer lie ny faire eau-de-vie ny moustarde pour vendre, s'il n'est maistre juré.

« Sera néanmoins permis aux bourgeois d'en faire pour leur usage.

« Lesd. maistres étoient permis porter, faire porter lesd. marchandises de vinaigres, aigres, moutarde et eau-de-vie aux petites villes et bourgs et autres lieux pour les débiter et faire débiter ou vendre en gros (1). »

De notre temps des médecins et des chimistes seraient

---

(1) D'après les statuts de 1694, « les maistres vinaigriers, étaient seuls dans le droit de faire aigre, vinaigre, verjus, moutarde, limonade et cheres cendres faictes de lies de vin brûlées et de les vendre en gros et en détail, comme aussi dans le droit de vendre et débiter toutes sortes d'eaux-de-vie, d'en recevoir et d'en envoyer aux provinces et pays étrangers, et de confire et alambiquer toutes sortes de fruits et de grains à l'eau-de-vie. »

nommés par la justice comme experts dans une question de cetté nature. L'information des 3, 6 et 7 sept. 1605, faite par Jacques Cavelier, lieutenant général du bailli, ne rapporte d'autres dépositions que celles de Guill. Surdon, marchand de vin ; de Paul Deslandes, marchand tonnelier-hôtelier, demeurant à la Bastille, derrière le palais, paroisse de S. Lô; de Jacques Laîné, marchand de vin ; de Pierre De la Mare, drapier ; de N[as] Duchemin, tavernier; de Jean Chiquet, tavernier de cidre; d'Etienne Picot, hôtelier-tavernier; de Luc Hellot, courtier de vins. La hâte avec laquelle on procéda à l'exécution de l'édit, les noms des personnes consultées, nous donnent lieu de croire que le gouvernement eut, dans cette circonstance, moins en vue l'intérêt public que l'intérêt du trésor, et que dans l'établissement de la jurande des vinaigriers il ne faut voir autre chose qu'une mesure fiscale. Ainsi s'expliqueraient les réclamations de l'Hôtel-de-Ville de Rouen, et le concours que lui prêtèrent, mais sans succès, les députés de la province.

Lettre adressée à la Chambre des Comptes par un de ses membres chargé de la Recherche des officiers comptables. — « Messieurs, je suis marry que je ne puis en personne vous aller rendre raison de vostre commission selon que j'en ay le désir.. J'ay entendu l'authorité de vostre dite commission estre révocquée en doute, et que quelques ungs de Messieurs ont proposé que ce que je feroys n'auroit peut-estre pas lieu. Avant que passer plus oultre, j'ay différé et vous supplye vous en résoudre les 2 semestres assemblés, car il ne seroit raisonnable, par la congnoissance que l'on prendra de mon travail, que l'on divertist la vérité de quelques malversations, comme l'on a jà commencé en certaines paroisses, où l'on a esté deux ou troys foys par personnes interposées et d'autorité, et desquelles paroisses je n'ay peu tirer aucune vérification des payemens qu'ils ont faits, néanmoings qu'ils estoient les premiers se plaignants. Or Messieurs, venant au point, je vous diroy que, pour le défaut des comptes, je n'ay peu tant advancer comme j'eusse désiré, et ay seulement inquis d'une sergenterie divisée en troys branches, où, pour estre la contagion extresme encor, j'ay laissé les deux tiers des paroisses, et en si peu que j'ay ouys, il y a obmission de recepte de 540 tant d'escus, sans compter plusieurs plaintes dignes d'estre veues. Ce que j'ay travaillé a esté vertu de vos arrests geminés, et où je me propose le tout estre avec tant de vérité et justice qu'il se peut porter partout.

« Je vous supplye que la présente demeure au greffe, et je demeureray, Messieurs, en général et en particulier,

« Votre bien humble serviteur et confrère.

« P. de BECDELIÈVRE (1). »

ÉTATS D'OCTOBRE 1607.

I.

EXTRAITS DES REGISTRES DE L'HÔTEL-DE-VILLE DE ROUEN.

Lettres du Roi au bailli de Rouen, datées de Paris, 4 sept. 1607 (2), fixant la réunion à Rouen au 20 octobre. —

(1) Arch. de la S.-Inf., *F. de la Chambre des Comptes.*
(2) Les lettres du Roi ne contenaient pas la date de la tenue des Etats. Cette date était d'ordinaire laissée en blanc et ajoutée par le Gouverneur, à qui les lettres étaient adressées pour être transmises au bailli, ainsi que l'indique clairement cette lettre du gouverneur au bailli : « Monsieur le bailly, ayant receu la commission et lettres du Roy mon seigneur en la forme accoustumée pour la tenue des Estats de mon gouvernement, où elle se remet en moy du lieu et jour de les assembler. »

Lettre du duc de Montpensier au même, pour le même objet, Paris, 26 sept. — Lettre des officiers du bailliage aux échevins de Rouen (1er oct.), fixant le jour de l'élection au mercredi 17 oct., 1 h. de l'après-midi.

Assemblée tenue en la grande salle de l'Hôtel-commun sous la présidence de Jacques Cavelier, lieutenant général au bailliage.

Prirent part à l'élection (outre l'avocat général au parlement, l'avocat général au bailliage, les conseillers modernes, Péricard, grand vicaire, les anciens conseillers, un pensionnaire, le procureur de la ville, les quarteniers, les députés des 4 vicomtés du bailliage) 54 ecclésiastiques, curés et vicaires (parmi eux le sous-prieur de Grandmont), 7 nobles, sans compter « un grand nombre de notables et éminens bourgeois. »

Furent nommés : pour l'état de l'église, Adrien Behotte, grand archidiacre; pour l'état de noblesse, Gabriel de Lymoges, sr d'Erneville ; comme conseillers échevins, nobles hommes Pierre Deudemare, sr du Basset, et Guill. Toustain, sr du Roulle.

« D'autant que, par les procurations des députés du tiers estat des vicontés du Pont-de-l'Arche et Auge, se trouve une clause spécialle de nomination à l'estat de procureur sindic des Estats, ce qui n'est accoustumé et ne se doibt faire par les procurations des députés desd. vicomtés, ains, lorsqu'il y a certaine vacation de lad. nomination, appartient directement à tous les députés de la dite province, a esté donné pouvoir ausd. députés de ce bailliage de demander la réjection et radiation de lad. clause, mesme pour éviter à la conséquence. »

II.

NOMINATION DES DEUX COMMISSIONS POUR LE PORT DU CAHIER ET L'AUDITION DES COMPTES.

« Du vendredi après midi 26ᵉ jour d'octobre 1607, passé en la maison abatial de S. Ouen de Rouen.

« Furent présens noble et discrepte personne Mᵉ Adrien Behotte, grand archidiacre en l'église cathédral N. D. de Rouen, dellégué pour l'église du bailliage de Rouen; Gabriel de Lymoges, escuier, sʳ de Reneville, d. pour la noblesse dud. baill.; nobles hommes Pierre Deudemare, sʳ du Basset, et Guill. Toustain, sʳ du Roulle, conseillers eschevins de l'Hôtel-commun de ceste ville de Rouen; hon. hommes Pol Fremyn, d. pour le tiers estat de la vicomté d'Aulge (1); — discrette personne Mᵉ Pantaléon Heurteur, curé de Sᵗ Jacques de Neufchastel, d. pour l'église du baill. de Caux; Anthoyne Cavelier, escuier, sʳ de Valmiellé, d. pour la noblesse du d. baill.; Thomas Thorel, d. pour le t. e. de la vic. de Caudebec; Jeh. Le Coq, d. pour la vic. de Montivillier; Pierre Quatresols, d. pour la vic. de Neufchastel; Mᵉ Loys Brument, scindicq de la ville de Gournay, d. pour la vic. du d. lieu; — discrette personne Mᵉ Regnaud, Bonne, presbtre, prieur de Sᵗ Nicolas pour l'église du baill. de Caen; n. h. Robert Niel, sʳ de Neufville, d. pour la noblesse dudit baill.; Mᵉ Marin Dupont,

---

(1) Bourgeois de Pont-l'Evêque nommé le 11 oct. 1607. — La procuration ne mentionne pas Jean Perrot, laboureur, demeurant en la paroisse S. Germain-des-Essourts, nommé pour le tiers état de la vicomté de Rouen, le 15 oct. 1607; Toussaint Regnault, de la paroisse de Freneuse, nommé pour le tiers état de la vicomté du Pont-de-l'Arche, le 11 oct. ; Jean Michel, de la paroisse de Brestot, nommé pour le tiers état de la vicomté de Pont-Autou et Pont-Audemer, le 12 du même mois.

receveur des deniers communs de la ville de Caen, d. pour le t. e. de la vic. de Bayeulx; Jeh. Gueroult, d. pour la vic. de Fallaise; Me Franç. le Carpentier, d. pour la vic. de Vire et Condé; — noble et discrette personne Me François de Vauborel (1), chanoine et archidiacre en l'église cathédral d'Avranches, d. pour l'église du baill. de Costentin; Loys de Coquerel, d. pour la vic. de Coustances; Jeh. de Ste Geneviefve, d. pour la vic. de Vallongnes; Jeh. Le Got, dict Chanpellier, pour la vic. de Mortaing; — noble et discrette personne Me Jehan Le Jau, presbtre, chanoine et trésorier de l'église cathédral N. D. d'Evreux, d. pour l'église du baill. d'Evreux (2); Jeh. de Gravelle, esc., s^r de Fourneaux, d. pour la noblesse dud. baill.; Pierre Crestien, d. pour la vic. d'Evreux; Jeh. Adam, pour la vic. de Beaumont-le-Roger; Jeh. Buisson, pour la vic. de Conches et Breteuil; Guill. Mustel, pour la vic. d'Orbec; — vénérable et discrecte personne Me Nicollas Dupuis, presbtre, bachelier en théologie, curé d'Estrépaigny, d. pour l'église du baill. de Gisors; noble seigneur messire Guy de Fours, chevalier, s^r de Quitry et Forest, en partie, à cause du fief de S. Cler, d. pour les nobles dud. baill.; Jeh. Guersent, d. pour le t. e. de la vic. de Gisors; André Le Prince, pour la vic. de Vernon; Charles Pennesay, pour la chastellenie de Pontoise; Jeh. Desmoulins, pour la vic. d'Andely; Jeh. Chefdeville, pour la vic. de Lyons; — discrette personne Me Jhérosme Pichon, chanoyne en l'église de Séez, d. pour l'église du baill. d'Alençon; Hardouyn Boullenyer, d. pour le t. e. de la vic. d'Alençon; Adam Ridel, pour la vic. d'Argenten et Exmes, et Mathieu Goubert, pour la vic. de Danfront,

---

(1) Signe du Valborel.

(2) Connu par quelques ouvrages historiques; avait la réputation d'orateur.

« Tous les dessus dits delléguez, représentans les gens des troys Estats de la province de Normandie, assemblez en ceste ville de Rouen, ont député, nommé, esleu et establi leurs procureurs généraulx et espéciaulx, c'est assavoir les dits s^{rs} Behotte, archidiacre de Rouen, et Dupuis, curé d'Estrépaigny, pour l'état de l'église; les s^{rs} de Quitry et de Neuville, pour la noblesse, et Me François Carpentyer et Ch. Pennesay, pour le t. e., et n. h. Me François de Brétignières, avocat en la cour de parlement et procureur sindicq desd. Estats, ausquels et à chacun ou l'un d'eulx, portant la présente, les dits s^{rs} delléguez, ès d. noms et quallitez, ont donné et donnent plain pouvoir, puissance.... de poursuivir vers la majesté du Roy et nos seigneurs de son Conseil la response et expédition des articles du Cahier arresté et signé desd. députés, sans aucune chose augmenter ou dimynuer.... »

Suivent les signatures, en tête desquelles est celle de Dupuis, avec le titre de « président de la Compagnie ».

Les mêmes, le même jour, délèguent à l'audition des Comptes Jeh. Le Jau, chanoine d'Evreux, et Jhérosme Pichon, chanoine de Séez pour l'église; Franc. Heurteur, s^r de la Braquetière, et Jeh. de Gravelle, s^r de Fourneaux, pour la noblesse; Simon de Bretignières, procureur syndic de la ville de Verneuil, et Hardouyn Boullenyer, bourgeois d'Alençon, pour le tiers état, avec Me François de Bretignières, avocat en la cour de parlement et procureur syndic des Etats.

III.

PIÈCES DIVERSES.

Copie de l'ordonnance des Etats de Normandie, tenus le 26 d'octobre 1607, pour le collège de Rouen. — «Sur la requeste présentée à Mgr. le duc de Montpensier et aux sieurs Commissaires députez avec luy à tenir la convention des Estats de Normandie, par le recteur de Rouen, de la Compagnie de Jésus, narrative comme S. M. ayant accordé le restablissement dudit collège à la réquisition des Estats de la province de Normandie et de MM. de la ville de Roüen, fut arresté, en l'assemblée générale de tous les corps de la ville, qu'on doteroit ledit collège de 6,000 l. de rente, desquels 3,000 l. se feront prenant 1 sold pour livre sur le pied des décimes de Normandie, et les aultres 3,000 l. prenant 1 sold pour mynot de sel en l'estendue de la province, ou 4 deniers sur le sel qui passeroit par devant les quaiz de Rouen, depuis lequel temps troys ans se seroyent escoulez que ledit collège a continué en l'exercice de ses fonctions sans rien avoir desdites 6,000 l.; et quand aux aultres assignations sur les amendes et escu d'office faictes au profit dudit collège, elles luy sont presque inutiles, requérant à cette cause qu'il pleust à Monseigneur et ausdictz sieurs Commissaires adviser et ordonner de quelque moyen convenable pour subvenir à la nécessité en laquelle se trouve le dit collège, qui aultrement ne pourroit plus subsister et continuer son service au publicq, en l'instruction de la jeunesse, — mondit seigneur et les d. sieurs Commissaires, ayant mis l'affaire en délibéracion, sont d'adviz, soubz le bon plaisir de S. M., pour donner moyen audit recteur de continuer l'exercice de ses fonctions et subvenir à la nécessité dudit collège, qu'il soit levé sur chacun mynot de sel vendu et distribué ès greniers à sel de ladicte province la somme de 10 deniers t., qui est pareille somme qui se lève sur ledit sel pour subvenir à l'entretènement des collèges de l'Université de Caen (1). Fait en la Convention des Estats de la province de Normandie, tenue à

(1) Arch. de la S.-Inf., D. 20.

Rouen le 26 d'octobre 1607. Et plus bas est escript : Par ordonnance des dicts s^rs Commissaires, signé : Ligeart. »

Surséance ordonnée par le Roy à la perception des nouveaux impôts sur les fabricants de cartes jusqu'à ce que le Roi eût fait derechef connaître sa volonté et eût entendu les parties, notamment le procureur syndic des Etats. — 19 mai 1608. — « Veu par la cour les lettres patentes du Roi en forme de jussion, données à Paris le dernier jour de janv. 1608, par lesquelles, pour les causes et considérations y contenues, estoit mandé à lad. cour, nonobstant et sans avoir esgard à l'arrest d'icelle du 22ᵉ de nov. dernier, ny aux oppositions prétendues former, tant par les maistres quartiers de la ville de Rouen, que du procureur scindic des Estats de ceste province de Normandie, procéder à la vérification et registrement pur et simple de l'arrest du Conseil d'Estat dud. seigneur du 30 juin 1607, contenant le règlement nécessaire pour la perception des droitz d'imposition qui ont esté mis sur les cartes, dés et tarots, et bail fait desd. droits à André Brigeault, ny aux remonstrances faites aud. Conseil par les gentz des trois Estats dud. pays de Normandie, que S. M. avoit oyes et entendues pour ce regard, et nonobstant aussi touttes autres oppositions ou appellations quelconques, faictes ou à faire, sans préjudice d'icelles, dont, sy aucunes sont, sa d. M. avoit retenu la congnoissance et à son dit Conseil, comme estant ung règlement de finance, et icelle interdite et deffendue à lad. cour et à tous autres juges, comme plus au long lesd. lettres le contiennent; la requeste présentée par led. Brigeault affin de vériffication et la conclusion du procureur général du Roy;

« Veu aussi le dit arrest portant lesd. règlements et bail fait aud. Brigeault, les requestes respectivement présentées par les d. maistres quartiers et scindic des Estats aux fins d'avoir communication desd. lettres, arrest de lad. cour du 28e jour d'av. en ce dit an, par lequel, aprez avoir oy led. Brigeault, maistres quartiers et le scindic des Estats, en présence du procureur général du Roy, sur l'empeschement formé par iceux maîtres quartiers et scindic des Estats à la verification des dites lettres et renvoy par eux demandé aud. Conseil, avoit esté ordonné que lesd. lettres et règlement et bail seroient veuz, et tout considéré, la court a renvoyé et renvoye les parties par devers le Roy en son dict Conseil au mois, pour leur estre par S. M. pourveu selon son bon plaisir (1) ».

Taxe faite par le Bureau des finances de Rouen à ses messagers, pour avoir porté aux députés des Etats la réponse du Cahier de 1607. — 16 mai 1608. — « Sur la requeste présentée par Robert Tropé et Symon Croisy, messagers ordinaires des Estats de ceste province de Normandie, tendant affin de leur estre faict taxe du voiage par eulx fait exprès, du commandement du sieur de Bretignières, procureur syndic desd. Etats, par les logis et demeures des députés des bailliages, villes et vicomtés dudit pays, ayant assisté en la convention générale d'iceux Estats, tenue en ceste ville de Rouen au mois de mai dernier 1607, pour porter les Cahiers des plaintes et molléances après la responce mise sur chacun article d'icelles par S. M., ainsy qu'il est accoustumé, et outre d'avoir porté aux officiers des greniers à sel de ceste dite province le vidimus des lettres patentes de S. M. du 26 janv. dernier et arrêt de la Court des Aydes touchant les affaires du sel, dont ils ont rapporté certifficat desd. voiages, ainsy qu'il appert par le récépissé dudit de Bretignières, procureur syndic, auquel ils

---

(1) Arch. de la S.-Inf., *Registres du Conseil de la Cour des Aides*, fo 377.

disent avoir vacqué 110 jours, qui seroit, à raison de 30 s. par jour, ainsy qu'il est accoutumé, la somme de 165 l. t. ;

« Veu la certiffication dudit de Bretignières, procureur syndic desd. Estats, taxe a esté faicte aux supplians de la somme de 120 l. t. pour 80 journées, à raison de 30 s. pour jour, ainsy qu'il est accoustumé, laquelle leur sera payée par Me David Doublet, trésorier des Estats de ceste d. province, auquel est mandé ainsi le faire sans difficulté (1). »

Taxe à l'imprimeur Le Mesgissier pour l'impression du Cahier des Etats de 1607. — 4 mai 1608. — « Sur la requeste présentée par Martin Le Megissier, libraire et imprimeur pour le Roy en ceste ville de Rouen, affin de luy estre faict taxe pour l'impression et reliure, ainsi qu'il est accoustumé, du nombre de cent Cahiers des articles et remonstrances faictes en la convention des Estats de ceste province de Normandie tenus au moys d'octobre dernier, avec la responce de S. M., ensemble le nombre de cent commissions en placard pour délivrer aux commissaires ordonnez pour les estappes, et cent autres des lettres patentes de S. M., du 26 janv. dernier, sur les plaintes faictes à l'encontre des archers ordonnez pour la recherche des faulz saouniers, ainsy qu'il est contenu en iceulx;

« Taxe a été faicte au suppliant de la somme de 50 l. pour ledit nombre de Cahiers par luy imprimez et reliez, ainsy qu'il est accoustumé, laquelle luy sera payée par Me David Doublet, trésorier des Estats (2). »

Taxe aux messagers du Bureau des finances. — 25 janvier 1608. — « Sur la requeste présentée par Loys Le Prévost et Guillaume Quesnay, messagers ordinaires, affin

---

(1) Arch. de la S.-Inf., C. 1123.
(2) Arch. de S.-Inf., C. 1122.

de leur estre faict taxe du voiage qu'ils ont faict exprès, de notre commandement, aux Ellections de ceste Générallité, pour porter les pacquets adressez aux Elleuz d'icelles pour procéder à l'assiette de la creue accordée à Mgr. de Montpensier par les Estats de Normandie en la présente année 1608, auquel ils auroient vacqué 32 jours entiers à cause du mauvais temps ;

« Veu les récépissés dudit voiage, taxe a été faicte aux supplians de la somme de 42 l. pour 28 jours, à raison de 30 s. pour jour, ainsy qu'il est accoustumé, laquelle leur sera payée par M⁰ David Doublet, trésorier des Estats de Normandie, auquel est mandé ainsy le faire sans difficulté (1). »

Lettre adressée aux échevins de Caen par leur député aux Etats. — « Messieurs, estant arrivé en ceste ville (de Rouen), j'ay esté fort importuné de tous ceulx qui sollicitent à entrer à la charge de procureur des Estats de ceste Normendye. Estant à ce matin allé trouver Mons. de Montpensier, m'a commandé n'avoir esgard à ma procuration pour la nomination dudit procureur, et que à ma conscience je nomme, soit M. le vicomte de Baieuls, M. Arrondel, ou ung aultre qu'il m'a nommé, l'ung desquels je trouveray plus affectionné pour le bien du païs. J'ay veu par plusieurs foys M. de S⁰ Marye, qui de son costé désire y mettre quelque aultre. Enfin il y a biain de la bricgue. J'ay fait mon debvoir envers celluy qui estoit nommé à ma procuration. Rouen, 4 octobre 1607. Signé : Dupont (2). » Le 27 du même mois, Dupont écrit aux éche-

(1) Arch. de la S.-Inf., C. 1122, f⁰ 12.

(2) Robert Arondel, sieur de Bieurville, avocat au parlement, originaire de la Basse-Normandie, fut nommé par Marie de Médicis son procureur en Normandie, 20 oct. 1616. Arch. de la S.-Inf., *Mémoriaux de la Cour des Aides*.

vins pour leur annoncer que Mons. de la Bertinière (de Bretignières) avoit été nommé procureur syndic, au grand contentement de tous. Il ajoute « que l'on avoit poursuivy aux affaires qui s'étaient terminées ce jour là... L'article du pied fourché n'avoit esté couché au Cahier malgré les députés de Vire et Bayeux. La revocation des 10 deniers de l'Université avoit été vainement poursuivie par MM. les commissaires et eschevins de Rouen, pour la Généralité de Caen n'avoir accordé la levée de 2 s. pour minot de sel vendu en Normandie, pour doter les jésuites de Rouen. Tout s'étoit bien passé pour les affaires de la ville de Caen (2). »

Délibérations de la ville de Rouen relatives au pont de Rouen et aux rentes.—16 juin 1607.—*Refert* de M. du Roulle, lequel avait été envoyé vers le Roi, à Paris, pour les rentes.— Entrevue avec Sully. « Fust arresté par vous, Messieurs, que je présenteroie requeste au Conseil afin qu'il pleust au Roy faire pourvoir à la réfection du pont qui s'en alloit journellement ruinant, et cependant que les deniers levés fussent employés, et jusques à ce, qu'il luy pleust aussi surseoir la levée, à quoy fust respondu sur ma dicte requeste, que l'on y pourvoirroit, de laquelle ordonnance inutile n'estant satisfait en parlay exprès au Roy, par deux fois, présence de Monseigneur de Montpensier, qui fust occasion que le Roy commanda à Mons. le duc de Sully, qui survint, de faire employer lesd. deniers levez le plus tost que faire se pourroit, lequel, poursuivy par moy journellement sur ce commandement, fist faire des proclamations au rabais dud. pont, la coppie desquels je vous envoie, en sorte qu'il s'en ensuivit une adjudication comme vous avez sçeu, laquelle n'a depuis esté effectuée à

(2) Arch. communales de Caen, R. n° 41.

raison de l'insuffisance et peu d'expérience des adjudicataires.

« Pour le chef de l'assignation des rentes, estant retourné en court, je suppliay le Roy, présence de Mons. de Ste-Marie, nous donner une autre assignation plus certaine et le commander à M. le duc de Sully, d'autant que lesd. fermiers estoient insolvables; et me fut respondu par le Roy qu'il nous paioit bien nos rentes usuraires, que nous estions de trop bons mesnagers et autres paroles, au surplus que nous nous retirassions par devers son Conseil, qui me causa luy dire que je l'avois faict, mais qu'il ne me vouloit pourvoir, au contraire que ledit s^r duc de Sully m'avoit dit que je me retirasse par devers luy, qui occasionna le Roy me dire qu'il ne croyoit pas qu'il m'eust dict cela, à quoy j'insistay, et néanmoins de rechef dict que je me retirasse en son Conseil, ce que je fis depuis par requeste qui me fut expédiée avec aussi peu de justice, qui me fut un subject de me retirer par devers Mons. le Chancelier avec plainctes, afin qu'il luy pleust me donner audience au premier jour dans le Conseil pour faire oir à un chacun une si juste poursuite, ce que led. s^r m'accorda ; et au premier jour de Conseil me fist entrer, où lors je représentay la somme que sa dite Majesté nous debvoit par an, sur sa recepte générale de ses finances en ce lieu, au lieu de celle qu'il nous avoit donnée à prendre sur des fermiers insolvables et dont on ne pouvoit en tout cas estre paié de deux ans que par un décret, dont enfin nous serions évincés par les dettes aînées, qui n'estoit paiement provisoire, comme il estoit requis, pour 10,000 pauvres veufves, orphelins et autres qui attendoient de jour à autre; que nos rentes n'estoient fondées ny créées sur ung impost incertain, mais sur un fond qui nous estoit affecté, sur la recepte générale, duquel S. M. jouissoit entièrement pour n'estre altéré ; que sur icelluy il ne nous paiboit que de quartier et démy, etc., à quoy par led. s' duc de Sully fust respondu que nous nous plaignions sans cause, etc (1). »

Nouveaux offices de jaugeurs. — Par édit du mois de fév. 1596, les offices de jaugeurs, mesureurs et visiteurs de tonneaux, pipes, barriques et autres vaisseaux en toutes les villes et endroits du royaume furent supprimés, et il en fut créé de nouveaux avec attribution de 12 d. pour chaque muid de vin et autres breuvages et liqueurs, au lieu de 4 sous dont jouissaient les précédents jaugeurs.

Par un autre édit du mois de déc. 1605, le Roi supprima ces offices et les créa de nouveau pour être vendus en hérédité à faculté de rachat perpétuel, partout où il en serait besoin, comme on avait fait les greffes des tailles des paroisses, à la charge de rembourser tant les anciens et nouveaux pourvus desdits offices que les porteurs de quittances qui n'avaient point encore pris leurs lettres de provision.

MM. Dyel, Maromme, Le Jumel furent députés commissaires par le Roi pour l'exécution de cet édit avec le concours du procureur général de la Cour des Aides et de Mᵉ Guill. Ménager, secrétaire ordinaire de la Chambre, désigné pour greffier (2).

Les adjudications se firent par eux au Bureau des finances, en la salle où les Trésoriers généraux avaient coutume d'adjuger les fermes du domaine de la Généralité (16 juin 1607).

Les offices de jaugeurs, mesureurs et visiteurs de vaisseaux, barriques et futailles à mettre vin, cidre, bière, ver-

(1) Arch. de la Ville de Rouen, A. 22, fᵒˢ 109, 110, 111.

(2) Cet édit fut enregistré à la Cour des Aides, le 21 mai 1607, à la suite de lettres de jussion du 16 fév. 1607. *Mémoriaux*, B. 16 (1604-1609), fᵒ 89 rᵇ.

jus, vinaigre, huiles, de jaugeurs de poids et visiteurs de moulins aux bailliage, vicomtés et élections de Rouen, furent adjugés sur une troisième enchère, par le prix de 17,000 liv., à Barthélemy Selles et Mirey, lesquels eurent le droit de percevoir 12 d. t. par chaque muid de vin, bière, verjus, vinaigre, huiles et autres liqueurs et des autres vaisseaux à l'équipolent, qui seraient vendus, tant pleins que vides, et de 5 s. par chaque échantillon qu'étaient tenus de prendre d'eux les tonneliers pour faire et refaçonner leurs futailles. Ils étaient déclarés exempts de toutes commissions royales et particulières, telles que celles de messiers, collecteurs des tailles, etc.

Le même office fut revendu par les commissaires du Roi, le 12 déc. 1618, à Me Louis Du Tillet, pour 22,000 l. y compris les 2 s. pour livre et à la charge de payer au domaine les 22 l. 10 s. et de rembourser aux précédents acquéreurs la somme de 17,000 l.

Privilège S. Romain. — Extrait des Registres capitulaires, 29 sept. 1607. — « Ayant esté présenté par M. Péricard, hault doyen, lettres de cachet de Mgr le cardinal de Joyeuse, archevesque de Rouen, escriptes de Gaillon, le 28e jour de ce présent moys et an, et d'icelle lecture faicte, par lesquelles il désire que le chapitre donne adjonction avec luy à Claude Peheu, s^r de la Motte, ayant jouy du privilège S. Romain en l'année 1593, de présent prisonnier à Paris, et poursuivy par la veuve et héritiers du feu sieur du Hallot, pour luy faire faire son procez, au préjudice dudict privilège, dont il auroit jouy actuellement et faict les solemnitez requises et dépendantes dudict privilège, et pour cest effect qu'il fût depputé deulx de MM. du chapitre pour eulx transporter à Paris pour faire les poursuittes et diligences à ce requises pour le soustien et deffence d'icelluy privilège, sur quoy délibéré, et attendu l'affection de mon dit seigneur pour la conservation d'icelluy privilège et la conséquence de ceste affaire, ont esté depputez MM. les archidiacres Sanson et De la Place (pour) eulx acheminer audit lieu de Paris aux fins que dessus. »

25 oct. — « MM. De la Place et Breteville remerciez de ce qu'ilz (ont) faict employer au Cayer des Estatz une article, afin de supplyer S. M. de faire jouyr du privilège St Roumain ung nommé de Pehu, s^r de la Motte, prisonnier au Chastelet à Paris, ayant esté esleu pour cest effect en l'année 1593, pour le meurdre commis en la personne du Halot. »

ÉTATS DE NOVEMBRE 1608.

I.

EXTRAIT DES REGISTRES DE L'HOTEL-DE-VILLE DE ROUEN.

Lettres du Roi datées de Fontainebleau, 24 oct., adressées au bailli de Rouen, fixant la réunion des Etats à Rouen au 26 nov. — Lettre de Fervaques, lieutenant général de Normandie (1), au même pour le même objet, Lisieux, 7 nov.—Lettre des officiers du bailliage aux conseillers échevins de Rouen, fixant l'époque de l'élection en l'Hôtel-commun, au samedi 22 nov., 1 heure après midi; 11 nov. 1608.

(1) Jean Du Fay, écuyer, s^r du Taillis, châtelain de Graimbouville, la Brière, lé Trait et Ste-Marguerite, chevalier de l'ordre, et gentilhomme ordinaire de la chambre du Roi, fut nommé au bailliage de Rouen sur la résignation du sieur de Ste-Marie, par lettres du Roi datées de Fontainebleau, 25 nov. 1607. — Décédé le 23 nov. 1615.

Assemblée tenue en la grande salle de l'Hôtel-commun, sous la présidence de Jean Du Fay, écuyer, s^r du Taillis, gentilhomme ordinaire de la Chambre du Roi, bailli de Rouen (1), le samedi 22 nov. Prirent part à l'élection (outre l'avocat général au parlement, l'avocat du Roi, et le procureur du Roi au bailliage, les conseillers modernes, un grand vicaire, deux chanoines, les anciens conseillers, les quarteniers, les députés des 4 vicontés) 33 ecclésiastiques, 11 nobles, sans compter « plusieurs notables et éminens bourgeois ».

Furent nommés pour l'état ecclésiastique :

Franç. Deudemare, chanoine de Rouen; pour l'état de noblesse, Claude Malortye, écuyer, s^r de Campigny et de la Motte; comme conseiller échevin, noble homme Robert de Hanyvel, écuyer, s^r de la Chevalerie, de Saint-Etienne-du-Rouvray, gentilhomme ordinaire de la maison du Roi, et, pour l'absence dudit Hanyvel, noble homme Richard Baudry, s^r de Semilly.

Proposition des États. — « Du jeudy 27e de nov. 1608, en l'assemblée tenue pour desliberer les articles pour employer au Cahier des États par nous Jean Du Fay, escuier, s^r du Taillis, en laquelle ont assisté lesdits sieurs advocat général, advocat et procureur du Roy au bailliage, conseillers modernes et antiens, députez de l'église et noblesse et du tiers estat des quatre vicontez de ce bailliage.

« Il a esté arresté que l'on suppliera le Roy faire fonds

---

(1) Guillaume de Hautemer, comte de Grancey, baron de Mauny, sieur de Fervaques, chevalier des ordres du Roi, maréchal de France, nommé lieutenant général au gouvernement de Normandie dès 1602; exerça cette fonction après la mort de Henri de Bourbon, duc de Montpensier, arrivée le 27 février 1608. — Il remplaçait le Dauphin, nommé gouverneur de la province. — Décédé à Fervaques, le 11 nov. 1613.

aux dictz eschevins pour le paiement des arrérages de
152,000 l. de rente deubz par sa dicte Majesté à plusieurs
particulliers habitans de lad. ville de Rouen et aultres assignez sur la recepte génералle dudit lieu, passant par les
mains du recepveur général de lad. ville dont il ne se paie
que 72,000 l. par an, et pour évicter aux grands frais qu'il
fault faire en la suilte de la court pour en obtenir l'assignation, qui retournent au préjudice de ceux ausquelz
lesd. rentes sont deubz, la plus part pauvres femmes et
enffans mineurs, qui n'ont autre bien que lesd. rentes bien
et légitimement acquizes, comme il a esté justiffié à MM. les
Commissaires pour ce depputez, S. M. soict suppliée faire
employer par chacun an, en l'estat que dresseront MM. les
Trésoriers généraux des charges de la recepte génералle dudit
(Rouen), le payement des arrérages desd. rentes.

« Qu'il soit aussi remonstré que, quelques dilligences que
lesd. échevins ayent peu faire sur Le Bert et ses consors,
fermiers de l'Escu pour muid de vin et autres boissons,
soit par empeschement de leurs personnes, vente de leurs
meubles et décretz de leurs héritages, encor indécis en la
Court des Aides, il ne s'en est peu recouvrer que la somme
de 15,000 l. sur la somme de 72,000 l. qui leur auroit esté
baillée en assignation sur lesd. fermiers pour l'année 1606,
de sorte qu'il en seroit deu de reste 57,000 l., dont ils supplient très humblement sa d. Majesté voulloir permettre le
fonds estre faict sur lad. recepte génералle de Rouen, n'y
ayant espérance qu'il puisse revenir que fort peu de chose
desd. décrets.

« Qu'il soict aussy remonstré que néaulmoins les grands
deniers qui depuis 5 ans en ça se sont levés sur le pays,
tant en ceste Généralité qu'aultres, que du droict de 20 s.
pour muid de vin entrant en lad. ville de Rouen, soubz le
prétexte de la reffection du pont, où il s'en est employé

fort peu de chose au regard de ce qui s'est levé, soict S. M. suppliée faire cesser lesd. levées et ordonner que les deniers jà levez en seront emploiez au subject pour lequel ilz ont été ceuillis.

« Que S. M. soict aussy suppliée voulloir révocquer l'impost de l'escu pour muid de vin, 40 s. pour tonneau de sildre et 20 s. pour tonneau de poirey.

« Et de vouloir prohiber l'enlèvement qui se faict de grains hors de ceste province, veu la cherté grande de toutes sortes de grains et pour évitter à la disette qui en pourroit arriver.

« Qu'il ne soict permis, aux fermiers de la Romaine, de travailler par évocacions au Conseil les marchands de ceste ville et autres, comme naguères ilz ont faict sur l'empeschement de la jouissance de la franchise des foires, sur quoy y a procez audit Conseil, au grand préjudice desd. marchands et franchise desd. foires.

« Demander la refformation de grand nombre de nouveaux jaulgeurs, qui mengent et travaillent infiniement le pauvre peuple par toult le pays.

« Aussy la révocation de l'escu pour tonneau de mer et impost sur les cartes et tarotz.

« Qu'il plaise à S. M., faire cesser la recherche qui se fait des sergenteryes nobles,

« Et révocquer l'establissement des controlleurs des tiltres, comme très préjudiciable. »

II.

NOMINATION DES DEUX COMMISSIONS POUR LE PORT DU CAHIER ET POUR L'AUDITION DES COMPTES.

« Du mardi aprez midi, deuxième jour de décembre 1608, à Rouen.

« Furent présens noble et discrette personne Mᵉ Francoys Deudemare, presbtre, chanoyne en l'église cathédral Notre-Dame de Rouen, dellégué par les gens d'église du bailliage de Rouen ; Claude Malhortie, escuier, sʳ de Campigny et de la Mothe, d. pour les gens nobles dud. baill. ; Richard Baudry et Jacques Hallé, conseillers eschevins de ceste ville de Rouen, d. pour lad. ville ; Claude Le Blanc, d. pour le tiers estat de la ville de Rouen ; Nᵃˢ Malassis, d. pour le t. e. de la vic. de Pont-de-l'Arche ; Jacques Gouaul, d. pour le t. e. de la vic. de Pont-Autou et Pont-Audemer ; Pierre de Brébant, d. pour le t. e. de la vic. d'Auge (1) ; — discrette personne Mᵉ Denis Bons, presbtre, curé de S. Riquier, d. pour les gens d'église du baill. de Caux ; Timothée de Grouchy, escuier, sʳ de la Rivière, d. pour les gens nobles dud. baill. ; Nᵃˢ de S. Léger, d. pour le t. e. de la vic. de Caudebec ; Hector Dujardin, d. du t. e. de la vic. de Montivillier ; Jeh. Héron, d. du t. e. de la vic. d'Arques ; Nᵃˢ Le Bon, d. du t. e. de la vic. de Neufchâtel ; Mᵉ Loys Le Brument, procureur scindicq des habitans de Gournay, d. pour le t. e. de la vic. de Gournay ; — Mᵉ Pierre Des Rues, docteur ès-droictz, d. pour les gens d'église du baill. de Caen ; messire Tanneguy de Warniez, sʳ de Bléville, Morfault et baron des Biars, gentilhomme ordinaire de la Chambre du Roy, d. pour la noblesse dud. baill. ; Charles Hoybel, d. du t. e. de la vic. de Caen ; Geoffroy Nicole, d. du t. e. de la vic. de Bayeux ; Philippes Le Tellier, d. pour la vic. de Fallaise ;

(1) Le chapitre avait été semons à l'assemblée de ville par le solliciteur aux affaires de la ville, au lieu de l'être par le procureur du syndic suivant l'usage. Les chanoines présentèrent quelques observations à ce sujet. Le solliciteur excusa la ville, en alléguant que le procureur syndic était absent de Rouen. *Délibérations capitulaires, 31 nov. 1608.*

ÉTATS DE NOVEMBRE 1608.

Pierre Mesquet, pour la vic. de Vire et Condé ; — Me Jeh. De La Lande, presbtre, d. pour les gens d'église du baill. de Costentin ; Anthoyne de Mathan, esc. s^r de ....., d. pour la noblesse dud. baill. ; Julien de Beaumont, d. du t. e. de la vic. de Coustances ; Me Jeh. Avice, d. du t. e. de la vic. de Carenten ; Guill. Cuquemelle, pour la vic. de Vallongnes ; Pierre Périer, pour la vic. d'Avranches ; Jacques Fortin, pour la vic. de Mortaing ; — M^e N^{as} De la Porte, chanoyne de Lisieux, d. pour les gens d'église du baill. d'Evreux ; Jeh. de Guerville, escuier, d. pour la noblesse dud. baill. ; Alexandre Le Pescheur, d. du t. e. de la vic. d'Evreux ; Guill. Paris, pour la vic. de Beaumont-le-Roger ; Jeh. Salmon, pour la vic. de Conches et Bretheuil ; Pierre Deschamps, pour la vic. d'Orbec ; — Me Marc (ou Macé) de Fillol S. Sarvin, d. pour les gens d'église du baill. de Gisors ; noble seigneur Lancelot de la Garenne, s^r de Mercey, d. pour la noblesse dud. baill. ; Pierre Guillot, d. pour le t. e. de la vic. de Gisors ; Guill. Boutier, pour la vic. de Vernon ; Charles Pannesay, pour la ville et chastellenie de Pontoise ; Pierre Le Clerc, pour la prévosté de Chaumont et accroissement de Magny ; Jeh. Des Moulins, pour la vic. d'Andeli ; Pierre Mallet, pour la vic. de Lyon ; Me Jacques Godebille, d. pour les gens d'église du baill. d'Alençon ; Charles de Sevestre, escuier, s^r de Cintré, d. pour la noblesse dud. baill. ; Daniel Prevel, pour la vic. d'Allençon ; Marin Godouyn, pour la vic. d'Argentan et Exmes ; Pierre Challant, pour la vic. de Domfront ; Symon de Bretignères, pour la vic. de Verneuil ; Mathurin Mauduit, pour le conté du Perche et chastellenie de Nogent-le-Rotrou.

« Tous les dessus dits délégués, représentans les gens des trois Estatz de la province de Normandie, ont deputé, nommé et esleu leurs procureurs généraulx et spéciaulx, c'est assavoir lesdits s^rs Deudemare et Marc de Fillol, pour l'église; lesd. s^rs de Bléville et de Mercey, pour la noblesse; lesd. s^rs de Brébant et Symon de Bretignères pour le tiers estat, et n. h. Me François de Bretignères, procureur syndic desd. Estatz.

« Ausquels et à chacun ou l'un d'eulx portant la présente, lesd. delléguez, ès d. noms et quallitez, ont donné et donnent plain pouvoir, puissance, de poursuivir vers la Majesté du Roy la responce et expédition des articles du Cahier arresté et signé desd. députez, sans aucune chose augmenter ou diminuer. » Suivent les signatures.

Les mêmes, le même jour, délèguent à l'audition des comptes Jeh. Delalande et Jacques Godebille pour l'église; les s^rs de Campigny et de Cintré pour la noblesse; Pierre Mesquet et Desmoullins pour le tiers estat, et noble homme Me Franç. de Bretignères, procureur syndic des Etats.

Office de receveur des consignations. — L'édit du Roi portant création en titre formé et héréditaire d'un receveur des consignations en chaque cour et juridiction du royaume, avec attribution d'un droit de 6 deniers pour livre, avait été donné à Paris au mois de février 1601. C'était la reproduction d'un autre édit, de Henri III, du mois de juin 1578. Il n'avait été enregistré au parlement de Normandie qu'à la suite de lettres de jussion du 8 mai 1601, 26 fév., 28 mars 1601, 23 juin 1606. L'enregistrement ne s'en était fait, sur la présentation de lettres closes de Pierre de Beringhen, 1er valet de chambre du Roi (1), que le 8 août 1606, et sous certaines réserves et modi-

---

(1) Le même qui fut nommé à l'office de visiteur général et de réformateur des poids et mesures sur la résignation de Pierre de Rossel, dit le chevalier Maltais; reçu au parlement le 12 mars 1607. Arch. du Palais de Justice, *Registres secrets du parlement.*

fications, notamment en ce qui concernait les articles 574 et 577 de la Coutume réformée de Normandie au chapitre des *Décrets*. Ces modifications ne furent point acceptées par le Roi, qui adressa au parlement de nouvelles lettres de jussion. Mais le parlement persévéra dans sa résistance, comme on peut le voir par l'arrêt du parlement du 24 février 1607. « Par M. Turgot a été faict rapport de lettres patentes de jussion du Roy sur l'édict de création en tiltre d'office des receptes et consignations. Conclusions du procureur général du Roy, et la matière mise en délibération, est passé et arresté que le Roy sera très humblement supplié de les dispenser de lever les modiffications contenues en l'arrest de la court intervenues sur la vériffication dud. édict. »

Lettres du Roi sur le Xe article du Cahier des Etats de 1608, contre les archers du sel. — « Henry, par la grâce de Dieu, roy de France et de Navarre, à nos amez et féaulz conseillers les gens tenans notre Court des Aides à Rouen et Trésoriers généraux de France audit Rouen et Caen et à chacun d'eulx, ainsi qu'il appartiendra, salut.

Noz très chers et bien amez les gens des trois Estatz de notre pays et duché de Normandie nous ont, par le XVIe art. du Cayer de leurs remonstrances, dont l'extrait est cy-attaché, faict plusieurs plaintes, tant des déportements des archers ordonnés pour la recherche des faux-saoulniers, comme aussy des juges et grènetiers de nos greniers à sel abusantz de l'autorité de leurs charges par le moien des commissions qu'ils prennent des fermiers de nos gabelles, et mesmes de l'impunité des malversations qui nous ont remonstré estre commises par les ungs et les autres au faict de leurs charges, au moien des évocations qu'ilz supposent de la congnoissance d'icelles en notre Conseil au moien de celles accordées aux d. fermiers de nos gabelles par leur contract, nous suppliant et requérant, où nous n'aurions agréable la suppression desd. archers, permettre que nos juges ordinaires congnoissent des cas desquels ils seront prévenus et facent le procez aux accusez par les voies de nos ordonnances, pour en estre, apprez l'instruction du procès, le jugement defféré et remis en notre Conseil, ausquelles plainctes voullantz pourveoir, nous avons ordonné, comme nous ordonnons par ces présentes, que lesd. archers s'aquiteront du debvoir de leurs charges et les exerceront selon l'ordre que nous en avons prescrit par les règlements sur ce faitz en notre Conseil, ausquelz, s'ils desrogent et deffaillent, voulons et ordonnons et nous plaist les contrevenans estre chastiez par la rigueur de noz ordonnances ; et sera procédé contre eux, en cas de malversations ou autres faicts concernantz la fonction de leurs d. charges, par devant noz officiers des greniers à sel où ils seront defférés suyvant le bail de nos gabelles ; et, en cas d'appel, par devant vous, gents tenantz notre d. Court des Aydes. Sera aussi envoyé par chacun an au gouverneur et notre lieutenant général de la province ung roolle contenant les noms, surnoms et domicilles desd. archers, affin qu'il sache et congnoisse quelz ilz sont. Et oultre ce nous avons faict et faisons deffences très expresses aux grènetiers et autres officiers de nos greniers à sel, qui ont charge de la justice en iceux, de prendre les commissions des fermiers de nos d. gabelles, à peine de privation de leurs offices, et ausd. fermiers d'employer lesd. officiers au faict de leurs charges, sur telles paines qu'il y escherra. Sy vous mandons, etc... Donné à Paris, le 26e jour de janvier, l'an de grâce 1608. Registrées à la Cour des Aides, le 17 mars 1608 (1). »

(1) Arch. de la S.-Inf., *Mémoriaux de la Cour des Aides*, B. 16, fo 196 vo.

Arrêt de la Cour des Aides ordonnant que de nouvelles remontrances seront adressées au Roi, contre l'édit relatif aux greffiers des paroisses, auquel s'opposaient les Etats de la province. — 20 déc. 1608.— « Veu par la court les lettres patentes du Roy en forme de jussion, données à Paris, le 3e jour de ce mois de déc., par lesquelles, après avoir oy en son Conseil Lenouvel, procureur scindic des Estats de ceste province, sur les remonstrances qu'il auroit esté renvoyé faire à S. M. par arrest de lad. cour du 8 av. dernier, sur l'empeschement par lui formé à la vériffication d'autres lettres patentes dudit seigneur du mois de déc. 1605, contenant la maintenue et continuation des adjudications en domaine des greffes des paroisses créez par éedict de l'an 1575 et attribution à iceux de nouveau, en tant que besoing seroit, de la quallité de greffier des rolles, tant des tailles, creues, que impost du sel, ensemble du droit de 6 d. pour livre de toutes et chacunes les sommes levées et à lever sur le sel qui se distribue, chacun an, en chacune parroisse de ce royaulme, où led. impost a lieu, et apprez aussy avoir par sa d. Majesté trouvé que les mesmes raisons dud. empeschement et remonstrances lui ont esté faictes par le précédent procureur scindic, estoit mandé à lad. court que, sans s'arrester audit empeschement ny aux remonstrances qu'elle vouldroit faire par escrit ou autrement audit seigneur, lesquels il tenoit pour faictes et entendues, elle eust à procéder à la publication et enregistrement desd. lettres dudit mois de déc. 1605, purement et simplement, selon leur forme et teneur, comme plus au long lesd. lettres le contiennent, requeste présentée par le procureur général du Roy, vu aussy lesd. lettres dud. mois de déc. 1605, autres lettres de jussion ensuyvies sur icelles les 28 de nov. 1605, 15 juing et 6 déc. 1607, les arrestz donnez sur lesd. jussions, ensemble cil dudict 28me av. dernier, joinctz ausd. dernières lettres soubz le contreséel de la chancellerie de France, et tout considéré,

« La court, conformément audit arrest du 27ᵐᵉ de mars dernier, a ordonné et ordonne que remonstrances par escrit sur la conséquence et importance dudit éedict seront envoyées au Conseil de S. M. pour y estre pourveu selon son bon plaisir pour, sa volonté entendue et la response sur le Cahier des Estatz de ceste province, année présente, veue, ordonner ce qu'il appartiendra. Signé : Dyel, Bertout.

« Faict en la cour des Aydes, à Rouen, le 20ᵐᵉ jour de déc. 1608. »

Taxes aux Messagers des Etats. — 16 juin 1608. — « Requête de Robert Tropé et de Symon de Croisy, messagers ordinaires des Estatz, tendant affin de leur estre faict taxe du voyage par eux faict exprès, du commandement du sʳ de Bretignères, procureur scindic desd. Estatz, par les logis et demeures des députez des bailliages, villes et vicomtez dudit pays, ayant assisté en la Convention générale d'iceulx Estatz, au moys de nov. 1607, pour porter le Cahier des plaintes et dolléances, après la responce mise sur chacun article d'icelluy par S. M., ainsy qu'il est accoustumé, et outre d'avoir porté aux officiers des greniers à sel de ceste province les vidimus des lettres-patentes de S. M. du 26ᵉ jour de janv. derrenier et arrest de la Cour des Aydes touchant les affaires du sel, dont ils ont rapporté certifficats desd. voiages, ainsy qu'il appert par le récépissé dudit de Bretignières, auquel ils disent avoir vacqué 110 jours, qui seroit, à raison de 30 s. pour jour, ainsy qu'il est accoustumé, la somme de 165 l. » Ordonnance conforme à la requête (1).

Opposition du procureur syndic à l'établissement d'une

---

(1) Arch. de la S.-Inf., *Plumitif du Bureau des Finances.*

Élection et recette des tailles à Eu. — « Du jeudi 2ᵉ jour dud. mois d'oct. 1608, sur la requeste présentée par la dame duchesse de Guise, comtesse d'Eu, et les habitants de la ville d'Eu, bourgs et villages dud. comté d'Eu, tendant à ce que, veu les lettres patentes du Roy du 4 mars dernier, par lesquels il nous est mandé prescrire un temps au procureur scindic de la province de Normandie pour donner sa responce à nos ordonnances, estans au bas de deux requestes à nous présentées par lad. dame et supplians, des 27ᵉ janv. 1606 et 15 janv. 1607, pour l'érection en lad. ville d'Eu d'une Election et recette des tailles, aydes et taillon, ledit temps feust par nous prescript audit procureur scindic pour donner responce finale;

Veu lesd. lettres patentes du Roy, nous avons ordonné que led. procureur scindic aura communication desd. lettres patentes du 4 de may dernier, ensemble de l'arrest du Conseil, et autres lettres patentes du 12ᵉ jour d'aoust 1606 et de nos ordonnances sur icelles, pour, le tout veu, estre par luy donné responce sur le contenu desd. arrest et lettres patentes dans 2 moys de ce jourd'huy, pour, icelle responce veue, estre par nous pourveu à lad. dame de Guise, ainsi qu'il appartiendra (1). »

ÉTATS DE NOVEMBRE 1609.

I.

EXTRAIT DES REGISTRES DE L'HOTEL-DE-VILLE DE ROUEN.

Lettres du Roi, datées de Fontainebleau, 13 oct. 1609, adressées au bailli, fixant la réunion, à Rouen, au 18 nov. suivant. — Lettre de Fervaques, lieutenant général pour le

(1) Arch. de la S.-Inf., *Plumitif du Bureau des Finances.*

Roi en Normandie, au même pour le même objet, Lisieux 25 oct. (1) — Lettre des officiers du bailliage aux échevins de Rouen fixant l'élection au samedi 14 nov., 1 h. après midi.

14 Nov., assemblée en la grande salle de l'Hôtel, commun, sous la présidence de Jean Du Fay, sr du Taillis, bailli de Rouen, pour l'élection des députés. Prirent part à l'élection (outre Boivin, procureur du Roi au bailliage, les conseillers modernes, Guyjon, grand vicaire, 2 chanoines délégués du chapitre, les anciens conseillers, Filleul, pensionnaire, le procureur de la ville, les quarteniers, les députés du tiers Etat des 4 vicomtés du bailliage), 52 curés, 10 nobles et un grand nombre de bourgeois.

Proposition des Etats. — Jeudi 3 déc. (2), assemblée présidée par le même bailli. « Il a esté arresté qu'on suppliera S. M. d'avoir pitié de tant de pauvres personnes, femmes veufves et enfans orfelins, qui n'ont autre chose à vivre que des rentes qui leur ont esté vendues par les prédécesseurs des conseillers eschevins, à prendre sur les assignations que les feux roys ont vendues aux conseillers eschevins de lad. ville, à prendre sur la recepte générale dud. lieu, montantes par an à 152,000 livres, dont depuis plusieurs années il n'a esté faict fondz aus dits eschevins que de 72,000 l. par an, qui leur ont esté assignées ceste année sur les fermiers des *Nouvelles impositions,* qui se lèvent sur la ville de Rouen, Havre et Dieppe, au lieu de

---

(1) La lettre contenait la recommandation « de procéder sincèrement et sans brigues à l'élection des députés pour se trouver à l'ouverture des Estatz ».

(2) Les Etats convoqués pour le 18 nov. ne se réunirent que le 3 déc. Il est probable que ce retard tint à la maladie qui survint à Fervaques et l'empêcha de se rendre à Rouen.

leur naturelle assignation qu'ils debvroient avoir sur lad. recepte générale, dont lesd. eschevins et particuliers souffrent grands inthérests, n'estant paiés desd. fermiers si promptement qu'ils le debveroient estre, à quoy S. M. remédiera, si luy plaist; comme aussi de pourvoir pour l'advenir lesd. eschevins de fonds entier sur lad. recepte générale pour lesd. 152,000 l. par an, ayant compassion desd. pauvres particuliers, languissant de faim, et qui en inquietent journellement les eschevins par menaces et voyes illicites.

« Et pour monstrer à S. M. le grand préjudice qu'ont les pauvres particuliers ayant rentes sur les assignations de la recepte générale dud. Rouen, en leur divertissant leurs naturelles assignations, remonstrent lesd. conseillers eschevins qu'il leur est encore deu la somme de 57,000 l. de reste de l'assignation qui leur auroit esté baillée de 72,000 l. pour l'année 1606, à prendre sur Durand Le Bert et associés, fermiers desd. *Nouvelles impositions* (1), desquelles 57,000 l., quelques poursuites et dilligences qu'ils aient peu faire contre ledit Le Bert et associés, tant par emprisonnement de leurs personnes, saisies par décrets de leurs héritages, qu'autres diligences, lesd. conseillers eschevins n'ont peu estre paiés, attendu que par arrests du privé Conseil de sa d. Majesté, lesd. Le Bert et associés ont esté deschargés de lad. somme et ressaisis de leurs biens et héritages et eulx mis en liberté (2), en considération de la

---

(1) 24 mars 1609, signification faite aux échevins du don fait par le Roi à Guill. Le Roux et à N^{as} Billiard, ci-devant fermiers adjudicataires des *Nouveaux impôts* en l'Election d'Arques, de 1,500 liv. dûs à la ville, à cause desdits *Nouveaux impots*.

(2) 24 mars 1609, signification auxdits échevins du don fait par le Roi à Guill. Le Roux et à Nicolas Billard, ci-devant fermiers adjudicataires des *Nouveaux impôts* en l'élection d'Arques, de 1,500 l. dus à la ville à cause desdits *Nouveaux impôts*.

récompensé qu'ils en ont donnée à S. M.; et partant supplient lesd. conseillers eschevins sa d. Majesté leur pourvoir de fonds et remplacement assuré pour la somme de 57,000 l., et de plus 6,000 l. que montent les frais qui ont esté faictz aux poursuites contre lesd. Le Bert et associés, tant par décretz encommencés de leurs héritages, qu'autres poursuites en court et ailleurs, ayant sa d. Majesté commisération de tant de pauvres affligés nécessiteux, qui attendent dès longtemps après leur deu et qui n'ont autre chose à vivre.

« Continuent aussi lesd. eschevins de supplier Sa Majesté de faire cesser la levée qui se faict sur le païs, et particuliairement en lad. ville de Rouen, depuis six ans en ça, de 20 s. pour muy de vin entrant en icelle, soubz prétexte de la réfection du pont, où il ne s'en est employé jusques à présent que fort peu de chose en la démolition de quelques arches; et les deniers levés se montent à grande somme qui doit estre employée à lad. réfection, estant le denier ja levé suffisant pour icelle réfection.

« Aussi demander la révocation de l'impost de l'escu pour muy de vin, 40 s. pour tonneau de sildre et 20 s. pour tonneau de perey, ensemble de l'escu pour tonneau de marchandise venant de la mer, et que les fermiers des impositions ne puissent travailler par évocations au Conseil les marchands, d'autant que cela faict grandement diminuer le trafic.

« Aussi la révocation de l'establissement des controlleurs des filtrés.

« Que ceulx qui ont esté cy-devant recepveurs des deniers communs de lad. ville ne puissent être assubjettis, par MM. les Commissaires de Sa Majesté, pour la vérification des débets de quittances estant sur les comptes des comptables, de bailler estat des débetz de quittances qui peuvent estre en leurs comptes pour en vider leurs mains en autre main que de ceulx auxquels lesd. débetz sont deus, d'autant que lesd. recepveurs ayans fourni de bonnes cautions sont tenus acquitter aux particuliers rentiers ce qui se trouve sur leurs comptes en débet de quictance (1).

« Remonstrent lesd. conseillers eschevins que l'édict faict par S. M. sur la composition des salpestres et pouldre à canon auroit esté à leur deceu vérifié, ce qui leur auroit osté le moyen de remonstrer combien ledit édict importe, non seulement à la ville de Rouen, mais à toute la province, n'estant raisonnable d'oster l'entière disposition, confection et conservation desd. salpestres et pouldres à canon à lad. ville de Rouen et autres bonnes villes de lad. province, les bourgeois desquelles sont bons serviteurs et susjects naturels de S. M., pour les confier en la main et disposition d'un seul homme, comme le prétend un nommé Philibert Godet, sr de S. Hilermont, stipulé par Richard de Chatouru, par quoy sera sa d. Majesté suppliée que les personnes de Jehan du Lis et Perrette Choisi, veufve de deffunt Nicolas Coinson, pouldriers en lad. ville, qui en toute leur vie n'ont faict autre mestier que de pouldrier, seront maintenus à faire desd. pouldres à canon, comme de tout temps il y en a eu en lad. ville, qui requiert bien que tousjours il y ait des pouldriers en icelle, et que le traffic et apport des salpestres et pouldres à canon, qui de tout temps s'est faict des païs estrangers en lad. ville de

---

(1) 6 juin 1609, « sur la sommation faicte au greffier de la ville de délivrer et porter extraict des noms et demeures de tous les comptables et leurs cautions ayant eu maniement des deniers de S. M. depuis l'an 1510 jusques en l'année 1603, icelle comprinse, arresté que le greffier se présentera au jour de l'assignation pour remonstrer qu'il n'est saisi des registres desd. receveurs comptables et qu'il n'y a qu'un an qu'il est en l'exercice dudit greffe. » Délib. de la Ville.

Rouen, puisse continuer, qui sera le vrai moien de rendre tousjours lad. ville remplie desd. pouldres et salpestres, tant pour sa conservation au service de sa dicte Majesté, que pour en fournir les vaisseaux et navires qui s'équippent en icelle pour faire voiages en mer (1).

« D'autant que lesd. conseillers eschevins appréhendent grandement la perte et diminution du commerce en lad. ville, qui y est maintenu par le moien de la briève justice qui est rendue à tous marchands, en la juridicion des prieur et consuls qui a esté establie et maintenue en lad. ville par les feus Roys, supplient Sa Majesté maintenir lad. jurisdiction en son entier et ne permettre que le greffe de lad. juridiction soit déclaré domanial, ny compris au parti de Pollet, et aussi qu'il n'entre en lad. jurisdiction aucuns huissiers en tiltre d'office, parce que l'entrée d'officiers en lad. juridiction seroit le moien de faire perdre la briéveté et sommaire justice qui se distribue aux marchands en icelle et par ce moien ruiner du tout le commerce. »

II.

NOMINATION DES DEUX COMMISSIONS POUR LE PORT DU CAHIER ET POUR L'AUDITION DES COMPTES.

« Du mercredy avant midi neuf^e jour de décembre 1609, à Rouen.

(1) 20 oct. 1610. *Refert* de M. de Hanyvel : « La compagnie avoit trouvé bon qu'il se joignist avec MM. des Estats de Normandie pour ce qui estoit des salpestres, impositions et réfection du pont et en attendist la responce, ce qu'il auroit faict à son grand regret, toutes ses autres affaires ayans été expédiées ou arrestées 2 mois et demy avant son retour retardé par l'attente de l'expédition du Cahier desd. Estatz au Conseil, laquelle leur sert et à lad. ville, après laquelle il ne luy a esté aisé la faire redresser ; mais conseilloit que jamais la ville ne se joignist ausd. Estatz, ains fist de son chef ce qu'elle pourroit pour solliciter séparément le bien de la ville. »

« Furent présens discrette personne Me Robert Blondel, archidiacre en l'église cathédral N.-D. de Rouen, dellégué pour les gens d'église du bailliage de Rouen ; Robert Mallet, escuyer, s^r de St Martin, d. pour les gens nobles dud. baill. ; nobles hommes Richard Baudry, s^r de Semilly, et Jeh. Cotton, s^r des Houssayes, conseillers eschevins de ceste ville de Rouen (1), d. pour la d. ville : honorable homme Jérosme Legendre, de la par. de Portijoie, d. pour le t. e. de la vic. de Pont-de-l'Arche (2) ; Guill. Avollée, de la par. de Castenay, d. pour le t. e. de la vic. de Rouen (3) ; Hamon Mesnage, de la par. d'Espreville (en Roumois), d. pour le t. e. de la vic. de Pont-Autou et Pont-Audemer (4) ; Paul Frémont, de la par. de Pont-l'Evesque, d. pour le t. e. de la vic. d'Aulge (5) ; — discrette personne Me Sébastien Duhamel, presbtre, curé de la par. de Tostes, d. pour les gens d'église du baill. de Caux ; messire Isaac Puchot, s. de Gerponville, d. pour les gens nobles du d. baill. ; Adrien Neel, de la par. de Cailleville, d. pour le t. e. de la vic. de Caudebec ; Philippe Arsel, de la par. de Fonteney, d. pour le t. e. de la vic. de Montivilliers ; Guill. Vigner, dem. à Arques, d. pour le t. e. de la vic. d'Arques ; Jeh. Huitmille, le jeune, bourgeois d'Aumale, d. pour le t. e. de la vic. de Neufchâtel ; Rob. Le Brument, bourgeois de Gournay, d. pour le t. e. de la vic. de Gour-

(1) Nommé pour l'absence de Robert de Hanyvel, s^r de la Chevalerie, et de S. Etienne, gentilhomme ordinaire de la maison du Roi.

(2) Nommé le 9 nov. 1609.

(3) Nommé le 13 nov.

(4) Nommé le 9 nov. Ce député ne signa pas les procurations ; il mit au bas sa marque, ce qui nous fait croire qu'il ne savait pas écrire.

(5) Nommé le 10 nov.

nay ; — noble et discrette personne M⁰ Michel Bunel, chanoyne de Cally, d. pour les gens d'église du baill. de Caen ; n. h. Gabriel Eude, sʳ de Beauregard et Monceaux, d. pour les gens nobles dud. baill. ; Abraham Graffart, de la par. de Colleville, d. pour le t. e. de la vic. de Caen ; Olyvier Couespel, de la par. de Vouilly, d. du t. e. de la vic. de Bayeux ; Jacques Le Cesne, bourgeois de Falaise, d. pour le t. e. de la vic. du d. Falaise ; Jeh. Mesquet, bourgeois de Vire et Condé sur Noireau, d. pour le t. e. de la vic. de Vire ; — noble et discrette personne M⁰ Loys de Juvigny, presbtre, chanoyne et chantre de l'église cathédral d'Avranches, d. pour les gens d'église du baill. de Costentin ; n. h. Jacques de Creux, sʳ de Bellefont, d. pour les gens nobles dud. baill. ; Alexandre Jehan, d. pour le t. e. de la vic. de Coustances ; Charles Lescuyer, d. pour le t. e. de la vic. de Carenten et S. Lô ; Estienne Adoubedent, d. pour le t. e. de la vic. de Valongnes ; Pierre Le-Roux, d. pour la vic. d'Avranches ; Michel Belier, d. pour la vic. de Mortaing ; — noble et discrette personne, M⁰ Robert Boullenc, chanoyne et archidiacre de l'église cathédral d'Evreux, d. pour les gens d'église du baill. d'Evreux ; Ch. de Pommereul, escuyer, sʳ de Moulin-Chapel, d. pour les gens nobles du d. baill. ; Michel Hauteterre, Vincent Le Marié, Jeh. Buisson, Franc. Marau, d. pour le t. e. des vic. du d. baill. ; — M⁰ Guill. Le Moyne, d. pour les gens d'église du baill. de Gisors ; messire Loys de Sebouville, d. pour les gens nobles du d. baill. ; Nᵃˢ Dehors, Charles Allain, Charles Pannesay, Jeh. Le Clerc, Jacques Ingoult, Jeh. Chefdeville, d. pour le t. e. des vic. dud. baill. ; — M⁰ Germain Nuguez, d. pour les gens d'église du baill. d'Alençon ; Jacques Davesgo, ecs. sʳ de Dissy, d. pour les gens nobles dud. baill. ; Pierre Hardy, Léon Du Mesnil, Estienne Laillier, Symon de Breti-

ÉTATS DE NOVEMBRE 1608.

tigneres et Pierre de Quatremares, d. pour le t. e. des vic. du d. baill.

« Tous les dessus dits delléguez représentans les gens des trois Estats de la province de Normandie, ont député, nommé et esleu leurs procureurs généraulx et espéciaulx, c'est assavoir les d. s⁰ Boullenc et Blondel pour l'estat ecclésiastique ; les d. Mallet et Pommereul pour les gens nobles; les d. François Marau, bourgeois de Lisieux, et Pierre Hardi, bourgeois d'Alençon, pour le tiers estat, et noble homme Mᵉ Franç. de Bretigneres, procureur syndicq des d. Estats, auxquels et à chacun ou l'un d'eulx portant la présente, les d. sʳˢ délégués ont donné et donnent plain pouvoir, puissance et autorité de poursuivir vers la Majesté du Roy et Noss. de son Conseil la responce et expédition des articles du Cayer arresté et signé des d. sʳˢ députtez sans aucune chose augmenter ny diminuer. »

Les mêmes, le même jour, délèguent à l'audition des comptes Lemoyne, prieur de S. Michel, et Gervais Nuguez, pour l'église ; les d. de Sebouville et Davesgo, pour les gens nobles ; les d. Vᵒʳ Dehors et Pol Fremont pour le tiers estat et Mᵉ François de Bretignères, procureur syndic des Etats.

III.

EXTRAIT DU REGISTRE DU GREFFIER-COMMIS DES ETATS.

« Du 8ᵉ déc. 1609, en la convention et assemblée des depputés des trois Estats de Normandie.

« Sur la proposition qui a esté faite de faire don et gratification de 6,000 escus à Mgr le mareschal de Fervaques, et sur ce retiré les advis des députés des bailliages assemblés pour cet effect, et suivant iceulx, il a esté arresté que le sr de Cally (1), depputé pour les ecclésiastiques du bailliage de Caen, le sr de Bellefontaine (2), député pour la noblesse du bailliage de Costentin, Hamon Mesnage, depputé du tiers estat de la vic. de Pont-Audemer et (Olivier Couespel), députté pour le tiers estat de la vicomté de Bayeux, se transporteront en la ville de Lisieux, où ils présenteront entre les mains du dit sr Mareschal, et non d'autres, ledit don cy-dessus, et, où cas qu'il fust allé de vie à décedz, ce que Dieu ne permette! sera ledit don par eux remis incontinent entre les mains du sr de Bretignières, procureur sindic, pour estre icelluy don cassé, ce que le dit sr de Bellefontaine et depputés des d. 2 vicomtés ont promis d'accomplir fidellement, et à ce faire se sont obligés l'ung après l'autre, par serment solennellement presté en la présence de tous les depputés, entre les mains de discrète personne, Me Boullenc, président en l'assemblée desd. Estats (3).

« Dudit jour et an, sur quelques différends qui se sont présentés, a esté résolu, entre MM. les depputés, que ceulx qui seront nommés pour l'audition des comptes se retrancheront de la moitié de leurs taxes ordinaires, et que le procureur des Estats, lorsque les comptes se présenteront, demandera que MM. les Trésoriers de France ayent agréable de faire pareille diminution, déclarant led. procureur des Estatz qu'il fait pareil retranchement sur luy, ce qui a esté résolu sans tirer à conséquence.

« Le 10e jour du dit mois et an, le don cy-devant mentionné faict à Mons. le Mareschal a esté mis entre les mains

---

(1) Michel Bunel, député de l'église du baill. de Caen.

(2) Jacques de Creux, dit ailleurs le sr de Belleont.

(3) Le président des Etats était désigné par les députés. C'était, de règle, un ecclésiastique.

du sieur de Cally, dont je lui ay donné certifficat, et a le dit sr de Cally signé le présent (1). »

IV.

PIÈCES DIVERSES.

Ordonnance du Bureau des Finances qui renvoie M. Deshameaux, commissaire des Etats, vers le Roi et son Conseil pour se faire payer de son droit d'assistance aux dits Etats. — 20 décembre 1610. — « Sur la requeste présentée par le sr Deshameaux, 1er président en la Cour des Aides, affin de lui estre ordonné payement sur maître David Doublet, trésorier des Estats de Normandie, de ce qui lui est deub pour son droict d'assistance en qualité de Commissaire desd. Estats durant l'année dernière, attendu qu'en icelle il se trouvera fondz suffisant pour le petit nombre de Commissaires qui y ont assisté;

« Veu la responce dud. Doublet, ne peult estre pourveu sur lad. requeste, et se retirera led. sr Deshameaux vers S. M. et Nosseigneurs de son Conseil pour luy estre pourveu par sa d. Maiesté selon son bon plaisir (2). »

Vérification, au parlement, de l'Edit de Nantes; de deux autres édits pour les receveurs des consignations et pour l'érection en titres de fiefs des terres vaines et vagues. — 20 mai 1609. — « Est venu M. le mareschal de Farvasques, et lui assis sur le carreau de veloux violet qui luy a esté préparé, venu aussy M. Vignier, maistre des requestes et commissaire du Roy,

---

(1) Bib. de Rouen, F. Martainville, *Registre du greffier des Etats*, copie du dernier siècle. On ignore ce qu'est devenu l'original.

(2) Arch. de la S.-Inf., C. 1123.

« Les chambres ont esté assemblées, où estoient M^rs les présidents et conseillers dénommez à la précédente assemblée et assistantz les d. s^rs Mareschal de Farvasques, lieutenant général pour le Roy au gouvernement de Normandie soubz Mgr. le Dauphin, et Le Vignier, maistre des requestes.

« Par M. le 1er Président a esté proposé que, oultre ce qu'il avoit faict entendre à la compagnie de la volonté du Roy pour la vériffication pure et simple de son édit de Nantes, dont la délibération avoit esté le jour d'hier parachevée, il avoit estimé estre encore de son debvoir de représenter de rechef les commandements exprès qu'il en avoit receus par plusieurs lettres, tant de S. M. que de Mgr le chancelier qu'il avoit communiquées à MM. les autres présidents, par lesquelles le dit seigneur chancelier exhorte de disposer la court d'obéir à la volonté de S. M. et passer à la vérification dudit édit comme il a esté faict aux autres parlements, et qu'en ce elle feroit ung agréable service à S. M. et par mesme moien chose utile pour le bien et repos de ceste compaignie ; autrement que sa dicte M^té seroit contraincte y pourvoir par quelque voye extraordinaire ; qu'il prioit considérer, qu'encor que les motifz des modifications soient très considérables, et l'intention de la compaignie bonne et saincte et plaine de zèle au service du Roy et bien public, le Roy néantmoins se pourra offenser qu'on résiste par tant de fois à sa volonté fondée sur des considérations encor plus importantes, lesquelles il n'est pas utile qu'il communique à ung chacun ; qu'il tend à mesme but que la compaignie, mais a plus de congnoissance du mal et des remèdes. C'est prudence aux magistratz de n'irriter point les bons princes par une contumace opiniastre et se souvenir que *obsequio mitigantur imperia*. Cest édit est ung traité général qui ne concerne ceste province seulle, mais tout le royaulme, sur lequel S. M. a déclaré si expressément sa volonté qu'il ne nous reste seullement que de luy faire entendre nos très humbles remonstrances, lesquelles nous debvons espérer qu'il prendra d'aussi bonne part pour rendre contente la court de ce qu'elle désire de luy, comme nous debvons craindre que notre fermeté luy donne subject de recourir aux moiens qu'elle a en main pour se faire obéyr.

« Après laquelle proposition M^r le Mareschal de Farvasques a pareillement réitéré le commandement qu'il avoit faict entendre avoir reçu de S. M. de représenter à la court sa volonté, et, où elle ne se disposeroit d'y obéir et passer à la vériffication de son dit édict, que sa dicte Ma^{té} y pourverroit absolument.

Ce faict le d. Vignier, maistre des requestes, a dit qu'il avoit eu aussi commission de S. M. pour parler à la court de deux jussions sur ses édictz, l'un pour les receveurs des consignations, et l'autre portant érection en tiltre de fiefz de terres vaines et vagues ; que S. M. a faict ung traicté avec des particuliers pour le rachapt de son domaine jusques à deux cens millions, et que le Roy leur avoit particulièrement accordé les deniers qui proviendront des vériffications des dits édicts, et que comme ils sont entrez sur la faveur du rachapt du domaine, ilz ont esté trouvez si prévilégiez que tous les autres parlements y ont apporté tant de facilité qu'ils ont passé à la vériffication pure et simple, et que jà ils ont eu tel effect qu'il se trouve du domaine rachapté jusques à 25 millions ; que l'on avoit néantmoins veu les articles de la Coustume de ceste province, qui ne sont communs aux autres provinces, lesquels résistent et sont aucunement contraires à l'exécution dudit édict des consignations pour l'ordre qui se tient en la distribution des deniers des décretz, et qu'à la vérité la Coustume de Normandie est en cela beaucoup meilleure que celle de Paris, pour la longueur qui y est apportée ; toutes fois qu'il se peult apporter quelque moyen sans préjudice aux articles de la Coustume, dont l'un porte que les enchérisseurs peuvent consigner leurs contracts au lieu d'argent comptant, et l'autre qu'ils seront tenus apporter leurs deniers sur le bureau, à quoy peult estre satisfaict. Il ne reste que l'émolument qui est attribué par l'édict à l'officier qui est créé par icelluy, n'y ayant que 6 d. pour livre, qui est si peu de conséquence qu'il y a plus à perdre qu'à gaigner, et, où les commoditez sont plus grandes que les incommoditez, il faut revenir à la commodité. Et quant à l'autre édict des terres vaynes et vagues que le Roy érige en fief, les utilités en sont toutes aparentes, parce qu'une terre qui seroit mouvante du Roy a cause attractive, comme les gardes nobles, au préjudice des seigneurs particuliers. Ce sont aultant de gens que l'on faict pour le baon et arrière-baon, oultre la commodité qui en provient au Roy pour le rachapt de son domaine, estant sa volonté qu'il soit passé à la vériffication de ses dictz édictz, suivant les lettres de jussion et les lettres de cachet de S. M. portant la créance du d. sieur Vignier, qu'il a représentez sur le bureau, et dont lecture a esté faicte après s'estre led. Vignier retiré.

« De par le Roy.

« Nos amez et féaulx, les grandes longueurs et difficultez que vous continuez d'apporter à la vériffication de notre édict du mois de may nil six cens sept, contenant érection en fiefs de haulbert de toutes les terres vaines et vagues de notre province et duché de Normandye, et à lever et oster les modifications par vous apportées en celle de notre édict de création en offices et réunyon à notre domaine des receptes des consignations, nous font assez cognoistre le peu d'estat que vous faictes de nous donner le contentement que

vous devez, ce que nous trouvons de tant plus estrange que
vous n'ignorez poinct que cela importe au bien de notre
service, et que le rachapt de notre domaine en Normandye
est principallement fondé là-dessus, le vous ayans, par noz
lettres de jussion et autres que nous vous avons envoyées
sur ce subject, assez représenté et faict encores représenter
plus amplement par ceux que nous avons chargez de vous
en solliciter de notre part, et ne pouvons qu'en estre très
mal satisfaicts, tant pour le mespris qu'il semble que vous
faictes en cet endroict de nos intentions et commandemens,
que pour le grand préjudice que nous recevons de voir à
cette occasion ledit rachàpt d'autant reculé et ceulx qui
ont entrepris de le faire estre journellement aux plainctes et
remonstrances devers nous et notre Conseil pour les en descharger. A quoy desirans de donner ordre, nous avons
advisé d'envoyer par delà le s^r Vignier, notre conseiller et
maistre des Requestes ordinaire de notre hostel, pour de
notre part vous admonester de votre devoir, vous faire
encores d'abondant et pour une dernière fois entendre sur
ce notre volonté, avecq les raisons et considérations qui
nous la font avoir telle, et assister avecq vous, en notre court
de parlement, à la délibération que nous vous mandons et
ordonnons de faire incontinent, tant de nos d. édictz que
nos d. lettres de jussion sur iceulx, luy ayant expressément
donné charge d'observer et nous rapporter les motifs de
vos d. longueurs et difficultez, ensemble ceulx de qui elles
ont procedé et proceddent, affin d'y pourvoir en sorte que
nous soyons obéyz, ce que nous sçaurons très bien faire, si
vous persistez en vos reffuz accoustumez. Nous nous pro-
mectons toutes fois que vous ne nous y contraindrez pas,
ains plus tost procedderez à la d. vériffication pure et simple, tant de notre dict édict des d. terres vaynes et vagues
que de celluy des d. receptes des consignations, sans aucune

restrinction, ny modification, suyvant que nous vous l'avons mandé par nos d. lettres de jussion, en quoy faisant vous nous rendrez service très agréable. Car tel est notre plaisir. Donné à Paris le xe jour de may 1609. Signé : Henry ; contresigné : Potier.

« Et sur le tout délibéré, est passé et arresté qu'il sera différé à procéder à la verification dudict édict jusque après le jugement de l'instance du procureur des Estats pendante au Conseil privé. (1) »

Lettres du Roi sur le Cahier des Etats de Normandie pour les acquéreurs des terres du domaine de S. M. —
« Louis, par la grâce de Dieu, roy de France et de Navarre, à noz amez et féaux conseillers les Trésoriers généraux de France à Rouen, salut. Par le Cahier des remonstrances à nous faictes par les gens des trois Estatz de notre province de Normandie, ils nous ont, entre autres choses, suplié et requis que aux acquéreurs des terres de notre domaine à condition, en cas de remboursement, le prix paié, les fraiz desboursez, les améliorissements faictz, leur fussent rendus, lequel article a esté en notre dit Conseil, pour plusieurs bonnes considérations, naguères esté tenu en surcéance pour estre reveu et sur ce pourveu ; et pour ce le scindic desdits trois Estatz nous a faict dire qu'au préjudice d'icelle surcéance, plusieurs des dits acquéreurs sont journellement dépossédez de leurs dictes acquisitions, ou bien la rente de la finance réduite au denier 20, encor que par les adjudications, la faculté du rachat nous estant réservée, ce soit expressément en remboursant actuellement à ung seul paiement et en deniers comptans lesd. sommes de deniers, fraiz et loyaux coustz, et que les acquéreurs en avoient bien et deuement joüy jusques à ce que, quelques particuliers

---

(1) Arch. du Palais de Justice, *Registres secrets du Parlement*.

ayant traicté avec le feu roy, nostre très honoré seigneur et père, que Dieu absolve! pour le rachapt de quelques portions de notre domaine, ayant obtenu commission à vous adressée pour la réunion du domaine de la vicomté de Rouen, vous aiez faict bail à Jacques Le Clerc, y comprenant et emploiant sans formes ordinaires, par inadvertance ou autrement, quinze acres et demie sept perches de terres scituées et scizes dedans la viconté d'Andely et partant non subjectes à votre commission et bail dudit Le Clerc, qui n'est fermier que du domaine sciz dans ladite viconté de Rouen, depossédant par ce moyen sans cause les acquéreurs, mesme Emmanuel Dubuisson, sieur du Mesnil, d'une chose bien acquise soubz la foy publicque, sans aucun remboursement de deniers, que les partisans prétendent faire réduire à rente au denier 20, contre les clauses expresses de seureté portées ès dictes adjudications, contracts de quictances. A ces causes, de l'advis de nostre Conseil que veu les pièces cy attachées soubz le contre-scel de nostre chancellerie, vous mandons, ordonnons et très expressément enjoignons par les présentes que, conformément à la surcéance générale de nostre dit Conseil, vous aiez à surceoir, comme dès à présent nous surceions par ces dictes présentes, l'exécution de ladite commission, tant pour l'exposant, que autres, jusqu'à ce que sur le Cahier des remonstrances desdits Estats de Normandie, il leur aict esté par nous pourveu et donné ung règlement général pour le faict du xxxie article, sans que cependant il puisse estre donné aucun empeschement audit exposant en la jouissance desdites terres, ce que nous vous deffendons. Car tel est nostre plaisir, nonobstant tout édictz, ordonnances, arrestz, mandemens, règlemens, commissions et lettres à ce contraires, ausquelles nous avons dérogé, attendu que le dit Dubuisson prétend le domaine par luy possédé n'estre subject à vostre dicte commission et ne s'estendre sur ladite viconté d'Andely, dans les enclaves de laquelle sont lesdits terres assises. Donné à Paris, le 27ᵉ jour de may l'an de grace 1611 (1) ».

Commission pour faire la recherche des droits domaniaux usurpés et spécialement des premières années du revenu des confiscations, gardes nobles, cens, rentes, etc. en Normandie (2). — « Henry par la grâce de Dieu, roy de France et de Navarre, à noz amez et féaux conseillers les sʳˢ de Mautheville et Rassent, présidens en notre Chambre des comptes de Normandie, les sʳˢ De la Vache, de Fondimare, de Bec-de-Lièvre et Jouay, maistres ordinaires en la d. Chambre, et du Mesnil-Bazire, nostre advocat général en icelle, salut. Par noz lettres patentes du 2 du présent mois, nous avons mandé à notre dite Chambre en général faire exacte recherche et perquisition des droitz royaulx et domaniaux à nous deubz par la coustume de Normandie (3), spécialement du revenu des premières années des confiscations, revenues des gardes nobles, cens et rentes, reliefs et traiziesmes, et autres droits négligez par nos officiers et non entrez en recepte dans les comptes de nostre domaine. Mais estant nécessaire d'y vacquer promptement et particulièrement, sans toutefois divertir notre dite Chambre des autres grandz et pressans affaires où elle est continuellement occupée pour notre service, et nous confians en votre suffisance et preudhommie, à ces causes nous vous avons spécialement commis et depputez, pour, ensemble, ou deux pour l'absence des autres, faire la recherche et perquisition des

---

(1) Arch. de la S.-Inf., *F. du Bureau des finances*, C. 1243, f° 4.

(2) Arch. de la S.-Inf., *Mémoriaux de la Cour des Comptes*, 1609, B. 26, f° 119.

(3) *Ibid.*, f° 138 et 149.

dits droits à nous deubz et escheuz depuis 30 ans, iceux liquider et taxer suivant la Coustume de Normandie, et à ceste fin vous transporter sur les lieux, sy besoing est, et vous faire représenter par tous qu'il appartiendra les registres, actes, estatz et autres enseignemens nécessaires, et des dites liquidations dresser roolles et estatz pour en faire faire la recepte à notre proffict par Me Roger le Vallois, receveur général de noz restes,... vous donnons pouvoir de contraindre et faire contraindre les redebvables par toutes veoies deues et raisonnables.. nonobstant oppositions, appellations prinse à partie, clameur de haro, Chartre normande, arrestz et deffences de nos cours, juges, officiers et autres veoies quelzconques, desquelles nous avons dès à présent... retenu la congnoissance en notre Conseil et icelle interdite et deffendue à toutes autres cours et jurisdictions... Donné à Fontainebleau, le 22e jour de juing l'an de grâce 1609.» — Enregistré en la Chambre des Comptes le 27 juin de la même année. Les fonds qui entrèrent ainsi dans les caisses de l'Etat servirent à payer le Maréchal de Lavardin, auquel le Roi avait fait don de 20,000 l., 8 oct. 1608 (vérifié à la Chambre des Comptes le 20 juillet 1609) et le sieur de Berny, conseiller au Conseil d'Etat, résidant en Flandre, auquel le Roi avait fait don de 12,000 l., 2 mai 1609 (vérifié à la même Chambre le 28 août suivant).

Commission pour procéder à la taxe et liquidation des droits d'Aides chevels à cause de la naissance et chevalerie de Mgr. le Dauphin. — « Henry, par la grace de Dieu, roy de France et de Navarre. A noz amez et féaulx conseillers en noz Conseils d'Estat et privé les s^{rs} de Rys, 1er président en notre court de Parlement de Rouen, de Bourgtheroulde, président en lad. court, de Mautheville, 1er président en notre Chambre des Comptes dud. Rouen, et notre amé et féal conseiller Me Tane-

guy de Bazire, sʳ du Mesnil, notre advocat général en
lad. Chambre, salut. Comme, entre les droits domaniaulx à nous deubz en notre pays et duché de Normandie, certains droitz d'Aides chevetz, à cause de la naissance et chevallerie de notre très cher et très amé filz le Dauphin, nous soient deuz de droict coustumier, et qui cy-devant en cas semblable ont esté levez, prins et perceus sur nos vassaulx et subjectz tenans et possédans fiefz nobles mouvans de nous et autres héritages roturiers en notre censive et sieurie, lesquels droictz, bien que fort modérez et de peu de valleur, nous estimons toutes fois pour la conséquence debvoir estre conservez et la levée d'iceulx estre faicte sur lesd. fiefz nobles et héritages en roture, ainsy que noz prédécesseurs roys nous en ont laissé l'exemple, sçavoir faisons qu'à plain confians de voz sens, suffisance, intégrité, etc... Nous vous avons commis et députez... pour, les deux de vous en l'absence des autres, procedder à la taxe et licquidation accoustumée desd. droictz et à ceste fin vous faire représenter, tant par les lieutenans généraulx et particuliers de noz baillifs en lad. province, que vicontés, leurs lieutenans, noz advocatz et procureurs, les estats des fiefz nobles et héritages roturiers des bailliages et vicontez mouvans de nous en lad. province, dont sera par vous dressé estat au vray et rolle desd. taxes et icelluy mis et délivré ez mains de notre cher et bien amé Mᵉ Adrien Bréard, receveur de noz tailles à Lisieux, lequel commettons et depputons... pour faire la recepte desd. deniers.

« ... Donné à Paris le 12ᵉ jour de déc. 1608. »

Enregistré au Parlement le 23 déc. 1608; — à la Chambre des Comptes le 16 janv. 1609.

Ces droits furent donnés, par Henri IV, à Madame de Monglat, gouvernante du Dauphin. (Lettres patentes du

9 juil. 1608. Enregistrées à la Chambre des Comptes le 5 fév. 1609.) (1)

Jean Bauquet, s^r de Creuilly, fut chargé de la recette des Aides chevels en remplacement d'Adrien Bréard, démissionnaire, 12 mai 1609 (2).

Commissaires examinateurs. — La Cour des Aides vérifia, le 26 décembre 1610, « les lettres patentes du feu roy dernier décédé, en forme d'éedict données à Paris au mois de fébv. 1608, par lesquelles, pour les considérations y contenues, ledit seigneur avoyt créé, érigé deux offices de commissaires examinateurs en chacune des villes où il y avoit Ellections et greniers à sel à l'instar de ceulx establis au Chastellet de Paris, aux bailliages et sièges présidiaulx; lesquels commissaires taxeroient les despens des procez jugez, tant en l'audience, que chambre du conseil, et frais de commissaires, examineroient les comptes des procureurs de fabriques et du général des parroisses, communaultez, qu'ils seroient tenus rendre à la fin de chacune année, comme de tous autres deniers qui se levoient sur les subjets dudit seigneur, pour quelque cause et occasion que ce fust, dont les comptes ne se rendoient en la Chambre des Comptes, ensemble les comptes et estats de ceulx qui auroient fourny chevaux d'artillerie, pionniers, vivres et munitions en vertu des commissions à eux envoyez, sans que autres s'y pussent entremettre. » Ces lettres attribuaient à ces nouveaux officiers 30 l. de gages par an, à prendre sur les amendes des Ellections et greniers à sel.

---

(1) Archives de la S.-Inf., *Mémoriaux de la Chambre des Comptes,* année 1609, B. 26, f°s 4 et 16.

(2) *Ibid.*, année 1618, B. 27, f° 13. Bauquet fut nommé, le 18 déc. 1609, receveur ordinaire de la vicomté de Vire, en remplacement de Pierre Castel, décédé. *Ibid.*, f° 9.

La cour avait supplié le Roi de la vouloir dispenser de procéder à la vérification de cet édit. Mais elle recut des lettres de jussion du 25 dudit mois et an, qui lui prescrivirent de ne point s'arrêter aux remontrances des Etats consignés aux xe article de leur Cahier de l'année 1609, auquel il avait été fait réponse le 7 sept. 1610. Le s^r de Barentin, conseiller de S. M. et maître des Requêtes de son hôtel, avait été envoyé pour notifier à la Cour des Aides l'expresse volonté du Roi (1).

Débets de quittance. — Par lettres patentes du 25 janvier 1607, le Roi ordonna « la recherche de tous les débets de quittance, pour quelque cause que ce fût, qui restoient à descharger sur tous les comptes des trésoriers, receptes générales et particulières, fermes et commissions jusques au dernier déc. 1593, et que tous les comptables, leurs héritiers et cautions, fussent contraints, comme pour deniers royaux, d'en fournir les deniers ès mains de Nicolas Bigot, sinon pour les rentes estaintes et amorties pour rachapt, confiscations ou déshérence; et, pour le regard des deniers deubs aux particuliers, qu'ils demeureroient ès mains des comptables pour les paier aux rentiers ou à leurs créanciers. » Le Roi révoqua tous dons faits à quelque personne que ce fût sur cette nature de fonds. Il voulut « que tous les comptables fussent contraints au paiement des sommes qu'ils devoient, nonobstant lesd. dons, mesme qu'il fust procédé contre ceulx d'entre eux qui se trouveroient avoir pratiqué lesd. dons et amortissements, ayant S. M. affecté et destiné le fonds qui proviendroit de tous les débets au rachat de petites rentes deues à ceux qui feroient la condition de S. M. meilleurs et plus avantageuse. »

(1) Archives de la Seine-Inf., *Registres du Conseil de la Cour des Aides.*

Ces débets de quittance furent mis en parti, et attribués à Louis Massuau, secrétaire ordinaire de la chambre du Roi, qui avait offert de racheter dans l'espace de 16 ans pour 60,000 l. du domaine du Roi ci-devant aliéné ; et dans l'espace de 2 ans pour 200,000 l. en sort principal de petites rentes de 3 l. et au-dessous, à condition de jouir, pendant ledit espace de 16 ans, de tout le revenu du domaine qu'il racheterait (1).

Ce parti souleva de violentes objections de la part des échevins de Paris. Les lettres patentes adressées à la Chambre des Comptes de Normandie pour faire jouir Massuau de son traité (30 mai 1609) n'y furent enregistrées (23 nov. 1610) qu'à la suite de deux lettres de jussion, des 3 avril et 18 sept. de cette année. On voit par les lettres de jussion du 18 sept. qu'entre toutes les excuses et occasions que les maîtres des comptes avaient proposées de leur retardement, ils avaient allégué leur désir de donner loisir aux deputés et procureur syndic des trois Etats de Normandie, de représenter au Roi leurs remontrances. Par l'art. vi du Cahier de 1609 les Etats avaient demandé la révocation du parti de Massuau (2).

(1) Les articles proposés par Massuau portent la date du 18 décembre 1608.

(2) Archives de la Seine-Inf., *Mémoriaux de la Chambre des Comptes*, B. 26.

APPENDICE

BIENS ECCLÉSIASTIQUES.

Par lettres patentes du 2 avril 1596, le Roi avait accordé aux ecclésiastiques un délai de 5 ans pour rentrer en possession de leur domaine aliéné, à condition de prouver qu'il y avait eu lésion du tiers dans l'aliénation. Cette faculté fut singulièrement étendue par l'édit du mois de déc. 1606, qui permit aux ecclésiastiques de réunir à leurs bénéfices les domaines vendus depuis 40 ans, encore qu'il n'y eût lésion, par ce motif « que le temporel de l'église approchait des mêmes priviléges que le domaine de la couronne, qui ne se peut aliéner qu'avec faculté de rachat perpétuel ». C'était une satisfaction donnée aux prélats et députés du clergé de France. Le Parlement de Normandie, par arrêt du 16 juillet 1607, refusa de vérifier cet édit.

Des lettres patentes en forme de jussion lui furent adressées le 13 août 1607. Cependant la vérification n'eut lieu que le 16 juillet 1609. Des lettres de prolongation furent successivement accordées aux ecclésiastiques pour racheter leurs biens aliénés, par lettres de sept. 1613, 4 sept. 1619, dernier déc. 1625, 17 janv. 1633. « En 1641, le clergé, assemblé à Mantes, céda au Roi pour 30 années la faculté de racheter les biens ecclésiastiques et de faire payer une taxe aux détenteurs pour être maintenus dans la possession de ces biens, sans qu'ils pussent être inquiétés par l'église. Par la Déclaration du 15 déc. 1656, le Roi rendit aux ecclésiastiques la faculté de racheter, pendant 10 années, les biens aliénés depuis 1566, « en remboursant aux détenteurs le prix principal de l'aliénation, les impenses et améliorations utiles et nécessaires, les frais et loyaux coûts et la taxe qu'ils avoient payée en 1641 pour être maintenus pendant les 30 années. » (Voir L. d'Hericourt, *Lois ecclésiastiques*.) Les aliénations sur lesquelles on revenait avaient été faites pour l'intérêt de l'Eglise et de l'Etat en vertu de bulles des papes et de lettres du Roi. Les Etats de Normandie, les Etats généraux et les Cours souveraines se montrèrent unanimes pour contester la légitimité ou l'opportunité du rachat.

GABELLES.

Depuis longtemps déjà, le produit des gabelles était une des branches les plus importantes des finances de l'Etat. D'après Savary des Bruslons (*Dictionnaire universel de commerce*, au mot *Gabelles*), c'était « presque le quart des revenus du Roi, et l'on pouvait dire que le sel était pour la France ce qu'étaient pour l'Espagne les riches mines du Chilly, du Potosi et du reste de l'Amérique. » Malheureusement, il n'est point d'imposition qui ait donné lieu à plus d'abus, plus de récriminations, de fraudes et de révoltes.

Les greniers à sel, après avoir été, sous le règne de Henri IV, mis en adjudication par greniers séparés ou par groupes de provinces, furent enfin baillés en bloc, pour tout ou presque tout le royaume, à un fermier général. Cet adjudicataire fut chargé, exclusivement à tous autres, du *fournissement* des greniers de l'Etat; il avait à sa disposition, pour la surveillance des contribuables et pour la défense de son privilège contre les fraudeurs et contre les contrebandiers qu'on appelait faux-sauniers, une armée de commis et d'archers; les officiers des gabelles, magistrats des plus subalternes, indépendants de lui quant à leur nomination, recevaient ses plaintes, acceptaient souvent ses commissions, et finirent par être payés par lui, dans des conditions déterminées, il est vrai, par les ordonnances. Les Cours des Aides connaissaient des appels de leurs sentences, à moins, ce qui n'arrivait que trop fréquemment, que les causes ne fussent, sur la requête de l'adjudicataire général, évoquées au Conseil d'Etat, plus constamment et plus indubitablement dévoué aux intérêts du fisc.

Le prix du sel, officiellement déterminé, variait nécessairement suivant les charges auxquelles les gabelles devaient suffire et suivant les droits qui furent successivement levés sur le sel.

Dans certains lieux, les contribuables s'approvisionnaient aux greniers ou chez les regratiers (vendeurs à petite mesure) comme ils l'entendaient et d'après leurs besoins. Dans d'autres lieux, ces besoins étaient présumés par les agents du fisc, et le sel était baillé par impôt aux contribuables, qu'ils en voulussent ou non.

Le fournissement général des greniers à sel et les droits de gabelles furent baillés à Claude Josse pour 5 ans à commencer au 1er oct. 1599 et à finir au dernier sept. 1604 (déc. 1598) (1). Ils le furent ensuite pour 4 millions

---

(1) Bail fait à Me Claude Josse des greniers à sel de Paris et de Rouen pour 5 ans, 3 déc. 1598 : — « Art. 7. Pourra le preneur associer qui bon lui semblera au présent bail, soient nobles ou de nos

621,000 l. par an, à Jean Moisset, receveur et payeur des rentes de la ville de Paris et contrôleur général de l'argenterie du Roi, de 1604 à 1610 (1). C'est le même prix que

officiers, aultres que les officiers de nos greniers à sel, sans que pour ce lesd. nobles facent actes desrogeans à noblesse, nonobstant les anciennes ordonnances de quoy nous les dispensons. » *Mémoriaux de la Chambre des Comptes*, B. 13, fo 21 vo. ; *Mémoriaux de la Cour des Aides*, B. 18, fo 91.— Jussion pour lever les modifications de l'arrêt de la Chambre intervenue sur la vérification du bail fait à Claude Josse, ensemble de l'édit de suppression des officiers du sel, sept. 1599. *Ibid.*, B. 18, fo 24 vo. Lettres-patentes données à Blois, 1er sept 1599, pour procéder à la vérification pure et simple du contrat fait à Claude Josse du fournissement général des greniers à sel et le faire jouir des 15 s. sur chaque minot de sel afin de le rembourser des frais faits à S. M. durant le siège d'Amiens, le dispensant du dépôt (du sel), sinon suivant son contrat, voulant aussi qu'il fût procédé à la réformation des mesures, et que l'impôt fût établi aux greniers proches de la mer, même qu'il lui fût loisible d'établir regratiers. Ces lettres furent vérifiées à la Cour des Aides nonobstant l'opposition du procureur-syndic des Etats, 30 oct. 1599. Par arrêt du 20 du même mois, la Cour des Aides avait arrêté que des remontrances seraient présentées au Roi au sujet des 15 s., de l'établissement des regratiers et de la réformation des mesures. *(Registres du Conseil.)* — Déclaration pour les plus-ventes du sel des gabelles de France adjugées à Claude Josse pour 3 ans, moyennant 600,000 l. par an, 29 oct. 1602 ; lettres de jussion, 3 fév. 1605 ; enregistrement, 12 mai 1605. *Mémoriaux de la Chambre des Comptes*, B. 15, fo 154. Avant le bail fait à Josse, les greniers à sel avaient été baillés isolément à différents particuliers. Le grenier à sel de Rouen avait été baillé à André Moreau de Tours, 12 déc. 1577. (Bail vérifié à la Cour des Aides, 4 juin 1598.)

(1) Bail des greniers à sel du royaume à Moisset, 2 sept. 1604. Enregistré à Rouen, 14 déc. 1604. Lettres patentes pour procéder à la vérification du bail, 22 av. 1605 ; vérifié à la Chambre des Comptes, 2 juill. 1605. *Mémoriaux de la Chambre des Comptes*, B. 15, fo 175. Nous avons vu que ce même Moisset avait été fermier général des Aides et impositions anciennes. Henri de Ruelle lui fut substitué, 15 sept. 1605. *Mémoriaux de la Chambre des Comptes*, B. 15, fo 194.

l'on retrouve dans le bail fait à Thomas Robin, le dernier sept. 1610. Mais il y eut une réduction sur le prix parce que le Roi accorda une diminution de 5o sous par minot de sel fourni par impôt, comme cela avait eu lieu précédemment pour le sel vendu aux greniers dont le prix avait été fixé à 12 l. le minot (1).

Un édit du 10 mai 1594 supprima les droits connus sous le nom d'anciens droits de gabelle, et les remplaça par un droit de 2 écus 5 sous par minot de sel vendu aux greniers (2). Cet édit donna lieu à une vive opposition de la part des cours souveraines, des échevins de Rouen et des Etats de la province. La Cour des Aides ne se détermina à l'enregistrer qu'à la suite de quatre lettres de jussion (des 22 oct. 1594, 27 janv., 22 fév., 13 juillet 1595), sur l'ordre exprès qui en fut apporté par les commissaires du Roi, le duc de Retz et l'amiral de Villars, et encore se permit-elle d'en limiter la durée, mais sans profit pour le public, parce que la continuation en fut ordonnée par de nouvelles lettres-patentes, nonobstant les mêmes réclamations et les mêmes difficultés.

Sur ces 2 écus et 5 s., 20 s. étaient distraits pour les gages des officiers du Parlement, de la Chambre des Comptes, de la Cour des Aides et du grand Conseil de Paris. La ville de Rouen réclama contre cette attribution, qu'elle eût vouloir faire à ses rentiers, mais sans succès (3). Une

(1) Arch. de la S.-Inf., *Mémoriaux de la Cour des Aides.*

(2) Arch. de la S.-Inf., *Mémoriaux de la Cour des Aides*, B. 11, fº 141 ; B. 12, fº 193, vº. Limitation de la levée à 6 mois par arrêt de cette cour du 7 août 1598, à un an par autre arrêt du 14 août 1598.

(3) Arch. municip. de Rouen, 8 juillet, 9 juillet 1596 : « On avertira MM. du Conseil ; l'on fera de rechef tout ce que l'on pourra soit par

Déclaration du Roi, du 7 déc. 1597, ordonna même qu'une nouvelle levée de 8 s. pour minot de sel serait perçue en plus pour le même objet, et cette Déclaration reçut son exécution après que la ville et les Etats eurent épuisé tous les expédients qui s'offraient à eux pour l'empêcher (1).

Une *crue* de 15 sous pour minot de sel vendu en Normandie fut ordonnée pour le remboursement des prêts faits au Roi, à l'occasion du siège d'Amiens; elle fut comprise, ainsi qu'une autre de la même somme, affectée au paiement des dettes du duc de Guise, dans le bail de Claude Josse. Le procureur-syndic des Etats y avait fait opposition, et avait obtenu à la Cour des Aides un délai pour présenter au Roi ses remontrances dans l'intérêt de la province (2).

D'autres impositions avaient été établies sur le transport du sel; elles ne furent pas moins vivement attaquées par les Etats de Normandie et par les cours souveraines. L'une avait été établie dans l'intérêt de Villars, et pour le paiement des dettes qu'il avait contractées pendant les guerres civiles; l'autre avait été attribuée à la ville de Rouen pour l'indemniser des dépenses qu'elle avait dû faire pour répa-

---

opposition à la Cour des Aides, arrêts et toutes autres manières dont l'on se pourra adviser, à ce que lesd. 20 s. soient au bénéfice des rentiers de la ville. » Les lettres-patentes du Roi, sans souci de ces réclamations, avaient déjà été vérifiées à la Chambre des Comptes.

(1) Déclaration du Roi du 7 déc. 1597, B. 17, f⁰ 206 v⁰. Autre Déclaration du 20 déc., même année; arrêt de la Cour des Aides, 15 janv. 1598; lettres de jussion, dernier janv., même année; arrêt du Conseil entre les cours souveraines et le procureur des Etats de Normandie, Nantes, dern. avril 1598; autre Déclaration, Nantes, même date. *Mémoriaux de la Chambre des Comptes*, B. 12, f⁰ 129; *Mémoriaux de la Cour des Aides*, B. 17, f⁰ 208. *Ibidem*, Vérification de cette Déclaration, mais pour un an seulement.

(2) Voir l'arrêt de la Cour des Aides du 28 nov. 1602. Par l'arrêt du 18 sept. 1599, ces levées n'avaient été vérifiées que pour 2 ans.

rer et compléter ses fortifications, après la prise d'Amiens.

Après la Réduction des villes de Rouen, le Havre, Verneuil et Pont-Audemer, Henri IV, pour se procurer le moyen d'exécuter les traités onéreux qu'il avait dû subir, avait ordonné, par lettres-patentes du 22 avril 1594, qu'il serait payé par les marchands, fournissant les greniers à sel, mariniers et autres faisant conduire du sel en la rivière de Seine et embouchure d'icelle, 8 écus sur chaque muid de sel, mesure de Paris, pendant 4 ans. Ces lettres furent vérifiées à la Cour des Aides le 28 juin 1594, avec modification en ce qui concernait la durée de cette levée, qui fut limitée à 2 ans. Mais par lettres-patentes données à Folambray, 9 janvier 1596, le Roi voulut que cette levée fut continuée 4 ans encore, parce qu'elle n'avait pas fourni, à beaucoup près, ce qu'il en espérait, et que, d'ailleurs, il avait eu à supporter de grandes dépenses pour le recouvrement des villes que détenaient les Espagnols.

Ces lettres furent vérifiées à la Cour des Aides le 23 avril 1596. On donnait à cette levée le nom de *droit d'embouchure*.

Le 29 août 1596, les échevins de Rouen décidèrent que, « pour le patent du droit d'embouchure, il en seroit conféré avec le procureur des Etats pour empescher l'exécution desd. lettres; » mais ce fut en vain.

Le Roi, comme nous l'avons dit, avait attribué les deniers provenant de cet impôt au sieur de Villarts, amiral de France. Après la mort de celui-ci, le don en fut confirmé à son frère Georges de Brancartz, sieur de Villarts, gouverneur du Havre et de Pont-de-l'Arche, « comme chose dépendant des promesses faites par la Réduction des villes de Normandie. »

De nouvelles lettres-patentes, du 23 janv. 1596, avaient étendu cet impôt, en déclarant que tout le sel qui serait navigué en la province de Normandie et déchargé ès lieux et places où les droits de gabelle avaient cours serait soumis à la perception de 8 écus, « soit que le sel se déchargeât en la rivière de Caen, ou aux havres du pays de Caux et endroits dessous la ville de Rouen. » Le Roi s'attribuait cette levée pour s'indemniser de ce qu'il avait dû payer à Villarts sur sa recette générale, indépendamment du *droit d'embouchure*. Mais le 23 juin 1597, cette levée fut octroyée aux habitants de Rouen pour les indemniser à leur tour de la dépense des fortifications.

Cette double perception, l'une au profit de Villarts, l'autre au profit de la ville de Rouen, dut être prorogée plusieurs fois, parce que les cours souveraines, à la réquisition des États de Normandie, en limitaient toujours la durée, en vérifiant les lettres-patentes. Le 1er sept. 1603, la Cour des Aides vérifiait encore les lettres de continuation pour la ville de Rouen, et le 16 juin de l'année suivante, elle vérifiait d'autres lettres de continuation pour Villarts, en imposant pour terme à leur application le 1er octobre 1605.

L'impôt du sel n'était pas appliqué dans toute la province de Normandie. On y avait assujetti, par mesure générale, tous les habitants riverains de la mer ou des embouchures de rivières, compris dans ce qu'on appelait la lieue de mer (1), moins pourtant tout le bailliage de

---

(1) La mesure de la lieue de mer devait se faire à la raison de 806 perches, à 18 pieds et demi la perche et 12 pouces le pied, d'après un arrêt de la Cour des Aides du 13 déc. 1599. *(Reg. du Conseil.)* Mais la Déclaration du Roi, du 22 av. 1600, ordonna que l'impôt du sel serait établi aux rivages de la mer et le long des embouchures des rivières à la mesure de la banlieue de Rouen, qui était de 24 pieds pour perche. La banlieue de Rouen, affranchie de taille, comprenait 1,000 perches en longueur.

Cotentin, la vicomté de Vire, les sergenteries d'Isigny, S.-Clair-les-Vés, Torigny en la vicomté de Bayeux. Le 4 fév. 1603, les sergenteries de Bricquessart, Gray et Tour, et la banlieue de Bayeux, s'en étaient fait exempter par arrêt du Conseil d'Etat, grâce à l'intervention du procureur-syndic de la province, lequel avait aussi réclamé, mais sans succès, la même exemption en faveur des paroisses dépendantes des greniers à sel de Caen, d'Eu et du Tréport. Vainement avait-il rappelé que cette sorte d'impôt avait été abolie en 1584, par Henri III, sur la requête des Etats de Normandie, dans tous les lieux où elle n'avait pas eu cours avant le bail d'un nommé Guichard Le Fèvre (1). Tout ce qu'il put obtenir, ce fut qu'une enquête serait ordonnée, sans préjudice de la continuation de l'impôt, jusqu'à ce qu'autrement il en fût ordonné (2). Bien qu'éloignées de la mer, les paroisses dépendantes du grenier à sel de Falaise, qui, pendant quelque temps, en avaient été affranchies, y avaient été de nouveau soumises, par lettres-

(1) Arch. de la S.-Inf., *Mémoriaux de la Cour des Aides*, B. 14, f° 186.

(2) Cette enquête eut lieu. Le s^r de Canouville, trésorier général de France à Rouen, maître ordinaire de l'Hôtel du Roi, fut nommé, par lettres-patentes du 16 sept. 1601, commissaire général « pour, à la diligence des Etats de Normandie, informer de la commodité et incommodité de l'établissement de l'impôt du sel en la Généralité de Rouen. Il vaqua au fait de sa commission du 19 av. au 15 juill. 1602. Le 15 oct. 1603, le Bureau des Finances lui accorda une taxe de 1320 livres à prendre sur les fonds des Etats, sur le certificat de leur procureur-syndic. L'année suivante, à la réquisition du même procureur, les grèneteurs, contrôleurs, procureurs du Roi, greffiers et commis de l'adjudicataire général, aux greniers à sel de Dieppe, de Fécamp, du Havre et de Harfleur, étaient assignés à comparoir à la Cour des Aides; une taxe de 30 l. fut accordée, le 30 août de cette année, au sergent royal qui avait fait les assignations. Arch. de la S.-Inf., *Plumitifs du Bureau des finances*.

patentes du 9 mars 1599, après qu'on eut constaté qu'il ne se vendait plus au grenier de cette ville que 6 muids de sel au lieu de 60 qu'on avait coutume d'y distribuer avant les guerres, différence telle, qu'on n'a le choix, si grande qu'eût pu être la dépopulation, qu'entre deux suppositions, ou que l'impôt était singulièrement exagéré, ou que la fraude était très considérable (1).

Au bailliage de Cotentin, en la vicomté de Vire, aux sergenteries d'Isigny, Saint-Clair-les-Vés et Torigny, on ne pouvait user que de *sel blanc*, qui s'y fabriquait d'après un procédé que l'on voyait appliquer, il y a une vingtaine d'années, lorsqu'il y avait encore des salines le long des grèves du Mont-Saint-Michel, procédé que Savary des Bruslons décrit dans son *Dictionnaire universel de Commerce* (2). Ailleurs, et en général partout où les gabelles étaient établies, l'usage du *sel gris* était de rigueur (3).

L'impôt du sel amena un grave conflit entre le parlement et la Cour des Aides de Normandie. Dirons-nous, avec le premier président Groulart, que « la pluspart des membres de cette cour passaient pour des pensionnaires des partisans, que l'on vit les magistrats de cette courtelette triompher des cendres de leur pays, lorsqu'ils l'eurent asservy à l'impost et autres excessives charges » ? Nous n'ignorons pas que, sous Louis XIV encore, à en croire le rapport de l'Intendant, cette juridiction était universel-

---

(1) Arch. de la Seine-Inf., *Mémoriaux de la Cour des Aides*, B. 12, fo 327.

(2) Les lieux où l'on fabriquait le sel blanc, d'après Savary des Bruslons, étaient: Marcé, Vains, Genets, le Val-S.-Pair, Céaux, Courtils et Huynes, en l'Élection d'Avranches, etc... Le droit que l'on percevait sur le sel blanc était du quart du prix ; on l'appelait droit de *quart-bouillon*.

(3) Voir lettres-patentes données à Paris, 22 oct. 1599.

lement décriée. Mais n'a-t-elle pas été victime des mesures fiscales, naturellement impopulaires, dont elle était chargée d'assurer l'exécution et dont, à vrai dire, elle n'était pas responsable ? L'impartialité nous fait un devoir de déclarer que, fort souvent, elle s'opposa de tout son pouvoir aux charges de toute sorte imaginées par les partisans et adoptées par le Conseil d'Etat; que, si elle céda, à la suite de jussions réitérées, le parlement fit de même, et trouva sa justification dans l'impossibilité où il se trouvait d'agir autrement. Nous aimons à penser que, de part et d'autre, on n'était point insensible à l'intérêt du peuple ; mais entre les membres de ces deux cours il y eut pendant longtemps une hostilité très marquée, à raison de leur compétence. Le parlement eût voulu s'attribuer la connaissance de tout ; la Cour des Aides se prétendait souveraine pour les matières qui l'avaient fait établir, et sur ce point elle réussit à faire prévaloir ses prétentions.

Le savant historien du parlement, M. A. Floquet, n'a pas raconté sans une certaine émotion tous les efforts tentés par Groulart pour faire révoquer l'impôt du sel, et la lutte qui s'engagea, à cette occasion, entre les deux cours rivales.

« Au parlement, dit-il, il n'y eut qu'un cri lorsque Groulart parla aux Chambres assemblées « des infinies exactions et oppressions qui se commettoient sur le pauvre peuple, que l'on contraignoit de prendre le sel par impost, avec recherche du passé chose moins supportable que la taille mesme, et capable de réduire ung peuple au désespoir, au préjudice du service du Roy ». Groulart se plaignit, en même temps, de toutes ces procédures inouïes faites en vertu de commissions abusives et soustraites aux yeux du parlement, à qui on avait même osé défendre d'en connaître. Un arrêt énergique fut publié qui fit aussitôt grand bruit dans la province, et qui semblait lui devoir rendre le repos et faire cesser tant d'infamies. Après avoir ordonné que des remontrances seraient faites au Roi sur les conséquences de ce funeste usage de bailler le sel par impôt, il prescrivait, dès à présent, une information à l'égard des exactions qui se faisaient sur le peuple en vertu de commissions non vérifiées ; des procédures rigoureuses à l'encontre des exacteurs et prétendus commissaires par emprisonnement de leurs personnes et perfection de leurs procès. Il faisait « très expresses défenses à tous grènetiers, contrôleurs, officiers de gabelles et commissaires à ce députez de bailler le sel par impost; injonction, si aucun en avoit esté baillé ainsy, de le reprendre, estant encore en essence, pour être distribué, de gré à gré, aux magasins et greniers à sel, suivant les anciennes ordonnances de nos Roys. » Après avoir ainsi pourvu au soulagement du peuple, le parlement, vengeant son autorité méconnue, entravée, au grand scandale, mépris et confusion de la justice, faisait défense à tous officiers, commissaires et autres personnes, d'exécuter aucune commission en Normandie, sans qu'au préalable leurs pouvoirs eussent esté vérifiés et enregistrés au parlement; à tous juges et officiers d'y obéir. » Cet arrêt, rendu le 14 av. 1597, fut cassé par un arrêt du Conseil privé du 20 du même mois, lequel enjoignit aux commissaires de Normandie de passer outre à l'exécution de leurs commissions. En même temps, des lettres-patentes nommaient un des présidents de la Cour des Aides, Le Camus de Jambeville, commissaire général en la matière, et le chargeait de prendre part au département du sel. Un nouvel arrêt du parlement fit défense à Le Camus de Jambeville et à tous autres, sous peine d'être tenus et declarés ennemis et perturbateurs du repos public, d'agir en vertu d'aucunes commissions, qu'elles n'eussent été enregistrées au parlement, et cet arrêt, ainsi que celui du 14 av., fut publié à son de trompe, affiché en tous lieux et lu au prône de toutes les paroisses. Le parlement déclarait « que des remonstrances seroient faictes au Roy de la conséquence de la commission donnée au président de Jambeville et de toutes autres semblables octroyées en faveur d'aucuns particuliers, contre les délibérations et arrests de ses parlements, donnez pour le bien de son service et pour empescher le désespoir du peuple et le contenir en l'obéissance et affection naturelle qu'il devoit à S. M. » Un nouvel arrêt du Conseil cassa de nouveau l'arrêt du 14 av. et celui du 20 mai, et manda à la barre du Conseil le premier président, le rapporteur et quatre conseillers. Cet arrêt reçut la même publicité que celle que le parlement avait tenu à donner aux siens; les curés durent en faire lecture aux prônes de leurs églises. La lutte continua entre les deux cours avec une extrême vivacité; Groulart parut à la cour, se vit blâmer par le Roi et par le grand Conseil, auxquels pourtant il eut le courage de représenter « combien l'impôt du sel était insupportable au pays de Normandie; que le paiement des tailles en étoit diminué et les prisons remplies de prisonniers qui y pourrissoient tellement, qu'il en avoit esté tiré jusques à 120 corps morts pour une seule fois ». Le parlement obtint son pardon. « Mais pour les villageois, pour les pauvres, comme dit M. Floquet, il leur fallut toujours acheter chèrement du sel, qu'ils en eussent ou non besoin, et laisser fouiller chaque jour leurs chaumières par ces commis insolents dont la province était infestée (1) ».

(1) Floquet, *Histoire du parlement*, IV, p. 177-191. Par Déclaration du 19 mars 1597, Charles Duval, sr de Coupeauville, conseiller à la Cour des Aides, avait été chargé de procéder à des recherches contre tous ceux qui abusaient au fait des gabelles ou qui y avaient abusé depuis

Un arrêt du Conseil d'Etat fut rendu le 16 sept. 1603 entre l'adjudicataire général des gabelles Claude Josse et le procureur-syndic des Etats de Normandie; il fit connaître en quels lieux de la province le sel devait être levé par impôt. Il nous a paru intéressant d'en rapporter la partie la plus importante.

« Entre Mᵉ Claude Josse, fermier et adjudicataire général des greniers à sel de ce roiaulme, demandeur en requeste, d'une part, et le sʳ de Fontaine, scindic et procureur général des trois Estatz de Normandie, deffendeur, d'autre, veu lad. requeste tendant à ce que, pour les causes et considérations y contenues, il plaise à S. M. ordonner que, nonobstant et sans avoir esgard à l'arrest donné en son Conseil le 4ᵉ jour de febv. dernier, le sel sera distribué par impost ès parroisses des sergenteries de Gray, Tour, Bricquesart et banlieue de Baieux, ensemble ès greniers d'Eu et Tresport, Harfleur, Honnefleur, Pont-Audemer, Lisieux et Alençon, en la forme qu'il a esté estably ès dits greniers par les sʳˢ Billard et Regnard (1), commissaires à ce depputez par S. M., et nonobstant les compositions prétendues par ceulx du grenier d'Alençon; ensemble qu'il soit pourveu sur les autres greniers de Caudebec, Exmes, Argentan, Bellesme et Neufchastel, qui, à faulte d'estre imposées, apporte une très grande diminution et mesvente dudit sel, à la ruine et perte des droictz de sa dicte Majesté; qu'il plaise, en oultre, à sa dicte Majesté, évoquer en son Conseil la congnoissance des appellations interjectées des

---

un certain temps. Il dut se transporter, à cet effet, dans les différents greniers de Normandie. Ces recherches furent continuées en vertu d'un nouvel ordre du Roi, du 20 oct. 1599, vérifié à la Cour des Aides le 10 déc. 1599.

(1) Billard, maître des Requêtes de l'hôtel. Regnard, conseiller au grand Conseil.

sentences et jugemens faictz et à faire par les officiers des greniers à sel pour les abbus ou malversations commises au faict du sel, et des procez ou différendz meuz entre ledit suppliant et les habitans du païs d'Aulge pour raison de l'usage du sel blanc et droit de le pouvoir faire prétendu par certaines parroisses dudit pais, ensemble pour les privillèges prétendus par les villes de Dieppe, Fescamp, Saint-Vallery, le Havre et autres, pour le faict de la droguerie et permission de charger sel en Brouage pour les sallaisons d'icelle, sans prendre ledit sel par les mains dud. suppliant, nonobstant le renvoy fait de tous lesd. différendz à la Court des Aides de Normandie, et faire inhibitions et deffences aux marchans de Paris, Orléans et autres lieux de ce roiaulme de saller doresnavant leurs beurres de sel blanc, soit au bourg de Rauchi, Isigny et ailleurs, ains de sel gris tant seullement, sans qu'il soit besoing de les ouir, nonobstant ce qui est porté sur led. arrest.....

« Le Roy, en son Conseil, après avoir meurement considéré l'origine et institution des greniers et magasins à sel de Normandie establis par éedict du roy François Ier du mois de juillet 1544 le long des lisières, ports et havres de la mer, entrées et bouches des rivières, pour y estre le sel vendu et distribué par impost aux habitants desd. ressortz contribuables à la taille, afin d'obvier aux frauldes et abbus des faulx saunages, lequel éedict toutes fois n'auroit esté exécuté en certains magasins de la quallité susdite, ny l'estendue dans laquelle ledit impost doit avoir lieu au ressort desd. greniers réglée et limitée comme il appartenoit, de laquelle il a tousjours esté diversement uzé, s'estant contentez ceulx qui ont par cy-devant faict les baulx desd. gabelles d'insérer dans iceulx que les impostz auroient lieu aux endroictz où ils auroient esté auparavant, sans porter ung règlement diffinitif, ce qui auroit donné subject à S. M.

d'ordonner par arrest donné en son Conseil, le 24ᵉ juillet 1601, après avoir ouy les remonstrances à elle faites par son advocat en la Court des Aydes dud. païs et les plaintes dud. Josse, que l'estendue desd. lieux et greniers où led. impost auroit lieu seroit réglé en congnoissance de cause, et cependant qu'il seroit establi par provision ès endroictz où il avoit esté d'ancienneté, et désirant sa d. Majesté l'exécution dud. arrest, et que suivant icelluy led. impost soit reiglé pour une fois deffinitifvement, à ce que chacun sache en quels greniers il aura lieu et en quelles parroisses d'iceulx, comme chose très nécessaire pour la conservation de ses droictz de gabelle, et qui tournera au repos et soulagement de ses subjects par la diminution des recherches qui se font à l'encontre d'iceulx à l'occasion du faulx saunage et usage de sel non gabelé, et faisant droit sur la requeste dud. Josse, sa d. Majesté a ordonné et ordonne que, sans avoir égard à ce qui a esté observé par le passé sur la pocession et usage prétendu par les habitans dud. pays, et aud. arrest du 4 febv. dernier, led. impost sera diffinitivement establi et constitué ès parroisses, bourgs et villages où il se treuve cy-devant avoir esté establi par les sʳˢ Billard, et Regnard, deppendans des greniers à sel du Havre de Grace, Fescamp, Dieppe et S. Vallery, Eu et Tréport, Caen, Fallaise, Honfleur, Harfleur et Baieux. Sera aussi led. impost mis et establi de nouveau au ressort du grenier de Caudebec, hors lad. ville, et faulx bourgs d'icelle, par les commissaires que sadite Majesté depputera pour cest effest, ausquels sera donné pouvoir de faire lesd. establissements, non seulement en la banlieue de la mer, mais en telle estendue dud. grenier qu'ils jugeront estre nécessaire pour empescher la vente et distribution du faux sel. Et pour le regard de Pont-Audemer et Lizieux, sera l'arrest du 4 fév. observé selon sa forme et teneur, en remédiant aux actes qui se commettent, audit Lizieux, au faict du sel blanc par le reiglement que S. M. en fera. Seront aussi les compositions faictes avec ceulx du grenier d'Allençon suivies et observez, sans avoir esgard au changement y apporté par led. s^r Regnard, sauf toutefois si la taxe des compositions se treuve moictié que la quantité que lesd. habitans en doibvent porter, auquel cas ils seront reiglés par lesd. commissaires de gré à gré, si faire ce peult, sinon, en sera par eulx ordonné comme ils verront estre à faire par raison. — Veult et ordonne sa d. Majesté que lesd. commissaires se transportent au plus tost dans lesd. greniers à sel, où par le présent arrest led. impost doit avoir lieu, ung chacun d'eulx selon le département qui luy en sera donné, ausquels lieux ilz se feront exhiber les roolles de la taille et précédens impostz, et, après s'estre informez du pied sur lequel led. impost doibt estre reiglé, soit par le nombre et capitation des personnes, moiens et facultés d'iceulx, leurs aages, qualitez, séjour et professions ou autres circonstances considérables ausd. reiglements, procéderont à l'establissement d'iceluy selon leur loiaulté et conscience, les depputez des parroisses préalablement ouys, avec lesquelz ils en composeront amiablement, le modérant ou augmentant de gré à gré, si faire ce peult, et, où, nonobstant les remonstrances desd. commissaires, lesd. parroisses ne se vouldroient charger de la quantité qu'elles peuvent raisonnablement porter, elles y seront imposez par ordonnance desd. commissaires, et lesd. impositions exécutez, nonobstant oppositions et appellations quelzconques, et sans préjudice d'icelles, dont S. M. se réserve la congnoissance en son Conseil. Caen, 16 sept. 1603 (1). »

(1) Arch. de la S.-Inf., *Mémoriaux de la Cour des Aides*, B. 14, f° 199 et suiv. — La Cour des Aides avait ordonné par arrêt du

Nombre d'ecclésiastiques, de nobles, de gouverneurs de villes ne se faisaient faute d'user de faux sel. Il leur fut enjoint, ainsi qu'à tous bourgeois et habitants des villages non compris à l'impôt du sel, de prendre aux greniers de leur ressort le sel qui leur était nécessaire pour leurs provisions et celles de leurs familles, gens et serviteurs, à peine, pour le regard des ecclésiastiques et nobles, d'être déclarés déchus de leurs privilèges et d'être mis à l'amende ; et, pour les autres, d'être imposés et taxés d'office audit impôt.

De puissants seigneurs, tels que Montgommery et le sieur de la Haye d'Aigneaux, s'entremettaient de vendre du sel au préjudice des droits du Roi, au Pas-aux-bœufs, à Pontorson et à Granville. Défenses leur furent faites, ainsi qu'à tous autres, de continuer sous peine de décheoir des privilèges de noblesse et d'être contre eux procédé selon la rigueur des ordonnances (7 déc. 1599. Arrêt de la Cour des Aides).

Une Déclaration du Roi du mois de décembre 1602, enregistrée à la Cour des Aides, le 6 avril de l'année suivante, attribuait formellement la diminution des ventes qui se faisaient aux greniers « aux faux sauniers dont la plupart portoient armes et bâtons ferrés, étoient supportés, conduits et retirés par plusieurs de la noblesse et gens d'église ». Pour remédier à ces abus, le Roi voulait que tous ses sujets, tant nobles, ecclésiastiques que autres, fussent tenus de venir prendre et lever chacun, au grenier à sel de son res-

---

2 oct. 1603 que l'établissement de l'impôt ne pourrait être fait au grenier de Caudebec « pour n'avoir jamais esté compris au nombre des greniers imposés, encore qu'il fût de la qualité de ceux auxquels par les ordonnances il y dût être establi, étant assis le long de la rivière de la Seine, le long de laquelle tous les navires arrivent au port de Rouen, lesquels en chemin faisant sont coutumiers d'en vendre le long de la coste à tous indifféremment qui en veult achapter »... Jussion du Roi pour enregistrer l'arrêt du 16 sept. sans cette modification.

sort tout, le sel qui leur conviendrait pour leurs maisons et familles ; que les faux sauniers, s'ils étaient personnes viles et abjectes, fussent condamnés au fouet pour la première fois; aux galères à temps pour la seconde fois; à être pendus et étranglés à la troisième récidive ; que les autres personnes pussent être châtiées à l'arbitrage des juges jusqu'à la mort. Les faux sauniers saisis avec armes à feu devaient être condamnés aux galères, dès la première fois, et les nobles qui les assisteraient ou recèleraient, déclarés roturiers. Juridiction était attribuée, quant à cette sorte de délits, aux maréchaux de France, vis-baillis, à leurs lieutenants et à leurs archers (1).

Quelques mots maintenant sur les officiers des gabelles, afin de mettre le lecteur en état de comprendre les remontrances des députés de la province. Une simple énumération des édits qui créaient, abolissaient, rétablissaient les offices, suffira pour faire comprendre à quel esprit de fiscalité était soumise l'administration.

Edit de création de l'état de contrôleur général des gabelles; camp devant Rouen, déc. 1591 (2).

Edit de création de l'état de contrôleur général alternatif des gabelles ; Mantes, octobre 1593 (3).

Edit de création de 2 contrôleurs généraux des gabelles en Normandie, mai 1594 ; vérifié en la Cour des Aides le 28 janvier 1595 (4).

Edit de création des offices de lieutenants aux greniers à sel, avec attribution de 12 d. sur chaque minot de sel vendu et débité aux chambres et greniers à sel, août 1595.

(1) Arch. de la S.-Inf., *Mémoriaux de la Cour des Aides*.
(2) *Ibid.*, f° 24.
(3) *Ibid.*
(4) *Ibid.*, B. 14, f° 26 v°.

Autre édit portant augmentation de droits aux receveurs généraux et particuliers des greniers à sel : 10 d. pour minot de sel, janv. 1596 ; vérifié à la Cour des Aides le 23 août suivant.

Suppression des offices de contrôleurs généraux des gabelles, des receveurs et contrôleurs provinciaux des greniers ; des receveurs particuliers des greniers à sel, à commencer au 1ᵉʳ oct. 1599, à charge de remboursement, dans un délai de 5 années, de la finance payée par les titulaires, déc. 1598 ; vérifié le 29 avril 1599, avec modifications que la Chambre des Comptes fut invitée à lever par lettres de jussion du 4 nov. 1599 (1).

Suppression des offices de lieutenants aux greniers à sel moyennant remboursement auquel le Roi voulait pourvoir, en attribuant aux greffiers des greniers et chambres les 12 d. pour minot de sel des lieutenants avec 3 d. en sus et en vendant ces offices de greffier en hérédité à faculté de rachat perpétuel, avril 1601. Cet édit ne put être vérifié à la Cour des Aides qu'à la suite de 3 lettres de jussion du 12 juill. 1601, du 22 fév. et du 20 mars 1602. Des délais avaient été successivement accordés par cette cour sur l'opposition formée par le procureur syndic des Etats, afin de lui donner le temps de présenter au Roi ses remontrances. Le Roi consentit à différer l'exécution de son édit jusqu'après la convention des Etats de 1601, afin de prendre connaissance des plaintes qui seraient insérées au Cahier. Les députés des Etats et le procureur syndic furent entendus au Conseil et ne purent rien obtenir. L'édit fut vérifié à la Cour des Aides le 27 avril 1607 (2).

(1) *Mémoriaux de la Chambre des Comptes*, B. 18, fᵒˢ 114, 288. — *Mémoriaux de la Cour des Aides*, B. 13, fᵒ 5 vᵒ.

(2) Arch. de la S.-Inf., *Mémoriaux de la Cour des Aides.*

Les gages de ces officiers se payaient au moyen de droits prélevés sur la vente du sel. Des lettres patentes du 8 déc. 1593 avaient ordonné qu'il fût levé sur chaque minot de sel vendu aux greniers 5 s. d'augmentation pour le remplacement des gages qui leur étaient dus. Avant de permettre cette perception le Bureau des finances de Rouen ordonna que les lettres patentes seraient communiquées au procureur des Etats pour, sa réponse vue, être ordonné ce que de raison, 8 mai 1594 (1).

Des lettres patentes données à Folembray, en juin 1596, augmentèrent de 10 d. pour minot de sel les droits à payer aux receveurs généraux et particuliers des greniers (2). D'autres lettres, qui augmentaient de 7 d. pour minot de sel les droits attribués aux procureurs du Roi et greffiers des greniers à sel (sept. 1594), ne furent enregistrées à la Cour des Aides que le 17 déc. 1604 (3).

Edit pour l'hérédité des 7 d. pour minot de sel attribué aux grenetiers et contrôleurs des greniers à sel, janv. 1603 ; enregistré à la Cour des Aides le 17 mars 1605, à la suite de lettres de jussion du 26 fév. de la même année (4).

Arrêt de la Cour sur l'édit d'attribution des 7, 4 et 3 d. pour minot de sel accordée aux avocats, procureurs du Roi et greffiers des greniers à sel, 17 déc. 1604. Lettres de Déclaration sur cette attribution, du 21 juin 1605, à la suite de lettres de jussion du 25 oct. (5)

Ces officiers, toujours malmenés par les contribuables,

---

(1) *Ibid.*, *Plumitif du Bureau des Finances.*

(2) *Ibid.*, *Mémoriaux de la Cour des Aides*, B. 11, fo 142.

(3) *Ibid.* B. 15.

(4) Arch. de la S.-Inf., *Mémoriaux de la Cour des Aides*, B. 15, fo 142.

(5) *Ibid.*, fo 182, 200.

étaient faiblement défendus par l'État. Un moment on les soumit à la juridiction de la Chambre royale qui avait été établie pour la recherche des abus et malversations commis aux finances de S. M. Un arrêt du Conseil d'Etat rendu sur la requête des grènetiers du royaume les renvoya devant les Cours des Aides de leurs provinces respectives pour répondre devant elles du fait de leurs charges (1).

Si la noblesse fournissait des défenseurs et des récéleurs aux faux sauniers, elle fournissait aussi aux fermiers des gabelles des associés, et des capitaines et des lieutenants à leurs compagnies d'archers.

On trouve dans le rôle des archers déposé à la Cour des Aides, le 22 juillet 1613, par Pierre Jacquet, fermier général des gabelles en Normandie, les noms de Jacques Billard, sieur des Roches, du sieur Verdier de la Londe, de Jean Boudon, écuyer, capitaine, de Jean Philippe de la Varinière, de Daniel Billard, sieur de Pommereuil, Germain Le Metel, sieur de Bussy, lieutenants. Ce dernier était le frère de l'abbé Boisrobert (2).

OFFICIERS DES ÉLECTIONS.

Un édit de Henri III, du mois de septembre 1587, avait disposé qu'il serait établi un second président en chaque Élection, que les Élus exerceraient leur charge alternativement et qu'on augmenterait leurs droits de chevauchée. Les députés des Etats, par leur Cahier de remontrances, en demandèrent la révocation, et ce fut un prétexte à la Cour des Aides pour en refuser la vérification, à laquelle elle ne

---

(1) *Ibid.*, B. 14, f° 167 v°.
(2) *Ibid.*, 1613.

put se déterminer, malgré des lettres de jussion du 23 nov. de la même année. Henri IV en adressa de nouvelles à cette cour, le 9 janvier et le 22 fév. 1595, et l'édit fut vérifié le 17 avril suivant (1).

Un autre édit de Henri III, du 10 mai 1587, rétablissait les charges d'avocats et de procureurs du Roi aux nouvelles Elections. Il fut vérifié à la même cour, le 25 juillet 1595, à la suite de lettres de jussion du 17 mai (2).

Henri IV fit également revivre un édit de 1578 qui fixait les taxations des officiers des Elections (10 décembre 1594). Il fut vérifié à la Chambre des Comptes le 10 janvier 1595 (3).

Les paiements auxquels l'Etat se trouvait obligé par suite des articles secrets accordés au duc de Mayenne furent la cause de la création d'un 5e Elu en chaque Election (Lyon, sept. 1595). Trois lettres de jussion des 4 avril, 24 mai, 28 juillet 1595, obligèrent la Cour des Aides à accepter ce nouvel expédient (4). Ce ne fut pas plus volontiers qu'elle vérifia l'édit donné à la Fère, 23 mai 1596, qui créait 2 offices d'huissiers audienciers en chaque Election. Elle y mit cette condition que ceux qui en seraient pourvus ne jouiraient de l'exemption des tailles que jusqu'à concurrence de 100 sous du corps de la taille (14 oct. 1597) (5).

(1) Arch. de la S.-Inf., *Mémoriaux de la Cour des Aides*, B. 10, fos 312 et suiv. Dans les lettres de jussion du 9 janvier 1595, le Roi défendait à la cour de donner communication desd. lettres au procureur des Etats ni aux présidents et Elus du pays, « desquels il tenoit les remonstrances pour oyes et entendues. »

(2) *Ibid.*, B. 11, fo 67.
(3) *Ibid.*, *Mémoriaux de la Chambre des Comptes*, B. 14, fo 1.
(4) *Ibid.*, *Mémoriaux de la Cour des Aides*, B. 11, fo 184 vo.
(5) *Ibid.*, *Registres du Conseil de la Cour des Aides*.

Le Roi, toujours par le même besoin d'argent, avait augmenté, moyennant un supplément de finance, le pouvoir et la juridiction des officiers des Elections. Il s'agissait de trouver le plus promptement possible des fonds pour porter secours aux gens de guerre qui avaient été envoyés dans la province de Picardie. Les lettres patentes étaient datées de Paris, 28 décembre 1594. Le procureur des Etats s'opposa à leur vérification. Il fut entendu au Conseil, en toutes ses raisons et remontrances, mais ne put rien obtenir, « attendu l'urgente nécessité des gens de guerre. » La Cour des Aides reçut l'ordre de passer à la vérification nonobstant l'opposition des Etats, ce à quoi elle se résolut, du très exprès commandement du Roi, le 13 octobre 1595, à la suite des 3 lettres de jussion des 5 juillet, 16 septembre et 6 octobre 1595 (1).

Toutes ces créations, qui avaient paru bonnes au Conseil du Roi, parurent détestables peu de temps après. En février 1599 paraissait un édit qui portait suppression des qualités de présidents et de conseillers du Roi aux Elections avec réduction de leurs gages au denier 10 de la finance qu'ils avaient payée pour la composition de leurs offices. Il ne devait plus y avoir que des Elus dont le nombre, au moyen des vacations qui surviendraient, serait réduit à 3 plus un contrôleur. Les Elections récemment créées devaient être supprimées, et, en attendant, les Elus devaient se départir par moitié pour exercer leurs charges alternativement.

Les raisons les plus plausibles ne manquèrent pas pour légitimer aux yeux de l'opinion public ce changement, dont les Élus seuls avaient à se plaindre. « Le retranchement des officiers superflus était dans les vues du Roi. Dès 1597,

---

(1) *Ibid.*, *Mémoriaux de la Cour des Aides*, B. 10, f° 468.

conformément à l'avis des notables, il avait été arrêté que les dites qualités de président et de lieutenant seraient ôtées aux officiers des élections ; qu'il n'y aurait entre les membres de ces juridictions d'autre rang que celui qui résulterait de la date de leurs réceptions. La prise d'Amiens par les Espagnols était l'unique raison qui avait fait ajourner l'exécution de cette utile mesure, à laquelle il était opportun de revenir, maintenant que la paix était assurée.

Le Roi proclamait même qu'il « avait, de tout temps, reconnu la grande charge qu'apportait à ses finances, le désordre et confusion qu'apportait à ses affaires, la *foule* et oppression que causait à ses sujets, le grand nombre des officiers des Elections ».

Les députés des Etats n'auraient pas tenu un autre langage (1).

Et pourtant, peu d'années après, un édit du mois de mai 1605 rendait aux Elus et contrôleurs des Élections les qualités de présidents, lieutenants et conseillers supprimés par l'édit de février 1599 ; et le dernier juillet 1607, on en revint même à la création d'un second président en chaque Election.

Il n'est guère de juridiction ou d'administration qui ne présente, à la même époque, la même suite de mesures contradictoires. C'est ce qui rend si difficile, et, il faut aussi l'avouer, si rebutante, l'étude des institutions à partir du XVIe siècle (2).

---

(1) Cependant l'édit en question, vérifié à la Cour des Aides de Paris, en février 1596, ne le fut à la Cour des Aides de Normandie que le 19 février 1603. Arch. de la S.-Inf., *Mémoriaux de la Cour des Aides*, B. 15, f° 85 v° et suiv.

(2) *Ibid.*, B. 16, f° 195 et suiv.

PRÉVÔTÉ DE NORMANDIE.

Henri IV, en vue de réprimer les crimes, délits, meurtres et assassinats inhumains qui se commettaient en Normandie, avait érigé en titre d'office formé un prévôt général des maréchaux de France en cette province avec 2 lieutenants de robe longue, 1 de robe courte, 2 exempts, 1 greffier, 1 payeur et 50 archers (lettres patentes données au camp de Rouen, mars 1592). Il en pourvut, au mois de juin 1593, Claude de Gobé, s^r de Suresnes, chevalier de son ordre, l'un des maréchaux du camp de son armée. Louis Morel de la Tour, s^r de Gaulle, exerçait en même temps, et concurremment avec lui, en Normandie, l'office de prévôt provincial de la maréchaussée de France. L'un et l'autre étaient secondés par les vis-baillis des bailliages. Au mois d'oct. 1594, un édit créa 4 commissaires et 4 contrôleurs pour faire les montres des vis-baillis et prévôts des maréchaux, de leurs lieutenants et archers ; et, au mois de décembre suivant, un autre édit créa un conseiller assesseur en chaque juridiction des prévôts des maréchaux et des vis-baillis. Le Roi donnait pour motif de cette dernière création « les guerres qui, tirant toujours les affaires de mal en pis, avoient faict ellever plus de volleurs, vagabons, gens sans adveu et autres malvivants qu'il ne s'en estoit veu oncques, par lesquels ses pauvres subjectz estoient tellement travaillez qu'ils estoient contraincts, non seulement de quitter le labourage des terres et vignes, mais aussi d'abandonner leurs maisons, de sorte que les bons bourgs et villages du royaume estoient quasy tous désollez et dépeuplez d'habitants ». Dans un édit postérieur, le Roi rappelait encore que « l'estendue de son païs de Normandie, par son amplitude et condition remply de grandes et fréquentes forests, avoit été la retraicte, incontinant après la guerre, des volleurs, vacabons et aultres gens de mauvaise habitude et conversation de toutes les provinces circonvoisines, plus descouvertes et moins favorables à céler telles gens ».

Si bonnes que fussent les intentions du Roi, ces mesures ne furent point favorablement accueillies en Normandie. Le peuple y vit une nouvelle charge ; les corps judiciaires y reconnurent une atteinte à leur juridiction, une dangereuse confusion de pouvoir, l'établissement d'une justice arbitraire et sans contrôle.

Le procureur des Etats de Normandie s'opposa à l'exécution de l'édit de mars 1592 et à l'établissement du s^r de Suresnes comme prévôt général, en représentant la pauvreté « de la province si longtemps travaillée de la guerre ». Le Roi accorda une apparence de satisfaction à ces remontrances en déclarant, par arrêt du Conseil, que le s^r de Suresnes, ses lieutenants, exempts et archers n'exerceraient leur état que par commission ; mais il ne manqua pas de renouveler cette Commission d'année en année, nonobstant les réclamations des corps judiciaires et des Etats de la province qui s'opiniâtraient à demander la suppression pure et simple de ces nouveaux fonctionnaires. En 1595, le s^r de Suresnes, alors âgé de 72 ans, transigeait avec les Etats, et pour éviter les traverses et les empêchements qu'il recevait d'eux, ainsi que du parlement (1), il pria le Roi de

(1) Sur la requête présentée par le s^r de Suresnes, afin que, suivant les lettres patentes du Roi, du 13 déc. 1593, il fût fait levée de la somme de 2,806 écus pour la solde et appointements de luy, ses lieutenants, etc., assignés sur la Généralité de Rouen, le Bureau des Finances ordonne qu'il sera fait ce que de raison, après que lesd. lettres auront été communiquées au procureur des Etats de Normandie, 27 juin 1594. — Même requête du s^r de Suresnes pour le paiement

trouver bon qu'il ne pût se démettre de son état en faveur de personne, et que, son décès advenant, cet état fût supprimé. Henri IV approuva cette Déclaration, que plus tard il ne voulut considérer que comme un engagement personnel du s^r de Suresnes et qui même n'avait été arraché à celui-ci que par la contrainte.

Louis Morel de la Tour, s^r de Gaulle, dit ordinairement La Tour Morel (1), n'avait pas éprouvé moins d'embarras dans l'exercice de sa fonction de prévôt provincial. Sa compagnie avait été réduite de 50 archers à 20 (2), et, peu

de lui, ses lieutenants, etc., pour l'année 1596, conformément aux lettres patentes du 28 déc. 1595. Le Bureau des Finances ordonne que la somme réclamée, qui était de 4,000 écus, ne serait levée qu'après qu'il serait apparu de la réponse du Cahier des Remontrances des Etats présenté au Roi, 13 mars 1596. *Plumitif du Bureau des Finances.* — Lettres patentes de jussion par lesquelles est enjoint à la Chambre des Comptes de lever les défenses faites par icelle de faire aucune levée de deniers pour le paiement des gages du s^r de Suresnes, ses lieutenants, etc., 12 mars 1597. La Chambre ne vérifie ces lettres que pour les années 1596 et pour 1597. *Mémoriaux de la Chambre des Comptes*, B. 17, f° 62. — Lettres patentes du Roi ordonnant qu'on eût à imposer en la Généralité de Rouen 8,000 écus pour les gages du prévôt, ses lieutenants, etc., pour l'année 1597 et l'année 1598, Paris 15 fév. 1599. « Attendu que le s^r de Suresnes n'a pas d'arrest du Conseil sur l'opposition du procureur des Estats ny icelluy avoir esté ouy, est ordonné que lesd. lettres patentes et autres de jussion y attachées luy seront communiquées ». 19 mars 1599. *Plumitif du Bureau des Finances.*

(1) Cité comme conseiller du Roi, prévôt général, 9 mars 1594.

(2) La revue de sa compagnie fut passée à la porte de la ville de Rouen, le 27 déc. 1597, par Jacques N^{as} Cavelier, commissaire ordinaire des guerres, et par Louis Du Tillet, contrôleur ordinaire des guerres. Morel avait 150 écus par quartier ; Jean Le Mercier, s^r de Hautes-Loges, avocat, lieutenant général, 50 écus ; Jaspar Vincent, greffier, 25 écus ; Jean Vaultier, trompette, 25 écus ; chaque archer,

de temps après, son état avait été supprimé ou réuni à celui du prévôt général, exercé par le s^r de Suresnes. Il est juste de reconnaître que ce La Tour Morel était un homme d'un caractère violent et plus propre au métier de la guerre qu'aux fonctions judiciaires.

On peut en juger par la plainte de François Ainssi, commis à la recette de la vicomté de Neufchâtel, pour la suspension d'Archambault Le Bon, lieutenant de cette vicomté.

Un jour il pria le Bureau des Finances de le décharger de cette recette, « parce que, pour les exécutions que le s^r de La Tour Morel, prévôt de la maréchaussée, faisoit faire journellement de plusieurs volleurs, ledit prévost expédioit ces taxes à prendre sur la vicomté, taxes excessives et que le comptable étoit hors d'état de pouvoir payer, n'ayant encore rien reçu du domaine depuis sa commission. Sans égard à ses observations, La Tour Morel avoit usé envers luy de grandes violences, jusqu'à lui mettre la main au collet, et à le menacer de lui donner

---

25 écus ; Jean Millard, exécuteur des sentences criminelles du prévôt, la même somme. Arch. de la S.-Inf., *Mémoriaux de la Cour des Aides*, B. 14, f° 193 (1er juin 1602). Les exemptions de ses archers, obligés au travail le plus pénible, n'étaient pas respectées. Un édit du mois de janvier 1598 les avait exemptés de toutes tailles jusqu'à la somme de 100 sous seulement. Cependant le nommé Pierre de Richebourg, dit la Brière, du village de Cailly, Election de Rouen, l'un des archers du sieur de La Tour Morel, prévôt général de la connestablerie et maréchaussée de France en Normandie, « fut par animosité compris aux rôles des tailles de sa paroisse, à somme excessive, bien que ses moyens et facultés ne fussent suffisans pour être taxé seulement à la somme de 100 sous. » L'injustice était d'autant plus évidente, qu'avant d'être nommé archer, la Brière n'avait pas même été compris sur le rôle à cause de son indigence. Le Roi ordonna qu'il fût déchargé par lettres adressées à la Cour des Aides, 22 juin 1598. *Mémoriaux de la Cour des Aides*, B. 12, f° 188.

un coup de dague au travers du corps, s'il ne se laissait conduire en prison (1) ».

Après la mort du s‍r de Suresnes (2), sa charge ne fut pas supprimée, ainsi que l'avaient espéré les Etats de Normandie. Henri IV avait de grandes obligations à Pierre Le Blanc, sieur du Raullet, l'un de ses maîtres d'hôtel, lieutenant de la compagnie de ses gardes de corps, sous la charge du sieur de la Force, et capitaine et gouverneur des ville et citadelle de Louviers (3). En 1601, Le Blanc fut commis pour l'exercice de prévôt général pendant un an, avec 30 archers (4). Le 3 janvier 1602, le Roi renouvela cette commission pour un an, en témoignant que « le sieur du Raullet avoit servy avec toute l'intégrité, fidélité et diligence qu'on pouvoit désirer, et que, de son soing et continuel debvoir,

---

(1) Voir ordonnance du Bureau des Finances, 11 mars 1596, C. 1118, f⁰ 71 v⁰.

(2) Décédé antérieurement au 13 déc. 1601, laissant de son mariage, avec Anne de Roussel, une fille, Philippe de Gobbé, qui avait épousé Georges Suhart, sieur de la Croue, mentionnée 13 décembre 1601, 16 janvier 1603. *Registres secrets du Parlement.*

(3) En 1594 et 1595, il était gouverneur, pour le Roi, des villes de Pont-de-l'Arche et de Louviers. — 7 nov. 1594. « Sur la requête présentée par le s‍r du Roullet, à ce qu'il luy feust permis d'envoyer à ses dépens 4 soldats pour accompagner les sergents et commissaires qui yront au recouvrement des deniers à luy deus pour ses garnisons sur les contribuables aux tailles des Elections de Rouen, Pont-de-l'Arche et Conches, de l'année dernière et la présente, qui lui ont esté baillez en paiement par les commis des trésoriers de l'extraordinaire des guerres, attendu la deffiance en laquelle se mettent les redevables, ordonné par le Bureau que les sergents qui iront pour l'advenir contraindre pour ledit s‍r du Roullet, pourront prendre chacun 2 records pour la seureté de leurs personnes, et deffenses à eux toutes fois faites d'user d'aucune violence sur les redevables.» Ordonnance analogue, du 6 nov. 1595. *Plumitif du Bureau des Finances.*

(4) Arch. de la S.-Inf., *Mémoriaux de la Chambre des Comptes,* B. 20, f⁰ 83.

la province s'estoit veue et trouvée en peu de temps purgée et netoiée d'un grand nombre de volleurs, vagabonds et malvivants qui, depuis le décedz du feu de Suresnes, ne voyant personne accompagnée avec force et auctorité pour les réprimer et chastier, s'y estoient licentieusement jectez, commettant des volleries, meurtres et autres malversations continuelles, au grand péril et préjudice du peuple et de la cessation entière du traffic et commerce ». Aux termes de ces lettres, outre ses archers, du Raullet devait avoir sous ses ordres 1 lieutenant de robe longue, 2 de robe courte, avec les greffiers (1).

Cette commission renouvela les inquiétudes du parlement. Il la vérifia pourtant, nonobstant une requête de René Erard, vis-bailli du duché d'Alençon, et les remontrances des Etats de Normandie, mais en ayant soin de spécifier que du Raullet n'exercerait sa commission que tant que la Cour n'en aurait pas autrement ordonné, et à la charge d'envoyer et mettre au greffe, de 3 mois en 3 mois, les copies des procès, charges, informations qui auraient été faits par lui ou par ses lieutenants (6 mars 1602).

En même temps il essayait de ruiner le pouvoir du prévôt en faisant établir à la Table de Marbre du Palais un siége de la connétablie qui connaîtrait par appel des sentences rendues par les vis-baillis.

7 janvier 1602. « La cause de ladite assemblée proposée par le s^r Premier Président estoit que, ayant esté cy-devant mis en advant l'utilité que pourroit apporter en ceste province ung establissement d'un siége de la connestablie de France en la Table de Marbre du Palais à Rouen, *ad instar* de celuy de Paris, auquel les vis-baillifs seroient tenus répondre et les appellations de leurs jugementz ressortiroient,

---

(1) *Ibid.*, B. 21, f° 51.

et par appel à la Court, qui seroit à ce moien obvier à toutes les évocations et distractions que font les prévosts et vis-baillifs hors de ceste dicte province, il avoit esté arresté de poursuivir ledit establissement, dont ledit sieur Premier Président avoict chargé M⁰ Nᵃˢ Bauldry, advocat en ce parlement, qui avoit moienné et faict consentir tant à M. le connestable que à ses officiers la distraction, de leur siège général de la Table de Marbre du Palais à Paris, estre faicte des causes des vis-baillis, en ceste province pour en estre faict et créé ung siège particulier en ceste province ; que il s'y estoit trouvé touttes foiz deux obstacles et difficultés, l'une, que ledict sieur connestable voulloit que la nomination des officiers demeure par devers luy, comme il se faict de ceulx de Paris, et comme M. l'admiral en use au siège de la Table de Marbre à Rouen, à quoy il estimoit que l'on ne devoit tenir, cela estant accoustumé, et l'autre estoit que les officiers du siège général veullent estre recompensez à cause de lad. distraction et démembrement qui se faict de leurs dits offices, ce que l'on ne pourroit faire à moins de 2,000 escus, estant en difficulté de sçavoir où l'on en prendroit les deniers, et, en les prenant sur les deniers de la recepte des amendes de lad. court, de quelque nature qu'ils soient, adviser aux moiens de les remplacer. Sur quoy, l'affaire ayant esté mise en délibération, a esté arresté, sans tenir à lad. difficulté pour la nomination des officiers, dont il sera usé comme de ceulx de Paris, que les deniers nécessaires pour le remboursement et rescompense des officiers de Paris seront pris tant sur les deniers des amendes, de quelque nature qu'ils soient, que sur les deniers destinez, tant à la chapelle que institution d'un collège, estant entre les mains de Mᵉ Jehan Bouffart, commis à la recepte desd. deniers. »

Le parlement avait envoyé à Paris, pour traiter cette

affaire, l'avocat général Thomas, qui rendit compte le 4 mars 1602 de sa mission, de la manière qu'il est rapporté aux *Registres secrets de la Cour*.

« Ledit s[r] Thomas a dit que, ayant esté trouvé bon qu'il se transportast à Paris pour essayer d'acheminer cest affaire, il estoit aussitost monté à cheval, assisté de M[e] N[as] Bauldri, avocat, le mercredi 13 février, et le 16 estoit arrivé à Paris, et au mesme instant estoient allez trouver M. le procureur général au parlement de Paris, qui leur sembla assez froid du commencement, et néantmoins ayantz esté ensemblement trouver Monsieur le Chancelier pour le prier de mander Monsieur le Premier Président dudit parlement de Paris, lequel avoit dict qu'il ne pouvoit rien faire de son chef sans en parler à la compaignie, et lequel néantmoins ils avoient prié de différer dire jour jusques après le retour de M. le Connestable, lequel revenu à Paris ledit M[e] N[as] Bauldri estoit allé trouver, et l'avoit tellement disposé à la continuation du consentement qu'il avoit donné à ceste affaire que, oultre qu'il y avoit jà faict consentir 3 de nos dits sieurs les Mareschaulx de France, et entre autres M. le Mareschal de Brissac qui s'y estoit montré fort affectionné, ils estoient allés trouver led. s[r] Premier Président. Toutefoys ayant receu lettres de M. le Premier Président de ceste court, il n'avoit davantage poursuivy, et estoit revenu en ceste ville pour sçavoir ce que la court trouvoit bon qu'il feist et députer telz qu'elle verroit bien pour continuer ceste poursuite, disant oultre ledit s[r] Thomas que, sur l'évocation obtenue pour le fait du meurtre commis à ung surnommé Duclos, enquesteur à Montreuil, en ayant remonstré la conséquence et surprise à M[r] le Chancelier, s'estoit ensuivy arrest du Conseil par lequel, sans avoir esgard à l'arrest du Conseil privé que du grand Conseil, les parties ont esté renvoyez en ce parlement, et que les pièces ont esté mises par led. sʳ Chancelier par devers Mʳ de Marillac pour en dresser le dictun.

« Le rapport fait par M. Thomas, et après avoir sur ce délibéré, a esté arresté que led. sʳ Thomas continuera comme il a bien commencé, assisté dud. Mᶜ Nᵃˢ Bauldri (1). »

Ces démarches furent sans résultat. Au mois d'octobre 1603, le Roi profita, comme il le dit, de ce que les circonstances donnaient plus de commodité à ses sujets de supporter les charges de l'Etat. Il proclama qu'il était nécessaire « qu'il y eût, outre les vis-baillis ordinaires, quelques gens qui avec eux tinssent libres les grands chemins, se tinssent prêts à toutes les occurrences, dans une province pleine de forêts, bois, passages incommodes et périlleux et grandement peuplée de personnes, parmy lesquelles il n'y en avoit tousjours que trop de fainéants, vagabonds et malvivants qui ne servent qu'à la ruine, foulle, oppression et incommodité des autres. » En conséquence, par édit perpétuel et irrévocable, il maintint l'état de prévôt général, et le rétablit, en tant que besoin était, avec 3 lieutenants de robe longue, 3 de robe courte, 1 greffier général, 2 greffiers particuliers, 27 archers, 1 commissaire et 1 contrôleur à faire les montres. Le prévôt nommait les archers. Ses appointements étaient fixés à 4,000 l.; ceux des lieutenants de robe longue à 300 l.; ceux des lieutenants de robe courte à 500 l.; ceux du greffier général à 300 l.; ceux de chacun des greffiers particuliers à 200 l.; ceux de chaque archer à 200 l. Le commissaire devait avoir 40 l. et le contrôleur 30, ce qui faisait en tout 12,530 l. En même temps du Raullet était nommé à l'office de prévôt

---

(1) Arch. de la S.-Inf., *Mémoriaux de la Cour des Aides.* — *Mémoriaux de la Chambre des Comptes*, B. 23, f⁰ 49 v⁰.

général, que de fait il remplissait depuis deux ans. Cet édit ne fut pas enregistré sans difficulté et sans remontrances ; il ne le fut à la Cour des Aides que le dernier mai 1604 (1).

Au parlement, le mécontentement fut encore plus vif, à en juger par les *Registres secrets* de cette cour.

27 nov. 1603. — « La cause de lad. assemblée proposée par M. le P. P. estoit sur l'advertissement donné à la court par le procureur général du Roy que le s^r du Roollet s'estoit faict pourveoir en tiltre d'office à l'estat et charge de grand prévost de Normandie, qu'il avoit auparavant exercé seullement par commission vériffiée en la court; avoit faict adresser ses lettres de provision au grand Conseil où il s'estoit faict recevoir, qui n'estoit que pour apporter ung trouble et confusion à la justice et se dispenser de répondre de ses actions à lad. court, en suivant icelles et les ordonnances juger les procès aux sièges présidiaux et mettre les procès aux greffes ordinaires, oultre les charges que led. estat apporte au peuple, sur lequel se lèvent les gages, non seulement dudit grand prévost, mais aussi des autres prévosts et vis-baillis qui sont en Normandie, leurs lieutenants et archers, au préjudice de la suppression dont les Estats, en l'assemblée dernière, ont faict instante requeste, sur laquelle n'a esté encore pourveu, et davantage se remarque ung mespris que font lesd. prévosts et leurs lieutenants de

---

(1) Arch. du Palais de Justice, *Registres secrets du Parlement*. — 9 avril 1603. Le Bureau des Finances ordonne communication au procureur syndic des Etats, « pour se pourvoir sur icelles, ainsi qu'ils adviseront bien, » des lettres de jussion obtenues par le sieur du Roullet pour continuation de la charge de grand prévôt. Il s'agissait de lever sur les Elections de la Généralité de Rouen 8,380 l. faisant partie des 12,530 l. affectées aux appointements du personnel de la prévôté. *Plumitif du Bureau des Finances*. C. 1121.

l'autorité de la court, comme il feust naguères recognu particuliairement en la personne de De la Croix Bizeul, lieutenant dudit s^r du Roollet (1), par certaines lettres missyves qu'il a rescriptes audit s^r prévost général, lesquelles il a représentées, et sur quoy estoit nécessaire de délibérer et adviser *quid agendum*. Après lecture faite desd. lettres missyves qui ont esté remises entre les mains dudit s^r procureur général, et sur le tout délibéré, a esté arresté que remonstrances seront faictes au Roy, lesquelles seront dressées par l'un de MM. les Présidents et 4 des anciens conseillers, pour par après estre revues à la compagnie; et le procureur général fera diligence de recouvrer mémoires et instructions de ses substituts des crimes dont lesd. prevost et vis-baillis ont pris la congnoissance qui sont demeurés impunis, etc. »

On voit par les délibérations du parlement du 22 janvier 1604, qu'à cette date M. du Vicquet, avocat général,

---

(1) 14 nov. 1603. « M. Le Jumel, procureur général, estant entré, a représenté une lettre missive à lui escripte par La Croix Bizeul, lieutenant du s^r de Roollet, grand prévôt, contenant plusieurs propos contre l'autorité de la Court, et veu icelles lettres, et sur ce délibéré, a esté arresté que led. La Croix Bizeul sera adjourné à l'instance dudit procureur général, pour recongnoistre à son faict et retentum. » *Registres secrets du Parlement.* — 16 janv. 1604. « Sont entrez MM. les gens du Roy Anzerey et Le Jumel, procureur général, lequel procureur général a faict entendre les lettres missives qu'ils ont receues des officiers d'Avranches, par lesquelles ilz les advertissent des entreprises du sieur du Roullet à cause de sa charge de grand prévost, faisant des lieutenants particuliers en chacune vicomté, comme, en lad. vicomté d'Avranches, s'est présenté ung surnommé Hullin, sur quoy a esté advisé que les pièces seront envoyez par ledit sieur procureur général à M. du Vicquet, advocat général, estant par devers le Roy par commission de la Court, pour joindre à ses remonstrances à l'encontre de la réception dudit s^r du Roullet audit estat du grand prévost. » *Ibidem.*

était à Paris pour agir en qualité de délégué du parlement, contre le sieur du Raullet. Il adressa aux conseillers de la cour copie du mémoire qu'il se proposait de présenter au Roi en leur nom pour réclamer la suppression de la prévôté et l'établissement en son lieu et place d'une connétablie de France, au siège de la Table de Marbre, d'après le projet que le Premier Président Groulart avait faict adopter. Quelques jours après, du Vicquet augurait mal de sa mission. Il avait eu l'occasion de parler au Roi et au Chancelier et de leur faire voir les remontrances dont il était porteur. Bientôt il ne fut plus possible de se dissimuler « que les choses estoient trop mal disposées pour en avoir quelque bon effet ». Le Roi lui avait dit « qu'il n'oyoit autre chose que des remontrances de ses parlements, et que, pour sa part, il pouvoit se rendre le témoignage de ne rien faire qu'en bonne et meure délibération ». Le chancelier lui conseilla de s'en retourner et d'attendre des circonstances plus favorables. Du Vicquet réussit pourtant à se faire écouter au Conseil, mais sans rien obtenir que des paroles polies.

Non-seulement la prévôté de Normandie ne fut pas supprimée, comme le demandaient les Etats et le parlement, mais on en augmenta le personnel, et on établit un lien plus étroit entre le chef de cette administration et les agents subalternes. Ce fut l'objet de l'édit du mois de mars 1605, aux termes duquel le s^r du Raullet demeurait seul institué prévôt général avec 4 lieutenants, 3 de robe longue, 1 de robe courte. L'office de prévôt provincial dont avait joui précédemment La Tour Morel demeurait à tout jamais supprimé. Les vis-baillis, préposés dans les 7 bailliages de la province, devenaient des lieutenants de robe courte, et leurs lieutenants de robe longue, spécialement chargés des fonctions judiciaires, prenaient le titre de lieutenants de robe longue du prévôt général. Le nombre des archers était porté à 98. Les gages du personnel étaient ainsi fixés : au prévôt général, 4,000 l. ; au lieutenant de robe courte, résidant dans le bailliage d'Alençon, 500 ; à chacun des 3 lieutenants de robe longue, dont 2 résidaient près du prevôt, et dont l'autre résidait dans le Cotentin, 300 l. ; à chacun de ses 7 lieutenants de robe courte, répartis dans les bailliages, les mêmes gages qu'ils touchaient précédemment en qualité de vis-baillis ; à chacun des 7 lieutenants de robe longue établis près d'eux, leurs gages anciens. A chacun des 2 assesseurs du bailliage de Caen et du bailliage d'Alençon, 300 l., gages qui leur avaient été attribués lors de leur première institution ; au greffier du prévôt général, 300 l. ; à chacun des 7 greffiers héréditaires des 7 lieutenants des bailliages, les mêmes gages qu'ils touchaient précédemment comme greffiers des vis-baillis ; à chacun des 98 archers, 200 l. (1)

On trouve aux *Mémoriaux de la Cour des Aides* la liste du personnel de la prévôté, dans un rôle de la Revue qui fut passée, en la place de Bihorel-lès-Rouen, le 18 nov. 1606, de la compagnie du s^r de Raullet. Les lieutenants de robe courte étaient alors N^{as} de Pillon, s^r de la Tillaye, bailliage de Rouen ; Hector de Tunes, Caux ; Jacques Le Vavasseur, s^r de Cristot, baill. de Caen ; Gilles de Chérencé, s^r du Jardin, Cotentin ; Jean Du Bosc, s^r d'Hermival, baill. d'Evreux ; Rob. de Jumel, s^r de la Croix, baill. de Gisors ; Gilles de Bizeul, s^r de la Croix, baill. d'Alençon ; Jacques du Valpoutrel, s^r du Noyer, même bailliage ; Gilles de Guillots, s^r de Touffreville, et Jean Le Carpentier, s^r des Epines, sans fonctions. — Lieutenants de robe longue : Philippe de Chefdeville, baill. de Rouen ; Jean de Cham-

---

(1) Arch. de la S.-Inf., *Mémoriaux de la Cour des Aides*, 1604-1609, f° 58 v°.

pagne, Caux ; Martin Raoul, s^r de la Guere, baill. de Caen ; Isaac Pillon, Cotentin; Gabriel Heulin, s^r de la Heberdière, même bailliage pour Mortain ; Jean Despériers, baill. d'Evreux ; Pierre Le Febvre, s^r de S. Quentin, près le présidial d'Evreux ; Ch. de Guyeuro, président au présidial d'Evreux, même bailliage ; Claude de Fontaines, s^r de la Poudrière, baill. d'Alençon. — Assesseurs : Jacques Bazire, Cotentin ; Jérôme Belier, baill. d'Alençon. Les archers sont désignés par leurs prénoms, noms et sobriquets ou noms de guerre. Une partie de ces archers, et même des lieutenants, étaient ordonnés à la suite du gouverneur de la province. Fervaques avait près de sa personne, en 1602, Jean Du Bosc, s^r d'Hermival, qualifié prévôt, Guil. Desperrois, s^r des Vaux, lieutenant, Adrien Bullot, greffier, et 20 archers. La revue en fut passée à la place de Champagne de Glatigny, près Lisieux, le 2 juin 1602 (1). Même personnel en 1607. La revue en fut passée près de Rouen, le 2 nov. de cette année, par François de Civille, commissaire ordinaire des guerres, et par Pierre Hue, s^r de Bonneville, bailli de la ville de Lisieux, contrôleur extraordinaire des guerres (2).

Au mois de juillet 1610, Louis XIII confirma l'édit de mars 1605, ainsi que le règlement du 22 du même mois et an, portant règlement de la prévôté générale de Normandie, et il attribua au grand Conseil, à l'exclusion du parlement de la province, la connaissance des oppositions faites à l'exécution de cet édit.

Il y a lieu de s'étonner de tant d'efforts tentés pour em-

---

(1) Arch. de la S.-Inf., *Mémoriaux de la Cour des Aides*, 1601-1603, f° 92.

(2) *Ibid.*, 1604-1609, f° 188 v°. Voir aux *Mémoriaux*, B. 14, f° 193, un autre rôle de la *Montre des Archers de Fervaques* en 1599.

pêcher l'établissement de la prévôté, quand on voit le peu de sécurité dont on jouissait en Normandie. Lorsqu'il s'agissait d'apporter les deniers du Roi à la recette générale, il fallait faire escorter les fonds par des archers du prévôt, à cause des voleurs qui infestaient la province (1). Un arrêt du Conseil (Bordeaux, 13 oct. 1615) ordonna aux prévôts des maréchaux de faire à l'avenir escorter les deniers que l'on portait aux recettes générales (2).

Pierre Le Blanc, s^r du Raullet, gouverneur de la citadelle de Louviers, était encore grand prévôt de Normandie en 1622 (3).

Le 16 avril de cette année, sa compagnie fut passée en revue en la plaine de Cormelles près Caen. Elle comptait 28 archers attachés à la personne du prévôt, et de 8 à 10 dans chaque bailliage, plus 7 archers sans gages.

AFFRANCHIS DES PAROISSES

Charles IX, par édit daté de Gaillon, septembre 1566, avait ordonné « qu'en chaque paroisse et ville du royaume seroient exemptez 1, 2 et jusques à 3 personnes, leurs maisons et familles, leurs vies durant, et leurs femmes, de toutes commissions, tant royales que de communauté, ordinaires et extraordinaires, tutelles, curatelles..., logement des gens de guerre ». Les affranchissements devaient être accordés moyennant finance par des commissaires envoyés par le Roi. Il pouvait y avoir un affranchi dans les paroisses qui comprenaient moins de 50 feux ; 2 dans celles qui comprenaient de 50 à 100 feux, et 3 dans les autres. Le privilège était annoncé à l'extérieur par les ar-

(1) *Ordonnance du Bureau des Finances*, 7 mai 1608.
(2) *Ordonnance du Bureau des Finances*, 29 oct. 1615, C. 1128.
(3) Tab. de Rouen, *Meubles*.

APPENDICE. 375

moiries et panonceaux du Roi, posés à l'entrée de la maison de l'affranchi, auquel le peuple donnait le nom de franc taupin (1).

Un édit de Henri IV, daté du mois de septembre 1604, renouvela, en partie, les dispositions de l'édit de septembre 1566. Le plus beau et meilleur du domaine avait été engagé, aliéné et vendu pour payer les Suisses. « Les belles et précieuses bagues de la Couronne avaient été engagées par les rois, prédécesseurs de Henri IV, à aucuns estrangers, lesquels faisoient entendre que, s'il ne les racheptoit promptement, ils seroient contraincts par nécessité de les vendre à quelque prix que ce fust pour les grands intérests qu'ils supportoient. » Pour empêcher cette aliénation plusieurs expédients avaient été proposés, et on avait fini par trouver qu'il n'y en avait pas de plus doux que d'exempter, moyennant finance, « aucuns habitans des paroisses, villes, bourgs, bourgades et villages du royaume de toutes charges royales que de communaulté, soit ordinaires ou extraordinaires, comme de maires, échevins, syndics, marguilliers, mesmes de tutelles, curatelles, dépôts, garde des biens de justice, guets, gardes des villes, etc.... » Le Roi décida donc qu'en chaque paroisse qui compterait moins de cent feux il y aurait un affranchi, et qu'il y en aurait 2 dans les autres. Au Conseil d'Etat était réservée la détermination de la taxe à payer par ces nouveaux privilégiés, qui avaient le droit de faire apposer aux portes de leurs maisons les armoiries royales avec un écrit sommaire de leur exemption (2).

(1) Fontanon, *Edits et ordonnances*, édit de 1611, t. II, p. 1185, 1186 et 1187.

(2) L'édit rapporté par Fontanon, t. II, p. 1188, porte la date de Caen, sept. 1605. Voir *Mémoriaux de la Cour des Aides*, B. 15, f° 178 v°, 193 et 199.

Duplicata de cet édit fut adressé à la Cour des Aides; il portait la date de Paris, juin 1605. Cette cour l'enregistra le 28 juin de cette année, mais en y faisant d'importantes modifications. Elle ordonna que les privilégiés ne jouiraient d'aucune exemption de contribution aux tailles et autres levées qui se faisoient en la province ; — qu'une personne seule se pourroit éjouir de lad. exemption en chaque paroisse composée de 30 feux de personnes contribuables et au dessus, sans que le privilège put avoir lieu sinon ès lieux et paroisses auxquelles les exempts seroient imposés lorsque les exemptions leur seroient concédées, et sans qu'ils pussent charger une autre paroisse de leur exemption. » Le Roi adressa des lettres patentes à la Cour des Aides pour qu'elle eût à vérifier purement et simplement, l'édit le 28 juillet, le 6 octobre et le 3 déc. 1605. L'enregistrement eut lieu le 15 décembre suivant. Par ses dernières lettres, le Roi annonçait aux gens de la Cour des Aides que, nonobstant leurs arrêts, « il avoit ordonné à tous les juges de la province faire jouir les pourvus desd. exemptions plainement et simplement ; ne voulant, faute de leur vérification pure et simple, estre frustré du secours qu'il en espéroit tirer pour dégager les bagues de la Couronne, à laquelle, comme y estant attachez, ils devoient avoir la mesme affection que luy. »

Dans son *Formulaire des Esleuz* (p. 171-172), le président La Barre se plaint en ces termes du grand nombre des officiers et des privilégiés :

« Le grand nombre de personnes qui taschent à s'exempter deuëment et indeuëment du payement de la taille, est ce qui trauaille le plus les pauvres asseeurs, collecteurs en leurs distributions de deniers et assiettes. Tant de mandemens leur sont signifiez, tant d'exemptions qu'ils ne sçauent que faire et à qui ils ont affaire. Et pour euiter procez n'osent asseoir les riches, tournant tout cela à la foule et oppression des autres contribuables et ruine entière desdits assietteurs, Collecteurs, qui accablez de fraiz et d'affaires demeurent enfin misérables.

« De vray il y a tant de menus officiers, tant de sortes d'affranchis, d'exempts, de priuilegiez, qu'il n'y a celuy riche et moyenné en quelque parroisse que ce soit qui ne tasche de s'y faire promouuoir. Les vns se font coucher sur les Estats de la maison du Roy, des Roynes, et des Princes, et Princesses, de la Connestablie, de l'Admirauté, de l'Artillerie, de la Fauconnerie, de la Venerie, des Monnoyes : les uns se font Salpestriers, Mortepayes, Gardes des chasses des bestes des forests, Jauliers, Concierges, Iardiniers des maisons du Roy et des Seigneurs, et se déguysent en tant de façons que tous les aysez taillables taschent à se descharger des tailles : lesquelles néantmoins croissent de iour en iour, combien que le nombre des taillables aille en diminuant. Me souuient qu'en la parroisse de la Bazoge Election de Mortain, à la faueur d'vn Gentilhomme, vn Symon Sauny, le plus riche d'icelle, ayant espousé vne parente de sa femme, obtint l'an 1609 vn Estat d'Aide de fruiterie de la Royne Marguerite, qui fut validé par arrest de la Court des Generaux auec exemption. S'il estoit sur l'Estat des Exempts que le Roy enuoie tous les ans à ladite Court, ie m'en rapporte : mais je sçay qu'auparauant on n'auoit point oüy parler de tel Officier en Normandie. Ceux qui l'ont authorisé en demeurent responsables exemptant un homme de six ou sept cents livres de rente. »

RÔLE DE LA VILLE DE CAEN AUX ÉTATS DE NORMANDIE.

L'interruption des Etats en 1594 fit craindre aux échevins

de Rouen un dessein prémédité d'abolir les assemblées provinciales. Ils s'entendirent avec le procureur syndic, et, d'après leur avis, celui-ci se transporta à Caen, et vraisemblablement dans toutes les villes de Normandie, pour y provoquer des démarches, ou tout au moins des pétitions, en faveur d'une institution consacrée par la Charte Normande. On a conservé, aux Archives municipales de Caen, la délibération relative à la demande du procureur syndic et le texte de la requête des échevins de Caen.

Assemblée le mardi dernier jour d'oct. 1595. Elle eut lieu suivant la semonce faite par Du Londel, sergent, par le commandement verbal de M. Vauquelin, lieutenant général en lad. assemblée. « A esté proposé par M. Thomas, procureur des Estatz de cette province, lequel s'y est comparu pour cet effect, que MM. les eschevins et habitans de la ville de Rouen, voyant que en l'année dernière il n'avoit point été tenu de convention et assemblée des Estats de cette province de Normandie pour y faire faire demande par S. M. des deniers qu'elle désiroit lever sur son peuple, et aussi pour y faire recevoir les plaintes et doléances de ses sujets de lad. province, comme il avoit esté de tout temps accoustumé, suivant les chartes et privilèges de lad. province, et que encores en cette année présente S. M. n'a point fait expédier ses lettres pour la tenue d'iceux, en quoi on pourroit juger que on voudroit abolir et estaindre à l'avenir lad. séance et tenue des Estats, chose qui seroit grandement préjudiciable au corps desd. Estats et à leurs dittes chartes et privilèges, et contre la teneur de la Chartre Normande, ils avoient fait appeler en leur hostel commun de ville led. procureur des Estats, et ayant ensemble conféré sur cette affaire, avoit esté par eux arresté d'écrire à S. M. pour la supplier vouloir faire tenir lad. convention et assemblée d'Estats en cette ditte année et dorenavant d'an en an, aux fins de l'ancienne institution de lad. convention et assemblée d'Estatz, et par mesme moyen, l'avoient conseillé, venant en cette ville, en conférer avec MM. du corps de l'hostel commun de cette dite ville, pour entendre d'eux s'ils approuvoient ladite délibération, et s'ils voudroient de leur part, en s'adjoignant avec eux, en escrire à S. M.; l'affaire mise en délibération et sur ce prins les avis des assistants et opinion uniforme, a esté jugé très nécessaire d'en escrire à S. M. et joindre les lettres du corps commun des habitants de cette ville avec celles de MM. de la ville de Rouen, et suivant ce ledit sieur Vauquelin, lieutenant général, a prins la charge de dresser lesd. lettres à S. M., même écrire à Mons. de Montpensier sur ce fait. »

Vauquelin rédigea la requête en cette forme :

« Sire,

« N'estant rien resté en la callamité de cest aage à votre paovre peuple que l'espérance qu'il a à votre Majesté, semblant qu'il luy aict esté nécessaire que Dieu aict fait naistre un si grand prince pour mettre fin à de sy grandz maux, nous vous avons escript ce mot, comme voz très humbles subjectz, affin de vous supplier qu'en continuant ce qui est du principal fondement et du premier ordre de votre réaulme, il vous plaise, comme à voz prédécesseurs, faire tenir les Estatz de Normandie, desquels le retardement nous seroyt d'autant plus facheux que nous espérons, soubs votre règne, en recueillir plus de fruit que par le passé, pour la volonté que vous avez au soullagement de votre peuple, qui sera obligé de plus en plus à prier Dieu qu'il vous donne, Sire, en santé longue et heureuse vie. — Vos très humbles et obéissans serviteurs les gouverneurs et eschevins de votre ville de Caen. »

Cette rédaction fut approuvée ; et la lettre fut signée par les échevins.

Henri IV fit droit à cette requête. Les Etats furent convoqués à Rouen.

D'autres pièces, conservées aux archives communales de Caen, donnent d'intéressants détails sur les Etats de notre province.

« Samedi, 9 décembre 1595. Au bureau tenu à l'Hôtel commun de la ville de Caen, devant M. Blondel, lieutenant. — Présents, MM. de la Serée et Le Fuel, avocats pour le Roi, de Tourmauville, Dallechamp, Graindorge et Deschamps, gouverneurs échevins, Beaullart, greffier. Se sont comparus : MM. de Demouville, pour l'église ; de Criqueville, pour la noblesse, et Laurent Lyout, pour le tiers estat, led. Deschamps pour le corps commun de la ville, députés en cette année présente pour assister à la convention des Estats (qui devait se tenir à Rouen le 15 de ce mois) suyvant l'élection et nomination faite de leur personne en cet hostel commun le... jour du mois passé, pour derechef les exhorter à entreprendre lesd. charges et faire led. voyage suivant leurs ellections. » M. de Demouville s'excusa pour raison de maladie ; on agréa sa démission et on désigna pour le remplacer ceux qui avaient obtenu le plus grand nombre de voix après lui, l'official, ou M. de Bretheville du Buisson, docteur en théologie, celui des deux qui voudrait accepter la députation. Le 22 déc. 1595, le député de la ville de Caen, M. Deschamps, écrivait aux échevins pour leur rendre compte de ce qui s'était passé aux Etats : La réponse de M. de Montpensier, gouverneur de la province, et des autres Commissaires des Etats avait été différée de 8 jours ou davantage. On avait envoyé au Roi, « parce qu'on vouloit énerver de la province Châteauneuf en Thimerais, où dépendaient plus de 80 paroisses, Pontoise et Magny, mesmes tout plain d'autres. » On avait déclaré à Deschamps qu'il n'aurait point de taxe comme les autres députés. Il se plaint de la mauvaise volonté que lui avaient témoignée les députés de la ville de Rouen, du bailliage de Rouen, du bailliage de Cotentin, et de la viconté de Falaise. Le gouverneur, M. de Montpensier, avait pourtant décidé que le député de Caen aurait séance. Il avait été question de travaux à faire pour rendre la rivière d'Orne navigable. « C'est chose, ajoute-t-il, qui ne passera point, en ayant communiqué avec le procureur des Estatz et d'autres. Je verray Mons. de Mauteville. »

Lettre adressée par les échevins de Caen à leur procureur syndic, 4 mars 1595 : « Nous vous envoyons les lettres patentes pour la levée des 20,000 écus pour rendre l'Orne navigable. » Il était nécessaire, conformément aux ordonnances, qu'elles fussent communiquées au procureur syndic des Etats et qu'il y donnât son consentement. Celui-ci s'y montra défavorable, suivant en cela le désir de la majorité des députés de la province.

Le député de Caen n'eut pas davantage à se louer des députés de la ville de Rouen qui refusèrent constamment de l'admettre avec eux sur le pied d'égalité. Ils ne voulaient le considérer que comme un député du tiers état et se réserver à eux seuls la qualité de députés échevins, avec un rang particulier équivalant à celui de la noblesse (1).

(1) Ce n'avait pas été sans difficulté que la ville de Caen avait fait reconnaître son droit d'avoir un député particulier. — 20 nov. 1586, requête des échevins de Caen aux Commissaires du Roi aux Etats de

Quelques lettres adressées aux échevins de Caen par leur procureur syndic et leur député fournissent certains détails qu'on ne trouve point ailleurs.

Lettre de Bauches, procureur syndic, 1597 : Etait allé en cour et avait découvert qu'au Conseil on ne voulait répondre les articles de la ville de Caen qu'après la séance des Etats. Revint à Rouen voir l'assemblée. « On a faict, écrit-il, ce jour d'uy, sortir de l'assemblée les eschevins de Rouen, auxquels il a esté dit qu'ils se retirassent un peu pour les affaires qu'on traitoit touchant l'impost, auquel ils avoient intérêt, comme aulteurs d'icelluy. » Les habitants des villes de la Généralité de Caen protestèrent dans une requête au Roi contre les lettres patentes du 13 juillet pour l'imposition du bétail, boissons et autres denrées expédiées à la requête de la ville de Caen.

Lettres du même et de Coulombel, datées de Rouen, 19 fév. 1596 : « Touchant les députez pour le règlement de l'impost, c'est chose que je vois desjà faicte. J'en ay parlé à Mons. de Fontaines, procureur des Estatz. Vous entendez la façon comme ils y procèdent. Ilz sont huict, savoir : le président des Estatz, doyen d'Ecouys, avec lequel j'en ai conféré, Mons. de Rozel, Mons. de la Luzerne, et le procureur des Estatz, lesquels sont fort affectionnés

---

Normandie, pour que la taxe de leur député fût levée comme celle des autres mandataires sur les deniers communs du pays. — Lettres de Henri IV (déc. 1586) autorisant les habitants de Caen à députer un d'entre eux pour assister à toutes les assemblées d'Etats généraux et provinciaux et au département des tailles et pour y avoir voix délibérative à son rang et séance, avec droit de percevoir la taxe de 13 écus entiers pour ses frais et dépens. — 9 mars 1587, ordonnance des Trésoriers généraux de France au Bureau des finances de Caen, qui autorise l'effet de la requête ci-dessus. — 17 oct. 1587, requête de Jacques Du Moustier, l'un des échevins de Caen, député pour cette

pour le peuple, où au contraire ceulx de Rouen, qui sont quatre, sont du tout pour l'establissement de l'impost. » Bauches expose l'iniquité de beaucoup d'articles. Lui et Colombel, avec les députés de la Généralité de Caen, avaient agi dans l'intérêt du pays, et ils se flattaient de n'avoir point fait un voyage inutile, parce que en la réponse de leurs articles « on avoit mis qu'il seroit mandé aux Commissaires de régler l'impost au soulagement du peuple ».

Lettre de Bauches, 15 nov. 1599. Avait vu M. de Fontaines, procureur syndic des Etats, « du quel il avoit appris que M. de Montpensier avoit promis à MM. les députés se trouver avec eux, lorsqu'ils présenteroient leur Cayer au Roy. C'est pourquoy il luy sembloit que les échevins de Caen devoient écrire à mon dit seigneur. »

Document relatif à la foire qui fut concédée à la ville de Caen par Henri IV, en 1594. Le parlement de Normandie ne vérifia les lettres de concession que le 20 mars 1600; les habitants de Falaise, qui voulaient maintenir l'importance de la foire de Guibray, et les Etats de la province, dans l'intérêt des grandes foires de Rouen, firent une longue opposition à l'établissement de la foire de Caen.

ville à l'assemblée des Etats de Normandie, à l'effet que les lettres patentes du mois de déc. 1586 fussent entérinées au greffe des Etats. — 2 janv. 1592, lettres patentes de Henri IV (camp devant Rouen) confirmatives des précédentes lettres, adressantes aux gens des Comptes de Normandie pour faire payer la taxe du député de Caen. — 7 mars 1592, ordonnance de la Chambre des Comptes séante à Caen, portant qu'en considération de la fidélité des habitants de cette ville, lesd. lettres, ainsi que celles du feu Roi au député de Caen, seraient enregistrées. — 31 janv. 1597, requête des échevins de Caen au président des Trésoriers généraux de cette ville par laquelle ils se plaignent de ce que, contrairement à leurs privilèges, les Elus de Caen ont procédé au département des tailles de l'Election de Caen sans avoir appelé leur député.

Réunion des magistrats de plusieurs villes pour délibérer sur les moyens à employer pour empêcher une levée de deniers demandée par S. M. sur les villes de la Généralité de Caen. On y remarque les noms de Hubert de Brunville, l'un des échevins de la ville de Bayeux, de Louis Le Vieil, procureur syndic de Vire, de Martin Marguerit, procureur syndic de Falaise.

Lettre des échevins de Caen dans laquelle ils exposent que la levée demandée par les échevins de Rouen et à leur profit, serait une vexation pour la ville de Caen, qui a besoin, ainsi que les autres villes de la Généralité, de ne pas être *foulée* pour l'avantage de Rouen.

Lettre de Bauches à la ville. Henri IV partait en poste pour Lyon, quoique Madame la marquise (Gabrielle d'Estrées) fût fort malade à Fontainebleau ; il était forcé de faire ce voyage par suite d'un avis touchant le duc de Savoie. Bauches se disposait à suivre S. M. pour solliciter auprès de son Conseil la remise de la levée de deniers ordonnée sur les villes de la Généralité de Caen. La lettre des échevins lui fut apportée par un messager de pied qui partit de Caen le 27 juin 1600.

Même année. « Mémoire de quelques affaires de la ville de Caen, tant au privé Conseil que grand Conseil, de l'état desquelles honorable homme Noël Lucas, l'un des gouverneurs eschevins de lad. ville, est prié de s'enquérir et y faire les poursuites nécessaires, selon qu'il en aura la commodité et que les occasions se présenteront. « On remarque, dans la liste de ces affaires, la place que prétendait occuper le député du corps commun de la ville de Caen aux Etats de la province, « en même siège que les députés de la ville de Rouen ».

1603. « Mémoire des affaires pour lesquelles il est arrêté que le procureur sindic de ceste ville fera promptement voyage en cour..... pour résister aux poursuites du procureur des Estatz, M. de Fontaines, pour la révocation de l'octroi du pied fourché. » Bauches partit de Caen le 20 fév. 1603. Lettres de Bauches à la ville, Paris, 9 mars, 9 juillet, 6 août 1603.

HABITANTS DE DÉVILLE DÉCLARÉS EXEMPTS DE COMPARAÎTRE AU BAILLIAGE DE ROUEN POUR L'ÉLECTION DU DÉPUTÉ DU TIERS ÉTAT, COMME ÉTANT COMPRIS DANS LA BANLIEUE DE ROUEN.

« L'an de grace 1595, le mercredy 25e jour de nov., le matin, en l'auditoire et prétoire du bailliage de Rouen, devant nous Jacques Cavellier, escuyer, lieutenant général du bailliage de Rouen, commissaire dudit sr en ceste partie, en procédant à l'appel des paroissiens et habitans de la par. de S. Pierre de Desville lez ceste ville de Rouen, adjournez à ce jourd'huy, comme les autres paroissiens et habitans des 6 sergenteries royales de ceste vicomté de Rouen, pour procéder à l'élection et nomination d'un député pour le tiers estat de cette viconté pour assister à la convention et tenue en ceste ville des Estatz de ce pays de Normandie au 15e jour de déc. prochain, suivant les lettres clozes du Roy et autres lettres du sr de Montpensier, gouverneur et lieutenant général pour S. M. en ce pays et duché de Normandie, se sont comparuz et présentez Jacques Du Mont, thésaurier, et Jehan Drouault, particulier de lad. paroisse de S. Pierre de Desville, lesquels, tant pour eulx comme pour les autres paroissiens et habitants dudit lieu, assistez du procureur syndic de la ville, ont remonstré que lad. paroisse de Desville est assize dans l'antienne banlieue de lad. ville de Rouen, et partant qu'ils n'estoient taillables, n'estant tenus assister à lad. nomination et élection, dont partant ils requéroient estre deschargez. Sur quoy, apprez que par Roze, Esleu, a esté dict et arresté que lad. paroisse de Desville estoit dans les enclaves de l'ancienne banlieue de ceste ville, n'estant comprinse au rolle de la taille, sur ce oy le procureur du Roy aud. bailliage, Nous avons ordonné que lesd. paroissiens et habitans de lad. paroisse de Desville seront et sont deschargez de lad. nomination et élection et licénciez dud. aujournement, dont lesd. thésaurier et particulier ont obtenu ces présentés. Donné comme dessus. signé : Cavelier et Bertout (1). »

(1) Arch. de la S.-Inf., *F. de la fabrique de Déville.*

FIN DU TOME SECOND.

TABLE DES MATIÈRES

Abbayes et prieurés, II, 97 ; les économes des — doivent être contraints aux aumônes, I, 170.

Acquits-a-caution, II, 188, 228.

Affranchis, II, 74, 128, 142, 374 et suiv.

Affréteurs de navires, II, 147.

Aide de 20 s. pour tonneau de mer, II, 271.

Aides (bail des), II, 243.

Aides-chevels, II, 184, 185, 329.

Aisés des paroisses, I, 113.

Amendes ; doivent être perçues dans un délai de trois ans, I, 95 ; pensions sur les — doivent être supprimées, I, 90 ; receveurs des —, II, 38 ; recette des —, II, 152. — des forêts, II, 251. — pour le fait des gabelles, I, 182.

Ancrage (droit d'), I, 309.

Anglais ; déprédations commises par eux, II, 9.

Anoblis, II, 102, 280, 281 ; indemnité des —, II, 60, 61, 273-275. — poursuivis par Busnel, I, 80.

Anoblissements, I, 277.— à prix d'argent, I, 71, 72.

Archers de la prévôté de la maréchaussée, I, 42, 43, 44 ; II, 373. (V. Prévôté de Normandie.)

Archers du sel, II, 3, 37, 82, 85, 94, 95, 111, 116, 125, 149, 150, 156, 160, 194 ; leurs exactions, II, 179 et suiv.

Archevêque de Rouen ; refuse de prêter son palais pour la tenue des États, I, 285.

Archidiacres, II, 86, 117.

Armée de Picardie (blés pour l'), I, 89.

Armée navale, I, 109.

Arrérages des rentes, I, 21, 38, 73, 74, 75, 113, 134, 167, 336, 354 ; II, 6, 7, 28, 53, 54, 88, 119, 145, 175, 194, 220, 223, 227, 243, 257 et suiv., 262, 266, 296, 297, 301, 312.

Arrière-ban, I, 16. — ne doit être levé qu'en cas de nécessité, I, 150. (V. Ban.)

Assemblée des Notables à Rouen, I, 241.

Assiette des tailles, II, 130.

Athéistes (contre les), I, 3.

Aumônes pour les pauvres, II, 97.

Aumônier du duc de Montpensier fait la réponse au nom des États de 1590, I, 207.

AVOCATS reçus à postuler devant les Élus, II, 26.

BAGUES de la couronne engagées, II, 375.

BAILLIS. Bailli de Rouen, I, 115; II, 197, 300, 312; chargé de faire élire les députés aux États, I, 224. — Baillis, examinateurs des comptes de l'arrière-ban, I, 16.

BAILLIAGE de Rouen. Officiers du —, I, 248, 249, etc.; la garde du — appartient au procureur général de Rouen pendant la vacance, I, 272.

BAN et arrière-ban, I, 214; la compagnie du —, composée de 100 salades pour chacun des 7 bailliages, I, 215; comptes du —, II, 12, 211, 213, 224; receveur du —, I, 190; ville de Rouen est exempte du —, I, 228.

BANQUETS offerts par la ville de Rouen à l'occasion des États, I, 227.

BÉNÉFICE de cession auquel devraient être reçus les contribuables aux tailles, I, 170.

BÉNÉFICES; à qui doivent être donnés, I, 12. — tenus par des laïques sous le titre d'économats, I, 127. — usurpés par les gens de guerre, I, 2.

BIENS ecclésiastiques, II, 335, 336.

BLASPHÉMATEURS (contre les), I, 3.

BLÉS (contre l'enlèvement des), II, 144, 303.

BRÉVIAIRES et robes des curés ne peuvent être saisis, I, 12.

BUREAU des finances. Celui de Caen, distrait de la Généralité de Rouen, I, 74. Celui de Rouen renvoie au procureur des États les mandements pour la levée des impositions, I, 220, 221; messagers du —, II, 294; présidents du —, I, 236.

CAHIERS des États, I, 1-200; II, 1-196; quelques articles des —, II, 233, 236, 238, 239; frais d'impression des —, I, 322; II, 208; imprimés à 100 exemplaires, II, 294.

CAPITAINES des côtes, II, 11. — des places fortes, leurs exactions, I, 24, 54, 55, 56, 91, 148.

CARTES et tarots (impôt sur les), II, 72, 122, 146, 156, 267, 292, 303.

CHAMBRE des Comptes de Normandie, I, 49, 205.

CHAMBRE royale, II, 16.

CHANCELLERIE, droit de sceau, I, 135, 136.

CHANCELS des églises, II, 117.

CHANGEMENT d'octroi, I, 94; II, 99.

CHAPERON de velours interdit aux femmes roturières, I, 13.

CHAPITRE de Rouen, convoqué à l'assemblée de ville pour les élections, I, 203; par le procureur de la ville, II, 304.

CHATRE normande, I, 13, 43, 72.

CHATEAUX et places fortes ; frais de réparations, I, 122, 153, 174, 198 ; II, 19, 47, 76, 105 ; leur démolition réclamée, I, 90 ; doivent être gardés aux dépens de la chose publique, I, 29 ; doivent être confiés aux nobles, I, 71.

CHEMINS royaux (réparation des), II, 27, 128.

CHEVAUX de relais, I, 194.

CIDRES manquent en 1598, I, 107.

CIMETIÈRES des églises doivent être réservés aux catholiques, I, 67, 128.

CLERC (droit de), I, 77.

CLERCS des greffes, I, 110 ; II, 16.

CLERGÉ de France (assemblées du), I, 299, 352-354 ; contrat entre le — et le roi, I, 5, 6, 7 ; privilèges du —, I, 162. (V. Ecclésiastiques.)

COLLECTEURS des tailles, I, 40, 58, 140, 141.

COLOMBIER (droit de), I, 46.

COMMISSAIRES, II, 161. — des États, I, 63, 122, 175, 198, 205, 211, 229, 249, 256, 273, 285, 293, 312 ; II, 19, 20, 21, 47, 76, 77, 105, 106, 107, 134, 191, 201, 321 ; en nombre abusif, I, 36, 72 ; II, 67 ; prétendent être payés, bien que les États n'aient point été assemblés, I, 228 ; leurs taxations, I, 153. Commissaires des tailles, I, 110. Commissaires examinateurs, I, 143 ; II, 331.

COMMISSIONS ; abusives, II, 173 ; ne devraient être exécutées avant d'avoir été vérifiées par les Cours, I, 172. Commission des francs fiefs et nouveaux acquêts, I, 110. Commissions extraordinaires, I, 80, 138, 139, 197; II, 11, 35, 181, 185, 227. — pour la levée des impositions expédiées avant la tenue des États, I, 255. — pour la recherche du domaine usurpé, I, 39. — pour vendre quelque chose que ce soit, I, 48. — pour la tenue des États, I, 253 et suiv. — pour le port du Cahier et pour l'audition des Comptes, I, 231, 250, 274, 312 ; II, 202, 229-231, 245, 268, 303, 316.

COMMUNES aliénées, I, 61, 81 ; II, 35, 250, 251. — usurpées, I, 61.

COMPAGNIE française de Paris, II, 13.

COMPROS, II, 282.

COMPTABLES (recherches des officiers), II, 285.

COMPTES des villes, II, 174.

CONCILE provincial de Rouen de 1582 ; on demande l'application de ses décisions, II, 86, 117.

CONFIDENCIERS, I, 127.

CONNÉTABLIE de France, I, 115, 116 ; projet d'en établir une à Rouen, II, 365.

CONSIGNATIONS (recette des), II, 141, 306, 321.

CONTAGION, II, 190.

CONTRIBUABLES ne devraient être pris que pour leur cote-part, I, 146.
CONTRÔLEURS des rentes, II, 243. — des titres, II, 148, 303. — des vice-baillis, I, 110.
CÔTES (garde des), II, 11, 33.
COUR des Aides de Normandie, II, 182 ; compétente en fait de noblesse, à l'exclusion du parlement, II, 234, 235 ; en conflit avec la Chambre des Comptes, I, 21 ; avec le parlement, II, 344 et suiv. ; accusée d'être pensionnaire des partisans, I, 269 ; transférée à Caen, I, 211 ; vérifie les édits, I, 323 ; présidents de la —, I, 211, 236.
COURS souveraines ; formes à y observer, I, 46 ; impôt pour les traitements des magistrats des — de Paris, I, 75, 131.
COUTUME de Normandie réformée, I, 292, 294, 304, 306 ; à réformer, II, 44, 323.
COUTUME (droits de) aux villes, I, 50, 51.
CRIMES impunis, I, 80.
CUIRS tannés sujets à impôt, I, 139.
CURES (présentation aux), I, 43.

DAIS donné au duc de Montpensier à la séance des États, I, 229, 249, 295.
DAUPHIN (naissance du), I, 178.
DÉBETS de quittances en parti, II, 167, 193, 314, 332, 333.
DÉBORDEMENT de la mer en mars 1604, II, 74.

DÉCIMES, I, 68, 300, 301, 303, 353 ; arrérages des —, sursis, I, 8 ; cures et bénéfices saisis pour les —, I, 12 ; receveurs des —; I, 6, 8.
DÉCRETS d'héritages, I, 264, 271, 292, 302, 320 ; II, 34, 45, 250, 251. — d'après la Coutume de Normandie, I, 294 ; II, 307. — faits au parlement, II, 249.
DÉFAUTS (forme de lever les), I, 28.
DÉNONCIATION favorisée, I, 88.
DÉPRÉDATIONS, II, 228.
DÉPUTÉS des États, I, 175, 198 ; nommés à l'Hôtel-de-Ville de Rouen, I, 282, 291, 307, etc. ; comment nommés dans les vicomtés, I, 285 ; acceptation de nomination de député par un noble, II, 207. Députés du tiers État appelés au département des tailles en chaque Élection, I, 51, 241 ; II, 81, 100, 215 ; paroissiens assignés pour l'élection des députés, II, 262, 264 ; taxes des —, I, 153 ; II, 20, 76, 106, 232. Députés des villes et des États trop longtemps retenus en cour, II, 57, 153, 267, 268.
DIMANCHES (observation des), I, 3, 115.
DIMES (baux des) aux ecclésiastiques, I, 109 ; ne doivent être baillées aux gentilshommes, I 5, 95, 277.
DOMAINE (Commissaires du), II, 119 ; aliénation du —, I, 40,

DES MATIÈRES.   391

88 ; II, 99 ; rachat du — ; II, 161, 225, 326 ; revente du —, II, 227.

DOUBLEMENT des présentations, I, 77.

DROIT d'embouchure, II, 341.

DROITS domaniaux usurpés (recherche des), II, 275, 276 ; II, 328.

EAU bénite (paroissiens obligés à l'), I, 4.

EAUX-DE-VIE, II, 282, 285.

ECCLÉSIASTIQUES doivent être préférés pour les baux des dîmes, I, 5 ; leurs privilèges, I, 22, 68, 104, 118, 128, 178, 179, 183, 184 ; II, 2, 52, 80, 85, 109, 116, 139, 179 ; leur séance à l'Hôtel-de-Ville de Rouen aux élections, I, 223.

ÉCONOMES d'abbayes, I, 170.

ÉCU pour muid de vin, II, 89, 120, 177, 302, 314 ; pour tonneau de mer, I, 109, 167, 187, 301, 302, 303, 309 ; II, 30, 177, 243.

ÉDITS (multiplicité des), II, 160.

ÉDIT de Nantes, II, 321.

ÉGLISES ; leurs biens usurpés, II, 24, 25 ; dignités des — à donner à gens capables, I, 68 ; II, 52. — profanées, I, 4 ; réparations des —, I, 70, 87, 118 ; II, 155 ; procès à ce sujet, où doivent être portés, II, 143 ; en faveur de l'unité de l'Église catholique, I, 104.

ÉLECTIONS, II, 81, 215 ; nouvelles —, I, 78 ; officiers des —, I, 96 ; II, 26, 58, 59, 103, 110, 130, 144, 170, 356 ; en nombre excessif, I, 110 ; leurs injustices, II, 81 ; commissaires examinateurs aux —, II, 70.

Élection d'Eu, II, 311.

EMPRUNTS sur les villes, I, 96.

ÉPICES des cours souveraines (abus des), I, 77.

ESPAGNOLS ; défense de trafiquer avec eux, II, 271.

ÉTAPES, I, 93, 115.

ÉTATS généraux demandés, I, 106. — de 1593, I, 201.

ÉTATS provinciaux de Normandie ; leur séance réclamée, I, 228 ; II, 378. Mandement au bailli pour leur convocation, I, 224, 247. Mention des conseillers de la ville de Rouen omise dans le mandement du roi, I, 271. — convoqués, I, 202, 204, 224, 225. Élections à l'Hôtel-de-Ville de Rouen, I, 225, 272, etc.; nomination des députés de la noblesse, II, 68 ; ordre dans lequel les vicomtés du bailliage de Caux concourent à l'élection, I, 229 ; jour de la demande des États, I, 227 ; jour de la réponse, I, 227 ; séances aux États, I, 206, 207 ; interruption des États en 1594 et 1596, I, 220, 221, 241 ; devraient être réunis avant le 1er octobre, I, 72 ; II, 191 ; doivent consentir les levées d'impôts, I, 118, 149, 150 ; consultés pour les limites de la banlieue de Rouen, I, 237; oppositions au nom des États doivent être reçues, I, 47, 48; les réponses du roi favorables aux demandes devraient être lues par les baillis et par leurs lieutenants, I, 29, 30; greffier des —, I, 205, 206; II, 319; huissier des —, I, 252; procureur syndic des —, I, 207, 298; II, 310.

ÉTOFFES de soie et d'or étrangères, I, 242.

ÉVOCATIONS, I, 13, 94, 120, 142, 167, 172; II, 29, 37, 43, 59, 95, 97, 98, 111, 126, 143, 149, 152, 174, 179, 303.

EXEMPTIONS, I, 44, 137, 169. — abusives, I, 96.

FABRIQUES (comptes des), II, 117.

FAUX-SAUNIERS, I, 108; II, 183.

FERMIERS des impositions faisant trafic des marchandises sur lesquels ils les perçoivent, I, 147.

FEUILLANTS d'Ouville; vœu émis en faveur de leur établissement, II, 207.

FIEFS, II, 73, 88, 119; contre les érections de —, I, 46; terres vaines et vagues érigées en —, II, 321 et suiv.

FINANCES détournées de leur objet, I, 39.

FINANCIERS (recherche des), II, 210, 211.

FOIRES, I, 117; II, 303.

FORÊTS, II, 129; rétablissement des —, I, 78, 189; riverains des —, empêchés dans leurs droits d'usage, I, 54.

FORTERESSES (démolition des), I, 32, 215, 216, 217; II, 134, 202.

FORTIFICATIONS (contribuables aux) et pionnage, I, 22, 134, 212.

FOSSÉS à fond de cave, faits récemment autour des maisons, doivent être remplis, I, 142.

FOUDRE au bailliage d'Evreux, vers 1593, I, 36.

FRANCS-FIEFS et nouveaux-acquêts, I, 110, 150.

FRAUDEURS pour les tailles, I, 280.

GABELLES, II, 182, 183, 336; amendes des —, I, 194; officiers des —, I, 318, 334, 353 et suiv.; receveurs généraux des —, nouvellement créés, I, 37, 38.

GALÈRES (équipement des), I, 300.

GARDES des forêts, nouvellement établis, II, 143.

GARDES-NOBLES, II, 70, 185.

GARNISONS et places fortes, I, 351.

GENS de guerre (excès et exactions des), I, 4, 6, 23-25, 27, 29, 68, 70, 89, 97, 119, 139, 140, 146, 212, 213, 218, 219, 242, 281; employés au recouvrement des tailles, I, 56, 217; receveurs et payeurs des —, I, 49.

GENTILSHOMMES prenant les dîmes à ferme, I, 5, 95; fermiers d'impôts, I, 185; ayant des intelligences avec l'ennemi, et commettant des abus, I, 60.

GOUVERNEURS de Normandie, I, 205. (V. Bourbon, Fervaques, Montpensier.)

GOUVERNEURS et capitaines de places; leurs exactions, I, 79.

GRAND'CRUE, II, 84, 104, 195, etc.

GREFFES, I, 268; réunis au domaine, II, 142; vendus à faculté de rachat, II, 165; droits de —, I, 191.

GREFFIERS des affirmations, II, 187. — des paroisses, II, 309. — des présentations, I, 110. — des tailles, II, 167. — d'impôt du sel, II, 150, 171.

GRÊLE, I, 52, 55.

GRÈNETIERS du sel, I, 38.

GRENIERS à sel, dépendant du domaine, I, 52. — engagés à la ville de Rouen, I, 352; officiers des —, I, 131, 194.

GROSSIERS-MERCIERS, II, 213.

HAUTES-JUSTICES nouvelles, I, 118.

HIVER rigoureux en 1608, II, 138.

HÔTELLERIES (taux pour les dépenses dans les), I, 188, 242.

HUISSIERS, I, 115; leurs exactions, I, 190. — de la juridiction des prieur-consuls, II, 179. — dans les Élections, I, 269. — dans les magasins à sel, II, 170.

IMPORTATIONS, I, 149; II, 252.

IMPOSITIONS, I, 47, 59, 106, 107. — levées sans lettres patentes, I, 25, 213; sans le consentement des États, I, 23, 148, 149, 150. — foraines, I, 185. — particulières des paroisses, II, 16. — de 20 sous pour pionçon de vin entrant à Rouen, II, 56, 176. — sur les boissons aux villes de Rouen, Dieppe, le Havre, II, 57, 89, 92, 123, 146, 248. — de 60 s. pour tonneau de marchandises, II, 56, 91, 122, 145. — du sel, I, 315, 316; II, 116, 269. — du sol pour livre, I, 242, 243. — sur les bateaux passant devant le Pont-de-l'Arche, I, 119. — sur les chevaux vendus aux foires et marchés de l'Élection de Valognes, I, 151. — sur les cuirs tannés, I, 139. — sur les marchandises, I, 92. — sur les toiles, II, 7.

INÉGALITÉ aux tailles, II, 110.

INONDATIONS, II, 19, 105, 138.

INTÉRÊT des rentes réduit au denier 14, II, 53, 96, 97.

INVENTAIRES après décès, I, 53.

ITALIENS et partisans, I, 73.

JACOBIN, élu député de la vicomté d'Alençon, rejeté, I, 285.

JAUGEURS, II, 129, 298, 303.

JÉSUITES de Rouen (collége des), II, 43, 244, 291, 296.

JURIDICTION (distraction de), I, 91. — ecclésiastique empêchée, I, 70, 128.

Justice (abus en la), I, 77; II, 41, 256.

Léproseries (biens des), doivent être affectés aux colléges, I, 50.
Lettres de rémission (abus des), I, 58.
Levée de 50,000 h. de pied dans les villes closes, I, 50.
Levées (surséance de), I, 321. (V. Impositions.)
Lieutenant général de Normandie, II, 301. (V. Bourbon, Fervaques, Montpensier.)
Lieutenant général au bailliage de Rouen, I, 332. (V. Cavelier, Rouen.)
Lieutenants généraux et particuliers ; leurs droits sur le sel, I, 130.
Lieux saints profanés, I, 242.
Ligueurs, I, 26, 62.
Lois somptuaires, I, 242.
Louvetiers, II, 129, 187.

Maisons ne peuvent être abattues pour travaux publics sans indemnité, I, 57 ; les fenêtres et les portes n'en peuvent être enlevées pour les tailles, I, 289, 290. Maisons fortes à démolir, I, 114.
Maîtrises de métiers (levée de deniers sur les), I, 120.
Marchands empêchés en la conduite des marchandises par les gouverneurs, I, 54.
Marchés (taillables ne doivent être saisis aux), I, 49.

Maréchaussée (officiers de la), II, 362. (V. Prévôté.)
Mariniers, I, 193.
Messagers des États, II, 209, 293, 310.
Messagers des Universités, II, 61.
Misère de la Normandie, I, 59, 61, 62, 63, 97, 107, 121, 132, 152, 159, 174, 197, 239, 240 ; II, 18, 19, 24, 45, 46, 74, 83, 104, 105, 112, 116, 133, 138, 160, 190.
Monie, député aux États, non admis en 1590, I, 106, 207, 285, 286.
Monnaie à forger, I, 173.
Monnayeurs, I, 45.
Moulins à papier, I, 357.
Moutardiers et vinaigriers érigés en offices, II, 126, 153.

Namps, I, 53, 55.
Nobles ; peuvent être députés par les bourgeois de Rouen, I, 123 ; leur négligence à prendre part aux élections, I, 272 ; II, 68 ; leur séance à l'Hôtel-de-Ville de Rouen pour les élections, I, 223 ; doivent être préférés aux autres pour la garde des villes, châteaux et places fortes, I, 15 ; fermiers des dîmes, I, 277 ; défenses à eux faites de prendre à ferme les *nouveaux impôts*, I, 317.
Noblesse (abus des lettres de), I, 242 ; — ne doit être acquise que par la vertu des armes, I, 16 ; compétence de la Cour

des Aides en fait de — , II, 42, 43, 232 ; priviléges de la —, I, 13, 15, 17, 22, 70, 71, 105, 118, 129, 162, 163, 178, 179, 183, 184 ; II, 12, 25, 26, 52, 62, 80, 87, 109, 118, 119, 139, 179.

Nouveaux impôts, I, 113, 158, 165, 170, 171, 183, 184, 323-336 ; II, 4, 5, 221, 227, 255, 259, 312.

Octrois des villes (comptes des), I, 42.

Offices, I, 47 ; inventeurs d'—, II, 100. — inutiles, II, 172.— nouveaux, II, 58, 96. — remboursés, I, 238. — supprimés, I, 120. — surnuméraires, I, 18, 75, 95, 110, 138, 166, 188 ; II, 15, 26, 126, 151, 170. — de vendeur de poisson à Port-en-Bessin, I, 193.

Official de Rouen, II, 211.

Officialités (procureurs du roi aux), II, 184.

Officiers (taxes des), I, 111. — de finances et de judicature, I, 138. — de la maison du roi, II, 37. — de la maison des princes, II, 173. — des forêts créées depuis la mort de François Ier, I, 78.

Ouvriers français émigrants, I, 357.

Pancarte, I, 243, 323 ; II, 4, 255.

Parisis du droit des greffes, I, 77 ; II, 16.

Parlement (affaires portées au) doivent être expédiées pendant les séances de six semaines assignées à chaque bailliage, I, 27. Parlement en conflit avec la Cour des Aides, II, 345. — réclame la connaissance des décrets faits en vertu de ses arrêts, II, 34, 35.

Paroisse (procès de) à paroisse, I, 19, 20 ; frais pour les affaires en commun des paroisses, comment doivent être levés, I, 18.

Partisans (contre les), I, 36, 37, 97 ; II, 140.

Pauvres réfugiés aux villes ne doivent être compris aux rôles, I, 25.

Pavés des villes, comment doivent être réparés, I, 50, 51.

Pêcheurs ; leurs bateaux et leurs filets ne peuvent être pris par exécution, II, 235, 236.

Pensions et dons assignés sur les recettes, I, 38, 39, 242.

Peste en Normandie, II, 75.

Places fortes à démolir, I, 141, 200.

Poids et mesures (visite des), I, 111 ; II, 15, 212, 214, 306 ; contrôleur général des —, I, 168.

Ponts à réparer, I, 41 ; II, 38, 62, 133, 157 ; aux frais de qui doivent être réparés, I, 140 ; impôt pour la réparation des —, II, 188.

Port d'armes à feu, I, 114.

Port des commissions et mandements, II, 104.

Port du Cahier, I, 241. (V. États.)

Postes (gages des), I, 122, 153, 174, 198; II, 19, 47, 76, 105, 134, etc. Postes pied à réclamées en la ville d'Alençon, I, 42.

Précepteurs pour la jeunesse; on devrait leur attribuer les revenus des léproseries, I, 50.

Prélatures doivent être données à personnes idoines, I, 26.

Presbytères et chancels des églises, II, 87.

Préséance disputée entre les premiers présidents du parlement et les maréchaux de France, I, 293, 294.

Présentations, II, 16.

Prévôté de Normandie, I, 193; II, 13, 32, 33, 71, 151, 360; la suppression en est demandée, I, 93, 145; personnel de la —, II, 372.

Prévôts du sel; la suppression en est demandée, I, 93.

Prieur consuls de Rouen, II, 179, 316; greffe des —, II, 148; huissiers des —, II, 316.

Prisonniers pour le sel, II, 183. — pour les tailles, I, 112; doivent être reçus au bénéfice de cession; pain du roi réclamé pour eux, I, 92.

Prisons (taillables morts dans les), II, 12.

Privilége S. Romain, II, 86, 116, 117, 299.

Privilégiés en nombre abusif, II, 377.

Procès (abréviation des) réclamée, II, 14, 15.

Procureur syndic des États de Normandie, I, 252, 253, 276; II, 309; doit être appelé au Conseil, pour consentir aux levées qui se font pour les particuliers, I, 47; reçoit, en l'absence des États, les mandements du roi pour la levée des impositions, I, 220, 221; demande aux Commissaires des États communication d'Édits, I, 230; demande communication de la Commission des francs fiefs; entendu par le roi dans ses remontrances, II, 292; s'oppose au morcellement de l'Élection de Gisors, II, 217; devrait résider à Rouen, II, 227. (V. États, Bretignières, Thomas.)

Proposition des États, I, 308; II, 199, 227, 243, 266, 301, 302.

Quatrièmes sur les boissons, I, 28, 135.

Rapports disputés entre conseillers du parlement, II, 256.

Réappréciation du domaine, I, 88. — des marchandises, I, 356.

Rebelles (édits contre les), I, 45.

Recette générale de Rouen, I, 74.

Receveurs, I, 54; —, parents des trésoriers généraux, imposent des compositions aux personnes assignées sur les recettes, I, 14. — de basse extraction enrichis depuis les troubles, I, 14, 15. — des aides et tailles ne devraient rien demander après un an et demi du jour du paiement, I, 169.— des domaines, I, 52. — des rentes, II, 31, 243, 261. — des tailles, I, 33, 58 ; II, 12, 104, 130, 187.

RECHERCHE contre les financiers, II, 100.

RÉGALEMENT des tailles, I, 144. — sur le sel, I, 75.

REGRATIERS de sel, I, 268 ; II, 187.

RELIGION catholique doit être maintenue dans ses privilèges, I, 2 ; colonne des États, I, 66 ; ne permettre exercice d'autre religion en Normandie, I, 66, 126, 127 ; peuple en plusieurs lieux sans exercice de religion, I, 68.

RENTES, I, 39 ; prix de constitution réduit, II, 35, 251, 267. Rentes sur les hôtels de ville, II, 67, 68 ; sur les recettes, I, 54 ; II, 168, 169. Rentes hypothèques dues par les serviteurs du roi, I, 44. (V. Arrérages des rentes.)

RÉPONSE octroyée aux États, II, 201. (V. États.)

ROMAINE (droits et ferme de la), II, 152, 188.

SALPÊTRES et poudres (édit pour les), II, 178, 315, 316.

SANTÉ (amendes applicables à la), II, 199.

SCEAUX de chancellerie, I, 191 ; du parisis, I, 191.

SEL, I, 158 ; II, 82, 124, 125, 179 ; augmentations sur le —, pendant le siége d'Amiens, I, 131. — baillé par impôt, I, 17, 37, 96, 108, 130, 163 ; II, 3, 4, 18, 38, 40, 65, 85, 93, 124, 148, 149, 150, 151, 171 ; 182, 183, 209, 239, 342 ; abus du sel, II, 194 ; archers du sel, II, 307 ; usage du sel blanc en la vicomté d'Auge, II, 66 ; où fabriqué, II, 344, 349. Sel d'Espagne, I, 315 ; faux sel, II, 352 ; sel gris, II, 344 ; sel mal fabriqué, I, 180, 181 ; II, 93, 94 ; prix du sel exagéré, I, 108, 129, 180 ; recherches contre ceux qui ne prenaient pas de sel, I, 181 ; revendeurs de sel à petite mesure, I, 132 ; droits sur le sel pour les gages des officiers des cours souveraines de Paris, I, 75.

SERGENTERIES nobles, II, 303. (V. Sergents héréditaires.)

SERGENTS, I, 12, 115, 289 ; leurs concussions, I, 53, 55 ; sergents des tailles, I, 40, 136 ; II, 209 ; sergents du Maine exploitant en Normandie, I, 171, 172 ; sergents fieffés, I, 318 ; sergents héréditaires, I, 192 ; II, 104, 140, 161, 162, 193, 237.

SIMONIAQUES, I, 126.

SOL pour livre, II, 218, 219.

Substituts du procureur général, II, 171.
Suisses (alliance et paiement des), I, 117, 143, 299, 302, 303 ; II, 198, 201, 375.

Tabellionage, I, 208.
Table de marbre à Rouen, II, 365, 366, 371.
Taillables (recherche contre les), II, 16 ; pauvres taillables ne devraient être pris aux marchés, I, 49 ;—retirés aux villes pour les incursions des gens de guerre ne doivent être pris pour la totalité des tailles des paroisses où ils sont contribuables, I, 27 ;—emprisonnés, devraient être reçus au bénéfice de cession, I, 145.
Tailles, I, 30, 169 ; II, 76, 167 ; amodiation des tailles en plusieurs villes, I, 277 ; arrérages des —, I, 112, 146 ; collecteurs des —, I, 88, 136, 137 ; ne peuvent enlever les portes et les fenêtres des maisons, I, 147 ; commissaires des —, I, 118 ; débets des —, I, 22 ; exempts des — I, 88 ; gens de guerre employés au recouvrement des —, I, 217 ; huissiers des —, I, 113 ; inégalité dans l'assiette des —, II, 81 ; montant des —, I, 98, 99, 122, 153, 197, 198 ; II, 19, 20 ; port des mandements des —, II, 237 ; prisonniers pour les —, I, 219, 220, 269 ; quittance des —, I, 33 ; régalement des —, I, 111, 277, 278, 279 ; règlement pour les —, I, 211 et suiv. ; remises sur les —, I, 56, 57, 91, 234, 235 ; surséance pour les restes des —, I, 289.
Taillon, II, 76, 105, etc.
Terres vaines et vagues réunies au domaine, II, 141, 163, 164, 321.
Toiles (impôt sur les), I, 187, 308, 354-360 ; II, 200, 227, 253, 255.
Traites domaniales, I, 186, 356 ; II, 44, 63, 227.
Transports de récompenses sur les paroisses, I, 172.
Trésoriers des États, I, 238. (V. États.)
Trésoriers extraordinaires des guerres, I, 49.
Trésoriers généraux de France, I, 14 ; ont l'œil aux assiettes des tailles, I, 260.
Troupes ne doivent être menées sans commission, I, 25.

Université de Caen (juridiction de l'), II, 186.

Vendeurs de poisson frais, sec et salé dans les villes (offices de), II, 189.
Vendeurs de bétail (offices de), II, 188.
Verdier de la forêt de la Londe, II, 356.
Vicomtes (nouveaux offices de), II, 60.
Vicomtés (nouvelles), II, 273 ;

vicomté de S.-Lô à supprimer, I, 168.

VILLES (comptes des), II, 70, 71; baux des villes ne doivent se faire devant les Élus, II, 144; villes occupées par les ligueurs; révoquer les condamnations portées contre elles, I, 50.

VINAIGRES et eaux-de-vie (vendeurs de), II, 267, 278, 282, 285.

VINS et grains exportés dans les pays de l'Archiduc, II, 252.

VICE-BAILLIS, I, 93, 116, 122, 138, 142, 173, 174, 193, 198, 312; II, 13, 19, 32, 47, 71, 368, 369, 371; leurs gages, I, 153; doivent contraindre les gens de guerre à garder l'ordre, I, 29,

VISITEURS et marqueurs de cuirs, I, 117.

VOLEURS et recéleurs, I, 90.

TABLE DES NOMS DE LIEU

ABBEVILLE (Henri IV à), I, 345.
ALENÇON (bailli d'), II, 245 ; échevin d' — , I, 252.
AMÉCOURT (curé d'), II, 269.
AMIENS, I, 131 ; prise d' — , I, 326 ; Henri IV à — , I, 222, 224 ; siège d' — , I, 112, 327 ; II, 65, 338, 340.
ANDELY, I, 204 ; chanoine d' — , II, 279 ; aux deux paroisses d' — , les tailles doivent être cueillies par une même cotte, I, 56.
ANGERVILLE-L'ORCHER (curé d'), II, 278.
ANGLETERRE (ambassadeur d') reçu à Rouen, I, 243 ; industrie des cartes transférée en — , I, 357 ; commerce d' — , II, 9, 38, 92, 123 ; peste en — , II, 272.
ARQUES (camp d'), I, 204 ; château d' — , I, 90 ; curé d' — , I, 313 ; Élection d'— , II, 131 ; juridictions d' — transférées à Dieppe, I, 69, 170 ; II, 41, 71, 103, 174 ; usage du sel blanc en la vallée d' — , II, 40.
AUGE (pays d'), II, 349 ; usage du sel blanc dans ce pays, II, 40.
AUMALE (duché d'), I, 215.

AUZEBOSC (curé d'), I, 231.
AVENELLES (curé d'), II, 270.
AVRANCHES, II, 74 ; archidiacre d' — , II, 289 ; capitulation d' — , I, 8, 10 ; réparations de la cathédrale d' — , I, 8, 41 ; chanoines d' — , I, 251 ; II, 230, 269, 318 ; diocèse d' — , I, 8 ; poudres demandées à Coutances pour le siège d' — , I, 30.

BACQUEVILLE (château de), I, 59.
BAILLEUL (château de), au baill. d'Evreux, I, 35.
BARBARIE, I, 356.
BARFLEUR (château de), I, 90.
BARONVAL, I, 149, 237.
BAYEUX (château de), I, 90 ; chanoines de — , I, 250 ; II, 269, 279.
BAZOGE près Mortain (la), II, 377.
BEAUFRESNE (curé de), I, 287.
BEAUMONT-EN-AUGE (curé de), II, 202.
BEAUMONT-LE-ROGER, I, 35.
BEAUMOULINS (place de), I, 114. (V. Bonsmoulins.)
BIHOREL-LÈS-ROUEN, II, 372.
BISCAYE (fer de), II, 252.
BLAINVILLE, II, 263.
BLÉVY, I, 149, 237.

Blois, I, 282.
Boissay, II, 264.
Bolbec (curé de), II, 246.
Bonsmoulins (château de), I, 90.
Boos (paroisse de), I, 223.
Bordeaux, II, 45.
Bretagne (réduction de la), I, 109 ; voyage du roi en —, en 1598, I, 281.
Breteuil, I, 35.
Briquessart (sergenterie de), II, 343.
Brouage (sel de), I, 129, 163, 180.

Caen, I, 64, 101, 277 ; II, 112, 377 ; États de Normandie tenus à —, chez les Carmes de —, en 1590, I, 206 et suivant; chanoine du Sépulcre de —, I, 297 ; Cour des Aides à —, I, 211 ; député de la ville de —, I, 297 ; en contestation avec les députés de Rouen, quant à la séance, I, 310, 311 ; échevins de —, I, 276, 313 ; II, 269, 275 ; foires de —, I, 117 ; II, 383 ; gouverneur de —, I, 205 ; imprimeur de —, I, 64 ; official de —, I, 232 ; pied-fourché à —, I, 133, 196 ; II, 8, 36, 64, 83, 101, 112, 186, 296 ; présidial de —, I, 238 ; privilèges des bourgeois de —, I, 45 ; procureur syndic de —, II, 246, 382 ; recette générale de —, I, 343 ; sédition à —, I, 335 ; Université de —, II, 61, 291, 296.

Cailly, II, 263, 363.
Cally (chanoine de), II, 321.
Campigny, I, 283.
Canarie, I, 355.
Cap-de-Vert, II, 91, 122.
Carentan, I, 32, 57, 90.
Castel-de-Myne, II, 91, 122.
Castenay, II, 264.
Caudebec, I, 277 ; prise de —, I, 59.
Caux (pays de), ruiné, I, 58, 59.
Chambéry, I, 354.
Champagne-de-Glatigny, près Lisieux, II, 373.
Champigny, II, 198.
Chartres (Élection de), I, 149, 230, 237 ; Henri IV à —, I, 64.
Chateau-Gaillard, I, 90, 114 ; donjon du — doit être démoli, I, 141.
Chateauneuf-en-Thimerais, I, 100, 101, 149, 230, 240.
Chaudé (prieur de), I, 314.
Chaumont (prévôté de), I, 260.
Chef-de-l'Eau, II, 264.
Chêne-Chenu, I, 149, 230, 237.
Chine ; fournit des toiles au préjudice du commerce de Rouen, I, 358.
Clinchamp (curé de), I, 287.
Cormeilles près Caen, II, 374.
Coutances, II, 75 ; archidiacre de —, I, 275 ; armée de Montpensier à —, I, 30 ; bourgeois de —, prisonniers à Caen, I, 31 ; chanoines de —, II, 203, 247, 279, 297 ; diocèse de —, I, 7 ; paroisses de la vicomté de —, submergées, I, 31, 32.

CREVON, II, 264.

DAMPIERRE-SOUS-BLEVY, I, 149, 237.
DANTZIC (commerce de), II, 7.
DERCHIGNY (curé de), II, 231.
DÉVILLE-LÈS-ROUEN, participe aux privilèges de la banlieue de Rouen, II, 385.
DIEPPE, I, 204; II, 57, 92, 103, 123, 205, 251; bailliage de—, I, 295; juridictions d'Arques transférées à —, I, 69, 190; II, 41, 131, 174; pêche de —, II, 189; siège de — I, 59.
DOMFRONT (château de), démoli, I, 114; II, 202; élection de—, I, 34.
DOULLENS, I, 229.
DREUX, I, 35; armée de Henri IV à —, I, 52.

ÉCOS, I, 218.
ÉCOSSE (teintures en), I, 357.
ÉCOUIS (doyen d'), I, 251.
ELBEUF-SUR-ANDELLE, II, 264.
ENVERMEU (curé d'), I, 250.
ERNEMONT, II, 264.
ESPAGNE (sel d') interdit, I, 181; marchandises d' —, II, 252.
ESSAY (château d'), I, 90, 114.
ÉTRÉPAGNY (curé d'), II, 289.
EU, II, 19, 219, 277; Élection d'—, II, 311.
ÉVREUX (bailli d'), II, 245; cathédrale d' —, I, 288; chanoines d' — I, 313; II, 230, 247; doyen d' —, II, 269; trésorier de la cathédrale d'—, II, 289; présidial d'—, II, 373;

ville et bailliage d' —, ravagés, I, 35.

FALAISE; abbé de S. Jean de, II, 274; curé de —, I, 208; procureur syndic de —, II, 384.
FÉCAMP (fort de), démoli, I, 216; siège de —, I, 59.
FEUILLIE (curé de la), I, 231.
FLANDRE, II, 252; industrie des cartes et tarots y est transférée, I, 357.
FOLEMBRAY, I, 102, 236.
FONTAINEBLEAU, I, 282; fontaines de —, II, 17.
FRESNAY-LE-GILLEMER, I, 149, 230, 237.

GAILLON, II, 299.
GISORS, I, 204; capitaine de —, I, 231; curé de —, I, 286, 314; Élection de —, comprenant la châtellenie de Pontoise, II, 215-217; Élus de —, II, 216; Henri IV à —, I, 228.
GOURNAY, I, 219, 220, 241; procureur syndic de —, II, 279, 288, 304.
GRAINVILLE, II, 352.
GUIBRAY (curé de), II, 279; foires de —, I, 148; II, 383.
GUINÉE, II, 91, 122.

HAMBOURG (commerce de), I, 356, 357; II, 7.
HARCOURT (château d'), I, 35.
HAVRE-DE-GRACE (le), II, 57, 92, 123; gouverneur du —, I, 229; II, 341.
HENRICARVILLE ou Quillebeuf,

I, 243 ; château de —, I, 90 ; démolition des fortifications de —, I, 47 ; II, 14, 200, 219, 220, 277 ; impôts levés à —, I, 26, 77, 327, 328, 351.
Héronchel, II, 264.
Hollande (lins de), I, 356.
Honfleur, I, 61.

Indes occidentales ; les toiles de Normandie y sont portées, I, 357.
Isigny, II, 343, 349.
Isle-Marie (le Homme dit l'), place à détruire, I, 114.

Lillebonne, I, 114.
Lisieux, I, 35, 277 ; II, 373 ; bailliage de Rouen transféré à —, I, 26 ; chanoines de —, II, 204, 305 ; gouverneur de —, I, 217, 364.
Lyon, I, 176 ; II, 45 ; marchands de —, I, 147, 186 ; II, 227.
Lyons (forêt de), I, 189.

Madeleine près Vernon (prieur de la), I, 275.
Madère, I, 355.
Magny (accroissement de), I, 260.
Mans (camp du), I, 204.
Mantes (pont de), I, 309 ; II, 13.
Marennes (sel de), I, 163, 180.
Marseille, I, 300.
Martigny (prieur de), II, 203.
Mézières (curé de), II, 247.
Monceaux (le roi à), II, 385.
Montargis, I, 285.
Montebourg (curé de), II, 268.

Morgny, II, 264 ; curé de —, I, 297.
Mortain (château de), I, 11.
Morville, II, 264.

Neufbourg, brûlé par les Espagnols, I, 36.
Neufchatel ; curé de S.-Jacques de, II, 229 ; gouverneur de—, I, 219 ; vicomté de —, II, 363.
Nonancourt, I, 35.
Normandie ; bornes de la, I, 230 ; dépeuplée à cause des impôts, II, 6 ; divisée entre deux partis à l'époque de la Ligue, I, 201.

Oléron (sel des îles d'), I, 129, 163, 180.
Orne (travaux pour rendre l') navigable, II, 381.
Ouville (feuillants d'), II, 205.

Parc (prieur du), II, 230.
Paris ; gages des officiers des cours souveraines de, II, 339 ; Hôtel-de-Ville de —, II, 13 ; siège de —, I, 36.
Parme (prince de), I, 59.
Passy, I, 35.
Perche (comté du), I, 143.
Pleinbosc, I, 312.
Pleuviers (démolition de la maison du sr de), demandée, I, 33.
Poitiers (sédition à), I, 335.
Pont-Audemer, I, 61, 204, 277 ; gouverneur de —, II, 204 ; lieutenant en la vicomté de —, I, 224.

PONT-DE-L'ARCHE, I, 229, 277; château de —, I, 61, 90, 114; fortifications de —, II, 200; garnison de —, I, 243; gouverneur de —, I, 217; II, 341, 364; imposition de —, I, 351; pont de —, I, 119; II, 267; en ruine, I, 195; II, 9, 10.

PONT-DOUVE (démolition du), I, 32, 90, 216.

PONTOISE, II, 13; châtellenie de —, unie à l'Élection de Gisors, II, 215, 216; syndic de —, I, 288, 297, 298; II, 231, 247.

PONTORSON, II, 352; garnison de —, I, 11.

PORT-EN-BESSIN, I, 193; II, 17.

PORTUGAL, I, 355.

REBETS, II, 264.

RENIÉVILLE (place de), I, 114.

RIVIÈRE-DE-THIBOUVILLE (la), I, 184.

ROCHELLE (la), II, 45.

ROMAGNE (commanderie de la), I, 268.

ROME (lever les défenses pour se pourvoir à), I, 67.

RONCHEROLLES-SUR-LE-VIVIER, compris dans la banlieue de Rouen, I, 237, 238.

ROUEN, I, 35, 229; II, 57, 123; assemblée des notables à l'archevêché, I, 244; archevêque de — se plaint des habitants de Dieppe, I, 69; bailliage de —, I, 217, 221, 223, 246, 283; II, 137; vacant, I, 245, 291; transféré à Louviers, I, 26; banlieue de —, I, 237; privilèges des bourgeois quant aux tailles pour les terres qu'ils labourent, I, 309; les bourgeois de — prétendent n'être du tiers-état, I, 223; chanoines de —, I, 275; II, 301; collège de —, II, 270, 291; échevins de — réclament le paiement des rentes, I, 337; Élection de —, I, 239; félonie de —, I, 204; foires de —, I, 117; II, 283; fortifications de —, I, 326, 327, 351; Henri IV à —, I, 241; — au pouvoir des Ligueurs, I, 201; mairie de —, à rétablir, I, 243; pont de —, I, 284, 285, 309, 312; II, 56, 80, 90, 92, 110, 121, 145, 176, 199, 223, 227, 267, 296, 297, 302, 314; prieur-consuls, II, 278; rapport sur les travaux de l'administration communale, I, 227; Romaine de —, II, 303; curé de S.-Laurent de —, I, 203, 245, 250, 308; II, 268; États tenus en l'abbaye de S.-Ouen de —, I, 285, 312; II, 47, 76, 106, 134, 154; fort de Ste-Catherine de —, I, 90, 216, 243, 244, 273, 351; siège de —, I, 36, 59, 229; Vieux-Palais de —, I, 243, 351; II, 277.

RUGLES, I, 35, 114.

S.-AIGNAN-SUR-RY, II, 264.

S.-ARNOULT, II, 203.

S.-AUBIN (curé de), II, 203.

S.-BLAISE-DE-L'HUY (prieuré de), I, 296.

S.-Brix (curé de), II, 204.
S.-Etienne-de-la-Burgondière, I, 149, 237.
S.-Germain (fontaines de), II, 17.
S.-Lô, I, 204, 206 ; II, 69 ; vicomté de —, I, 57, 93, 168.
S.-Marc-de-Graine (curé de), II, 280.
S.-Quentin (curé de), I, 208.
S.-Riquier (curé de), II, 304.
S.-Sauveur (prieur de), II, 277.
S.-Sauveur-le-Vicomte, I, 114.
Ste-Honorine (matelots de), II, 17.
Ste-Opportune (curé de), I, 208.
Salmonville-la-Rivière, II, 264.
Salmonville - le - Sauvage, II, 263.
Saluces (marquisat de), I, 300.
Sassetot (cure de), II, 245.
Saussay (curé du), II, 230.
Séez (chanoine de), I, 275.
Silésie (commerce de), I, 357 ; II, 7.

Tatihou (château de), I, 90.

Thil (curé du), I, 288.
Thorigny, I, 41.
Tillières, I, 205.
Tombelaine, I, 114.
Travecy (camp de), I, 234.
Tremblay-le-Vicomte, I, 149, 230, 237.

Val-de-Saire, I, 57.
Valognes, I, 32, 90, 151.
Vaudebercq (moulin de), sur la rivière de Vire, II, 69.
Verneuil, I, 285 ; curé de —, I, 286 ; II, 247 ; doyen de —, I, 288 ; Élection de —, I, 149.
Vernon, I, 35, 52 ; chanoine de —, II, 247 ; échevin de —, I, 270 ; procureur syndic de —, I, 251.
Vés (les), I, 32.
Vieurue (la), II, 263.
Vieusoix (curé de), II, 230.
Vire, II, 69, 331 ; procureur syndic de —, II, 384 ; rivière de —, II, 130,

Yesmes (château d'), I, 90, 114.

TABLE DES NOMS D'HOMME (1)

ACHARD (Guy), sr de Beauregard, d., II, 204.
ACHARD (Jacques), sr de Bonvouloir, d., II, 280.
ADAM (Jean), d., II, 289.
ADOUBEDENT (Etienne), d., II, 318.
AINSSI (Franç.), commis à la recette de la vic. de Neufchâtel, II, 363.
ALEXANDRE (Rob.), sr d'Esquimbosc, d., II, 268.
ALLAIN (Ch.), d., II, 318.
ALLAIS (Pierre), d., I, 287.
ALLÈGRE (Anne d'), femme de Fervaques, II, 204.
ALLÈGRE (Marie d'), femme de Jéronimo Darconat, II, 204.
ALLIX (Israël), d., II, 231.
ALLORGE (Pierre), lieutenant général au bailliage de Gisors, I, 304.
AMBOURVILLE (le sr d'), I, 222.
ANCEL (Richard), d., I, 296.
ANGOT (Guill.), d., I, 208.
ANTHOERE (Franç.), d., I, 274.
ANZERAY, avocat général au parlement, II, 226.
ANZERAY (Franç.), président au parlement, I, 304; II, 250.

ANZEREY (Pierre), d., II, 269, 270.
ARMAND (Ignace), provincial des jésuites, II, 244.
ARONDEL (Rob.), sr de Bieurville, sur les rangs pour la place de procureur syndic des États, II, 295.
ARSEL (Ph.), d., II, 317.
ASSELIN (Jean), échevin de Rouen, d., I, 222, 231.
ASSELIN (Pierre), échevin de Rouen, d., II, 199, 202.
AUBERVILLE (le sr d') (V. Cavelier.)
AUBIGNY. (V. Novince.)
AUBRY, maître des requêtes, II, 165.
AUPOYS (Jean), d., I, 232.
AUROUYN (Oudart), d., I, 251.
AUX-ESPAULES (Rob.), sr de Sainte-Marie, bailli de Rouen, I, 217; II, 197, 295, 300; en contestation pour la préséance avec Groulart, II, 228, 229, 245.
AVICE (Jean), d., II, 305.
AVOLLÉE (Guill.), d., II, 317.

BALLOCHE (Franç.), d., II, 270.
BALSAC (Rob. de), sr d'Ambourville, d., I, 222, 223, 231.

(1) La lettre *d.*, ajoutée aux noms, indique les députés.

Bar (duchesse de), I, 260.
Barbes (Nas), d., II, 268.
Bardy (Julien), d., I, 288.
Barentin (de), conseiller d'Etat, II, 332.
Baril (Marin), d., I, 287.
Bataille (Étienne), d., II, 279.
Bauches (Guill.), procureur syndic de Caen, et d. de cette ville, II, 203, 246, 382, 383, 385.
Baudart (Jean), sr de Bonneval, d., I, 297.
Baudry, conseiller du roi, I, 349; quartenier de Rouen, I, 223; échevin de Rouen, I, 271.
Baudry (Nas), avocat, I, 334; II, 366, 367, 368.
Baudry (Richard), sr de Semilly, d., échevin de Rouen, II, 301, 304, 317.
Bauquemare (Jacques de), sr du Mesnil, d., II, 277, 278.
Bauquet ou Baucquet, partisan, II, 141, 161.
Bauquet (Jean), sr de Creuilly, II, 331.
Bazire (Jacques), II, 373.
Bazire (Tanneguy), sr du Mesnil, dit souvent du Mesnil-Bazire, avocat général en la Chambre des Comptes, I, 81; II, 73, 82, 88, 98, 111, 119, 328, 330.
Baziret (Mallet), huissier des États, I, 252.
Beauchamp (Edmond de), d., II, 269.
Beaullart, greffier de Caen, II, 385.
Beaumont (Julien de), d., II, 305.

Bec (René de), sr de Wardes, d., I, 251, 252.
Bec-de-Lièvre (P. de), conseiller à la Chambre des Comptes, II, 286, 328.
Bédasne (le sr de), I, 223.
Behotte (Adrien), grand archidiacre de Rouen, d., II, 287, 288, 290.
Bélier (Jérôme), II, 373.
Bélier (Michel), d., II, 318.
Bellegarde (de), dit le grand écuyer ou le Grand, I, 217, 249, 312, 334.
Bellièvre (de), conseiller d'Etat, I, 349.
Bénard, I, 159.
Bénard (Nas), sr de Roussy, député de la ville de Caen, I, 297.
Bénard (Vincent), d., I, 274, 276.
Béringhen (Pierre de), 1er valet de chambre du 1oi, visiteur des poids et mesures, II, 213, 306.
Bernières (Pierre de), receveur général à Caen, I, 205, 238; le président de —, II, 201, 228, 229.
Berny (de), conseiller d'Etat, II, 329.
Beroult (Jean), d., II, 247.
Beroult (Nas), d., I, 232.
Bertemont (Jacques), partisan, II, 200.
Berthelot (Jean), d., I, 232, 233.
Bertout, officier du bailliage de Rouen, II, 386.

BERTOUT, conseiller à la Cour des Aides, II, 183, 310.
BERTOUT (Jacques), chanoine de Coutances, d., II, 279.
BERVILLE (le sr de), II, 182.
BEUVRON (marquis de), I, 296 ; d., I, 206, 208. (V. Harcourt.)
BIART (Nicodème), d., I, 209.
BIGOT (Macé), jacobin d'Argentan, d., I, 285.
BIGOT (Octovian), quartenier de Rouen, I, 223 ; sr d'Esteville, 1er échevin de Rouen, I, 227, 244, 271, 339, 340, 345 ; à l'Assemblée des Notables, I, 243 ; d. de la ville de Rouen, I, 222, 231, 284, 287.
BILLARD, maître des requêtes, II, 4, 40, 239, 240, 348, 350.
BILLARD (Daniel), sr de Pommereul, II, 356.
BILLARD (Jacques), sr des Roches, lieutenant des archers, II, 356.
BILLARD (Nas), partisan, II, 313.
BIONNEAU, trésorier de France à Rouen, II, 228, 244.
BIRON (maréchal de), I, 59, 326, 332.
BIZEUL (Gilles de), sr de la Croix, II, 370, 372.
BLECHEFEUST (Geoffroi de), d., I, 232.
BLÉVILLE (le sr de), d., II, 306.
BLONDEL, lieutenant à Caen, II, 380.
BLONDEL (Ch.), sr de Neauville, d., I, 251.
BLONDEL (Jacques), échevin, d. de la ville de Rouen, II, 277, 278 ; quartenier, I, 359.

BLONDEL (Robert), archidiacre de Rouen, d., II, 317, 319.
BLOQUET (Adrien), d., II, 230, 231.
BLOUET (Tassin), d. de Caen, I, 311.
BODIN (Ch.), d., I, 231, 233.
BOESSEL (Antoine), curé de Beaufresne, d., I, 287.
BOISROBERT, II, 356.
BOIVIN, procureur du roi au bailliage de Rouen, II, 312.
BONIFACE (Ozias de), commandant du fort Ste-Catherine, I, 216 ; sr d'Ectot-l'Auber, d., II, 242, 246, 248.
BONNE (Regnaud), prieur de S.-Nicolas, d., II, 288.
BONNECHOSE (Guill. de), sr de la Boulaye, d., II, 279, 280.
BONS (Denis), curé de S.-Riquier, d., II, 304.
BOREL (Jacques), d., II, 279, 280.
BORNES (Michel de), trésorier des États, I, 207, 238, 239, 295.
BOTILLAN (le sr de), I, 223.
BOUCHARD (Ant.), chanoine d'Evreux, d., I, 232, 275, 276.
BOUDON (Jean), II, 356.
BOUFFART (Jean), commis receveur, II, 367.
BOUILLON (Guill.), d., II, 247.
BOULAYE ou Boullaye, conseiller échevin de Rouen, I, 223, 338, 339 ; procureur du roi au bailliage de Rouen, I, 223, 246 ; II, 226.
BOULIER (Guill.), d., II, 305.
BOULLEAUX (Julien), d., I, 232.
BOULLENC (Robert), archidiacre

d'Évreux, d., II, 230, 231, 318, 319 ; président des États, II, 320.
Boullen (Franç.), d., I, 288.
Boullenyer (Hardouin), d., II, 289.
Bourbon (Henri de), duc de Montpensier, I, 283, 381 ; II, 291, 295, 301, 379, 380. (V. Montpensier.)
Bourget (de), conseiller au parlement, II, 256, 257.
Bourgon (Pierre), sr de Chaulieu, d., I, 287.
Brancarts (André-Baptiste), sr de Villartz, amiral, I, 228, 229.
Brancarts (Ennemond de), sr de Villartz, I, 228. (V. Villartz.)
Bréard (Adrien), receveur des tailles à Lisieux, II, 330.
Breauté (le sr de), colonel de l'arrière-ban, I, 215 ; commissaire des États, I, 286, 293.
Brebant (Pierre de), d., II, 203, 304, 306.
Bretel (Louis), sr de Lanquetot, conseiller au grand conseil, I, 205.
Bretignères (Franç. de), procureur syndic des États, II, 134, 157, 191, 195, 290, 296, 306, 319.
Bretignères (Simon de), d., II, 204, 231, 248, 270, 290, 305, 306, 314, 318.
Bretteville (Alphonse de), d., I, 292, 296 ; vice-gérant de l'officialité de Rouen, II, 276.
Brigeault (André), partisan, II, 292.

Briqueville (Gabriel de), sr de la Luserne, d., I, 250, 252.
Brisoult (Simon), d., II, 247, 248.
Broesse (Gilles de la), sr de la Chapelle, d., I, 288.
Broise (Guill. de la), sr de la Poutelle, d., I, 251.
Broyse (Julien de la), sr de Reffuveille, d., I, 232, 233.
Brouart (René), partisan, I, 348.
Brousses (Jacques de), sr de Cuissey, d., II, 231.
Bruhierres (Pierre), d., II, 246.
Brument (Louis), d., II, 288.
Brument (Pierre), d., I, 231.
Brunel (Pierre), d., I, 231.
Brunet (Jean), échevin, d. de Caen, II, 279.
Brunette, II, 153.
Brunville (Hubert de), II, 384.
Buisson (Jean), d., I, 84, 113, 314; II, 230, 251, 269, 279, 280, 288, 289, 318.
Bullot (Jean), II, 373.
Bunel (Michel), chanoine de Bayeux, d., I, 250, 252, 313, 315 ; II, 269, 270, 318, 320.
Busnel, exerce sa commission contre les anoblis, I, 80.

Cabot (Pierre), d., I, 287.
Calignon (le sr de), II, 65, 66.
Canore, trésorier de France à Caen, II, 244.
Canouville (le sr de), trésorier de France, II, 343.
Caron (Nas), partisan, II, 251.
Carpentier (Franç.), d., II, 290.
Carrouges (le sr de), I, 205.

CASTEL (Pierre), receveur de la vicomté de Vire, II, 331.
CAUCHOIX (Jean), d., 232.
CAUMARTIN (Mr de), I, 111.
CAUVIGNY, trésorier de France à Caen, I, 312 ; II, 244.
CAVELET (Pierre), sr de Bosrosay, lieutenant civil et criminel à Caudebec, II, 207.
CAVELIER (Ant.), sr du Val-Miellé, d., II, 288.
CAVELIER (Jacques), sr d'Auberville, lieutenant général du bailli de Rouen, I, 202, 221, 225, 226, 227, 228, 245, 248, 249, 282, 284, 304 ; II, 198, 199, 219, 226, 266, 276, 277, 285, 287, 385.
CAVELIER (Jacques-Nicolas), commissaire ordinaire des guerres, II, 262.
CAVELIER (Jourdain), solliciteur, II, 198.
CERVILLE (Pierre), d., I, 275.
CHALANGES, 1er commis du sr Moisset, II, 172.
CHALLANT (Pierre), d., II, 305.
CHAMPAGNE (Jean de), II, 373.
CHAMPIN (Nas de), sr de Givay, d., I, 208.
CHAPPEL (Marcellin), partisan, II, 272.
CHATEAUNEUF (le sr de), II, 82, 111.
CHATOURA (Rich. de), II, 178, 315.
CHEFDERUE (Jean), d., I, 251.
CHEFDEVILLE (Jean), d., I, 288, 298, 304 ; II, 204, 247, 270, 280, 318, 372.

CHENEVIÈRE, I, 237.
CHÉRON (Mathieu), d., I, 251, 288.
CHESNEL (Raoul), sr de Montfortin, d., I, 275, 276.
CHICOT (Franç.), d., II, 269.
CHOISY (Jean de), receveur général à Caen, II, 201, 245.
CHOISY (Perrette), veuve d'un poudrier de Rouen, II, 315.
CHRÉTIEN (Pierre), d., I, 288 ; II, 230, 289.
CIVILLE (Franç. de), commissaire des guerres, II, 373.
CLÉREAU (Aquilin), d., I, 252, 288, 314 ; II, 231, 270.
CLÈRES (Jacques de), d., I, 245, 250, 253.
CLINCHAMP (Ch. de), sr du Fay, d., I, 208.
CLOUET (Pierre), d., II, 230, 246.
COCHARD (Franç.), d., II, 279.
COIGNARD, I, 111, 138, 190.
COINSON (Nic.), poudrier, II, 315.
COLANGES (Ph. de), secrétaire des finances du roi, II, 243.
COLIBEAUX (Mathurin), curé de S.-Marc-de-Graive, d., II, 280.
COLOMBEL (Guill.), conseiller de la ville de Rouen, I, 223 ; II, 283 ; d., I, 203, 246, 250.
CONSTANS (Martin de), I, 250.
CONTREMOULINS (capitaine), I, 283.
CONTY (prince de), II, 91, 122, 146.
COQUEREL (Louis de), d., II, 230, 269, 270, 289.
CORMEILLES (Franç. de), sr de Tendos, d., I, 203, 292, 276.

COTTON (Jean), sʳ des Houssayes, d., échevin de Rouen, II, 317.
COUESPEL (Olivier), d., II, 318, 320.
COULDRAY (Jean), d., I, 252.
COULOMBEL, II, 380.
COURSON, commissaire pour la recherche du domaine, II, 73, 82, 88, 98, 111, 119, 275.
COURTAILLES, partisan, II, 271, 272.
COURTEMANCHE (Et. de), sʳ d'Aube, d., I, 298.
COYNART (Christophe), receveur des tailles, I, 210.
CRESPIN (Jacques), d., I, 250.
CREUX (Jacques de), sʳ de Bellefosse, d., II, 318, 320.
CRIQUEVIELLE (Guill.), d., II, 230.
CRIQUEVILLE (de), II, 380.
CROISY (Simon), messager des États, II, 209, 293, 310.
CUQUEMELLE (Guill.), d., I, 276; II, 305.
CUQUEMELLE (Henri), avocat, I, 304.
CUSSÉ (de), commissaire aux Etats, I, 229.

DACHÉ (Guill.), d., I, 288.
DACLAINVILLE (Jacques), échevin de Rouen, I, 223; II, 199, 202.
DADRÉ (Jean), chanoine de Rouen, d., I, 203.
DAIGREMONT (Guill.), sʳ de la Renauldière, d., II, 203.
DALLECHAMP, échevin de Caen, II, 380.
DAMBRAY, commissaire aux États, I, 229; receveur général, I, 249.
DAMPIERRE (Jean de), sʳ de Montlandrin, d., I, 231.
DANTEN, quartenier de Rouen, I, 223; conseiller de Rouen, I, 349.
DANTEN (Vincent), d., I, 246, 250.
DAON (Thomas), d., I, 287.
DARCONAT (Jérôme), sʳ d'Hébécourt, d., II, 204, 205.
DAVESGO (Jacques), sʳ de Dissy, d., II, 318, 319.
DE BLAIS, commissaire aux États, I, 229.
DE BORDEAUX (Jean), d., I, 288, 207, 314.
DE BOUVILLE (René), d., I, 288.
DE CAULX (Rob.), d., I, 252.
DE CLÈRE (Absalon), d., échevin de Rouen, II, 229, 257.
DE FERRIÈRE (Gilles), d., II, 203.
DE HACQUEBEC (Thomas), d., I, 313, 314.
DE HAUTETERRE (Mich.), d., I, 251, 314; II, 269, 270, 318.
DE HORS (Nic.), conseiller en la cour des Aides, II, 241.
DEHORS (Nic.), d., II, 318, 319.
DE LA FONTAINE (Nic.), d., II, 269.
DE LA HAULLE, trésorier de France, I, 249; II, 201, 202.
DE LA HAYE, conseiller en la cour des Aides, II, 40.
DE LA HAYE, sʳ de Saint-Victor, avocat de la ville de Rouen, I, 223, 226.

DE LA LANDE (Jean), d., II, 305, 306.
DE LA MARE (Jacques), curé d'Avenelles, d., II, 270.
DELAMARE (Jean), d., II, 246.
DE LA PLACE (Jean), chanoine de Rouen, d., I, 223, 272, 274, 275 ; II, 300.
DE LA PLACE, procureur de la ville de Rouen, I, 223, 345, 349 ; II, 226.
DE LA PORTE (Georges), président au parlement, I, 304.
DE LA PORTE (Nic.), chanoine de Lisieux, d., II, 305.
DE LA ROCHE (Pierre), d., I, 208.
DE LA RONCE (Nic.), d., I, 288.
DE LA ROQUE (Jean), sr du Mesnillet, d., I, 208.
DE LA RUE (Nic.), II, 263.
DE LAUNOY DE CRIQUEVILLE, d., I, 233.
DE LA VACHE, maître en la Chambre des Comptes, II, 328.
DEMOUVILLE (de), II, 380.
DENISE, sergent, II, 208.
DESCHAMPS, échevin de Caen, II, 380.
DESCHAMPS (Pierre), d., II, 305.
DES ESSARTS (Pierre), partisan, II, 248.
DESHAYES (Jean), d., I, 274.
DESJARDINS, d., II, 205.
DESMARES (Martin), curé d'Angerville-l'Orcher, d., II, 278, 280.
DESMOULINS (Jean), d., II, 289, 305, 306.
DESMOULINS (Nic.), d., I, 288.

DESPERROIS (Guill.), sr des Vaux, II, 373.
DESPORTES, trésorier de France, II, 201.
DESPORTES-BERULLIÈRE, II, 224.
DESRUES (Pierre), docteur-ès-droits, d., II, 304.
DESTREPAIGNY, II, 207.
DE TELLES (Louis), d., I, 208.
DEUDEMARE (Franç.), chanoine de Rouen, d., II, 301, 304, 306.
DEUDEMARE (Pierre), sr du Basset, d., échevin de Rouen, II, 287, 288.
DEVREUX (Guill.), ou d'Eureux, doyen de Verneuil, d., I, 288, 298.
DIGEAN (Rob.), d., échevin de Rouen, I, 308, 313.
DIGNERANT (Henri), d., I, 287.
DOLLEBEL (Jean), procureur du roi à Bayeux, I, 304.
DONNEST (Pierre), d., échevin de Rouen, I, 308, 313.
DORÉ (Edmond), avocat du roi à Lyons, I, 304.
DOUBLET (David), trésorier des États, I, 207, 295 ; II, 209, 210, 232, 293, 295, 323.
DOUÈLE (Ant.), d., I, 274.
DOISNEL (Claude), sr de la Sausserie, d., I, 252, 275, 276.
DOULLE (Ant.), sr de Neufville-Ferrière, d., I, 274 ; II, 278.
DROUAULT (Jean), II, 385.
DROULLIN (Vincent de), d., II, 270.
DROUY ou Drouyn (Bertin), d., II, 204, 247, 270.

Du Bois-Varey, doyen de Passais, d., II, 204.
Du Bosc (André), sr d'Emendreville, d., II, 247.
Du Bosc (Jacques), sr de Coquereaumont, d., I, 272, 284, 287.
Du Bosc (Jean), sr d'Hermival, II, 372, 373.
Du Bosc (Rob.), II, 263.
Du Boullé (Claude), Élu, I, 33.
Du Boys (Pierre), sr de la Fayette, d., II, 247.
Du Buisson (Emmanuel), sr du Mesnil, II, 327.
Ducler (Louis), d., I, 231.
Du Fay (Jean), sr du Taillis, d., II, 199, 202 ; bailli de Rouen, II, 300, 301, 312.
Dufour, greffier de la cour des Aides, I, 214.
Dufour (Franç.), trésorier payeur des compagnies des ordonnances du roi, II, 225.
Dufour de Longuerue, avocat, pensionnaire de la ville de Rouen, I, 223.
Du Guay (M.), commissaire pour la vente des communes et forêts, I, 81.
Duhamel, procureur du roi à l'officialité de Rouen, II, 184.
Duhamel (Sébastien), curé de Tostes, d., II, 317.
Dujardin, (Hector), d., II, 304.
Du Londel, sergent, II, 378.
Du Mesnil (Jean), II, 263.
Du Mesnil (Léon), d., II, 318.
Dumont (David), d., I, 296.
Dumont (Jacques), trésorier de Déville, II, 385.

Du Moustier (Jean), d., I, 250.
Du Moustier (Jean), curé de Mérey, d., II, 246.
Duplis, II, 207.
Dupont, d., échevin de Caen, II, 295.
Dupont (Blanchet), d., I, 250.
Dupont (Marin), d., II, 288.
Duprey (Jean), haut doyen d'Evreux, d., II, 269.
Dupuis (Nic.), curé d'Etrépagny, d., II, 289, 290.
Dupuys (Jean), d., I, 208.
Durand (Jean), d., I, 208, 251, 252.
Du Tillet (Louis), partisan, II, 299 ; — contrôleur ordinaire des guerres, II, 362.
Duval (Bonaventure), d., II, 280.
Duval (Ch.), sr de Coupeauville, conseiller à la cour des Aides, I, 317, 322 ; II, 347.
Duval (Claude), d., I, 252.
Duval (Ét.), receveur du taillon, I, 95.
Duval (Jean), d., II, 270.
Duval (Marc), d., II, 247.
Duvauchel (Pierre), d., I, 297.
Du Vicquet, avocat général au parlement, II, 275, 370, 371.
Dyel des Hameaux (Jean), président à la cour des Aides, I, 229, 236, 249, 293, 303, 312, 317, 322 ; II, 201, 228, 244, 298, 310, 321.

Echard (Nic.), procureur syndic des États, II, 249.
Elisabeth, fille du roi, I, 260.
Enguerrand (Noël), d., I, 232.

ÉPERNON (duc d'), I, 205.
ÉRARD (Pierre), sr de Houssemaine, d., I, 298.
ÉRARD (René), vice-bailli, II, 365.
ESTEVILLE (le sr d'), I, 222. (V. Bigot.)
ESTOUTEVILLE (le sr d'), II, 277.
ESTRÉES (Gabrielle d'), II, 384.
EUDE (Gabriel), sr de Beauregard, d., II, 269, 270, 318.
EULDES (Roger), I, 252.
EURRY (Guill.), d., II, 246.

FAUCON (Alex. de), sr de Ris, 1er président au parlement, II, 159, 329.
FAUVEL (Martin), d., I, 307, 313.
FAVERY, conseiller de la ville de Rouen, I, 223.
FERMENT, d., I, 250.
FERTÉ (Louis-Marc de la), conseiller en la cour des Aides, II, 241.
FERVAQUES (Guill., de Hautemer, sr de), maréchal de France, lieutenant général en Normandie, I, 211, 229, 293; II, 137, 150, 201, 219, 220, 228, 244, 245, 300, 301, 311, 319, 321.
FEUGUEROLLES (Jean de), d., II, 269.
FIERECOQ (Jacques), d., I, 313.
FILLEUL, avocat, pensionnaire de la ville de Rouen, II, 312.
FILLOL (Marc de), d., II, 305, 306.
FLEURY (Isembard), receveur de la ville de Rouen, I, 330.
FLEURY (Ph.), avocat à Domfront, I, 304.

FLORENCE (le cardinal de), reçu à Rouen, I, 243.
FLORENCE (Vincent), d., II, 204.
FONDIMARE (de), maître de la Chambre des Comptes, II, 328.
FONTAINE (la). (V. Romé.)
FONTAINES (Claude de), sr de la Poudrière, II, 373.
FONTAINES-MARTEL, capitaine, I, 59; gouverneur de Neufchâtel, I, 219.
FORTIN (Guill.), d., I, 297.
FORTIN (Jacques), sr de la Restaudière, d., I, 232, 297, 305.
FORTIN, (Jean), chanoine d'Avranches, d., I, 251, 253.
FOSSARD (Nic.), d., I, 231, 296.
FOUILLEUSE (Ch. de), sr de Flavacourt, capitaine de Gisors, d., I, 231, 233.
FOURS (Guy de), sr de Quitry, d., II, 289, 290.
FRANÇOIS Ier; règlement donné par lui pour le fait des étapes, I, 110.
FRANQUE (Rob.), d., I, 287.
FRANQUER (Pierre), d., II, 230.
FRANQUETOT (Louis de), sr de Saint-Eny, d., I, 313, 315.
FREMONT ou Fremyn (Paul), d., II, 288, 317, 319.
FREMYN (Richard), sr de Merval, d., échevin de Rouen, II, 243, 246.
FRESNEL (Richard), d., II, 268.
FRONTIN (Achille), lieutenant général à Gisors, I, 304.
FURON (Noël), d., II, 230, 279.

GAILLARDBOYS (Ph. de), sr de Marcouville, d., I, 297.
GAILLON (Pierre), d., I, 288.
GALENTINE (Thom. de), d., échev. de Rouen, II, 243, 246, 257.
GALLIFET (Alex.), chanoine de Rouen, d., I, 284, 287.
GARENNE (Lancelot de la), sr de Mercey, II, 305, 306.
GARNIER, maître de la Chambre des Comptes, II, 225.
GAULTIER (Hector), curé de Mezières, d., II, 247.
GAUTIER (Nic.), d., I, 288.
GAVYON (Geuffroi), d., échevin de Rouen, I, 284, 287; II, 262, 277, 278.
GERVILLE (Ph.), d., II, 247.
GESVRES (de), secrétaire d'État, II, 219, 220, 224, 257.
GIROUARD (Simon), d., II, 246.
GOBÉ ou Gobbé (Claude de), sr de Suresnes, prévôt de Normandie, I, 41, 145, 193, 312; II, 13, 32, 360, 362, 364.
GOBBÉ (Ph. de), II, 364.
GODEBILLE (Jacques), curé de la Madeleine de Verneuil, d., II, 247, 248, 305, 306.
GODET (Philibert), sr de Saint Hilermont, privilégié pour la composition des poudres, II, 118, 315.
GODEY (Jean), partisan, I, 332, 333, 334; II, 222, 244, 259.
GONDOUYN (Marin), d., II, 248, 305.
GONDY (cardinal de), I, 301.
GOSSE (Richard), curé de S.-Aubin, II, 203, 205.
GOSSELIN, sr de la Vacherie, en contestation avec la ville pour la séance des États, I, 227.
GOSSELIN (Guill.), président au présidial de Caen, I, 238.
GOUAUL (Jacques), d., II, 304.
GOUBERT (Jean), d., II, 246.
GOUBERT (Mathieu), d., II, 289.
GRAFFART (Abraham), d., II, 318.
GRAINDORGE, échevin de Caen, II, 380.
GRANGE-LE-ROY (la), I, 332.
GRAVELLE (Jean de), sr de Fourneaux, d., II, 288, 289, 290.
GRILLON (capitaine), I, 59.
GRIMONVILLE (Jean de), sr de Larchant, I, 232.
GRIPPIÈRE (Louis), chanoine de Lisieux, d., II, 204, 247, 248.
GRISEL, I, 312.
GROFFY (de), maître des requêtes, II, 187.
GROUCHY (Timothée de), sr de la Rivière, d., II, 304.
GROULART (Claude), 1er président du parlement, I, 304; II, 253, 344, 345; commissaire des États, I, 161, etc.; ses notes sur les États, I, 204, 205, 285, 293, 303, 312; II, 201, 204, 210, 228, 229, 244, 245, 256, 269, 273, 279, 280.
GROULT (Jean), d., I, 251.
GUENET, conseiller de la ville de Rouen, I, 223.
GUÉRARD (Rich.), conseiller au siége présidial de Rouen, I, 202.
GUÉRIE (Jacques), sr des Vallées, d. de la ville de Caen, II, 230.

GUÉRIN, maître en la Chambre des Comptes, II, 225.
GUERNET (Jean), d., I, 298.
GUERNIER (Franç.), chanoine de Rouen, promoteur, I, 203.
GUÉROULT (Jean), d., II, 289.
GUÉROULT (Jean de), d., II, 279.
GUERSENT (Jean), d., II, 204, 205, 231, 247, 248, 251, 252, 269, 270, 279, 289, 297.
GUERVILLE (Jean de), d., II, 305.
GUESBERT (Jean), haut-doyen de la cathédrale d'Evreux, d., I, 288.
GUILBERT ou Guillebert (Jean), d., I, 307, 313.
GUILLET ou Guillot (Pierre), d., I, 314; II, 305.
GUILLOT (Denis), chanoine de Coutances, d., II, 203, 205, 232, 233, 247, 248, 297.
GUILLOTS (Gilles de), sr de Touffreville, II, 372.
GUISE (duc de), II, 65, 340.
GUISE (duchesse de), II, 311.
GUYEURO (Ch. de), II, 373.
GUYJON (André), grand vicaire de Rouen, d., II, 277, 278, 312.
GUYOT, prévôt des marchands de Paris, I, 353.

HAIS (Rob.), jaugeur à Rouen, II, 212.
HALLÉ (Jacques), d., échevin de Rouen, II, 304.
HALLÉ (Laurent), d., échevin de Rouen, I, 292, 296.
HALLOT (le sr du), II, 299.
HANYVEL (Rob. de), sr de la Chevalerie, échevin de Rouen, I, 223; II, 145, 262, 301, 316, 317.
HARCOURT (P. de), baron de Beuvron, d., I, 208.
HARDOUIN, sergent, II, 251.
HARDOUIN (Guill.), curé de S.-Quentin, d., I, 208.
HARDY (Franç.), d., I, 209; II, 247, 318, 319.
HARENC (Ant.), d., II, 278.
HAROU (Jean), d., I, 274.
HAYE-AUBER (le sr de la), I, 223.
HAYE-d'AIGNEAUX (le sr de la), II, 352.
HEAULME (Martin), d., I, 232.
HÉBERT (Jean), d., I, 250.
HELLOT (Luc), courtier de vins, II, 285.
HELLYE (Th.), II, 263.
HENRI IV, II, 384; à Amiens, I, 222, 224; à Blois, I, 282; à Chartres, I, 214; à Folembray, I, 102; à Fontainebleau, I, 281, 282; à Gisors, I, 228; à Lyon, I, 161; à Monceaux, I, 272; à Paris, I, 155, 200, 247; II, 21, 49, 136; à Rouen, I, 241, 337, 338, 350, 352; II, 154, 200. Absolution de —, I, 234. Armée de —, au pays de Caux, I, 59. — 1er fils de l'Eglise, I, 65; son mariage avec la princesse de Florence, I, 300.
HÉRAULT (Jean), sr de la Clinarderie, d., II, 230, 269, 270.
HÉREMBOURG (Michel), d., échevin de Rouen, I, 203.
HERMEN (capitaine), I, 203.
HÉRON, II, 264.

Héron (Jean), d., II, 304.
Héroult (Jacques), d., I, 313.
Heurteur (Franç.), d., II, 229, 290.
Heurteur ou Le Heurteur (Pantaléon), curé de S.-Jacques de Neufchâtel, d., II, 229, 388.
Horcholle (Geoffroi), d., II, 278.
Houdetot (le sr de), II, 182.
Housset (Constantin), d., II, 278.
Hoybel (Ch.), d., II, 304.
Hue (Pierre), sr de Bonneville, II, 373.
Huitmille (Jean), d., II, 317.
Hullin (Gabriel), sr de la Heberdière, II, 370, 373.
Huppin (Robert), d., I, 296.

Incarville (le sr d'), I, 216. (V. Saldaigne.)
Ingoult (Jacques), d., II, 231, 298.

Jacquart, partisan, I, 111, 138, 190.
Jacquet (Pierre), fermier général des gabelles de Normandie, II, 356.
Jallot, sr de Haut-Montier, d., I, 251, 253.
Jan (Thom.), d., II, 269.
Jardin (Franç.), d., II, 204.
Jehan (Alex.), d., II, 318.
Jehan (Jacques), curé d'Arques, d., I, 313.
Jobart (Guill.), d., II, 203.
Jorel (Jean), I, 269, 270.
Joret dit le fin homme, I, 193; II, 17.
Josse (Claude), adjudicataire des gabelles, I, 130, 131, 396; II, 37, 65, 66, 240, 337, 338.
Jouay, maître en la Chambre des Comptes, II, 328.
Jourdain (Denis), curé d'Ocqueville, d., I, 274.
Jourdain (Jacques), d., II, 247.
Jourdain (Jean), d., I, 275.
Jourdan (Jacques), d., I, 209; II, 203, 279.
Jourdan (Jean), d., I, 232, 297.
Joyeuse (cardinal de), II, 299.
Joyeuse (Catherine de), I, 229.
Jullien (Jacques), d., II, 268.
Juvigny (Louis de), chanoine d'Avranches, d., II, 269, 270, 318.
Juyn (Et.), d., I, 297.

La Barre, président d'Élection, II, 376.
La Barre, trésorier général au Bureau des finances, I, 205.
Labbé (Guill.), curé de Falaise, d., I, 84, 113, 208, 209; chanoine de Bayeux, curé de Guibray, d., II, 269, 280.
Labbé (Jacques), prieur de Martigny, d., II, 203, 205.
La Biche (Jean), avocat, I, 304.
Laignel (Martin), d., I, 224, 231.
Laillet, procureur du roi au bailliage de Rouen, I, 203.
Laillier (Et.), sr de la Chesnaye, d., II, 204, 318.
Laisné (Jean), avocat, I, 246.
La Lande (le capitaine), I, 216.
La Luserne (Pierre de), sr de Brévaux, d., I, 232, 233.

LAMBERT, d., I, 232.
LAMBERT (Girard), d., I, 251, 253.
LAMBERT (Guill.), d., I, 276, 287, 297, 313.
LAMOUREUX, greffier des États, I, 205.
LAMY (Vincent), d., I, 231.
LANGLÉE (Jeh.), d., II, 204.
LANGLOIS, d., I, 253.
LANGLOIS (Ant.), sr de Louvres, d., I, 313, 315.
LANGLOIS (Georges), d., II, 203, 230, 251, 287, 296, 313.
LANGLOIS (Hector), sr de la Prévostière, d., I, 232.
LANGLOIS (Jean), d., I, 231, 297, 314.
LANGLOIS (J.-B.), greffier des États, I, 206.
LANGLOIS (Pierre), d., I, 208, 210.
LANGLOIS de Pleinbosc, I, 205.
LANGLOIS de Mauteville, 1er président à la Chambre des Comptes, I, 205, 229, 230, 244, 293, 303, 312; II, 201, 228, 328, 329.
LANQUETOT (de), commissaire du roi aux États, I, 205, 229, 249. (V. Bretel.)
LA PORTE (Jean de), conseiller en la cour des Aides, I, 205, 237.
LAUMOSNIER (Ant.), d., I, 208.
LAUNAY (Jacques), d., I, 314, 315.
LAUNOY (Robert de), sr de Criqueville, d., I, 232.
LAVAL (Et. de), I, 255.

LAVARDIN (maréchal de), II, 329.
LE BAS (Jacques), imprimeur du roi, à Caen, I, 64.
LE BEAU (René), sr de Sauzelles, maître des requêtes, II, 211.
LE BEL (Bertrand), d., I, 251.
LE BERT (Durand), fermier de l'impôt sur les boissons, II, 89, 120, 145, 176, 249, 302, 313.
LE BLANC (Claude), II, 263, 304.
LE BLANC (Pierre), sr du Raullet, gouverneur du Pont-de-l'Arche et de Louviers, grand prévôt de Normandie, I, 217, 218; II, 13, 32, 151, 364 et suiv., 374.
LE BLOND (Jacques), d., I, 296.
LE BON (Archambault), lieutenant de la vicomté de Neufchâtel, II, 363.
LE BON (Nic.), d., II, 304.
LE BOULLENGER (Rob.), d., II, 278, 287.
LE BRETON (Rob.), d., I, 208, 224, 231.
LE BRUMENT (Louis), d., I, 233, 241, 246, 250; II, 248, 269, 279, 304.
LE BRUMENT (Rob.), d., II, 317.
LE BRUN (J.-B.), conseiller au parlement, I, 293, 304.
LE CAMUS de Jambeville, commissaire aux États, I, 249, 293, 312; II, 201, 228, 346; chargé de la démolition du Pont-Douve, I, 216.
LE CARPENTIER (Franç.), d., II, 203, 279, 280, 289.
LE CAT (Guill.), d., I, 307, 313.
LE CERF (Pierre), d., II, 246.

Le Cesne (Jacques), d., II, 318.
Le Charretier (Jacques), conseiller au présidial de Rouen, I, 310.
Le Clerc (Guill.), d., I, 313 ; II, 203.
Le Clerc (Jacques), fermier, II, 327.
Le Clerc (Jean), sergent royal, II, 263.
Le Clerc (Jean), d., I, 314 ; II, 231, 247.
Le Clerc (Pierre), d., II, 270, 279, 305.
Le Cointe (Pierre), d., I, 275, 276.
Le Conte (Félix), baron de Nonant, d., II, 269, 270.
Le Conte (Jacques), d., II, 203, 279.
Le Coq (Jean), d., II, 288.
Le Cornu (Jean), d., I, 275.
Le Coustre (René), d., I, 313.
Le Cousturier (Mich.), d., II, 246.
Le Danoys (Pierre), d., I, 297.
Le Fauconnier, trésorier de France, II, 201.
Le Fèvre (Franç.), chanoine de Rouen, d., I, 203 ; II, 229, 231.
Le Fèvre (Guichard), partisan, II, 343.
Le Fèvre (Jean), d., I, 275, 276.
Le Fèvre (Pierre), sr de S.-Quentin, II, 273.
Le Fuel, avocat pour le roi à Caen, II, 380.
Le Gendre (Jérôme), d., II, 317.
Le Got (Jacques), d., I, 313.

Le Got (Jean), dit Chanpellier, d., I, 288 ; II, 230, 289.
Le Got (Vincent), chanoine d'Avranches, d., I, 287, 288, 313, 314.
Le Gras (Mathieu), d., II, 278.
Le Gras (Rob.), sr de Bigars, lieutenant général à Pont-Audemer, I, 224, 304.
Le Grix (Émar), d., I, 232.
Le Grix (Guill.), d., I, 252.
Le Gros (Pierre), sr de Retel, I, 218.
Le Hoult (Étienne), d., I, 232, 297.
Le Jau (Jean), trésorier de la cathédrale d'Évreux, d., II, 289, 290.
Le Jumel (Nas), sr de Lisores, procureur général au parlement, I, 205, 211, 229, 243, 245, 249, 291 ; II, 201, 228, 244, 275, 298, 370.
Le Jumel (Rob.), sr de la Croix, II, 372.
Le Landoys (Ant.), d., II, 247.
Le Lanternier (Ch.), commis pour la réformation des mesures, II, 213.
Le Maistre (Jean), d., II, 247, 270.
Le Maistre (Louis), d., I, 274.
Le Marchand (Martin), d., II, 279.
Le Mareschal (Jean), d., II, 248, 280.
Le Mareschal (Thomas), d., II, 204.
Le Marié (Nas), d., II, 279.
Le Marié (Vincent), d., II, 318.

Le Masurier (Marguerin), curé du Saussay, d., II, 230.
Le Mercier (Hector), d., I, 251.
Le Mercier (Jean), sr des Hautes-Loges, lieutenant général de la prévôté de Normandie, II, 362.
Le Mesgissier (Martin), imprimeur du roi à Rouen, I, 102, 123, 155, 176, 200, 294, 322; II, 21, 49, 77, 108, 136, 154, 196, 208.
Le Metel (Germain), sr de Bussy, II, 356.
Le Mol (Jean), d., I, 251.
Le Moulinet (Pierre), avocat à Argentan, I, 304.
Le Moyne (Franç.), lieutenant général en la vicomté de Vernon, I, 304.
Le Moyne (Guill.), d., II, 318, 310.
Le Moyne (Martin), d., I, 232, 275.
Le Moyne (Nas), procureur syndic de Vernon, d., I, 257.
Le Nepveu (Émery), sr de Fatouville, d., I, 208.
Le Normant (Simon), d., I, 275, 276; II, 204, 205, 231, 247, 248.
Le Nouvel, procureur syndic des États, II, 309,
Le Page (Louis), d., II, 269.
Le Painteur (Imbert), d., I, 251.
Le Painteur (Jean), d., II, 230.
Le Patouf (Ch.), d., II, 269.
Le Peley (Ch.), d., II, 269.
Le Peley (Sébastien), d., II, 204.
Le Pelletier (Pierre), d., I, 288.

Le Pelletier (Thomas), d., II, 269.
Le Pesant (Louis), curé du Thil, d., I, 288.
Le Pescheur (Alex.), d., II, 305.
Le Petit (Michel), d., II, 230, 269.
Le Pigny (Marin), chanoine de Rouen, d., I, 222, 231, 233; II, 226, 242, 245, 248.
Le Pigny (Simon), sr des Cotes, d., échevin de Rouen, I, 203, 292, 296.
Le Prestre (Guill.), trésorier de France à Rouen, I, 236, 240; II, 228, 229.
Le Prestre (Henri), d., I, 288.
Le Prévost (Ch.), d., II, 246.
Le Prévost (Henri), lieutenant général du vicomte de Falaise, I, 304.
Le Prévost (Louis), messager du Bureau des finances de Rouen, II, 294.
Le Prévost, sr de S.-Cyr, maître des requêtes, I, 205.
Le Prince (André), d., II, 279, 289.
Le Quesne, trésorier de France à Caen, II, 228.
Le Riche (Jean), d., II, 231.
Lermite (Ch.), d., I, 251.
Le Rouillé (Pierre), avocat du roi à Alençon, I, 304.
Le Roulier (Christophe), curé de Condé-sur-Sarthe, d., I, 208.
Le Roux (Guill.), fermier, II, 313.

Le Roux (Pierre), d., II, 313, 318.
Le Roux d'Esneval, I, 167, 223; II, 29, 30.
Le Roux du Bourgtheroulde, président au parlement, II, 201, 228, 245, 329.
Le Roy (Guill.), curé de Clinchamp, d., I, 287.
Le Sassier (Nas), d., I, 208, 209.
Le Saulnier (Jean), d., II, 246.
Lescuyer (Ch.), d., II, 318.
Le Sens (Ét.), I, 123, 155.
Le Sot (Jean), d., I, 208.
Le Sueur, chargé de recherches pour les gabelles, I, 181.
Lesvarey (Samuel), d., I, 297.
Le Tellier (Ph.), d., II, 304.
Le Terrier, receveur général, I, 210.
Le Vallois (Roger), receveur général des rentes, II, 329.
Le Vasseur (Jacques), consul, II, 229.
Le Vavasseur (Jacques), sr de Cristot, II, 372.
Le Vavasseur (Ph.), official de Caen, d., I, 232, 233.
Le Velain (Jean), d., I, 314.
Le Vendanger, chanoine de Rouen, d., I, 286.
Le Veneur (Jacques), comte de Tillières, bailli de Rouen, II, 197.
Le Vieil (Olivier), d., I, 298.
Le Vigner, maître des requêtes, II, 321 et suiv.
Le Vigner ou Vigner (Guill.), d., II, 317.

Lhuillier, conseiller d'État, II, 223.
Lieust ou Lyout (Laurent), d., I, 232; II, 380.
Ligeart (André), greffier des États de Normandie, I, 101, 155, 176, 199, 205, 239, 312; II, 21, 48, 77, 107, 135, 154, 291.
Lindebeuf (le sr de), II, 182.
Lis (Jean du), poudrier, II, 315.
Lointier (Jean), d., I, 251.
Longaunay (Ant. de), sr de Franqueville, d., I, 313.
Longueville (duc de), I, 295. Armée du duc de — dans le pays de Caux, I, 59.
Longueville (duchesse de), I, 60.
Lorée (Jean), d., II, 247.
Lorillière (Thom.), d., I, 208.
Lormier (Franç.), d., II, 203.
Louis XIII répond au Cahier des États en septembre 1610, II, 192.
Louveron (René), secrétaire du duc de Montpensier, I, 215.
Louvet (Guill.), d., I, 288.
Lucas (Noël), échevin de Caen, II, 384.
Luquain (Léon), partisan, I, 185.
Luserne (Julien de), sr de Loré, d., I, 297.
Lymoges (Gabriel de), sr de S.-Just et d'Erneville, d., II, 229, 231, 287, 288.

Mabire (Jean), II, 263.
Macquerel (Franç.), sr de Tilly, d. de Caen, I, 310, 313.

Mahieu (Adrien), d., I, 250.
Mahieu (Jean), d., I, 287.
Maignart de Bernières, président au parlement, II, 245, 256.
Maisses (de), conseiller d'État, I, 299, 301.
Maistre (Jean), d., II, 279.
Malassis (Nic.), d., II, 304.
Malherbe (Éléazar), conseiller au présidial de Caen, I, 304.
Mallet (Jean), d., I, 246, 250.
Mallet (Nic.), I, 232.
Mallet (Pierre), d., II, 305.
Mallet (Rob.), s^r de S.-Martin, d., II, 317, 319.
Malleville (Jacques), curé de la Croupte, d., I, 314.
Mallo (Rob.), d., II, 279.
Malortye (Ch. de), s^r de Champigny, d., I, 205, 208 ; II, 301, 306.
Malortie ou Malhortie (Claude), d., II, 304.
Maltais (capitaine), II, 15. (V. Rossel.)
Mangot, maître des requêtes, II, 73, 82, 88, 98, 104, 111, 119, 131, 174.
Manneville (Aimar de), d., I, 296.
Marais (Franç.), d., I, 297 ; II, 279, 280.
Marau (Franç.), d., II, 318, 319.
Marc, archidiacre en l'église de Rouen, II, 277.
Marchand (Alex.), partisan, II, 163.
Marguerit (Martin), II, 384.
Mariage (René), d., II, 247.

Marie (Jean), d., I, 296.
Marillac (de), commissaire du roi, I, 327.
Marine (le s^r de la), d., II, 280.
Marle (Florimond de), curé d'Amécourt, d., II, 269, 270.
Marle (Jacques de), s^r de Luserche, d., II, 231.
Marle (Jean de), s^r d'Amécourt, d., I, 314.
Maromme (le s^r de), conseiller à la cour des Aides, II, 298.
Martel, conseiller au parlement, I, 293, 304 ; II, 250.
Martel (Ch.), s^r de Biville et Montpinchon, d., I, 287, 288.
Martinville (Louis de), d., I, 272, 274, 276.
Massuau (Louis), fermier, II, 333.
Mathan (Ant. de), s^r de Vaus, d., I, 230, 231, 275 ; II, 305.
Mathan (Rob. de), s^r de S.-Ouen, d., II, 269, 270.
Matignon (le maréchal de), chargé de la démolition du Pont-Douve, I, 216.
Mauduit (Jacques), s^r de la Roussière, d., II, 230.
Mauduit (Mathurin), d., II, 305.
Maupeou (de), conseiller d'État, I, 194, 301 ; II, 17, 224.
Maurice (Gervais), d., II, 270.
Mayenne (duc de), I, 202, 218, 220.
Maynet, conseiller au parlement, II, 256, 257.
Méliaud, conseiller d'État, II, 272.
Mesnage (Hamon), d., II, 317, 320.

Mesnager (Guill.), secrétaire de la Chambre des Aides, II, 298.
Mesnil (du), II, 224.
Mesquet (Jean), d., II, 230, 231, 246, 269, 270, 305, 306, 318.
Meurdrac (Ch. de), curé de Derchigny, d., II, 231.
Michault (Franç.), II, 263.
Michel (Jean), d., II, 288.
Michel (Pierre), d., I, 231.
Millard (Jean), exécuteur des sentences criminelles du prévôt, II, 363.
Millecent (Rob.), d., II, 204.
Mirey, fermier, II, 299.
Moges (Jean de), d., II, 246.
Moges (Pierre de), sr de Buron, d., I, 297.
Moinet, (Jean de), adjudicataire des aides et des greniers à sel, II, 31, 65, 172, 183, 243, 244, 338.
Moncuyt (Adrien de), doyen de Gisors, d., I, 297.
Mondion (Adrien de), sr de la Salle, d., II, 230.
Montglat (Mme de), gouvernante du Dauphin, II, 184, 330.
Montgommery, II, 352.
Montmorency (connétable de), laissé en Normandie pendant le voyage du roi en Bretagne, 1598, I, 281.
Montpensier (les ducs de), gouverneurs de Normandie, I, 1, 103, 177, 205, 222, 225, 226, 227, 228, 229, 249, 255, 272, 274, 281, 282, 285, 312, 337, 342 ; II, 1, 33, 79, 91, 115, 122, 146, 198, 201, 226, 228, 242, 244, 257, 265, 276, 287, 385. Séance du duc de — aux États, I, 65, 125, 207, etc. Capitulation du duc de — avec la ville d'Avranches, I, 41. Duc de — à Coutances en 1590, I, 30. Passe avec ses troupes par trois fois dans le bailliage d'Evreux, I, 36. Mandé pour la guerre de Savoie, I, 293. Chargé de la démolition des places fortes, I, 114, 115 ; ses gardes, I, 89 ; gratification qui lui est accordée par les États, II, 210.
Morant, trésorier de France à Rouen, II, 244, 249.
Morant (Thom.), receveur général de la Généralité de Rouen, I, 205.
Moreau (André), fermier, II, 338.
Morel (Franç.), II, 263.
Morel de la Tour (Louis), sr de Gaulle, prévôt provincial de la maréchaussée en Normandie, I, 145, 312 ; II, 360, 362, 363, 371.
Morin, trésorier de France à Caen, I, 249 ; II, 201.
Morin (Th.), d., I, 275.
Mouchy (Mich. de), conseiller au parlement, chanoine, I, 203.
Mutel (Jean), d., II, 289.
Myron (Jeanne), femme de Pierre Rossel, II, 213.

Néel (Adrien), d., I,, 317.
Néel (Pierre), d., échevin de Caen, II, 269.

NÉEL (Richard), d., II, 203.
NÉGRIER (André), receveur général à Caen, I, 334.
NEPVEU (Pierre), curé de Gisors, I, 286, 314.
NEUFVILLE (de), I, 282 ; II, 250.
NICOLE (Geoffroi), d., II, 304.
NICOLLE (Pierre), d., I, 288, 313.
NIEL (Rob.), sr de Neufville, d., II, 288.
NOVINCE (Pierre), sr d'Aubigny, trésorier général à Caen, I, 205.
NUGUES (Germain), d., II, 318, 319.

OILLENSON (Jean d'), sr d'Ouilly, d., II, 279, 280.
OILLENSON (Julien d'), sr de Coulibeuf, d., II, 203, 205, 279, 280.
ORENGE (Jacques), d., II, 203.
ORIEULT (Olivier), d., I, 296 ; II, 246, 278.
ORLANDE (Jacques d'), sr de Boisle-Comte, d., I, 314.
ORLÉANS (naissance du duc d'), II, 85, 116.
OSMONT (Pierre), d., I, 313.
OUYN (Rob.), d., I, 287.

PAPEL (Pierre), échevin de Vernon, II, 270.
PARENT (Pierre), curé de Montebourg, d., II, 268.
PARFOURRU (Ch. de), archidiacre de Coutances, d., I, 275.
PARIS (Guill.), d., II, 305.
PATALIER (Ch.), d., I, 246, 250.

PAUL (Pierre), échevin de S.-Lô, d., I, 251.
PAVYOT (Jean), quartenier de Rouen, I, 223 ; échevin, d. de la ville de Rouen, I, 272, 274, 349 ; II, 229, 244.
PEHEU (Claude), sr de la Motte, délivré par le privilège S.-Romain, II, 299, 300.
PELET (Gaspard de), sr de la Verune, gouverneur de Caen, I, 205.
PELLERIN (Ambroise), d., II, 229.
PELLERIN (Jean), d., II, 231.
PENNESAY (Ch.), d., II, 157, 289, 290, 305, 318.
PENNIER (Guill.), conseiller au présidial de Coutances, I, 304.
PÉRICARD (Guill.), abbé de S.-Taurin, d., I, 299 ; vicaire général de l'archevêché, II, 277, 287.
PÉRICARD, haut-doyen de l'église de Rouen, II, 299.
PERIER (Pierre), d., II, 230, 231, 232, 305.
PERIER (Pierre), sr de l'Aunay, d., II, 247, 248.
PÉRION (Jean), curé de Beaumont-en-Auge, d., II, 199, 202, 205.
PERNELLE (Pierre), sr du Mesnil-sous-Lillebonne, d., II, 203, 205.
PERROT (Jean), d., II, 288.
PETIT (Marin), d., I, 296.
PETRON (Jean), d., I, 314.
PETRON (Simon), d., I, 252, 288, 298.
PEVREL (René de), sr de Nogent, d., I, 275, 314.

Philippe de la Varinière (Jean), II, 356.
Piart (Pierre), curé de Cany, d., I, 296.
Pichon (Jérôme), chanoine de Séez, d., II, 289, 290.
Pilleadvoyne (Georges de), sr de Boisemont, d., I, 275, 276.
Pillon (Nas de), sr de la Tillaye, II, 372.
Pistres (Ch. de), chanoine de N.-D.-d'Andely, d., II, 279, 280.
Plébault (Jean), d., II, 202.
Plongeon (Nas), d., I, 250.
Pollet, partisan, II, 179, 316.
Pommereul (Ch. de), sr du Moulin-Chapel, d., II, 318, 319.
Potier, secrétaire du roi, I, 102, 123, 155, 200; II, 21, 49, 77, 108, 192.
Pottier (Ant.), d., II, 230.
Pouet (Pierre), d., I, 313.
Prayer (Mich.), d., I, 297, 313, 315.
Prestreval (Nas de), sr de S.-Paix, d., I, 288.
Prévost (Auguste), sr du Goulet, II, 249.
Prévost (Jean), d., II, 280.
Prévost (Louis), messager du Bureau des finances, I, 221.
Puchot (Isaac), sr de Gerponville, d., II, 317.
Puchot (Jean), sr de la Pommeraye, échevin, d. de la ville de Rouen, I, 223, 272, 274, 349.
Puchot (Nas), sr de Malaunay, échevin, d. de la ville de Rouen, II, 266.

Quatremares (Pierre de), d., II, 319.
Quatresols (Pierre), d., II, 288.
Quenel (Ch. de), d., II, 203, 205; accepte sa nomination, II, 207, 208.
Quenel (Pierre), sr du Fresne, d., II, 204, 230.
Querville (de), d., II, 205.
Quesnay (Guill.), messager du Bureau des finances, II, 294.

Raoul (Martin), sr de la Guere, II, 373.
Rassent (de), président de la Chambre des Comptes, II, 328.
Reaulte (Jacques), d., I, 274.
Regnard ou Renard, conseiller au grand conseil, II, 4, 24, 40, 239, 240, 348, 350.
Regnauld (Jean), d., II, 226, 229.
Regnault (Ant.), sr de Montmor, président au Bureau des finances, I, 205.
Regnault (Toussaint), d., II, 288.
Restoult (Pierre), d., II, 246.
Retz (duc de), II, 339.
Ridel (Adam), d., I, 314; II, 289.
Rioult (Jean), d., I, 246, 250.
Robbes (Noël), d., II, 203.
Robin (Thom.), II, 339.
Rochin (Raullin), d., II, 204, 248, 280.
Roissy (le sr de), II, 103, 111.
Romé (J.-J.), sr de la Fontaine, président en la Chambre des Comptes, I, 205.

RONCHEROLLES (Ch. de), baron de Heugueville, d., II, 279, 280.
RONCHEROLLES (Pierre de), d., II, 265, 268, 270.
ROQUE, échevin de Rouen, I, 223.
ROSE, Élu de Rouen, II, 386.
ROSE (Ant.), d., II, 278.
ROSSEL (Pierre de), dit le capitaine Maltais, visiteur général des poids et mesures (parfois Roussel), I, 111, 168 ; II, 15, 212, 214, 249, 306.
ROUSSEL (Anne de), II, 364.
ROUXEL (Anne-Pierre de), baron de Médavy, II, 245.
ROUXEL (Jacques), prieur d'Aquitaine, sr de Médavy, d., II, 245, 247, 248.
ROZEL, trésorier de France à Caen, II, 228.
RUELLE (Henri de), fermier des greniers à sel, II, 338.

SAINT-DENYS (Jean de), d., I, 232.
SAINT-GERMAIN (Jean de), sr de Selles, d., I, 208.
SAINT-GILLES (David de), d., II, 268.
SAINT-LÉGER, prévôt, II, 32.
SAINT-LÉGER (Nas de), d., II, 304.
SAINT-LOUIS (ordonnance de) pour les francs-fiefs, I, 150.
SAINT-PIERRE (Guyon de), baron de S.-Julien, d., I, 208.
SAINTE-GENEVIÈVE (Christophe de), d., II, 230, 231.
SAINTE-GENEVIÈVE (Jean de), d., II, 289.
SAINTE-MARIE (Louis de), sr de Canchy, d., I, 208.
SALDAIGNE (Ch. de), sr d'Incarville, contrôleur général des finances, I, 241, 244, 342.
SALMON (Jean), d., II, 279, 305.
SANCY (de), I, 301, 327, 342.
SANSON (Thom.), d., II, 278.
SANSSON (Ét.), archidiacre, curé de S.-Laurent de Rouen, d., I, 203, 243, 255, 308, 312, 315 ; II, 265, 268, 270, 277, 300.
SANSSON (Jean), chanoine et archidiacre, d., I, 275, 276.
SANSSON (O.), d., I, 208.
SARDINY (le sr de), I, 172.
SARILLY (le sr de), I, 223.
SAUNY (Simon), riche paysan, II, 377.
SAUZELLES (le sr de), commissaire, II, 227. (V. Le Beau.)
SAVAIEN (Jeh.), d., I, 287.
SAVOIE (le duc de), I, 300.
SCHEROSBERY (comte de), ambassadeur d'Angleterre, reçu à Rouen, I, 243.
SCHOMBERG (de), à Rouen, I, 342.
SEBOUVYLLE (Louis de), sr des Marests, d., II, 247, 248, 318, 319.
SELLES (Barthélemy), fermier, II, 299.
SERÉE (de la), avocat pour le roi à Caen, II, 380.
SEREN (Ét.), d., II, 230.
SERVAIN (Louis), d., II, 204.
SERVIENT (Nic.), receveur général à Rouen, I, 205 ; II, 201, 245, 259.

Sevestre (Ch. de), sr de Cintré, d., II, 305, 306.
Sevestre (Rob. de), échevin de Caen, I, 276.
Sillery (de), I, 359.
Simon (Franç.), d., I, 313.
Soissons (le comte de), II, 177, 191.
Soulet (Franç.), chanoine d'Evreux, d., I, 313, 314.
Sourdeval (de), II, 247.
Soyer (Adrien), sr du Baudruel et d'Épinay, lieutenant général du bailliage de Caux, en la vicomté d'Arques, I, 304; II, 205, 206.
Soyer (Jean), sr de S.-Soupplis, d., II, 246.
Suhart (Georges), sr de la Croue, II, 364.
Sully, I, 301, 330, 331, 332; II, 28, 38, 80, 110, 145, 153, 179, 188, 202, 218, 223, 257, 296, 297, 298.

Tarel (Thom.), d., II, 230, 260.
Ternisien (Jean), d., I, 313.
Tesson (Thom.), d., I, 232.
Testier (Jean), d., II, 203.
Thomas (Nic.), 1er avocat du roi au parlement, I, 304; II, 367, 368.
Thomas (Jean), sr des Fontaines, procureur syndic des États, I, 100, 153, 159, 233, 237, 239, 252, 298, 305, 314, 322; II, 76, 84, 106, 113, 205, 231, 239, 248, 270, 276, 280, 348, 382, 385.
Thomas, sr de Verdun, I, 253.

Thorel (Ph.), partisan; II, 249.
Thorel (Thom.), d., II, 288. (V. Tarel.)
Thouret (Raoul), d., II, 229.
Thuillerie (de la), maître d'hôtel du roi, II, 225.
Tilly (Jean de), sr de Prémont, II, 277.
Tiremois, avocat du roi au bailliage de Rouen, I, 225.
Torchant (curé de), I, 252.
Touchet (le sr du), I, 232.
Tourmauville (de), échevin de Caen, II, 380.
Tourmente (Robert), commissaire extraordinaire, I, 81.
Toustain (Franç.), d., I, 232.
Toustain (Guill.), sr du Roulle, échevin, d. de Rouen, II, 287, 288, 296.
Toustain (Rob.), d., I, 275.
Toustain (Rob.), chanoine de Lisieux, I, 297.
Touzart (Adrien), d., II, 203.
Tranchevent (Martin), d., I, 297.
Trehot (F.), d., I, 251.
Treussan (Thom.), d., I, 297.
Tropé (Rob.), messager des États, II, 209, 293, 310.
Tullon (Ch.), lieutenant du vicomte d'Auge, I, 304.
Tunes (Hector de), II, 372.
Turgot, conseiller au parlement de Rouen, II, 225, 251, 307.

Valdory (capitaine), I, 203.
Valeren (Rob.), II, 252.
Valloys (Nic.), sr de la Forêt, d., I, 252.

VAL-POUTREL (Jacques du), sʳ du Noyer, II, 372.
VARIN (Jean), greffier de la commission pour la réformation de la coutume, I, 305.
VARNIER (Jean), d., II, 229.
VASSELIN, II, 207.
VAUBOREL (Franç. de), archidiacre d'Avranches, d., II, 289.
VAULTIER (Jean), trompette de la prévôté, II, 362.
VAUQUELIN (Franç.), sʳ de Sassy, d., I, 275, 276.
VAUQUELIN (Jean), sʳ de la Fresnaye, lieutenant général de Caen, I, 205 ; II, 378, 379.
VAUQUELIN (Jérôme), sʳ de Méheudin, avocat général au parlement, I, 205.
VÉRON (capitaine), I, 203.
VERSIGNY (de), maître des requêtes, I, 119.
VEUXIN (Pierre), d., I, 223, 231, 237.
VIC (de) ou de Vicques, I, 10 ; II, 82, 111.
VIENNES (de), I, 301.
VIEUPONT (André de), sʳ d'Auzouville, d., I, 159, 308, 313, 314.
VIEUPONT (Jean de), abbé de S.-Jean de Falaise, d., I, 274, 275.
VILLARTZ (amiral de), I, 75, 326, 327, 345 ; II, 339, 340, 341.
VINCENT, d., I, 159.
VINCENT (Gaspard), greffier de la prévôté, II, 362.
VINCY (Ant.), doyen d'Ecouis, d., I, 251, 252.
VION (Ét.), d., I, 231, 233.
VION (Pierre), d., I, 232.
VIPPART (Guill. de), sʳ de Tilly, d., I, 203.
VOERT (Remi), d., II, 203.
VOISIN (Jean), sʳ de Guenouville, échevin, d. de Rouen, I, 223, 246, 250, 253, 349, II, 265, 268, 270 ; — à l'assemblée des notables, I, 243.
VYTRIER (Thom.), d., I, 288.
WARNIEZ (Taneguy de), sʳ de Bléville, d., II, 304.

YEURRY (Guill.), I, 297.
YVELIN (Nic.), chanoine d'Évreux, d., I, 251.
YVER (M.), d., II, 280.

TABLE DU DEUXIÈME VOLUME

		Pages	
Cahier des États d'octobre 1602.		1	à 21
— de novembre 1604		23	49
— de novembre 1605		51	77
— de novembre 1606		79	113
— d'octobre 1607.		115	136
— de novembre 1608		137	157
— de décembre 1609		159	196
Docum. relatifs aux États de 1602		197	225
— — d'octobre 1603 . .		226	241
— — de novembre 1604.		242	265
— — d'octobre 1605 . .		265	276
— — de novembre 1606.		276	286
— — d'octobre 1607 . .		286	300
— — de novembre 1608.		300	311
— — de décembre 1609.		311	333
Appendice		335	386
Table		387	429

OUVRAGES PUBLIÉS

PAR LA

Société de l'Histoire de Normandie :

Chronique de Pierre Cochon, 1 vol. in-8º........................	12 fr.
Actes normands de la Chambre des Comptes, sous Philippe de Valois, 1 vol. in-8º........................	12
Chronique de Robert de Torigni, Abbé du Mont-Saint-Michel, 2 vol. in-8º........................	24
Histoire générale de l'Abbaye du Mont-Saint-Michel, 2 vol. in-8º.	24
Le Canarien, 1 vol. in-8º........................	12
Histoire ecclésiastique du diocèse de Coutances, 1er et 2e vol. in-8º........................	24
Documents relatifs a l'Histoire du Havre, 1 vol. in-8º........................	12
Cahiers des États de Normandie, sous les règnes de Louis XIII et de Louis XIV, 3 vol. in-8º........................	36
Mémoires du président Bigot de Monville, 1 vol. in-8º........................	12
Mémoires de Pierre Thomas, sieur du Fossé, 4 vol. in-8º........................	48
Histoire de l'Abbaye du Tréport, 1er vol. in-8º........................	12
Cahiers des États de Normandie sous le règne de Henri IV, 2 vol. in-8º........................	12
Bulletins de la Société de l'Histoire de Normandie, 2 vol. in-8º........................	24
L'Ancien Coutumier de Normandie, 1 vol. in-8º........................	12

Le prix est de 10 fr. pour les nouveaux Sociétaires.

IMPRIMÉ PAR E. CAGNIARD, ROUEN.

www.ingramcontent.com/pod-product-compliance
Lightning Source LLC
Chambersburg PA
CBHW071103230426
43666CB00009B/1814